纪念夏鼐先生诞辰110周年

谨以此书献给

新中国考古学的主要指导者

中国现代考古学的奠基人之一

荣膺中外七个院士称号的一代学术大师

“完全应该公正地承认，夏鼐同志和他的合作者们，开创了我国考古学发展的新时代。……毫无疑问，这一切成就是跟夏鼐同志 1950 年以来在考古工作中的创造性的辛勤劳动分不开的。”

“夏鼐同志的毕生心血，部分地凝聚在他的许多第一流的考古学论著中，更多地凝聚在新中国考古事业巨大发展的实绩中。他是当代中国考古学人才的主要培育者、考古工作的主要指导者和考古学严谨学风的主要缔造者。”

——胡乔木：《痛悼卓越的考古学家夏鼐同志》

（《人民日报》1985 年 6 月 30 日第 3 版）

中国社会科学院
老年学者文库

夏鼐传稿

王世民 著

社会科学文献出版社
SOCIAL SCIENCES ACADEMIC PRESS (CHINA)

1980 年摄于中国社会科学院考古研究所庭院（赵铨　摄影）

王世民

江苏徐州人，生于 1935 年。1956 年毕业于北京大学历史系考古专业，随即进入中国科学院考古研究所（1977 年后属中国社会科学院），长期在夏鼐先生身边从事秘书工作。致力于中国考古学史和商周青铜器研究，累任至研究员。兼任中国考古学会第三、四届理事会理事等职。参与《中国大百科全书·考古学》（第一版）等大型图书项目编撰工作，曾任《殷周金文集成》项目负责人，著有《考古学史与商周铜器研究》。1995 年退休后，主编《夏鼐文集》《夏鼐日记》《夏鼐先生纪念文集》等，并参与温州夏鼐故居（纪念馆）夏鼐生平陈列厅的布展工作。

目　录

第一章　家世与童年、少年时代

家　世

夏鼐（1910～1985），字作铭，浙江温州人。他生前不止一次讲到自己的族系，1983年曾经说过："中国姓夏的人相传都是夏朝皇族的子孙"。[①]

据《新唐书·宰相世系表》记载：周初分封诸侯，夏禹的后裔东楼公受封于杞。杞简公时，杞被楚国吞并。简公之弟佗出奔鲁国，鲁悼公因其是夏禹后裔，赐予采地为侯，称作夏氏。后来，夏佗离开鲁国，至沛地的谯郡，遂为谯郡人氏。再后来，其中一支夏氏族人迁居浙江，郡望又变成会稽郡。

据《瑞安县志》和《会稽夏氏宗谱》记载，瑞安夏氏的先世，世居会稽山阴之夏稳公（字友荣），生于唐文宗开成二年（837），咸通九年（868）登戊子科进士。其三子仁骏（字子龙，号荣祖），"以荫入太学，旋登中书舍人"。仁骏公尊父命，携家人及堂兄弟等，避难迁居至温州府泰顺县莒冈山，为温州地区夏氏第一世始迁祖。后第四、五世尚有官

---

① 1983年在日本所作"中国文明的起源"为题的电视讲演。《夏鼐文集》，社会科学文献出版社，2017，第二册，第242页。

“岳阳主簿”“定海主簿”“无锡巡检”等职者，但再后诸世“政坛科举皆无闻者”。温州瑞安的夏氏支派，本宗始迁祖创垂公系第二十三世，于明代嘉靖五年（1526）“由泰顺县莒冈迁居瑞安，营鱼盐之利，卜居莘塍之周田”。创垂公迁至周田村后，“生息繁衍，以耕读传家”，居住范围则以周田村为中心，逐渐向四乡扩散。其中一支，于清朝初年迁居至瑞安县白岩桥。第三十一世（瑞安支派第九世）传启公（字承贤，又字敬亭），即夏鼐的祖父，于同治初年（时年 18 岁）只身携一布囊，由白岩桥来到温州府城，学习丝线制作工艺。学成以后，立志经商，在府城中部墨池坊口创设了“夏日盛”丝号，几年后迁至府城西北部的厝库司前（今温州市鹿城区解放北路 151 号），为前店后厂经营模式，全家众多人口亦聚居于此。传启公崇尚信用、善于经营，产业日益兴盛，一面直接去杭州临平镇采办生丝，一面将产品推销到温州府所属各县。当时温州的富商有所谓“二盛”“三顺”，即夏日盛、林益盛、潘聚顺、叶进顺、林万顺。

夏鼐祖父创业成功后，即在温州安家立业，长期发展。这支夏氏家族，除夏鼐一家外，绝大部分亲友至今仍在温州生活。夏鼐的父辈兄弟六人：大伯父夏庆庚（字范九），以泰顺籍进学补秀才；二伯父夏培庚（字铭如），继承祖父创业的“夏日盛”丝号，后来一直延续到 1950 年代公私合营；三伯父夏焕庚（字星垣），初营铁丝行，后经营雨伞业，不久破产倒闭；五叔夏棣庚（字志范），为浙江法政学堂别科毕业，曾业律师；六叔夏炽庚（字烈如），就读于浙江法政大学，未毕业即病逝。行四的父亲夏顺庚（字禹舜，又字文甫）生于 1876 年，先在一家瓯绸坊当学徒，后自行开设瓯绸坊，在六房中经济情况最为宽裕，后来感到瓯绸难与进口的棉织品竞争，便于 1903 年冬自行歇业。其间，住宅曾遭遇火灾焚毁，又因房塌致终身跛脚。但是，由于夏鼐父亲善治生业，依靠出租城内的几处店宅房产、乡间相当数量的田地（最多时有田地 400 余亩），以及上万银元的现款放贷，家境仍然殷实。后来夏鼐父亲购进仓桥街的一处旧屋（今温州市鹿城区仓桥街 130 号），进行翻新和改建，于 1922 年率全家迁入居住。夏鼐在这里随父母度过了少年时光，成年后在这里结婚成家。他长期在外学习工作，夫人李秀君居家侍奉公婆、抚育子女，与长兄夏鼎一家共同生活。此处便是后来被列为温州市重点文物保护单位的“夏鼐故居”。这处坐北朝南的五开间两进西式建筑，前进为五间门厅式平房，后进为五间二层转盘楼房，前面两侧各有三间厢楼，后面两侧各有单间厢楼，共计 31 间 1600 余平方米。临街宅巷口的门台，系抗战胜利后于 1946 年整修街道石板路面时营建，大门上方镶嵌的“夏里”二字石刻匾额，则是夏鼐亲自集汉魏碑刻字迹刻成。夏鼐举家迁居北京后，将这处房屋的自住部分捐献公家，成为温州市林业局的家属宿舍，先后入住数十户人家。2009 年“夏鼐故居”筹建项目启动后，经过近三年的住户腾退安置、房屋挑顶修缮及展室设计施工，2012 年夏鼐故居（纪念馆）建成，并于 6 月 9 日举行隆重的开馆仪式，对公众开放。

童 年

温州这座浙南的港口城市，历史悠久，风光秀丽，经济发达，人文荟萃，地处浙江第二条大河——瓯江入海的咽喉之地，是一座“东方威尼斯”式的水城。城池的平面接近长方形，东西七里，南北五里，瓯江流经城市北侧。旧城的建立肇始于唐宋，原有三十六坊，经过明清两代的发展变化，民国时期仍然基本保持齐整的布局。城内街道与河渠结合，干线街、渠两纵四横，支线巷、渠则遍布全城，呈现“一坊一渠，舟楫必达”，“楼台俯舟楫，水巷小桥多”的风貌。

1910 年 2 月 7 日，即农历宣统元年（己酉）的腊月二十八日戌时，夏鼐诞生在浙江温州府城厝库司前的老屋，谱名夏国栋，为温州夏氏宗族的第三十三世（瑞安支派第十一世）。报考初中时改名夏鼐，字作铭，曾用笔名作民、竺敏、史为。出生后三天，便是两岁。当时，父亲夏文甫 35 岁，母亲丁氏 37 岁，大哥夏鼎（字勋铭）比他大 12 岁，大姐夏鸾（字淑贞）比他大 5 岁。

1914 年，夏国栋刚满 4 周岁，便随大姐夏鸾进夏氏自家私塾读书，由曾以律师为业的五叔夏志范开笔。当时家塾设在六叔夏烈如家里，聘请汤壁垣（名作奎，字笑庵）先生执教。这是一位童生，独身无家，光头，嗜酒，调皮的孩子戏称“汤圆头”。当时国栋年龄幼小，塾师常常把他抱在自己的膝上施教。塾中所学，无非蒙学读本《三字经》，也描红仿影“上大人孔乙己”。大约这个时候，小国栋常在家中嬉戏，将女仆从门面房布店取回的用作布匹内衬之长条木板，自己放在地面上站立滑动、拖拉，高兴地称之为“撑船”“拉纤”。

国栋在家塾学习两年，后因塾师移馆远处，家里不放心，便让他暂时休学在家。这时住宅前面的店铺是广东人开设的“广发源”号，他去玩的时候，常常见到一种英国人编印有中文说明的画报——《诚报》，虽然看不懂其中的说明文字，但对各种异国风光图像很感兴趣。8 周岁的时候，塾师汤先生回到离夏家不远的县后巷设馆，国栋又与两位堂兄一道前往就学，读的课本是鲍东里编著的《史鉴节要便读》，背诵“盘古首出，天地初分，三皇继之，物有群伦”。

1919 年，国栋 9 周岁时，开始进入学校读书。当时家里的女仆，因曾在外国牧师家中佣作，劝说送国栋到瓦市殿巷基督教会的私立艺文小学，还曾领他去该校报名。可是父亲并不赞成，认为教会小学是救济失学穷苦孩子的慈善机构，虽然费用节省而教法不良。于是决定改送国栋进入瓦市殿巷公立的模范小学，即后来的康乐小学（今瓦市小学）。这时，国栋已经在私塾认识许多汉字，但算术还没有学过，便插班到秋季班二年级读书。这一年正值五四运动的风潮传到温州，国栋在日后多年仍清楚地记得有中学生结队游行，散发劝导市民“抵制日货”的传单，看到五马路一带闹市街头公开烧毁查获的日货，又看到有的商家被责令穿上红布衫、背负“汉奸”字样标志游街示众，但幼小的他尚不十分理解“抵制日货”的意义。

1920 年春季，国栋考入温州府前街的浙江省立第十师范附属小学（校址为今温州八中后院），插班初小三年级，开始学作文。二三十年以后，老同学还记得他有个小动作，就是作文课上静心思索的时候，常常咬铅笔的笔杆，所以他的笔杆便比别人的短了一截，但他自己早已忘记了。当时小学的惯例，每个班级的级（班）长都由考试成绩第一的同学来担任，国栋就读十师附小以后不久，便因“每试辄冠其曹”而被推为级长，以致被免去的原级长大哭一场。每天下午放学以后，他不时和小伙伴一道拍皮球，又常在路过仓桥宫的时候，聆听那里的说书先生讲述《三国演义》。开始是聆听一段，回家再阅读书上的那一段，日久不去听讲也能自己阅读。后来又逐渐阅读《水浒传》和《红楼梦》，养成课外看小说和阅读其他书籍的习惯。1922 年 12 岁升入高小以后，国栋担任了儿童自治会的图书馆主任，更加方便地阅读大量课外书刊，开始时很喜欢阅读商务印书馆出版的各种童话，以及郑振铎主编的刊物《儿童世界》。他做梦也不会想到，二十多年以后，自己会成为郑振铎的副手，领导全国的田野考古工作。后来，他的兴趣曾转移到新文学作品。他还常去位于府前街的日新书局，在其附设阅览室免费阅书。他曾替附小的图书室添购“文学研究会丛书”，先后阅读了叶绍钧（叶圣陶）的《稻草人》，以及落华生（许地山）、王统照的作品，又阅读了创造社出版的书刊及《小说月报》等。

童年时代的国栋，与胞姊夏鸾朝夕相处，感情最为深厚。他刚到英国留学时，曾在给姐姐的一封信中写道：

> 犹忆姊在闺时，以簪花格录金陵十二钗诗，弟时无知，亦手一卷小说，依姊之傍伴读。临河之窗，虽不如何雅洁，而河畔清风，拂窗而入，轻翻书叶，亦极有佳趣；河畔小室，前通小弄修墙，夏季最凉，姊弟常聚其间，此情此景，仿佛若昨。[①]

故居的景色，童年的情趣，由此可见一斑。

1924 年秋季国栋 14 周岁的时候，因学制变更，温州的第十师范和第十中学合并为一个学校。正在附小就读尚未毕业的国栋，改名夏鼐，借堂兄的文凭跳级半年报考十中初中部。暑假期间，他和同班同学金志庄

---

① 据夏鼐自存原信。

为准备入学考试，时常跑到风景优美的九山旁边的城墙下温课。温课累了，便爬到城墙上休憩片刻，再继续温课。在城墙上，可以俯瞰九山河和城内毗连的房舍，远眺郊外的稻田和村落，青山绿水，景物宜人。傍晚时分，凉风习习，城墙上越发凉快。直到暮色苍茫、万家灯火，他们才从城墙上走下回家。不料临近考期，金志庄却突然说自己不去考了。这是由于金志庄的父亲、原第十师范校长金嵘轩，被任命为十中校长。金校长感到，当时报考十中初一的考生多达八九百人，而招生名额仅有一百名，附小的大部分应届毕业生都将落榜，倘若尚未毕业的校长儿子居然考上，将会被别人怀疑其中有弊而引起闲议，所以不让他去报考。夏鼐应试后，以高居榜首第二名的成绩被该校录取。其实金志庄的学习成绩一向很优秀，是完全有把握考取的，他却无怨无悔地听从父亲的吩咐，等半年后高小毕业再行投考，晚了一年才进入该校初中部。后来，金志庄在初中毕业以后，赴日本鹿儿岛第七高等学校读高中，继而考取日本九州帝国大学医科，成绩一直名列前茅。温州教育界备受尊敬的金嵘轩校长，在这件事情上充分表现了他的高风亮节。

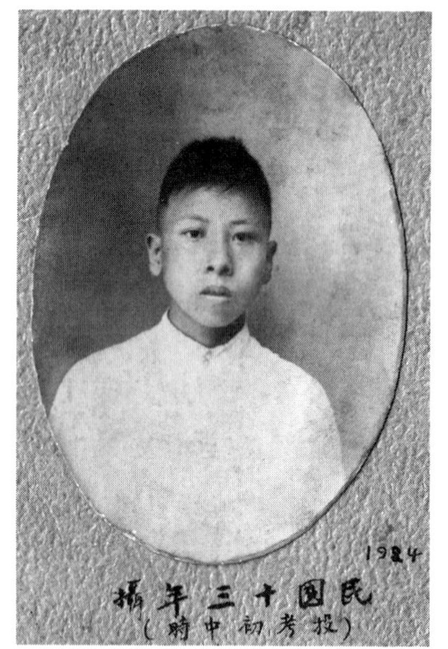

现存夏鼐最早照片，
14 岁进初中读书时

温州的浙江省立第十中学（今温州中学的前身），是国学大师孙诒让创办的一所名校，培育过郑振铎等诸多学术大师和英才。金嵘轩校长曾三度主持温中校政，历时 26 年，力聘名师执教，教学严谨有方，建树尤多。夏鼐考入温中初中部以后，经受良好的基础教育，并开始接触进步思想。当年的英文教师马公愚，后来作为书画名家享誉上海，所题匾额曾遍布上海街头。国文教师周予同，则是后来执教于复旦大学等校的著名经学家和史学家，他曾为同学选读陈独秀的《新青年发刊词》。大约1925年春天，夏鼐由《小说月报》或《中学生》杂志的新书介绍栏，得知鲁迅《呐喊》这部重要的小说集在北京出版，上海有代售处。恰好父亲去上海旅游，他便把代售处的地址抄下来，请父亲顺便前往代为购买。他考虑书名二字稍为冷僻，还括注了读音“呐（音纳）喊（音咸）”。夏鼐十分喜欢父亲从上海带回的这本红色封面的名著，一有空暇便拿起来，很快从头到尾阅读了一遍，觉得远胜于以前所有读过的书。夏鼐极其钦佩鲁迅的奋斗人格，倾倒于他的犀利笔锋，最喜欢《阿Q正传》，对于《狂人日记》及《风波》也尚能欣赏，但是对最末一篇写共工氏作乱、女娲补天，却并不觉得怎么好，因为看不懂用意所在。这是夏鼐收藏的第一本课外书，很是爱惜，特地在书的封面写上“1925年父亲游沪的纪念品”。1936年11月初在留学英国时获知鲁迅逝世的信息，还在日记中追述这段往事，并且说自己对于鲁迅“始终钦佩他的人格与笔调”。

随后，夏鼐又阅读创造社的许多小说，以及孙中山《三民主义》、范寿康《哲学初步》等书，开始对政治和哲学发生兴趣。1925年“五卅”惨案以后，夏鼐以班级代表的身份，参加了街头宣传活动。1926年任温州十中初中部学生会会长，曾代表初中部充任温州学联的暑期驻会人员。当时十中高中部的驻会代表，是后来曾任华东师范大学教授的史学家苏渊雷。但在“四一二”反革命政变以后，夏鼐对国民党感到失望，决定不再过问政治。

夏鼐就读时的浙江省立第十中学初中部校址在仓桥（今温州实验中学），那里是原中山书院旧址，校内有一池塘，相传为南朝诗人谢灵运任永嘉太守时作《登池上楼》中的名句“池塘生春草”所指，因而不少温中校友追怀母校的诗文每有“春草池塘”字句。夏鼐曾三次提及，1962年温中六十周年校庆时，撰文题为《春草池边的旧梦》①；1979年为金嵘轩校长补开追悼会时，致送挽联有“绛帐返思春草池塘犹昨梦”；1982

① 据《夏鼐日记》记载，该文系为母校纪念刊撰写，共3000多字。笔者当时有幸拜读手稿，深感乡情浓郁；近年为编辑《夏鼐文集》，曾亲往温州中学档案室查询，未能寻获。参见《夏鼐日记》，华东师范大学出版社，2011，卷六，第262页。

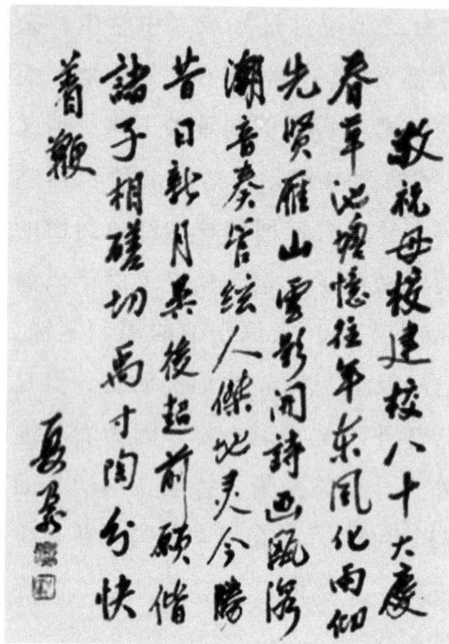

夏鼐为温州中学八十周年校庆题词

年温中八十周年校庆时题词又有“春草池塘忆往年，春风化雨仰先贤”，可见其感情至深。夏鼐梦中童年时代景物，重现最多的就是温州十中。夏鼐对老校长金嵘轩本人尤为崇敬，每有机会必定趋前晋谒。

夏鼐家居时也有收藏的癖好。一是收集香烟盒里附赠的小画片，当时自己家中没有人吸香烟，但舅父的烟瘾很大，由舅父那里弄到一些；门前“广发源”商号常备香烟用于招待顾客，可以讨来；父亲再替他另外收集一些。其中，有英美烟草公司强盗牌香烟的《三国演义》人物，其他品牌香烟的《水浒传》人物及“百美图”等。虽然似乎都没有凑成全套，但是空暇时加以浏览，对于小孩子仍是极大的乐趣。这些小画片后来都赠给了亲友家的孩子们。再是收集古钱，不求珍品，也不求凑成全套，主要靠父亲帮忙。最初是从自己家中旧存的几串制钱中选出一些，父亲又从谢义兴铜锡铺的废铜中拣出一些。夏鼐在出国留学前夕将所存 131 枚古钱装订成册，并逐一写出说明，1952 年举家迁居北京时将这钱币册赠送给温州文管会，现藏温州博物馆。[①]

沪渎三年

1927 年夏，夏鼐由浙江省立第十中学初中部毕业时，是被保送直接

① 伍显军：《夏鼐先生捐赠的钱币册》，《上海文博论丛》2005 年第 4 期。

升入高中部的五名优秀毕业生之一。但他领到毕业证书后并未在本校入学，而是远赴上海，报考光华大学附属中学（华东师范大学附属中学的前身），以期扩大眼界，更好地学习科学文化知识。因为夏鼐第一次出远门，大哥夏鼎特地陪伴，乘招商局的海轮前往上海。当轮船驶抵十六铺码头将靠岸时，夏鼐一眼望见黄浦江边的外滩，尽是高耸的洋楼，汇丰银行、江海关、沙逊大厦和中国银行等，巍然矗立于阳光之中，使他初次感受到西洋建筑物的雄伟。

光华大学及其附属中学，是沪上新近建立的私立学校。1925 年“五卅”惨案发生时，圣约翰大学及其附属中学师生参加爱国活动，遭到身为美国基督教会牧师的校长卜芳济（Hawks Pott，F. L.）的百般阻挠，不许罢课和降半旗致哀。于是爱国师生愤而离校，誓与外国教会脱离关系，随后便在社会各界的大力支持下自行办学，取古《卿云歌》“日月光华，旦复旦兮”之意，定名“光华大学”。这与脱胎于天主教会震旦大学的复旦大学同出一典。时任沪海道尹的张寿镛，被推举为光华大学校长。起初在霞飞路（今淮海中路）租屋为大学临时校舍，在枫林桥租屋为附中校舍，1926 年营建正式校舍于大西路（今延安西路中山路口，1937 年“八一三”后光华校舍被毁，原地现为东华大学校址）。当时公开宣布的办学宗旨是“培养高尚人格，激发国家观念”，校训则为“知行合一”。

1927 年夏鼐到光华附中入学时，校址已在大西路。附中和大学同在一个大院之内，校舍尚未完全建成，只有两幢大屋顶的教学楼、两座学生宿舍，临时教室则是二三十间竹筋土墙的茅草棚。这种教室，夏天颇为凉爽，冬天则奇冷无比，上课时要穿棉袍，手冻得难以认真笔记，但同学们从不叫苦。

光华附中当年的教学情况，与省立上海中学、南洋模范中学齐名，是上海的三大名校之一。当年的光华大学副校长廖世承，兼中学部主任。他于民国初年由清华学校派送留美，专攻教育学和心理学，是一位早期获得博士学位的教育家；1949 年以后曾任光华大学校长、华东师范大学副校长、上海师范学院院长。光华附中在课程上，国文、英文、数理化并重，数理化和外国历史都用英文教材。授课老师多为高水平的名师，其中国文一课先后由顾荩丞、王蘧常执教，两位先生后来都是知名的大学教授。

夏鼐当年读书用功是很突出的，每个学期开学时已经把主要课本从头到尾自学一遍，这样打好一定的基础，再加上课堂认真听讲，所以成绩特别优秀。高一下学期开学前，学校实行分科，夏鼐返乡尚未回校，同宿舍的同学代报文科，由于分科并不严格，也就听任了。他不但对文史方面兴趣甚浓，而且对数理化也肯钻研，成绩同样出众。夏鼐感到光华附中的各门课程，只有英文比温州十中所学高深，一两个月也就赶上了，其余反不及温州十中，所以有较多的时间用于课外学习，还不时抽空去大学部偷听名教授所讲课程，如胡适的“中国哲学史”、张东荪的“西洋哲学史”、吴梅的“中国戏曲史”等。1927 年 11 月 16 日下午，鲁迅莅临光华大学讲演，夏鼐亦曾到场听讲。当时鲁迅刚于 10 月从广州来到上海定居，各大学纷纷约请讲演。他在光华大学讲演开场时说了几句客气话：“谢谢各位的邀请，还承你们派汽车来接我，事实上我今天要说的话，是不值得派汽车来接的。”给大家留下极为深刻的印象。后来王蘧常在国文课上，要同学以“我所最钦佩的一个人”为题作文，夏鼐便写了一篇听鲁迅讲演的杂感。由于中学的课程较多，他又不愿意旷课，有时只是在窗外一观名家风采，未能进入教室听讲。见于《夏鼐日记》的名家还有张歆海、徐志摩、钱基博、吕思勉，等等。

光华附中时期的同学和同乡王祥第，曾忆及夏鼐课外学习的情况。[①]那时大多数同学是寄宿生，寝室兼作自修室，八个人一间。有一个学期，与夏鼐同室的七位同学都是上海人，课余常在室内拉琴唱戏，有时还伴以锣鼓，他身处其间，却仍能全神贯注，静心地读书、写作业，完全不受干扰。夏鼐课外阅读的另一个突出表现是广泛涉猎，强化记忆，每有

① 王祥第：《夏鼐在光华附中的日子里》，载严廷昌等编《光华的足迹——光华大学建校七十周年纪念集》，华东师范大学出版社，1995。

心得，随时摘录于便条纸上，默读几遍后付诸一炬。为什么不保留呢？他说，手抄加强印象，默读为巩固记忆，反复阅读几遍就记住了。他这样锻炼自己的记忆能力，取得了很好的效果，一些外国名人如爱迪生、拿破仑等的生卒年份，都能准确无误地说出来。夏鼐曾要求自己每天读课外书刊100页，无论在校期间还是假期回家都是如此，经常在图书馆翻阅书报杂志，涉及的方面很广，甚至《东方杂志》那种大型综合性刊物，几乎每期都整本阅读。王祥第与夏鼐早在初中时期即曾同窗，经过高中阶段，后又同在清华大学历史系就读，亲密的友情保持终生。平阳人王栻，也是夏鼐初中、高中和大学时期的同窗，友情深厚，经常与夏鼐在一起切磋学问，后来曾任南京大学历史系教授，主要从事中国近代维新运动的研究。交往较多的光华附中同学还有张宗燧，是时任光华大学文学院院长张东荪的次子，就读清华大学时期与夏鼐同住过一间宿舍，并且同时去英国留学，后为著名理论物理学家，曾任中国科学院学部委员。

光华附中的管理十分严格，全体同学都穿制服上课，半月一次的例会按座位号入席，上课、开会时迟到或缺席订有罚则，又在晚间按时点名。为培养学生多方面的进取精神，课外开展种类繁多的研究、比赛活动，并且编辑出版学生刊物，由校方给予一定的资助和指导。夏鼐的学习成绩是相当优秀的，有两个学期获得全年级第一名，还在全校国文作文竞赛和英文翻译竞赛中获得银质奖章，曾担任光华附中学生会周刊的编辑部主任和文艺组负责人。

夏鼐在高中毕业前已有相当的抱负。1930 年 4 月他的国文课作业以《减字木兰花·春晓》为题写道：

> 晨曦一抹，微透窗纱红似血。别院东风，时带余香入房栊。莺啼燕语，帘外任他春几许。客枕春慵，梦绕关山睡正浓。[1]

---

① 未发表，手稿藏温州市博物馆。

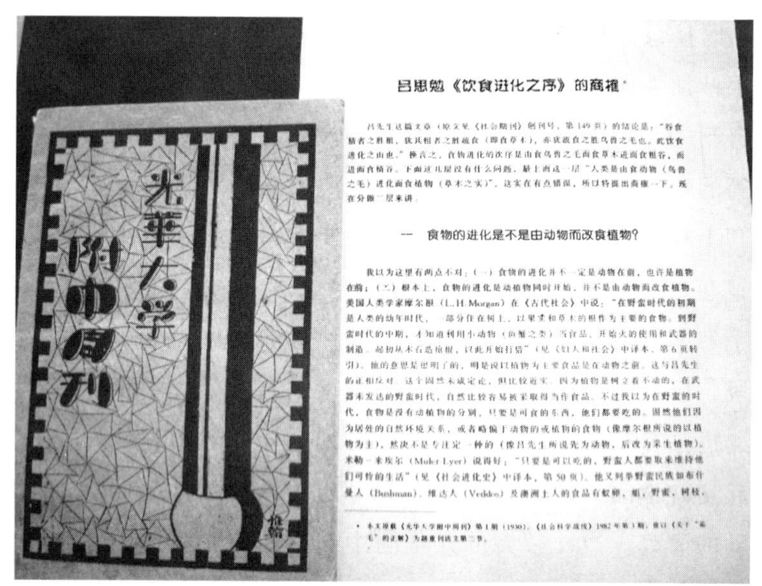

吕思勉《饮食进化之序》的商榷*

吕先生这篇文章（原文见《社会期刊》创刊号，第149页）的结论是："谷食精者之胜粗，犹其粗者之胜蔬食（即食草木），亦犹蔬食之胜鸟兽之毛也。此饮食进化之由也。"换言之，食物进化的次序是由食鸟兽之毛而食草木进而食粗谷，而进而食精谷。下面这几层没有什么问题，最上面这一层"人类是由食动物（鸟兽之毛）进化而食植物（草木之实）"，这实在有点错误，所以特提出商榷一下。现在分做二层来讲。

一　食物的进化是不是由动物而改食植物？

我以为这里有两点不对：（一）食物的进化并不一定是动物在前，也许是植物在前；（二）根本上，食物的进化是动植物同时开始，并不是由动物而改食植物。美国人类学家摩尔根（L.H.Morgan）在《古代社会》中说："在野蛮时代的初期是人类的幼年时代，一部分住在树上，以果实和草木的根作为主要的食物。到野蛮时代的中期，才知道利用小动物（鱼蟹之类）当食品，开始火的使用和武器的制造。起初从木石造枪棍，以此开始打猎"（见《妇人和社会》中译本，第6页转引）。他的意思是很明了的，明是说以植物为主要食品是在动物之前。这与吕先生的正相反对。这个固然未成定论，但比较近实。因为植物是树立着不动的，在武器未发达的野蛮时代，自然比较容易被采取得当作食品。不过我以为在野蛮的时代，食物是没有动植物的分别，只要是可食的东西，他们都要吃的。固然他们因为居处的自然环境关系，或者略偏于动物的或植物的食物（像摩尔根所说的以植物为主），然决不是专注定一种的（像吕先生所说先为动物，后改为采生植物）。米勒－来埃尔（Muler-Lyer）说得好："只要是可以吃的，野蛮人都要取来维持他们可怜的生活"（见《社会进化史》中译本，第50页）。他又列举野蛮民族如布什曼人（Bushman）、维达人（Veddes）及澳洲土人的食品有蚁卵、蛆、野蜜、树枝、

* 本文原载《光华大学附中周刊》第1期（1930），《社会科学战线》1982年第3期，曾以《关于"茹毛"的正解》为题重刊该文第二节。

夏鼐就读光华大学附中时参与编辑的学生刊物，
及其发表的与吕思勉教授商榷的文章

跋语申述说：

> 这篇本是带点象征派的色彩，旭日红霞，象征着赤色潮流的猛进。有勇气有血性的青年，都要受这刺激而兴起，为新社会的产生而努力。然而可怜受了布尔乔亚阶级的遗毒的我，却正在迷梦方酣，虽意识到现代的思潮，而竟不能奋起。不长进的驽庸的人，恐终将要受到没落的悲哀。

当时他的志愿是进交通大学工科或清华大学文科。想进工科，是幻想做一名工程师："在辘辘作响的马达旁边辛勤着、挣扎着，每天劳作几小时，然后划上一根香烟，躺在沙发椅上，悠然看闲书，这种生活是何等安逸和可爱。"至于文科，他在光华附中已有出色的表现，曾经写有以《论永嘉学派》为题的作文，对中国思想史上这一重要学派的宗旨提出颇有见地的看法，并且写道："一个社会中具有善心的人已经稀少了；若这

班人又只以洁身自好为止，不思轰轰烈烈地干一番事业，这种社会便难进步了。"[①] 更为难得的突出表现是，夏鼐于高中毕业前夕在《光华大学附中周刊》第1期发表他的第一篇学术论文，题为《吕思勉〈饮食进化之序〉的商榷》，指名道姓地向时任光华大学历史系主任的吕思勉教授提出商榷，从科学常识和文字训诂上批评将"茹毛饮血"的"茹毛"解释为"食鸟兽之毛"的传统错误，断定这个"毛"字的正解应为"草木"，表现出勤于思考、善于钻研、敢于挑战的可贵精神。[②]

夏鼐在光华附中读高中时期即已结婚。夫人原名"李秀英"（夏鼐嫌这名字俗气，婚后为她改名"李秀君"），娘家是温州旧城南门外双屿山的富户。他们的结合，完全出于"父母之命，媒妁之言"。1924年春夏鼐刚进初中时即已订婚，但在婚前二人没有见过面。由于秀君的大弟与夏鼐同在温州十中读书，所以她早就获知未来的夫君沉默寡言、衣着朴素、一心向学。1927年农历十一月二十八日[③]他们成婚时，夏鼐直到二十六日才从上海赶回，婚后不到一星期，又急忙返校参加期末考试。秀君年幼时一度缠足，只读过短时间的私塾，但貌美贤淑，勤俭持家，以病弱之躯，独自在家服侍公婆、抚育儿女，长达二十余年。而夏鼐从1927年开始离开温州在外学习、工作，专心治学，仅有数的时间返乡探亲，直到1952年才将全家迁到北京团聚。夫妇二人虽然在文化上差距很大，但始终以仁爱、宽厚的感情，相濡以沫，共同走过半个多世纪的生活历程。

---

① 原未发表，后收入《夏鼐文集》第五册，第3～5页。

② 部分内容以《论"茹毛"的正解》为题，重刊于《社会科学战线》1982年第3期；全文见《夏鼐文集》第五册，第6～9页。

③ 夏鼐夫妇结婚的准确时间是1927年12月21日，《考古学家夏鼐·影像辑》一书误为1928年2月。参见《考古学家夏鼐·影像辑》，中国社会科学出版社，2011，第152、188页。

第二章　燕园和清华园的岁月

燕京大学一年

1930 年暑假夏鼐由光华附中高中毕业时，考试成绩优异，本来可以免试升入光华大学本科，但他并不以此为满足，整整一年都在加紧准备功课，要么投考交通大学工科，要么投考清华大学文科，以期走向更高的目标。然而事与愿违，他在毕业考试之后突然发现患有沙眼，交大和清华都不能报考，感到无限的失望。于是退而求其次，改变为既在上海报考燕京大学，又去南京报考中央大学，结果两个大学都被录取。夏鼐经过慎重考虑，决定长途跋涉，远赴向往已久的中国文化中心——古都北平，先行就读燕京大学社会学系。

8 月 30 日恰逢“七夕”女儿节，夏鼐辞别了日渐衰老的双亲和怀抱不满周岁爱女的娇妻，由温州乘船去上海，次日到达。由于正值蒋、冯、阎中原大战，津浦铁路不通，只得再乘海轮北上。9 月 2 日清晨，在上海外滩登上英商怡和公司的“定生号”轮船，9 时起锚远航。2 日当天，风平浪静，轮船行进在万里碧波之上，虽不啻一叶扁舟，但饮食起居尚较正常。第二天（3 日），风浪颇大，颗粒未进，仅食数枚去皮橄榄，偃卧床上将林纾译本小仲马的《茶花女遗事》阅读完毕。第三天（4 日），早晨略进咖啡及饼干，8 时抵达威海卫时，轮船没有靠岸，停泊海上一小时许，倚栏眺望威海卫和刘公岛；午餐后在烟台停泊约 4 小时，轮船继续航行，风浪更大，略进晚餐后又偃卧床上。第四天（5 日），早餐后赴舱面闲眺，四顾茫然，并无片帆孤屿，朝阳为叆叇黑云遮掩，仅射微光于海面；少顷微雨纷纷，天空阴霾，只好仍下舱偃卧。午间船进大沽口，下午 4 时抵天津。第五天（6 日），晨 8 时乘北宁路火车，于 12 时许终于到达北平前门车站。夏鼐面对巍峨的正阳门和箭楼，感到虽然没有前门牌香烟盒上的图画那么优雅，长时间的风吹雨打已使它们显得越发古朴，但这才是真正的东方艺术。车站门口有燕京大学的新生接待站，接待人员热情地引导他在附近用餐、领取行李，后乘黄包车经东交民巷去东安市场购物，再去南池子搭乘燕大校车。车行半个多小时，穿过遍布高粱、玉米的田野，夕阳西下时分进入秀丽的燕园。

燕京大学的校舍，是在明代米万钟“勺园”、清代和珅“淑春园”等园林的基础上，于 1921 年开始营建的（1952 年夏全国高校院系调整后，燕园成为北京大学的校址）。夏鼐入学时校舍全部建成不久，看到各处都是崭新的面貌，心中非常愉快。二三十幢雕梁画栋的宫殿式楼房，大小不同，功能各异，分布在茂密的树林之中，衬托着绿茵般的草坪，产生无限的美感。进入燕大校门，跨过校友桥，便是全校的中心。迎面为雄伟的“贝公楼”（现称“办公楼”），楼前草坪上耸立一对原置圆明园安佑宫前的蟠龙石华表，左右两侧分列文、理学院教学用的睿楼和穆楼（现称“大雅堂”和“外文楼”）。穆楼右后方往东，有男生第一、二、三、四宿舍楼（1952 年后曾改称“德斋”“才斋”“均斋”“备斋”，现称“红一”至“红四”楼），及夹在其间的第一、第二两个食堂楼（现称“红五”和“红六”楼），迤逦罗列至未名湖畔。未名湖东岸有男体育馆（现称“第一体育馆”），及仿通州燃灯佛塔的辽式“博雅塔”（水塔），南岸则有花神庙。睿楼以南有图书馆（现为北大档案馆）、适楼（现称“俄文楼”）和姊妹楼（现称“南阁”“北阁”）、作为女生宿舍的四个院落（1952 年后增建两个院落），以及女体育馆（现称“第二体育馆”），等等。

就读燕京大学社会学系时的夏鼐，
及其当时居住的第一宿舍楼（现北大红一楼）

夏鼐在燕京大学注册的社会学系，属于法学院，学号30040；入住的宿舍是邻近贝公楼的第一宿舍楼上层北头东侧的229号房间[①]。出该宿舍楼北门右转，有复道与第一食堂楼连接。宿舍楼的墙体很厚，夏季颇为凉爽，冬日辅以暖气也很舒适；内部的生活设施相当完备，楼上和楼下中部的西侧，各有一间兼供沐浴的宽大卫生间。每个房间的面积将近20平方米，住两位同学，钢丝床上垫以厚厚的草垫，二人合用一个宽大的书桌，两面各有一屉，南北两壁各有一个用以放书的搁板，另外还有一个二人合用的立柜或五斗橱。与夏鼐同住第一宿舍楼229号房间的，是光华附中同学、经济系的刘古谛。由于所住房间不久前曾有人在其中自缢身亡，胆小的同学往往闻而却步。有一次几位光华附中时期的同学来访，其中两位女同学听说后吓得连忙逃走，而他始终安之若素。有时刘古谛进城未归，他独自睡眠也无所畏惧。刘古谛后来毕业于清华大学经济学系，继而赴美留学，归国后曾任广西银行行长等职。

---

① 现为北京大学考古文博学院考古系教师办公室。

夏鼐当时接触较多的同班同学，主要有蒋旨昂和瞿同祖。蒋旨昂后来是社会学家，执教于华西大学，曾在四川汶川、理县一带进行民族学调查。瞿同祖系清末重臣瞿鸿禨的嫡孙，后来是历史学家，曾任西南联大教授，后长期执教于美国哈佛大学，“文革”前夕回国，1978年起任中国社会科学院近代史研究所研究员，1980年作为夏鼐率领的中国历史学家代表团成员，出席在布加勒斯特举行的第15届国际历史科学大会。中国国民党荣誉主席连战的母亲赵兰坤女士，也是他们的同窗。

夏鼐在燕京社会学系一年级所修基础课有国文和英文。国文老师钱穆原是苏州的中学教师，经由顾颉刚鼎力推荐到北平，应聘为燕京大学国文系讲师。据回忆，钱穆终年身穿长袍，用曾国藩选编的《经史百家杂钞》作教材，“以临时机缘，或学生申请选授一篇”；讲课时，他左手执书本，右手拿粉笔，在讲台上踱来踱去，讲到得意处则突然停步，笑对台下同学，谈吐风趣，兴味盎然。[①] 考试的方法较为活泛，或者出一两个作文题目，或者由同学自定作文题目，按预定时间交卷即可。第一学期末的作文题目是：（一）“到校半年之回顾”；（二）“《史通·疑古篇》书后”。第二学期末自定作文题，夏鼐写了《五四运动发生原因之探究》。[②] 夏鼐在光华附中已有良好的英文基础，为追求更高的目标，他要求自己每天阅读英文书100页，做到“与其读快而不入脑筋，宁可慢读而领会每句话、每个字的意义”，坚信“读书没有一蹴便到的捷径”，“不能太取巧以贻后悔”。夏鼐在课外认真阅读了英国诗人丁尼生（Tennyson，A.）《亚瑟王之死》、英国作家狄更斯（Dickens，C.）《双城记》以及威尔斯（Wells，H. G.）《史纲》《莎氏乐府本事》等名著。他读书时坚持的良好习惯是，对于有中文译本的外文书，无论部头大小，总是相互对读，在加深理解中订正中译本的误译。例如，阅读歌德（Goethe，J. W.）的《浮士德》时，将郭

① 参见钱穆《八十忆双亲 师友杂忆》，生活·读书·新知三联书店，1998，第161页；陈勇《钱穆传》，人民出版社，2001，第66~67页。

② 原未发表，后收入《夏鼐文集》第五册，第10~13页。

沫若中译本与英译本对读，并作札记。他还参加过英语辩论会，题目是“Resolved：Environment Has Greater Influence upon a Person than Heredity”（毫无疑问，环境比遗传对人的影响更大），持反方意见，即主张“遗传对人的影响更大”。

当时的专业课主要有政治学、经济学和生物学，都由早年留美的名师讲授。政治学教授萧公权，曾任教于十多所大学，主讲中外政治思想史，1948 年当选为中央研究院首届院士。经济学教授任宗济，从事中国近现代社会经济问题研究。他们指定的课外参考书很多。夏鼐在这一年阅读的中文参考书有：漆树芬《经济侵略下之中国》、朱新繁《中国革命与中国社会各阶级》、郭沫若《中国古代社会研究》、陶希圣《中国社会之史的分析》、河上肇《经济学大纲》（陈豹隐译本）、波格达诺夫《经济科学大纲》（施存统译本）。英文书有：黑斯（Hayes，Carlton J. H.）《欧洲近世政治社会史》（*A Political and Social History of Modern Europe*）、威洛比（Willoughby，W. F.）《现代国家的政府》（*The Government of Modern States*）、加纳（Garner，J. W.）《政治学与政体》（*Political Science and Government*）。他还陆续阅读了不少马克思主义的经典著作，其中包括：马克思《资本论》《哲学的贫困》《费尔巴哈论纲》，恩格斯《反杜林论》《家庭、私有制和国家的起源》，马克思与恩格斯合著《共产党宣言》，列宁《唯物论与经验批判论》《国家与革命》，斯大林《列宁主义问题》，普列汉诺夫《论一元论历史观的发展》，等等。夏鼐也曾详细阅读若干大部头英文社会学论著，如索罗金（Sorokin，P. A.）《当代社会学学说》（*Contemporary Sociological Theories*），上下两册合计 1400 多页。该书详细阐述了当代社会学各个学派的主要观点，并进行适当的批评。他边读边作札记，因而对当代社会学的流派了如指掌。

生物学的授课老师李汝祺，是美国遗传学家摩尔根（Morgan，T. H.）的弟子，曾任中国动物学会理事长和中国遗传学会理事长。夏鼐一度对生物学很感兴趣，感到既不像数学、物理学那样枯燥，又不像文哲学科那样虚浮。他曾认真阅读英文原本伍德罗夫（Woodruff，L. L.）

《生物学基础》（*Foundation of Biology*），并将书末的索引译成中文，又曾阅读克罗伯（Kroeber，A. L.）《人类学》（*Anthropology*），其中讲到人类化石、先史时代与考古学。他还注意到杨钟健、裴文中关于周口店遗址和北京猿人化石的论文。这与夏鼐后来以考古学为自己的专业，不无一定的关系。

另外，专业课还有林东海的“社会问题”，夏鼐不感兴趣。至于选修张尔田的“中国史学概论”、俞平伯的“小说研究”，虽然都是为了凑学分，但也曾认真撰写张氏所著《史微》的读后感，及颇有见地的《小说与话本之比较》一文。夏鼐在课余时间，还收集资料，准备撰写乡先辈叶适（水心）的年谱。叶适是南宋时代的思想家，永嘉学派的代表人物，提倡“功利之学”，反对空谈性命。令人遗憾的是，夏鼐未能将这部年谱写成。

夏鼐在课外，与同学有时去体育馆打乒乓球，有时在宿舍打桥牌或下象棋，偶尔也会为输赢争执得面红耳赤。但他更喜欢钻进图书馆的书库，信手翻阅书架上的书刊，往往待上大半天，深感广泛涉猎是增长知识的有效途径，可以取得意想不到的收获。后来，燕大图书馆为避免书刊丢失，改变为闭库制，他感到很不方便，认为图书馆为阅读者方便起见，应该将书库开放，增强书刊流通的效率，纵使有不肖之徒私窃书刊出外，也只好忍痛耐受。他主持中国科学院考古研究所工作以后，所内的图书室始终坚持有限制的书库开放制度，使所内研究人员受益匪浅。夏鼐在每天午休以后，照例从第一宿舍楼南行数十步，去图书馆浏览各种报纸，北平出版的《北平晨报》《京报》《民国日报》《华北日报》《全民报》《世界日报》《英文导报》，天津出版的《大公报》《益世报》《庸报》，上海出版的《申报》《时报》，十几种报纸逐一翻阅。他还经常阅读综合性大型刊物《二十世纪》《东方杂志》，以及英文刊物《美洲评论周报》和《当代历史》，密切关注各方面的社会新闻，并不时与同学进行坦诚的讨论。他自认为是“天生的读书种子”，曾在当年的日记中述说自己“念书成了瘾，用功这字和我无关，要克制欲望以读书才配称用功，上了瘾的人便不配称用功。不过我的读书瘾是喜欢自己读书，不喜欢有教员在后面督促着。”①

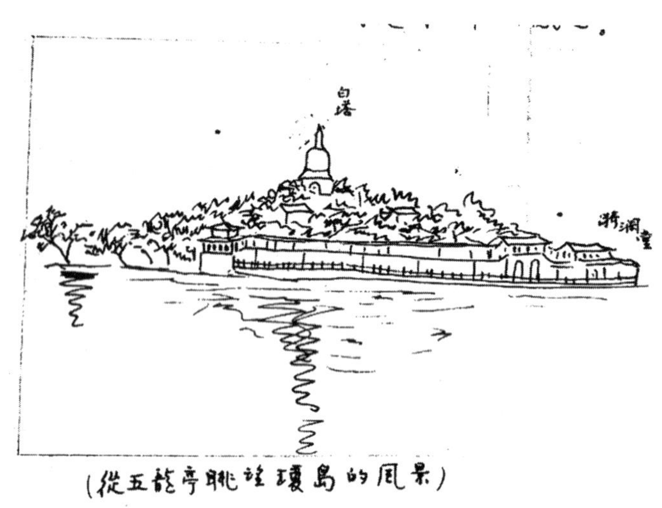

夏鼐初到北平游北海时手绘的琼岛景观速写

那个时候，夏鼐还不善于交际，特别是由于不大会讲普通话，遇到北方人往往一句话也不敢说，所以经常在一起闲谈的主要是温州老乡或者光华附中的老同学，大家也不时在假日出去郊游。不到一年的时间，他们一道遍游北平的诸多景点。城内的故宫、北海、瀛台，西郊的颐和园、圆明园、万牲园（今动物园）、香山、八大处，远郊的妙峰山、八达岭，都留下了夏鼐的足迹。1931 年清明前往八大处时，十人同行，八人骑驴（另二人胆小，乘黄包车），浩浩荡荡，时而驰驱，时而缓辔，穿行在新柳夹道的郊野之中，但见淡淡的嫩绿色衬着蓝天，像薄雾，又像轻纱，感觉分外的新鲜，由此也领略到古人所谓“柳如烟”的妙处。5 月 24 日与几位同学远道参观妙峰山进香活动。事前进行资料准备，他特地借阅《民俗周刊》的“妙峰山进香调查专号”（1929 年出版）。当天清晨

① 《夏鼐日记》卷一，第 31 ~ 32 页。

6时许乘黄包车从燕京大学出发，两个小时车行40里抵达山脚小憩，9时许由山脚步行40里上山，正午到达金顶的娘娘庙（碧霞元君祠），饱览香会的各种民俗风情，还曾在神殿戏求一签。往返160里，历时14个小时，回到燕大已是晚8时许，劳顿得精疲力竭。

经过一段时间的亲身体验，夏鼐觉得燕京大学社会学系并不适合自己，决心离开环境优美的燕园，转学插班到向往已久的清华大学。

清华大学文学院的佼佼者

夏鼐决定转学清华大学后，于1931年7月8日前往设在北平城内北河沿北大三院（现为最高人民检察院所在地）的报名处，报考清华第六级（1925年清华学校改为大学后的第六个年级，即应于1934年毕业的1930级）社会人类学系二年级插班生。当时曾有一番小的波折，燕大开具的修业证书上没有写明“修业期满，成绩及格”，夏鼐开具倘录取后发现弊点自愿退学的保证书，方才领到准考证。7月16～18日在该处顺利应试。8月7日高兴地接到录取通知书，9月7日去清华园报到，实现了自己的夙愿。办理入学手续时，除查对照片、复验体格、缴费、交保证书等项外，还遭遇美式老生给新生下马威的Toss（音译“拖尸”，意为“猛然抛起”，由四名老生抓起一名新生的四肢摇晃，然后抛到运动垫子上）。入学后，宿舍确定在二院附4号（现已拆除）。

夏鼐本不准备继续读社会学系，但对究竟转陈桢教授为系主任的生物学系，还是转蒋廷黻教授为系主任的历史学系，开始并未拿定主意。在清华入学后去注册处接洽时，注册主任说需要先得到系主任和教务长的同意，他便先去见社会学系主任陈达教授，又去见教务长张子高教授，请求转系。

经过一个多星期的洽商，夏鼐才以历史学与社会学性质相近的理由，办妥转入历史学系的注册手续。这时正值“九一八”事变发生之际，21日全校同学集会三小时，群情激昂，议决了关于抗日的一些提案。有人提议清华全体同学徒步赴南京请愿，又有人提议清华全体师生绝食抗议一天，但都没有获得通过。同学们曾于9月22日听取蒋廷黻教授所作题为“日本此次出兵之经过及背景”的讲演，夏鼐在日记中对此进行了评述：“吾人对策之治本方法，在于民族与个人之根本改革，中国人遇小事委靡不振，遇公事贪婪腐败，此种习性非大行改革不可。”[①] 随后全校停课，夏鼐参加了去郊区宣传日寇暴行的活动，曾步行二三十里抵达北郊的沙河镇，并进入昌平县城。学生大会又通过决议，停课三个星期进行军训，前往西苑兵营，参观机关枪、迫击炮等兵器，并观看步兵操练。其间，校内发生历史系教师吴其昌为请求政府出兵绝食、学生代表赴南京请愿等事件，直到11月底方才正常上课。夏鼐当时认为，某些议案是在感情冲动下通过的，救国只有下死功夫来学别人的长处，以求并驾齐驱，而终于轶出其上。至于停课、出操、请愿，至多只能振奋民气，实际上没有什么效果。不过在受压迫的情形下，感情冲动非但不能避免，并且是可嘉许的一件事。1954年他翻阅自己这时的日记时曾经写道：“1931年是惊动世界的一年，全国蓬勃兴起救亡运动。然而我仍沉迷于读书生活中，可见我当时民族观念的淡薄，有点醉生梦死！今日翻阅，不禁汗流颜赤！”[②] 时值“思想改造”运动之后，如此感言可以理解。实际上他对民族危亡是非常关心的，这段时间阅读的书籍，主要有李剑农著《最近三十年中国政治史》（600多页）、刘彦著《帝国主义压迫中国史》（800多页）。

1931年10月14日著名教育家梅贻琦教授被任命为清华大学校长，12月3日正式到任并向全校师生发表讲话，强调“所谓大学者，非谓有大楼之谓也，有大师之谓也”。清华大学校训是“厚德载物，自强不息”，奉行通识教育。当时正值清华大学早期的黄金时代，图书仪器完备，各科名师云集。而历史学系，经过蒋廷黻两年来的革新，已经走上正轨，特点是中外历史并重，要求学生多学外国语文及其他人文学科。这些对

① 《夏鼐日记》卷一，第74页。
② 《夏鼐日记》卷一，第87页。

于夏鼐都有深刻的影响。二年级所修课程有：吴其昌讲授“中国通史”，孔繁霱讲授“西洋通史”，钱穆讲授“战国秦汉史”，商承祚讲授“殷虚文字研究”，史禄国（Shirokogoroff，S. M.）讲授“人类学”及“法文”，等等。三年级选修课程有：雷海宗讲授“史学方法”和“中国上古史”，陶希圣讲授“中国社会史”，蒋廷黻讲授“中国近代外交史”，刘崇鋐讲授“西洋十九世纪史”，以及钱稻孙讲授“日文”，等等。四年级选修课程有：陈寅恪讲授“晋南北朝隋史”，张星烺讲授“宋辽金元史”，噶邦福（Gapanovitch，J. J.）讲授“希腊史”，赵万里讲授“版本目录学”，等等。另外还有体育、军训等。

1932年初，夏鼐在日记中计划，本年预备课外读50部以上100部以下的书籍；法文至少要认识2000个以上的生字（单词），年终时能够翻字典阅读浅近的法文书。暑假中读点外交史的书，同时对中国通史方面已出版的书籍加以系统的研究。为学好钱穆的“战国秦汉史”课程，他从上年年末开始，认真阅读《史记》及三家注，并参考清代梁玉绳的《史记志疑》，对《六国年表》《魏世家》《秦始皇本纪》等进行校订，先后写成并发表《魏文侯一朝的政治与学术》《秦代官制考》二文。

1932年初撰写的《魏文侯一朝的政治与学术》[1]，正文为钱穆讲课笔记的整理稿，夏鼐在每节之后附加自己的按语。其中关于“井田制之废除”，即“爰田制的施行”，按语长达3000余字，最为精辟。他详细论证后认为，无论是胡适的《井田辨》，还是郭沫若的《周金中的社会史观》，否定的都是孟子的那种本难成立的“豆腐干块”的“典型的井田制”，而赞同钱穆所说“虽有经界，不必那么整齐；虽是土地公有，分配平均，不必每家皆百亩；虽行助法，不必税率是九一”，即“修正派的井田制”。至于王宜昌所推想的轮耕制，则与“典型的井田制”无关。说到“爰田制”，夏鼐有自己的独到看法，认为这“是一种授田的制度，其特征是农民永耕于其地，不复与他农相易换”。他认为《左传》杜注“见

① 原载《清华周刊》第39卷第8期，1934；又见《夏鼐文集》第五册，第66~90页。

‘爰’字可释为‘易’，因之望文生义，实不可从”，将爰田解释为井田制下“三年爰土易后”的田制，或者把爰田制与轮耕法混而为一，都是出于误会，“最好还是解释‘爰，于也’，即永耕于其地的意思”。该文按语又言及“郡县制之发生，虽非起于秦始皇，然亦仍以秦国为最早。……魏文侯并没有立刻废止封建制”，“军民分治是战国逐渐成功的制度，不必归之于魏文侯一朝”，看法都与钱穆完全不同。

1932年6月撰写的《秦代官制考》[①]，主要根据《史记》中的有关本纪、列传，以及《汉书·百官公卿表》，对秦代的中枢政治中心（三公九卿）、其他中央官吏、武官、郡县官吏，进行详细考证与论列。最后得出的结论是：“秦代官制的作用，在于极能适应当时的时代要求。当时的时代要求，不外二点：一为政治上由封建改为郡县，力求政权的集中；一为造成军事上的严密组织，以武力统一中国。秦国对于前一点，多采用三晋的制度，如置相、立郡县等。关于后一点，因秦民族本来富于尚武的精神，故武官及封爵的制度及名称，多为秦国所原有，而罕稗贩自异国。这两方面的优点综合后，秦人便能无敌于天下，遂统一全中国。”“秦代官制对于后世的影响……历千余年而不衰，直到西洋的资本主义国家，用铁舰大炮击破了中国的闭关主义，中国的官制，才有根本的改革。”该文既有详细的史料考订，又有宏观的历史思考。夏鼐作为大学二年级学生，能够写出这样有分量的长篇论文，讨论秦始皇统一中国过程中订定官制的历史贡献，实属难得。

前已述及，夏鼐早在中学时代即曾对“茹毛饮血”的传统解释提出质疑，走上治学之路后，更加注意采取现代化的科学方法研究问题。1932年他在《清华周刊》[②] 第37卷第1期第一次发表的文章，是林语堂

① 原载《清华周刊》第38卷第12期，1933；又见《夏鼐文集》第五册，第46～65页。

② 《清华周刊》是当时清华大学的重要学生刊物，上自主编和专栏主任，下至发行，主要由学生担任。它是清华学子发表学术论文、书评、译文、诗词小说的园地，但也发表教授的文章。每个学期出版1卷12期，每期八九十页，约8万字，发行1500册左右。经费由校方补助，全年350元。各期除文艺、文史、自然科学、社会科学四个专号外，其余普通版都有文史栏。

《言语和中国文字二者起源的比较》的中译。为什么要将该文译成中文发表呢？他在所作“译者附注”中强调，深意在于“因为它可以指示我们一个研究国故的新方法，并且可以破除那种中国文字创始于‘伏羲画卦’‘仓颉造字’的荒唐神话”。[①] 他对形式逻辑问题也很关注，曾经下过一番功夫，1933 年发表有《宾词数量限制说之批评》[②]，对同窗王栻补译、严复原译、耶芳斯（Jevons，W. S.）著《名学浅说》中省略未译部分，进行逻辑学问题的深入讨论。所以，夏鼐论证问题总是非常严密，与其他学者讨论问题时往往关注是否合乎逻辑。

不仅如此，夏鼐对于社会科学理论也密切关注。1933 年发表的《奥本海末尔的历史哲学》一文[③]是这方面的突出表现。奥本海末尔（Oppenheimer，Franz）是德国社会学家和经济学家，所著《论国家》[④]篇幅不大，却论述了从古希腊罗马时期到现代关于国家的各种理论思想，并对国家的发展趋势作了预言，认为国家将会消亡，最终成为“自由民联合体”。但他属于强制论一派，主张国家起源于暴力的征服与平定。夏鼐的文章详细介绍了奥本海末尔的国家起源学说，在讲述国家起源、国家的形成过程、国家形成后的发展过程、历史的原动力四个方面之后，根据恩格斯《家庭、私有制和国家的起源》的论断，对其学说进行了尖锐的批评。该文指出，国家的起源“不一定由于暴力的侵占，有时是经济发达的自然结果，且又不一定是一种族对于他种族的征服，而可以是社会内部分裂的结果”，认为“奥氏概归之于［暴力］一元，似属未妥”。针对奥本海末尔主张国家发展的趋势是“经济手段逐渐发达，政治手段逐渐萎衰，以至于最终达到仅有经济手段而无政治手段”的渐变，即由阶级国家突变为无阶级的自由市民团体，夏鼐断

① 《夏鼐文集》第五册，第 14～23 页。

② 参见《夏鼐文集》第五册，第 24～37 页。

③ 参见《夏鼐文集》第五册，第 99～112 页。

④ 该书的中译本，1999 年由北京商务印书馆出版，作者姓名现译为“弗兰茨·奥本海”，所注卒年 1943 有误，应为 1946。

然指出这“也许在梦想中，永远不能实现”，强调“革命仍是这突变所未可免的手段”。

主持《清华周刊》文史栏

1932 年秋末冬初，由于向清华学生会所办刊物《清华周刊》投稿的机缘，夏鼐与时任该刊文史栏主任的吴晗相识并订交。他们二人都是清华第六级（1930 级）历史学系同学，又都是 1931 年从燕京大学转学过来的。按照清华的制度，从二年级开始选修课居多，同时需要补读一年级的必修课，因而二人很少共同上课（或许不曾共同上课），迟至这时才相识。1933 年 2 月下旬的一天，吴晗突然来访，动员夏鼐接替他担任《清华周刊》的文史栏主任。夏鼐先表示拒绝，说自己认识人少，不会组稿等。后周刊总编辑马玉铭（中文系同级同学）和吴晗一道动员，吴晗恳切地劝说：“答应下来吧，不要害怕，你会办好的。拉稿的事，我帮你的忙。我所以要你来替代我，因为我有朋友，也有敌人。你呢，你似乎没有很亲昵的朋友，但也没有反对你的敌人。”① 夏鼐便答应下来。

夏鼐接任《清华周刊》文史栏主任后不久，就在该刊第 39 卷第 3 期的“编后”提出尽量“学术化”的办刊方针：“关于文史，在理论方面，作者应当有自己的新进解，切勿抄袭前人之言”；“考据，这是研究史学一种必须的工具……并不是史学最终的目的。史学研究是多方面的，绝不是单方面的”。那个学期该刊第 39 卷文史栏刊登的稿子，有许多篇都是吴晗拉来的，特别是第 8 期“文史专号”，刊登有黄节、顾颉刚、朱自清、郑振铎、钱穆、闻一多等名教授的稿子。吴晗出力甚多，连各篇文章的编次“是依时代的早晚为准则的：始于周前，而迄于清末”，也是他们一道商定的。夏鼐还在“编后”中，对该专号刊发的历史类和文学类文章，作了导读性的评论。例如，希望读者读了钱穆的《战国时洞庭在

① 《我所知道的史学家吴晗同志》，载《夏鼐文集》第四册，第 252 ~ 253 页。

江北不在江南说》，“能引起剧烈的讨论”；指出顾颉刚《五德终始说残存材料表》，是“继续他的前次在《清华学报》上发表的名著《五德终始说》，其名贵可想而知”；指出郑振铎署名“西谛”的一篇短文“尤为难得”，不仅“阐明历来传《今乐府选》有五百卷说之非当”，“实启示我们喜欢中国旧曲人不少”。

夏鼐担任《清华周刊》文史栏主任期间，所做的工作主要是审稿、校对及退稿，倘若临近发稿字数不够，便要临时拉稿或自己赶写来补齐。他在审稿中，表现出深厚的学养和敏锐的判断力，例如：判定钱稻孙翻译日本学者岩井大慧《蒲鲜万奴国号考》一文，“颇为精赅，译文亦流畅”；判定牛夕（张傑）的《西周官制考略》，“搜集材料颇勤，方法亦正确。盖吾人如欲研究西周制度，非以金文为主，而以《诗》、《书》为辅不可。《周礼》伪书，不可用也”；判定辰伯（吴晗）的《汉代之巫风》，“虽以《汉代之巫风》为题名，而以其研究有素的西王母故事为主，虽篇幅不多，而工夫自见”；判定尚呆（孙毓棠）的《西洋封建制度的起源》，“叙述尚流畅，条理亦清楚，可以登载。但在理论方面并未见深刻”，主要是“（1）专以政治原因解释封建制度的起源，而忽视经济的原因；（2）即就政治原因而言，专重国家失其统治权以发生封建制，实则此为变例，真正之社会进化过程，乃由氏族而封建，而国家，非先由国家而后封建也”；判定霍世休《校勘学之必要及方法》，“系根据刘文典之讲演，作者虽罕新添之点，但以刘氏原意及引例甚佳，故可一读。”采用的稿件还有陶希圣《郭子仪及寒山子》等。这说明，当时夏鼐已经具有较丰富的学识和较高水平的把握能力。

夏鼐审稿时，倘若感到拟采用文稿的部分内容尚有可商之处，或致函作者商酌，或加编者按语。例如审阅辰伯（吴晗）的《读史杂记》，既感到“辰伯君专治明史，此篇寥寥十条，然非多读书而精读者不能下笔。虽所举多细节，然具见苦心。……其中甘苦惟身经其境者始能知之，不足为外人道也”，又感到“惟此篇之划分方法未见佳。校记之编次或依原书，或分种类，此篇最好采取后法，以示典型的误错，将来成为专书则应该用前法。”于是便写信将此意见告知吴晗本人。第二天接吴晗复信，信中说：“来示指出弟文编次不当，卓识精见，语语自学问中得出，清华园内治此，惟兄与弟二人，鲰生何幸，得拜面鍼。”夏鼐感到，这话大有《三国演义》中曹操煮酒论英雄时对刘备说“今天下英雄，惟使君与操耳”之慨，实际上他自己并没有这样的野心。编辑《清华周刊》文史栏，拉稿不易，退稿更难。由于退稿，不知得罪了多少投稿者。坚持半年以后，他只好步吴晗的后尘，也辞职不再继续干下去了，但《清华周刊》仍聘请他为“特邀撰稿人”。

不过，通过《清华周刊》文史栏的编辑工作，确实使夏鼐在清华园声名大振，[①] 传闻当时被誉为清华文学院的四大才子之一，另外三位才子是：同为第六级（即1930届）历史系的吴晗、外文系的季羡林，及高一个年级的（即1929届第五级）外文系的钱锺书。1933年秋夏鼐选修陈寅恪讲授的“晋南北朝隋史”课程，当时的制度是同学可选题撰写论文，期末交卷以代考试，于是他便阅读《通鉴记事本末》的北朝部分及其他历史文献，写了《读史札记：论北魏兵士除六夷及胡化之汉人外，似亦有中原汉人在内》，对陈师的“一般汉人皆从事耕织而无服兵役义务”说进行讨论。陈寅恪对自己的观点虽有所保留，但批示的总评语为：“所论甚是，足征读史（按：原笔误为“心”）细心，敬佩！敬佩！”[②] 一代大师陈寅恪对夏鼐如此赞许，是非常难得的。

1934年，吴晗与本校经济研究所研究生梁方仲、政治系毕业后在北平社会调查所工作的汤象龙倡议，邀约夏鼐、谷霁光、孙毓棠、朱庆永等历史系同学，以及当时在胡适家中工作的罗尔纲，共同发起清华大学

---

① 1984年10月，清华大学举办“吴晗与清华大学”展览，陈列的成绩单中有雷海宗“中国上古史”课程的考试成绩，夏鼐和吴晗都是“超等－”，其他同学则是“中等”。另据当时就读于燕京大学研究院的谭其骧回忆：“清华历史系中有吴晗、夏鼐两个最出色的学生，那是传遍了燕京历史系的。”（谭其骧：《怀念吴晗同志》，载氏著《长水集续编》，人民出版社，1994，第478页）

② 《夏鼐文集》第五册，第326～331页。

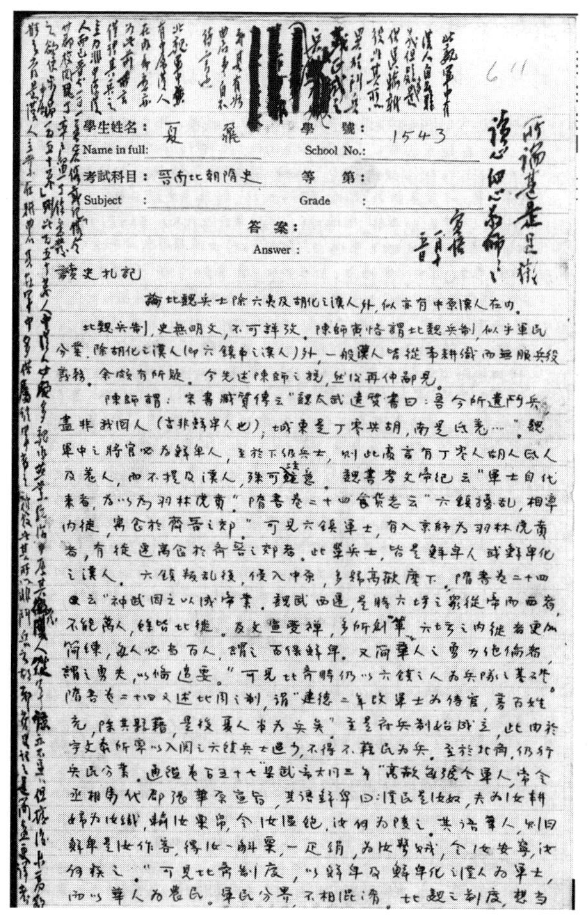

學生姓名：夏鼐　學號：1543
Name in full:　School No.:
考試科目：晉南北朝隋史　等第：
Subject:　Grade:
答案：
Answer:

讀史札記

論北魏兵士除六夷及胡化之漢人外，似亦有中原漢人在内。

陈寅恪称赞夏鼐“读史细心”的作业

史学研究会，于5月20日在北平城内骑河楼的清华同学会宣告成立。[①]清华史学研究会以《中国近代经济史研究集刊》、天津《益世报·史学》双周刊和南京《中央日报·史学》周刊等为其学术阵地，发表了大量的研究成果。这在当时有相当影响，后来研究会成员大都成为史学界的名家。

热衷于中国近代外交史

1932年春节前夕，“一·二八”事变在上海发生，爱国将领蒋光鼐为总指挥、蔡廷锴为军长的十九路军，打响了中国正规军奋起抗击日本侵略军的第一枪，使日军遭受重大损失，极大地振奋了全国军民抗日救亡的爱国热情。后来中国军队被迫撤出上海，则使爱国军民痛心疾首。日寇狡猾如狐狸、残暴如豺狼，激起了中国人民无限的义愤。这年暑假，夏鼐进大学后第一次返乡探亲，途经上海时，于6月15日特地前往“淞沪抗战”的战场凭吊。他先到闸北，见虬江路、宝兴路、宝山路一带皆成废墟，瓦

① 参见罗尔纲《师门五年记·胡适琐记》，生活·读书·新知三联书店，1995，第44页。

砾遍地，间有危墙半堵，弹痕密如蜂巢。再由天通庵，乘淞沪路火车去吴淞口的炮台湾，原有炮座约二十尊，除五六尊已移去外，其余皆被摧毁。归途在江湾下车，见车站前的劳动大学已被毁。继而又赴乡间寻访战壕遗迹，连日细雨，壕中积水成沟，农田中的炸弹坑亦成水潭。时已薄暮，夏鼐由小路返回租界，却又遭遇日本士兵的检查，这使他感到极大的屈辱和义愤。在这样的历史背景下，夏鼐于1932年6月18日回到故乡温州。两个半月的暑期生活，除了陪伴家人，尽享天伦之乐外，大量的闲暇时间，则用于阅读帝国主义侵略中国历史及有关方面的著作，主要有新近出版的王芸生《六十年来中国与日本》第1卷、马士（Morse，H. B.）《中华帝国对外关系史》（*The lnternational Relations of Chinese Empire*）、夏燮《中西纪事》，以及夏皮罗（Schapiro，J. S.）《欧洲近世与现代史》（*Modern and Past European History*）等书。还曾阅读《申报月刊》连载十九路军将领翁照垣的《淞沪战争回忆录》。

转眼开学在即，眼见默然相对的爱妻，强自欢笑暗中伤怀的父母，夏鼐实在不忍远离。8月30日仍然登船启程。这时津浦铁路已经重新通畅，从上海乘火车北上，途经山东曲阜时，下车游览孔林、孔庙、孔府和颜庙。开学以后的三年级课程中，夏鼐对蒋廷黻讲授的“中国近代外交史”情有独钟，除阅读蒋氏《近代中国外交史资料辑要》一书外，又阅读陆续出版的王芸生《六十年来中国与日本》第2卷和第3卷（全书共计8卷）、萧一山《清代通史》，以及《筹办夷务始末》等，并且在一年多的时间内撰写和发表了一系列相关论文和书评。

1932年11月，夏鼐撰写了第一篇书评，对蒋廷黻编《近代中国外交史资料辑要》一书予以评论。[①] 蒋书曾受到国内史学界的好评，称其“剪裁有法，俱见匠心”。而夏鼐认真阅读后，却感到尚有应予补正和值得商榷之处，因就“管见所及”进行批评。其中，“材料上的补正”部分，列

① 原载《图书评论》第1卷第6期，1933；又见《夏鼐文集》第五册，第199~208页。

举“西历年月日的错误”11条、“注明西文原字之误漏”10条、“标点上之错误”3条，基本上都不是手民之误，属于原稿中的硬伤。而“体例上的商榷”部分，则提出一些颇有见地的看法。例如“选择材料的标准”方面，针对编者以“信，要，新”三者为标准，提出对一部史料辑要而言，“最重要的还是要办到一个‘要’字，至于新不新则似可不必十分注意。即使没有新知识的贡献，而在一部用了新眼光来编辑的书中，旧材料也会发生一种新的意义。若以其旧而弃之，有时或者将使读者觉有不足之感”。“取材的来源”方面，认为全书均应“采取中外兼收的办法”，不宜甲午以前“当限于中国方面”。他提出“甲午以前的中国外交，虽尚保存相当的自力，但外交上折冲樽俎的结果，常是双方意见的折衷”，“专限于中国方面，实属未妥”。又如建议“中俄交涉的文件，最好能兼注俄历”；“奏折最好能兼注明拜发及奉朱批的月日”；以及对某些“专名”加以注释，许多事情“详其委曲”，许多人物“叙其生平”，注明史料中的阙佚，都是很好的改善意见。夏鼐作为清华历史学系三年级学生，冒昧地撰写尖锐批评系主任蒋廷黻先生的文章，在向校外刊物投寄前特送请蒋师过目，承蒋师接待面谈，当场表示对其“补正各点完全接受”，商榷部分则尚有一定的保留。

1933年，夏鼐有感于蒋廷黻《琦善与鸦片战争》一文言犹未尽，陆续写作几篇关于鸦片战争前后中英交涉的文章，将自己对中国近代史研究的理念、功底，及其过细的分析，表现得淋漓尽致。《〈道光朝筹办夷务始末〉订误一则》①，对蒋氏《辑要》一书中道光二十年七月廿二日琦善奏折附录的“二十日致懿律照会”进行考证，认为“这是鸦片战争中的重要文件，是由林则徐的主战政策转变到琦善主和政策的关键。照会中答应查办钦差大臣林则徐，为英人代伸冤抑，在当时是对外人极大的让步；琦善如果没有接到谕旨，是决不敢负担这重大的责任”。该文列举七月二十日以前道光皇帝的几道上谕，以及英国外相巴麦尊致其在华代

① 原载《清华周刊》第39卷第7期，1934；又见《夏鼐文集》第五册，第132～141页。

表训令等史料，辨明这实际是“八月初九日奏折的附件”，指出“这十几日之差，关系很是重大”，说明其为“七月廿五日接到谕旨训示后所作”，“琦善不过是‘钦遵谕旨’而已，算不得是擅自许和”。夏鼐的《鸦片战争中的天津谈判》一文[①]，则根据《道光朝筹办夷务始末》，参考中英文各种史料，更详细列举诸家记载天津谈判的失误，排比天津谈判前后的时间表，梳理林则徐初遭道光帝斥责的经过，从而对清廷由主战改变为主和的过程、琦善在天津谈判中的地位，作出比较接近事实的记述。至于《百年前的一幕中英冲突——拿皮耳争对等权的失败》一文[②]，又考证1834年英国政府派拿皮耳为代表前来交涉中英商务的情况。当时清廷自视为天朝，狂妄傲慢，不肯平等相待，始而因公文转递手续的争执，欲停止英国贸易，继而又为会谈的座位问题争执起来，双方剑拔弩张，交涉两个多月毫无结果，英方只好自认失败而暂时平息。但是英国生产力的持续发展，使其不愿继续忍受清廷对外商的种种束缚，遂必然发生“强迫中国开关”的鸦片战争。

夏鼐在1933年撰写和发表的另外几篇书评，也都十分精彩。其中，对名噪一时的萧一山所著《清代通史》外交史部分的批评最为突出。[③] 他丝毫不留情面地断言其为“这书中最不可靠的部分”，列举该书在史实上和译文上的大量错误，最后批评材料来源未能逐一注明，外国人名地名或不书原文、或未附中译，并且告诫萧氏：“研究中国近代外交史，非多参考西文书籍不可。听说萧先生在著作本书的时候，‘年纪还不到二十二岁’，自然还没有机会来多读西书。现在萧先生既有机会到英国去读书，而国文方面的材料，又增加了《道光朝筹办夷务始末》等书，宜可旁征博引，重写本书。吾人将拭目以俟之。”夏鼐当年的书生意气跃然纸上，也进一步反映了他严谨的治学态度和无畏的订正勇气。再如《评武堉干

① 原载《外交月报》第4卷第4、5期，1934；又见《夏鼐文集》第五册，第154~186页。

② 原载《国闻周报》第11卷第16期，1934；又见《夏鼐文集》第五册，第142~153页。

③ 原载《图书评论》第2卷第5期，1934；又见《夏鼐文集》第五册，第228~253页。

著〈鸦片战争史〉》[①]，不仅对该书的取材、体例和论点提出批评，而且指出该书的50多处明显的错误；《评陈博文著〈中日外交史〉》[②]，则批评该书分期不当、条理不清、叙述不确，等等。

徘徊于治中国近代经济史与公费留学之间

1933年9月末，夏鼐在蒋廷黻的指导下，选定“太平天国前后之长江流域田赋问题”这一中国近代经济史的命题，作为毕业论文的题目。这需要广泛收集资料，进行田赋数字的梳理、统计与分析。夏鼐花费半年的时间，查阅卷帙浩繁的有关文献，其中包括江苏、浙江两省的减赋全案及若干府志，安徽、江西、湖北、湖南四省的通志，长江各省咸同年间督抚骆秉章、胡林翼、曾国藩、左宗棠、马新贻、李鸿章、沈葆桢的全集（政书、奏稿）和年谱，以及道光年间督抚林则徐、裕谦的著作，又查阅过《清史稿》、咸同光三朝《东华续录》《皇朝续文献通考》《皇朝掌故汇编》《皇朝经济文编》等，总计多达50余种。他还曾去北平图书馆善本书库，查阅大部头的《钦定赋役全书》，因其成书于乾隆以前，且所载为政府岁入及分配，对于研讨咸同年间减赋问题基本上没有帮助。为使资料更加完备，夏鼐曾试图进一步查阅清宫档案，当时故宫所藏档案已经南迁，考虑到北平社会调查所曾大批抄录其中有关近代经济史的资料，便由蒋廷黻致函该所所长陶孟和，介绍他在寒假期间前往查阅；后来他又去北京大学研究院文史部（即原北京大学研究所国学门），查阅所藏故宫档案，但都徒劳而返，一无所获。夏鼐在占有相关资料上想方设法，做了最大的努力之后，于3月下旬到5月下旬，集中两个月的时间，终于撰写完成洋洋四万多字的长篇论文。

---

① 原载《图书评论》第1卷第11期，1933；又见《夏鼐文集》第五册，第209～227页。

② 原载《图书评论》第2卷第12期，1934；又见《夏鼐文集》第五册，第254～263页。

夏鼐关于清代咸同年间长江各省减赋问题的论文[①]，上篇从探讨太平天国以前长江各省的浮收勒折及其原因入手，论述太平天国以前情形。他劈头就尖锐地揭露："《钦定赋役全书》中虽曾规定赋额，但是粮吏仍要作弊浮收。如纳本色米，或就斛面浮收，或竟折扣计算。如折色纳银，则常将米价规定较市价为高，勒令缴纳多出数倍的银两；甚或更将银两改折为钱数，将银价规定较市价为高，勒令缴纳钱文。地丁额征银两，但粮吏勒令缴纳钱文，其弊与漕粮征折色者同。所以民间要负担较额定正税多出数倍的田赋。"又说："粮吏与官长狼狈为奸。长官得了陋规，便假装痴聋不去干涉粮吏的舞弊；粮吏为酬答长官的盛意，也很甘愿缴纳规礼。小百姓是'天高皇帝远'，无处喊冤。不过，地方上的绅士，看见了未免眼红，却要来分肥一些。"强调其中富庶甲天下的江苏省苏州、松江、镇江、常州四府和太仓州，浙江省杭州、嘉兴、湖州三府，向来被征以远逾常例的重赋，因其超过人民纳税能力的限度，而使问题日益严重。下篇则论述太平天国以后清廷迫于形势，试图恢复生产力、减轻人民负担，采取裁减浮收、减定重赋、杜绝舞弊等措施，使长江各省赋税一度大幅度降低，并且附有湖北、浙江、江苏三省裁减漕额，及浙江十府、江苏四府一州核减浮收等统计表，加以具体说明。随后指

---

① 1933年秋至1934年春，夏鼐在蒋廷黻指导下撰写毕业论文《太平天国前后之长江流域田赋问题》时，正值蒋介石对中央苏区发动第五次"围剿"。蒋廷黻如此选题，有其明显的政治目的。1966年5月"文化大革命"开始时，夏鼐为此上交过一篇"校后记"，全文如下："这是三十多年前的旧作，是当年在反动分子蒋廷黻的指导下所写作的毕业论文。在政治观点上完全是站在反动一方面的。他指定这题目是另有用意的。初稿写好后，他又指点要与当前的政治相联系，所以又添上一节极其反动的'余论'。当时我自己觉得这与正文的关系不大，所以称它为'余论'。实际上，这是画龙点睛，正是全篇的目标所在。英文撮要将这'余论'译为'结论'（conclusion），可以说是'恰中要害'。我自己当时思想之反动，昭然若揭，称之为想保留正文全篇的学术气氛，实是欲盖弥彰。甚至于可以说，这样一来，这篇文章所起的坏作用将更为恶劣。今日正处在社会主义文化大革命的渐入高潮之际，重读这文，惶惭无已，深愧当年思想上堕落之深。但是，我仍欲保留这一史料，作为检查自己过去错误之用，以便提高自己要求改造之决心，痛悔前非！1966年5月6日谨记。"（《夏鼐日记》卷七，第226～227页）该文原载《清华学报》第10卷第2期，1935；又见《夏鼐文集》第五册，第264～325页。编辑出版《夏鼐文集》时，没有将这"余论"全文收录，只节录其中部分内容。

出："这次减赋运动所注意的是裁减浮收，但是裁减浮收这件事，不是一纸命令便能生效的。这不仅要赖州县官吏的束身自爱，并且要靠地方高级长官的严厉监视。"后来，"不但州县浮收的积弊，至同治末年后，复行发生；并且连输纳国库的田赋正额，至光绪时以财政困难，也增加了不少"。进而又说："田赋是一种直接税，所以它的增加，最易使人民感觉到切肤之痛。清室的倾覆，与减赋运动成绩的消灭，并不是毫无关系"。

夏鼐行将由清华大学毕业的时候，和其他同学一样，面临着毕业后的出路问题，他们曾不止一次相互讨论。夏鼐考虑出路不外四项：（1）立刻出洋，引诱力较大，困难亦较多，经济上家中虽不贫困，但留学费用的负担过重，家中未必舍得这么多的金钱；（2）进研究院，这是可能的，但留校时间太长（当时学制为两年毕业），所得的学问有限，将来的出路仍与大学毕业相类；（3）抛弃继续求学的念头，或在外省谋事，或在本地谋事（最好在清华），但成功的希望最少；（4）万不得已时，则只得在家中失业，但这是自己所不愿的。经过几次讨论，他感到主动权不在自己手中，只有听天由命。1934 年 5 月 15 日他阅《晨报》获知，清华大学本年招收的留美公费生有两个历史方面名额，即美国史和考古学。对夏鼐甚为器重的蒋廷黻主张他进清华大学研究院，认为："这一班里同学准备进研究院的很少，将来如继续研究中国近代经济史，可赴伦敦经济学院去研究。"又说："现在研究院两年即可毕业，惟本校本科毕业者亦须经过考试，谅无困难。至于留美保送除两名助教外，尚有余额，亦可设法。但留美须依指定科目读去，不若研究院毕业者之自由。"还表示找职业亦可帮助设法，陶孟和主持的北平社会调查所现正扩充组织，可将毕业论文介绍给陶先生审阅，在调查所中努力工作，前途亦颇远大。蒋廷黻还为夏鼐进一步设计，第一年以全力读完学分（24 学分，包括清代学术史），暑假三个月以全力预备初试（注意政治制度及学术思想，如清代官制、科举制度、升降办法、康梁思想背景等）；初试后，第二年专力毕业论文，并提示毕业论文题目：（1）清代贵胄（一、二品）之出身（贵、富）；（2）清代督抚之分析（出身、职权等）；（3）清代御史制度（或限于对外交问题之见解及其效果）；（4）清代驾驭藩属之政策；（5）清代满汉势力之消长；（6）清代军机处之始末（组织、职权、人员、变迁）。

夏鼐为稳妥起见，感到还是两个方面都报考为宜，结果两边都在当届考试中高居榜首。夏鼐于1934年7月20日先报名清华研究院的中国近代经济史门，8月1日至6日应试，考试科目除国文、党义、英文、法文外，专业课有中国通史、西洋通史、经济学概论、中国哲学史、近代政治制度、清史六门。夏鼐的自我感觉是前三门曾在一、二年级学习过，大半已经忘记，后三门则从未读过。他虽临时抱佛脚，但发挥得很好，考试成绩总平均达到83分。本年度清华留美公费生考试为第二届，历史学方面的两个名额中，美国史门已有清华历史系保送任职两年的助教杨绍震报考，考古学门保送夏鼐报考，于8月13日报名，21日至23日应试。考试科目多由名师出题，其中有：国文（朱自清出题）、英文（吴宓出题）、中国通史（雷海宗出题）、西洋通史（陈衡哲出题）、中国上古史（顾颉刚出题）、西洋上古史（孔繁霱出题）、人类学（李济出题）。应试五名考生的前三名中，夏鼐的英文、法文、西洋上古史和人类学四门考试成绩，分别高出另二人30～50分（中国上古史分数最高，为95分），总平均78.5分，超过其他考生20分以上。[①] 他在10月2日得知录取当天的日记中写道："自己本来预备弄的是中国近世史，这次突然考上了考古学，这样便要改变我整个一生的计划，对于这样一个重大的改变，我并没有预料到，我有些彷徨无主。"[②] 10月4日他在致室友刘古谛的信中说：

我初入大学的一年是弄社会学的，后来转入历史系，已经是十

① 《夏鼐日记》卷一，第265页。另参见何炳棣《读史阅世六十年》，台北允晨文化实业股份有限公司，2004，第142页。

② 《夏鼐日记》卷一，第264页。

> 字街头钻入古塔中，但是对于十字街头终有些恋恋不舍，所以要攻中国近代史，以便进一步剖析当前的社会。现在忽而改读考古学，简直是爬到古塔顶上去弄古董。离十字街头更远了，喧扰的市声，渐隐渐微了。在塔顶旧室中，微弱的阳光下，徘徊于蛛丝鼠迹之中，虽有一种“怅望千秋一洒泪，萧条异代不同时”的诗意，但是这岂是现代式的生活？我总觉得这是我的职业，应该在职业以外去找一个可以安心立命的思想或信仰。但是到哪里去寻这种思想或信仰呢？①

显然，夏鼐在思想上存在着矛盾，他攻读考古学并不是就此钻进象牙之塔，而是依然关注着“当前的社会”，寻求安心立命的信仰。

夏鼐由热衷于中国近代史转而考取公费留美的考古学门，这出人意料的变化来得突然，考察起来却又并不偶然，因为他的考古情结由来已久。前面提到，他早在童年时代收集过古钱，就读燕京大学社会学系时，曾阅读克罗伯（Kroeber，A. L.）的《人类学》一书，对人类化石与史前时代考古学已有初步了解。他曾不止一次去邻近燕园和清华的圆明园遗址，对照有关记载进行仔细考察；进城参观故宫博物院、古物陈列所和历史博物馆。1933 年 2 月，聆听法国汉学家伯希和（Pelliot，Paul）讲演《新疆考古收获》。10 月，前往北平西城兵马司胡同的地质调查所，参观周口店发掘所获古生物化石、北京人头盖骨模型，及石器、骨器等标本；参观瑞典学者安特生（Andersson，J. G.）在河南、甘肃采集的新石器时代遗物。他阅读过基思（Keith，A.）的《关于古代人类的新发现》（*New Discoveries Relating to the Antiquity of Man*）一书，曾想将关于北京猿人的几章译成中文，最终由于专有名词太多，逐译费时而暂时作罢。

1934 年 4 月中旬，夏鼐负责组织毕业班同学历史考察团一行十余

① 《夏鼐日记》卷一，第 265 页。

夏鼐在太原晋祠圣母殿前

人，去山西太原、大同等地进行为期一周的参观考察，费用由校方发给。他们原本期望雷海宗教授前往指导，雷先生因无暇而未应允。于是夏鼐自己进行业务上的准备，阅读了早年法国汉学家沙畹（Chavannes, E. E.）所作考察报告《北中国考古调查记》（*Mission Archéologique dans la Chine Septentrionale*），以及《东方杂志》等刊物上有关云冈石窟的记述。在太原，主要游览晋祠，参观那里以圣母殿和“鱼沼飞梁”为中心的建筑群，祠内有著名的宋代彩塑、北魏造像碑及唐太宗行书《晋祠铭》碑（参观结束后，他曾为《晋祠铭》的考证费过一番功夫）；又在山西省民众教育馆，参观卫聚贤主持发掘的万泉荆村新石器时代遗址和汉代汾阴后土祠遗址出土遗物。在大同，则流连于云冈石窟竟日，逐个洞窟进行考察，仔细地写作笔记。这些活动，无疑使夏鼐增强了对考古学的兴趣。尽管如此，夏鼐对是否就此选定考古研究为终身事业仍在犹豫之中。

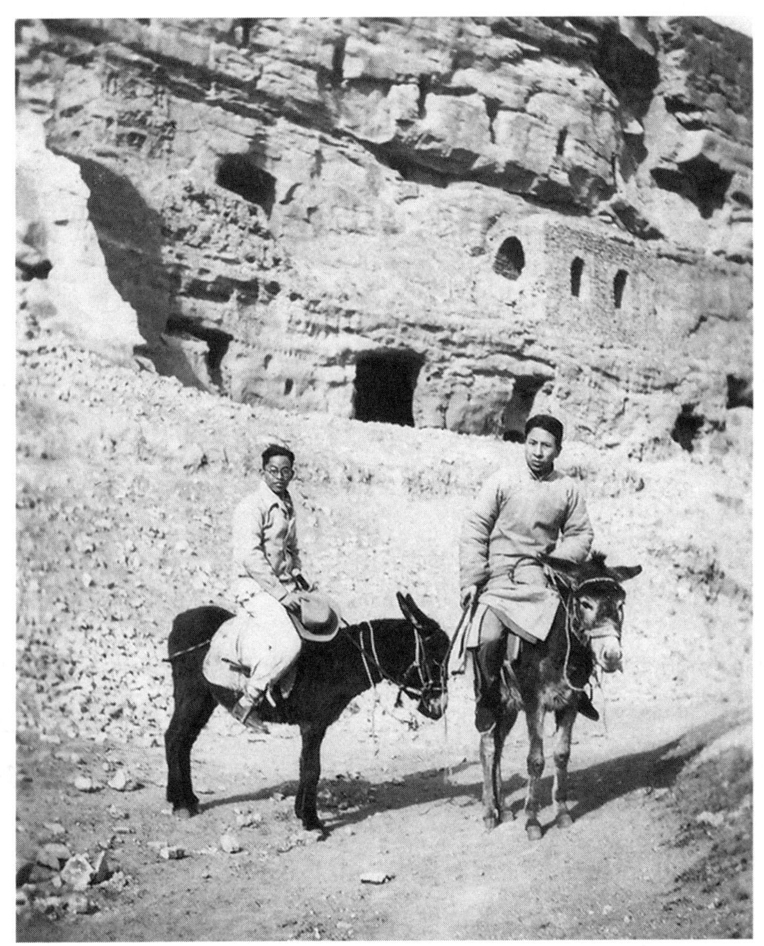

夏鼐在大同云冈石窟

第三章　立志为中国田野考古献身

出国留学前的业务准备

1934 年 10 月 2 日，清华大学本年度报考的第二届留美公费生录取名单在报纸上正式公布。原定录取 25 名，其中电机、机械各 2 名及航空 1 名，因报考者成绩过差而空缺，实际录取 20 名，夏鼐居于榜首。本来是学习中国近代史的，却考上了考古学，令人惊讶。吴晗就说："这一个转变实在太大，由近代史一跳而作考古，相差到数千年或数万年了。"第二天，夏鼐一面去清华大学图书馆借阅李济著《西阴村史前的遗存》，一面向清华历史系各位老师广泛请教。这时，历史系主任蒋廷黻已去苏联和欧洲考察，随后离校从政，他便先向代理系主任刘崇鋐教授报告自己的计划，打算在国内准备一年：本年下半年预备书本上的知识，明年春季进行考古发掘实习，暑假再行放洋出国。继而到中国通史授课老师雷海宗教授处，雷先生说自己对考古学不熟悉，将来校中自会指定导师，目前可阅《大英百科全书》及《剑桥上古史》中有关考古学的部分。又至西洋通史授课老师孔繁霱教授处，孔先生也说自己对考古学不熟悉，如果要咨询这方面的事情，可以去傅斯年先生处，并取出一张名片写了介绍。继而又阅读商承祚《殷契佚存》，叶玉森《铁云藏龟拾遗》，罗振玉、王国维合著《流沙坠简》，摩根（Morgan，J. de）《史前人类》（*Prehistoric Man*），以及《安阳发掘报告》第1~4册等书刊。

清华大学正式确定傅斯年、李济为夏鼐出国留学的指导老师以后，夏鼐于10月30日清晨偕同吴晗进城，前往地安门内大街东侧黄化门街的铁匠营胡同（今吉安所北巷），晋谒傅斯年先生。第一次去时，傅先生尚未起床。他们便去地安门大街西侧米粮库胡同的胡适先生寓所，找到在那里协助胡先生整理资料的罗尔纲。稍后，夏鼐与吴、罗二人一道，再次同赴傅先生家，请教关于出国留学的研究计划。傅先生先说，等他去南京与李济先生商量以后，再作详细答复。又说，学习考古学有三个方面：一是史前时期的发掘与研究，二是历史时期的发掘与研究，三是博物馆方面。至于将来出国，他感到可以去英国或美国，因参加实地工作的机会比较多；而法国人太小气，不如英、美两国。傅先生还说，国内准备阶段可以去安阳实习一次，现下梁思永先生正在安阳主持侯家庄西北冈殷代陵墓区的发掘，等写信同他商量后再行告知。

此后，夏鼐先在清华奋力阅读中外文考古学论著。一个多月的时间，他阅读的中国考古学方面的著作，主要有安特生《中华远古之文化》、《甘肃考古记》和《奉天沙锅屯之洞穴堆积》，阿尔纳（Arne，T. J.）《河南石器时代之着色陶器》（*Painted Stone Age Pottery from the Province of Honan*），梁思永《昂昂溪史前遗址》，步达生（Black，D.）等《中国原人史要》（*Fossil Man in China*）、《中国猿人头骨初步报告》（*Interim Report on the Skull of Sinanthropus*）、《中国猿人用火的证据》（*Evidences of the Use of Fire by Sinanthropus*），裴文中《周口店洞穴层采掘记》，以及日本学者滨田耕作《貔子窝》《南山里》，原田淑人《乐浪》《牧羊城》等；西方考古学著作，主要有伯基特（Burkitt，M. C.）《史前学》（*Prehistory*）、《古石器时代》（*The Old Stone Age*）、《我们的远古祖先》（*Our Early Ancestors*），柴尔德（Childe，V. G.）《青铜时代》（*The Bronze Age*），以及不列颠博物院的石器时代、青铜时代和早期铁器时代古物参观指南等。

其间，夏鼐于11月24日拜谒地质学巨擘、清华大学地学系主任袁复礼教授，聆听他讲述中国考古学草创时期的种种逸闻，如陪同瑞典学者安特生进行仰韶村发掘和甘肃洮河流域调查，陪同李济进行西阴村发掘，参与中瑞合组中国西北科学考察团的内蒙古、新疆考察，等等。袁先生曾建议夏鼐如赴美留学，应注意参观若干博物馆陈列的印第安人彩陶标本，抽暇考察当地现存原始制陶工艺。随后夏鼐又应约与袁先生一道前往周口店参观，目睹中国猿人洞、山顶洞等地点的地层堆积和发掘情况，并且得与先后主持周口店发掘的裴文中、贾兰坡二位考古学者相识，从此结为终生挚友。

夏鼐晚年与裴文中合影（摄于1979年）

1935年1月初夏鼐来到设立在南京鸡鸣寺附近的中央研究院历史语言研究所（简称“中研院史语所”或“史语所”），除再次晋谒傅斯年所长外，又拜见了另一位指导老师李济。李先生先以体格情况见询，强调田野工作非有强健之体格不可，继而言及“中国考古学之重要，在于以全人类的观点来观察中国古代文化在世界上的位置”，又说到将来赴美，可以进入哈佛大学，随狄克逊（Dixon，R. B.）学习考古学方法，而且提到西方学者也有同行相妒的毛病，但对中国学生或许特别优待。至于夏鼐出国前准备阶段的学习计划，他认为可以先在史语所读几个月的书，开春以后去安阳进行一段时间的考古发掘实习，大约5月末即可结束。

此后两个多月的时间，夏鼐在史语所主要阅读外文学术著作，其中人类学和外国史前考古学方面主要有：史密斯（Smith，G. E.）《人类进化论》（*The Evolution of Man*：*Essays*），哈登（Haddan，A. C.）《人类的种族及其分布》（*The Races of Men and Their Distribution*），基思《人类的躯体》（*The Human Body*），奥斯本（Osborn，H. F.）《古石器时代的人类》（*The Man of Old Stone Age*），莫伊尔（Moir，J. R.）《英国东部的古代人类》（*The Antiquity of Man in East Anglia*），奥伯迈尔（Obermaier，H.）《西班牙的化石人类》（*Fossil Man in Spain*），柴尔德《欧洲文明的黎明》（*The Dawn of European Civilization*）、《史前时代的多瑙河》（*The Danube in Prehistory*）和《远古东方新探》（*New Light the Most Ancient East*），法兰克福（Frankfort，H.）《近东早期陶器的研究》（*Studies in Early Pottery of the Near East*）第1~2卷等。埃及考古学方面有：皮特里（Sir Petrie，F.）《史前时代的埃及》（*Prehistoric Egypt*），卡特（Carter，H.）《图坦哈蒙墓》（*The Tomb of Tutankhamen*）第1~3卷，以及其他几种考古报告。中国考古学方面主要有：步日耶（Breuil，H.）等《中国的旧石器时代》（*La Paleolitiques de la Chine*），安特生《黄土的儿女》（*Children of the Yellow Earth*），巴尔姆格伦（Palmgren，N.）《半山马厂随葬陶器》（*Kansu Mortuary Urns of the Pan-shan and Ma-chang Groups*），劳佛尔（Laufer，B.）《玉器》（*Jade*），瑞典《远东古物博物馆馆刊》中高本汉（Karlgren，B.）等人的论文，等等。中文学术著作则阅读了吴大澂《古玉图考》、郑德坤《中国明器》，以及容庚在《燕京学报》发表的《殷周礼乐器考略》和《汉代服御器考略》等。

夏鼐阅读这些人类学、考古学著作，不时得到李济的指导。例如，夏鼐阅读皮特里《工具与武器》（*Tools and Weapons*）一书，李济认为“这书不宜于初学”，他当即放下，没有将该书看完；阅读奥斯本《古石器时代的人类》时，他曾向李济提出辟尔当人应属什么时代？石片工业与石核工业是否平行发展？洞穴美术的动机是否以狩猎魔法说为妥？等等问题。后来又询问过黑陶的来源，是由于渗炭作用，还是由于还原作用？与气候有无关系？安阳殷墟的彩陶片是否来源于殷时所掘早期墓葬或遗址？有一次提出关于中国铜器与西方关系的问题，李济答以："中国文化与西洋有关系，此为已证实之事实，惟关系深浅如何，则尚待证明耳。现今中央研究院集中精力于中原文化，欲先明了中国上古文化之主体，将来必扩充至南部及沿海。"①

关于出国留学，李济曾坦率地表示："学位不关重要，可有可无。惟社会上做事，有学位者似稍占便宜耳。"至于进哪所学校，他感到自己回国日久，情况已经生疏，需要与梁思永先生商酌确定。又说，关于前往安阳实习考古发掘，已函嘱梁思永随时指导。

夏鼐于 1935 年 3 月 10 日夜，与助理员李光宇、技工王文林一道离开南京，11 日上午由津浦线到徐州，中午从徐州转陇海线，当晚在郑州住宿，12 日下午抵达安阳。当天在安阳南大街冠带巷的殷墟发掘团办事处住下，见到先期到达的石璋如、刘燿（字照林，1938 年赴陕北参加革命工作后，改用化名"尹达"）、胡福林（字厚宣，后因与当地土匪同名，改为以字行）三位。傍晚又见到刚从北平过来的梁思永先生及祁延霈、王湘二位。当时安阳城内的房屋多为平房，偶有二层小楼，街道则是高低不平的土路，显得不够整洁。办事处既没有电话和自来水，又没有抽水马桶，使过惯城市生活的夏鼐感到，这里和乡村差不多。吃饭没有大米饭，每餐都是馒

1935 年夏鼐在安阳城内殷墟发掘团办事处休息

① 《夏鼐日记》卷一，第 292 页。

头和小米粥，夏鼐也不甚习惯。发掘团规定，团内人员平时都住在发掘工地，星期天可以进城到办事处休息，处理洗澡、理发、购物等个人杂务，但要回到工地吃晚饭，并且有酒犒劳。

1935 年殷墟发掘团合影

右起石璋如、夏鼐、尹焕章、李济、梁思永、刘燿（尹达）、祁延霈、李光宇、胡厚宣、王湘（采自李永迪、冯忠美《殷墟发掘照片选辑》图 107，台北中研院史语所，2012）

夏鼐前往参加的是梁思永先生主持的殷墟第 11 次发掘，继续 1934 年秋季的第 10 次发掘，仍在侯家庄西北冈进行殷代王陵区的大规模发掘。3 月 14 日早餐后，乘车向侯家庄进发。发掘团人员出发前，每人领取一套田野工作用品，包括公事皮包、活页夹、图版夹、钢笔、小刀、木折尺、别针、图钉、橡皮筋，以及毛巾、肥皂等。下午到工地参观时，恰逢刮风不止，夏鼐第一次遭遇满天的沙尘，只好戴上避风眼镜，闭紧嘴巴，耳、鼻没法遮挡，被吹进许多尘土，回到住地清洗下满盆的黄水。第二天（3 月 15 日）正式开工，发掘规模比前一年扩大许多，雇用民工由 100 多人增加到 300 来人，分两个区域进行。西区仍发掘前次已开口的 M1001、M1002、M1003、M1004 四座亚字形大墓，分别由刘燿、王湘、祁延霈、胡厚宣负责。四座大墓这次全部发掘到底，墓内虽因历史上的盗掘而严重破坏，但仍有许多轰动一时的惊人发现。其中 M1001 发现被称为“花土”的彩绘木雕印痕；M1003 出土有铭文的石簋断耳；特别是 M1004 出土牛鼎、鹿鼎等大件青铜器，数百件成捆的铜矛，数十件不同形制的铜胄等，最为引人注目。夏鼐则与李光宇在东区，随石璋如发掘小墓（祭祀坑），共计发掘 410 座。

3 月 16 日夏鼐第一次动手发掘的是 HPK（西北冈）M1037、M1038 两座祭祀坑，坑口开在地面下 1.2 米，宽 1 米，长 2 米，深 5.5 米，埋葬的都是砍掉头颅的人牲。田野实习从区分生土、熟土学起，历时 4 天。3 月 19 日将两个祭祀坑清理完毕，均出土铜戚、铜刀和砺石各 10 件。其间，夏鼐于 18 日下午乘辘轳悬篮降至坑底，画了两张草图，图上标明随葬品的出土位置，依次编号并以棉花及桑皮纸包扎后取出，当晚用温水洗净后交专人保管。他在 M1037 发掘记录的“备考”栏中，写出自己对这两座祭祀坑的大致看法：“此墓及 M1038，皆出武器十组，但骨架则或二或四；按南区诸方坑所出之无躯人头，皆以十人为一组，惟置于一坑。其他无头尸身所埋之坑，其所出武器，亦为十组 30 件，惟骨架多少不同。余颇疑此项墓葬，乃以十人为一队，其头合置于一坑，其武器亦然，惟尸身以所占体积过多，除与武器合埋之数架，更分置于他坑，故常发现无武器之无头人骨坑，此为余之臆测，其确实性尚待事实之证明也。”[①] 又曾在 19 日的日记中写道：“如果杀人殉葬的假设合于事实，则这些无头的骸骨便是禁卫御林军，每人带了刀、斧各一，砺石以磨利兵器。现在这些禁卫军连自己的骸骨和兵器都保不住，更休说保卫皇陵的事。”[②]

夏鼐在为期两个半月的田野考古实习中，除发掘过十几座无头人牲瘗埋坑外，还发掘了马坑、兽坑和车坑。几座马坑共出土马骨架五六十具，最多一坑 37 具。三座兽坑中，有一座埋象，被认为是“殷人服象”

① 《考古学家夏鼐·影像辑》，第 36 页。

② 《夏鼐日记》卷一，第 302 页。

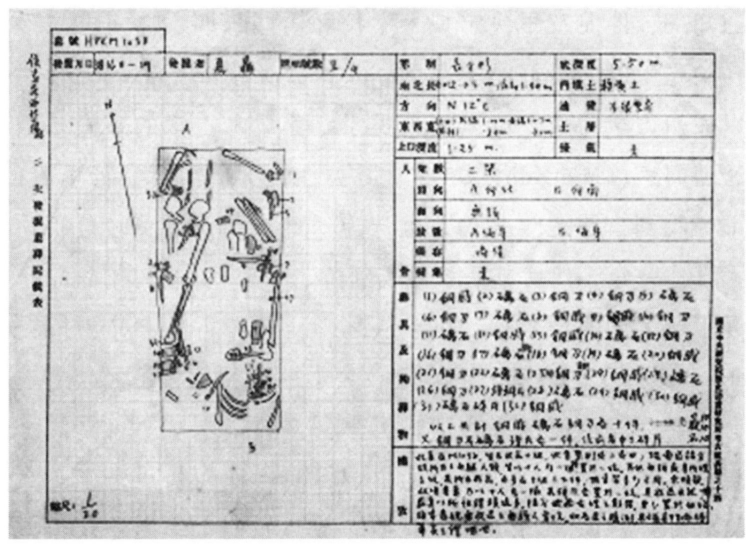

夏鼐在殷墟实习时手写的第一份发掘记录（西北冈 M1037）

的物证。所掘车坑则 HPKM1136 与 M1137 东西相连，由石璋如和夏鼐分别作业，由于既缺乏对古代车制的基本了解，又缺乏清理木车痕迹的经验，未能将其完整地揭露出来，但获得五六百件制作甚精的铜质车饰，有的镶嵌着绿松石。车坑的二十分之一平面图，主要由夏鼐负责绘制。数十年后，石璋如回忆说：“夏鼐先生虽然是首度参与，但是他很会画图，由于车饰件叠压得很厉害，一天只能作一部分，他就把各天进度以分层、分色的方式标示以资区别。”① 因为分层、分色作了详细的记录，将出土的车饰运回去，或许能够据以进行复原研究。

实习期间，夏鼐与梁思永几次面谈，并与李济通信，反复商酌自己留学的去向问题。3 月 15 日与梁思永面谈时，梁先生以为赴英国爱丁堡大学随柴尔德学习为佳，可以获得技术方面的知识，即使随其学习近东方面的考古学知识，也有利于将来返国后做比较研究。3 月 25 日下午接

① 《石璋如先生访问记录》，台北中研院近代史研究所，2002，第 105 页。另参见石璋如《殷虚发掘员工传》，台北中研院史语所，2017，第 390～391 页。

到校中通知书，催促及早决定拟入学校和出国日期。晚间再与梁思永先生商酌。梁先生以为最好是去英国，入伦敦大学或爱丁堡大学；如果去美国，以加州大学为佳，可以攻人类学，养成考古学的理论基础；如能赴德国，随门京（Menghin，O.）学习更佳，不过需要另行学习德语。4月1日下午收到李济先生来信，也认为“此次出国赴英较赴美为宜，先在伦敦大学住一年，然后赴爱丁堡或剑桥”。李济又在写给梁思永的信中提到，爱丁堡大学的柴尔德，可以从之学比较考古学，又剑桥大学的明斯（Minns，Ellis）也不错，至于伦敦大学的皮特里，已经年老退休。当天晚上，夏鼐写信将情况报告清华大学，又致函李济。写完信再仔细考虑，越想越踌躇不决：自己终生的事业，便这样匆匆决定了吗？但是不决定又怎么办呢？虚名与实学在心中交战，如果实学不能获得，要虚名何用？转过来一想，在中国的社会中，有了虚名，不是更多一重保障吗？到英国去，学位是牺牲了，至多混个研究生的名目，但是学问方面是否有把握？转到英国去，是自己的提议，又不好再生异议。多留国内一年如何？也难即决定。4月2日下午再与梁先生商量，前往英国是就读于一个大学好，还是在几个大学分读一年好？梁先生说原本考虑，先在伦敦大学读人类学，打好根底，然后去爱丁堡大学或剑桥大学，专攻欧洲考古学及中国方面的学问。并且说，赴欧留学之目的有三：（1）博物馆及田野工作的技术；（2）欧洲考古学方面的知识及人类学的背景；（3）考察欧洲方面所保存的中国东西。最好先行决定所欲研究之题目，如果准备研究汉代考古，最好先对中国方面的材料有一个大概的了解。但是否有在国内多留一年的必要，仍是一个问题。梁先生还告诫他：“目前不宜专看学问方面之进益，尚须考虑到政治变动等方面的问题。”因而李、梁两位导师都极力主张，“以早日出国为是”。5月22日傅斯年陪同伯希和来安阳参观殷陵发掘，与夏鼐会面时告以同样看法。

尽管如此，夏鼐对中国近代经济史并未忘怀，思想上仍有犹豫和反复。就在他开始在西北冈东区参加发掘的第二天（3月17日），看报纸获知1935年招考的清华第三届留美公费生有经济史一门，后悔不该在

1934 年报考了考古学，感到“自家本是埋首读书的人，考古学的田野工作，注重组织及办事能干，殊非所长也”。此后曾写信委托留校当助教的同窗好友吴晗，代为通过历史系代理主任刘崇鋐，请求校方“通融”，将专业改变为“经济史”。直到 5 月 4 日吴晗来信告知，经过刘先生与梅贻琦校长交涉，得到的答复是“如欲考经济史则必须放弃考古学”，因为夏鼐是本校学生，“如一通融，必将引起各方责备及纠纷”。吴晗劝他：“事已如此，为兄计只能咬牙硬干，如抛去去年已得之物，另寻生路，毕竟不大妥也。”夏鼐既然一心出国留学，又不允许改变专业，那有什么办法呢？只好就此下定决心，“咬牙硬干”上一年考取的考古学门。但他那时仍认为，自己在素养上是个书呆子，感到田野工作单调，兴趣远不及对于书本的爱好；生活习惯不适宜于田野工作，至于管理和其他事务更是门外汉，勉强去做只能成为第二三流事业中的第二三流人物。[①] 6 月 4 日夏鼐离开安阳回到北平，前往傅斯年北平寓所谒见时，傅先生谆谆嘱咐他留学期间：（1）学习的“范围须稍狭”；（2）“择定一位［适合的］导师”；（3）“少与中国人来往”，“最好不研究中国问题”。[②] 而随后李济在南京的面谈则强调“须先定目的，然后设法以求达此目的之方法，技术与训练均甚重要”，[③] 又关照他“注意有史考古学”。[④]

万里远航

1935 年 8 月 7 日中午，夏鼐离开上海，远赴英伦。因为早晨上街购物的缘故，赶到外滩码头已是 12 时半，相差不过 5 分钟就到开船时间，险些出了特大的事故。当时他乘坐的是意大利轮船公司的“孔铁浮地”（Conte Verde）号邮轮，吨位 18000 多吨，所坐二等经济舱的票价为 42

① 《夏鼐日记》卷一，第 320 页。

② 《夏鼐日记》卷一，第 331 页。

③ 《夏鼐日记》卷一，第 332 页。

④ 《陈请梅贻琦校长准予延长留学年限的信函》，载《夏鼐文集》第四册，第 440 页。

英镑，折合法币500多元。一同住在35号房间的4个人中，有时任上海工部局医生、后创办上海虹桥疗养院的丁惠康（兼通佛学和古钱学的名医丁福保之子），赴奥地利学习音乐、后成为中国最早的军乐指挥家和教育家的洪潘，有前往英国学习经济学的光华附中和燕京大学时期的同学陈凤书。同船有赴荷兰参加国际植物学会议、后任中国科学院学部委员的植物生理学家李继侗，赴德国学习数学、后任同济大学等校教授的程其襄，赴意大利学习西方语言文学、后任北京大学等校教授的田德望，赴英国学习政治学、后任暨南大学等校法学院院长的清华同学邹文海，还有前往英国学习纺织的刘文腾等。傅斯年夫人俞大綵的胞姐，后任中央大学、北京大学等校英国文学教授的俞大缜女士，也同船前往英国。傅先生曾写便条介绍她与夏鼐会面，希望旅途多加照顾。夏鼐在旅途的许多时候，都是与陈凤书等旧友一道，或在房内闲谈和打桥牌，或在甲板上观景，日记中没有述及与诸位新识相谈的情况，日后也罕见交往。不过夏鼐晚年曾探视过已经瘫痪的俞大缜教授。

这是夏鼐第一次乘远洋海轮出行，开始两天很不习惯，风浪较大，船身簸摆，以致呕吐不止，一天总要吐上四五次，服用从中西药房购买的晕船药，都毫不见效，整天偃卧床上，三餐未进，如在梦中。只有呕吐稍止的时候，随便看点不怎么费脑子的书，先后阅读了江绍源讲述中国迷信的《发须爪——关于它们的迷信》，杨树达辑录有关文献资料的《汉代婚丧礼俗考》，许之衡关于古代瓷器的《饮流斋说瓷》，邹韬奋记述欧游见闻的《萍迹寄语》初集和二集。他还在认真阅读《日华辞典》附录“文法篇”之后，第一次将整本日文书——滨田耕作的《考古学研究法》阅读一遍。

对于生长在东海之滨的夏鼐来说，从海上观看水天一色、白云苍狗的景色，早已司空见惯，连日仍旧如此，已无兴趣；从海上观看晚霞流丹，却是前所未见的瑰丽奇景。他在日记中描述：“今在海中观晚霞又多一奇景，时红日已入水平线下，天际所留残霞，由深紫而浓红，而橙黄，而黄绿，而蔚蓝，加以云朵数堆，如紫，如烟，遮蔽其前，作深黑色，合此种种颜色，反映入海浪中，如浪波碎成万片彩锦，其灿烂之状，实为惊心动魄之至。”①

海轮先由东海经台湾海峡后，在香港靠岸，再穿过南海，到达新加坡，但这两地停泊的时间较短，夏鼐都是匆匆上岸购物即回。继续航行后，穿过马六甲海峡，到达锡兰岛首府科伦坡，曾参观游览包含人文部和自然部的博物馆、供奉有硕大卧佛的宏伟佛寺，以及那里的公园和动物园。再到印度半岛西侧的孟买，海滨有所谓“印度国门”，即1911年英皇乔治五世巡视殖民地时登岸的纪念牌坊，曾参观印度教神庙和波斯袄教寂没塔。然后在难忍的热风之中驶入阿拉伯海，再通过红海和苏伊士运河。运河两岸都是沙漠，赤日当空，热风腾腾，使人汗流浃背。有旅游公司组织开罗一日游，每人收费5.5镑，夏鼐感到时间过于短促，无法仔细观看，连博物馆也不见得能去，心想将来总有机会，就没有报名前往。8月31日，长达3万里的海上航程终于告一段落，由意大利威尼斯登岸。在威尼斯的圣马可广场一带停留两天，参观了广场周边的大教堂和大王宫，又乘“贡多拉”在大运河上遨游。继而在夜间乘火车经过瑞士，于9月2日清晨到达巴黎，曾跟随导游乘旅游车，去共和国广场、大皇宫、巴黎圣母院等处，稀里糊涂地转悠一圈。9月3日，终于结束历时28天的长途旅行，接近此行目的地英国。早上从巴黎出发，中午乘船跨越英吉利海峡，登岸后再乘火车，下午6时到达伦敦的维多利亚车站。

① 《夏鼐日记》卷一，第346页。

第四章　负笈英伦五年

入学伦敦大学艺术研究院

夏鼐到达伦敦以后，先在一家饭店暂时住下，随即前往中国驻英使馆接洽领取公费等事。经过中国协会办事人员的介绍，迅速在莫斯廷街（Mostyn St.）20 号的皮尔斯夫人家（Mrs. Pierce）租到一间住室，包括伙食在内，每个星期的租金为 25 先令，于是便与陈凤书搬过去共同居住。住在英国人家里有两个好处，一是花钱较少，二是便于学习英文口语；坏处是与房东应酬要费些时间。为四处找房看房，夏鼐第一次见识了地下铁道和自动扶梯，感到非常新鲜和方便，从而理解孙中山提倡的民生主义，不仅包含衣、食、住，而且包含行。

确定住处以后的第一个月，夏鼐除积极联系入学事宜外，主要是抓紧时间参观向往已久的几处博物馆和伦敦市内的重要景点。

夏鼐首先参观了规模宏大、世界闻名的不列颠博物院，在第一个月当中先后去了四五次，参观过史前考古、埃及、希腊罗马、巴比伦、绘画、瓷器、陶器等展室，其中瓷器等展室，对照内容翔实的导览说明看得相当仔细。夏鼐感到，该馆陈列的中国瓷器，除明清时代有可观者外，宋元时代罕见佳品。在绘画展室，看到了英法联军入侵北京时，从圆明园掠去的传顾恺之绘《女史箴图》。他又参观了维多利亚与艾伯特博物馆（该馆以应用艺术和装饰艺术为特色，也有一定的规模），在其中国艺术馆看到殷代鸮尊等精美的中国青铜器，并粗略看过该馆的中国瓷器。对专门展示伦敦发展历史的伦敦博物馆，则感到该馆的规模虽然较小，展品却很完备，既有伦敦当地出土的史前时代和罗马时代遗物，又有中世纪的各种精美文物。夏鼐对陈列欧洲大战纪念物的帝国战争博物馆也很感兴趣，看到该馆七个展室陈列着各种武器、军装、有关文物，以及雕塑、绘画、战场模型等，觉得中国也应该有这样的一座博物馆——陈列国耻的纪念品。另外，他还参观过科学博物馆、国家肖像美术馆、杜莎夫人蜡像馆等处。为深入理解英国画家的绘画作品，他特地阅读了怀特（White, G.）著《英国的著名画家》（*Master Painters of Britain*）的第1～4卷。

至于伦敦市内及附近的重要景点，夏鼐先到英皇正在其中居住的圣詹姆斯宫宫前广场，观看头戴黑熊皮高帽、身穿红色上衣的皇家卫队换岗。又经过矗立纳尔逊等人铜像的特拉法尔加广场，到维多利亚河堤，观看从埃及移来载有托提莫斯三世和拉美西斯大帝刻辞的方尖碑，以及方尖碑旁边的两尊狮身人面铜像。再游览古风犹存的中世纪庄园温布尔登公地、世界最古老的伦敦动物园（展出动物总计10000多只，仅脊椎动物即达3000余只）、英国最著名的植物园克佑花园、伦敦最古老的里士满公园等处。他还曾参观汉普顿离宫、伦敦塔等壮丽的英国皇家建筑群，并在日记中详细记录那里发生的一些动人历史故事。在威斯敏斯特教堂，则看到了历代英皇与皇后的陵墓，瞻仰了英国历史文化名人莎士比亚、哈代、狄更斯等文学家和达尔文等科学家的墓葬。

至于入学问题，夏鼐在伦敦住定以后，便向先期来英留学的曾昭燏、钟道铭等打听，获知英国培养考古学人才的高等院校，主要是伦敦大学的大学学院（University College London，简称UCL）。这是一所创建于1826年的综合性大学，也是伦敦大学的创校学院，通常被认为是继牛津、剑桥之后英格兰第三所古老的大学。伦敦大学的考古教学分为三处：一为大学学院，包括埃及考古学系和注重希腊罗马考古学的考古学系；二为考古学院（Institute of Archaeology），注重近东方面，系近年新设，设备不周，假伦敦博物馆上课；三为科特奥德艺术研究院（The Courtauld Institute of Art），注重中国方面，但并不见佳，叶慈（Yetts，W. P.）为该院教授。另外又有爱丁堡大学，注重史前考古，柴尔德为该校教授。

其间，夏鼐曾亲往伦敦大学学院探询，索取该学院的简章和申请表。交进申请表时，适逢阿什莫尔（Ashmole，B.）主任教授休假避暑，不在伦敦，从9月初等候一个月，直到10月7日才有机会面谈。得到的答复是，如果想攻读埃及考古学或希腊罗马考古学，至少须花费两年工夫，并须先学习语言文字，否则不可注册。接着夏鼐请曾昭燏帮忙引见担任艺术研究院讲席的叶慈教授，因为携有李济的介绍信函，叶慈甚表欢迎，极力拉夏鼐到他那里注册。夏鼐又与先期来伦敦大学留学的清华校友钟道铭讨论，钟道铭劝他不必读学位，认为对于能够自勉者来说，不读学位而将全部精力用于读书，收到的效果更大；如果读学位，必然会多费工夫于不必要之处。夏鼐感到这话颇有道理，但考虑到家庭希望他出国留学能拿到学位，还是想取得文学硕士回去娱亲；同时感到，应抓紧技术方面的学习，以备将来归国工作之需。如果领到的公费尚有余款，可以继续留在英国自由研究一段时间。夏鼐经过一番考虑，决定先在艺术研究院注册，下一步如何深造日后另作安排。

夏鼐刚到英国后的一段时间，对中国近代史仍未忘怀。例如，他去不列颠博物院的图书馆看书时，发现几种感兴趣的太平天国文献——旧、新《遗诏圣书》和《钦定前遗诏圣书》，便花时间抄录，后又在旧书店买到一本道光十六年新加坡刊行的马礼逊（Morrison，R.）译《马太传福音书》的初印本，通过对比研究，判明这便是太平天国《新遗诏圣书》及据其删改而成的《钦定前遗诏圣书》所依据的蓝本。而对旧、新《遗诏圣书》和《钦定前遗诏圣书》的详细校勘，则揭示了太平天国宗教思想发展变化的轨迹，表现在丧礼上，初期尚保存浓厚的儒家思想，建都天京后则被完全摒除。夏鼐的校勘记为罗尔纲在此问题所作推论提供了有力的证据，从而解决了太平天国经籍版本的一场争论，被誉为太平天国研究史上值得珍重的贡献。[①] 再如，他曾几次去不列颠博物院的英文稿本部翻阅戈登文件，并抄录其大纲；参观英国政府档案馆时，看到那里藏有上千册中英外交文件，感慨“可惜现在自己已改行，否则治中英外交史真是方便”。

夏鼐在艺术研究院注册的次日，便开始懊悔没有听从钟道铭的劝告。该研究院的课程，主要有叶慈讲授的“中国青铜器”，每星期一个学时，课后写作一篇短论作业上交，随后再安排时间讨论短论的内容；另有“中国陶瓷”和“考古遗存的田野发掘与室内整理”。除此之外，叶慈并不乐意学生多选其他专业的课程。第二外语也有待落实。不过，夏鼐在第一个学年，还是另行选修大学学院和考古学院的一些课程：“田野考古的目的与方法”“普通测量学”“博物馆考古学”“考古绘图”。共计选修十门课程，分别在四个地方上课，再加上几门课外实习，以及去图书馆看书，需要乘坐公共汽车或地铁来回奔波，往往一天花在路上两个小时，忙得不可开交。其中，考古学院惠勒（Wheeler, M.）教授执教的“田野考古的目的与方法”，对夏鼐的考古理念影响最大。该课程原由英国考古学泰斗皮特里主持，皮特里退休以后由其入室弟子惠勒继任。惠勒以工作严谨、方法细致而著称于国际考古学界，他的名言是“考古学家要发掘出古代的人民，而不仅是发掘出古代的文物”。“博物馆考古学”课程，由惠勒教授的夫人执教，通过课堂讲授和操作实习，学习青铜铸造，及古物保养、修复和管理的技能：青铜铸造方面，学习石膏外范、蜡模和泥范的制作、熔铜浇铸和失蜡法铸造等技能；古物保养方面，学习整理陶片、修复陶器、铁器去锈，以及古物装箱等；普通测量方面，则学习平板仪和经纬仪的使用、地图的测量与绘制。而通过“矿物学与岩石示范”和“体质人类学”课程，又学习了识别典型标本。由此，他对考古

---

① 夏鼐关于太平天国文献的两篇校记及罗尔纲的读后记，参见罗尔纲《太平天国史料考释集》，生活·读书·新知三联书店，1956，第58～80页；又见《夏鼐文集》第五册，第332～350页。

技术的方方面面，乃至古物装箱，都有很好的掌握。

夏鼐听取惠勒讲授“田野考古的目的与方法”期间，曾于1936年5月在惠勒的带领下，前往索尔兹伯里（Salisbury）附近，参观著名的斯通亨奇（Stonehenge）、伍德亨奇（Woodhenge）等古代遗址。前者是欧洲最宏伟的环状列石，始建于新石器时代晚期，经青铜时代增建、改筑，屹立于地面之上。后者是1926年英国空军通过空中摄影观察到地面草色不同而发现的，经多次发掘判定为铜器时代遗址，发掘以后原地保存神殿等遗迹，竖立圆形水泥桩表示木柱、方形水泥桩表示石柱。夏鼐对此很感兴趣，特写信将照片寄给共同发掘殷墟的史语所友人，并且满怀信心地说：“将来中国复兴后，我们也许有机会坐飞机考古。”

1973年夏鼐重访英伦时，拜见昔日田野考古老师惠勒爵士

惠勒在课堂上讲授田野考古方法结束后，于1936年7月下旬率领考古队前往多切斯特附近，进行梅登堡（Maiden Castle）山城遗址的发掘。夏鼐随同前往，在惠勒的亲自指导下，经受六个星期的田野考古科班训练。出发时，夏鼐身穿仅有两套西装中的一套，惠勒责问：“你干什么来

的？”让他赶快回去换装。梅登堡是英国史前和罗马时代的重要遗址，惠勒在此首创开探方的发掘方法，开掘10英尺见方的探方，对遗址进行全面揭露。本季度的发掘目标，主要是弄清楚遗址“东门”的结构，及规模较小旧城墙与规模较大新城墙之间的关系。开始两个星期，夏鼐被安排在G地点，发掘新石器时代防御壕沟，沟壁甚为平直，沟底与沟壁几成直角，出土物均需标明其所出探方和地层；又将一定地层中的泥土盛匣采集，准备交给有关专家用显微镜观察，以推测当时该地的气候状况。负责G地点的那位先生对夏鼐的工作甚为满意，本来希望留他继续在那里发掘。但夏鼐为学习多方面的发掘经验，要求另换一个地点，惠勒便把他调到L地点，先后在23号探方及西侧相连的29号探方工作，那里在探寻附近是否有罗马时代的建筑遗迹及导引至水井的沟渠。夏鼐向惠勒当面请教不同发掘方法的优劣，以及各种遗迹发掘方法的适宜情况。该探方的第2层系棕色土和白垩碎片，所获皆为罗马时代之物，而年代较早的第3层土色较黑，分界线不甚明显。夏鼐获知，发掘中应将此分界线不明地段的出土物另行存放一匣，以免将第2层物误为第3层物，使第3层的时代判断发生错误。夏鼐又了解到，对邻近探方发现的遗迹，应俟相连各方都做到同一层，就所绘平面图作整体观察，始能判明其性质。夏鼐在29号探方的3D新石器时代泥炭石灰层之下，曾发现一个圆形灰坑，出土新石器时代的陶片、兽骨和炭烬，并第一次见及和清理了五六个柱洞。他还第一次亲手测绘了遗址23号、29号两个探方北侧的剖面图。

梅登堡遗址邻近英国著名作家托马斯·哈代的故居。夏鼐在发掘工作之余，几次前往参观，并去附近的图书馆借阅哈代的代表作《卡斯特桥市长》及《还乡》，感到两书描写风景甚佳，情节亦佳，令人有“多情自古空遗恨，好梦由来最易醒”之感。

夏鼐开始留英那段期间，除与同在伦敦大学叶慈处学习的吴金鼎、曾昭燏经常交往外，还与朱庆永、向达（字觉明）、王重民（字有三）不时过从。朱庆永是清华史学研究会的旧友，1936年考取留美公费前往爱沙尼亚留学，就读前在伦敦逗留一段时间；而向达和王重民则是新识，均系受北平图书馆派遣，前往英、法两国，考察包括敦煌遗书在内的流失海外中国古籍的情况。夏鼐与他们三位，不时在不列颠博物院的图书馆会面，愉快地交流心得，也时常一道去伦敦的著名中餐馆顺东楼进膳。夏鼐当年奉赠三位好友的诗作，生动地体现了彼此的浓郁情谊。1938 年 5 月下旬的《致向达》一首云：

> 辰州一豪觉明翁，不作道士作史公。三五英儒拜脚下，十万卷书藏腹中。两足上梯如腾云，只手抄书赛旋风。博物院中秘笈尽，顺东楼中饭锅空。

其间，还曾与费孝通、杨人楩、储安平有过短暂的接触，但与钱锺书不曾谋面。卢沟桥事变后，夏鼐参加过旅英爱国人士的中国后援会活动，聆听杨虎城将军等人讲演，积极为国内的救亡活动捐款。

转学埃及考古学系[①]

夏鼐于 1935 年 9 月在伦敦大学科特奥德艺术研究院仓促入学以后，与先期到达的吴金鼎、曾昭燏一道，师从叶慈教授学习中国艺术史和考古学。叶慈这位当时年近六旬的中国艺术史与考古学教授，虽然可以勉强阅读中文书刊，但缺乏中国文史学的基本素养，并且不熟悉田野考古。他早年毕业于英国皇家海军军医学校，曾在英国海军军舰和陆军医疗队中服务。继而担任英国驻中国使馆的医官，对中国古代艺术品发生兴趣，成为一位中国古物爱好者。后来进一步钻研，竟然于 1932 年被伦敦大学聘任为中国艺术与考古学教授。夏鼐跟随他学习，原本就有点滑稽。特

① 本节和下节，参见颜海英《中国“埃及学之父”夏鼐》，载《夏鼐先生纪念文集——纪念夏鼐先生诞辰一百周年》，科学出版社，2009。

别是听叶慈讲授“中国青铜器”课程时，夏鼐已经具有相当的基础知识。他在 1936 年 12 月 2 日参观为庆祝英皇爱德华八世加冕举办的中国艺术国际展览时，偶遇对中国青铜器有过精心研究的瑞典汉学家高本汉，曾相互讨论中国送展若干商周青铜器的年代与真伪。这让他更加感到听叶慈的课，实在是枉费时间，学不到有用的知识。叶慈讲课的时候常闹出笑话。据夏鼐在日记中记载，有一次讲汉代铜镜，放映的幻灯片中有铭文“见日之光，长毋相忘”等语，英国学生问从哪里念起，叶慈瞠目凝视片刻，随便指一个字搪塞，夏鼐在下面掩口而笑，他很不好意思地说：“你的中国朋友可以立刻告诉你。”又有一次叶慈讲演，由故宫铜器谈到《西清古鉴》一书，他说最早刊本是光绪年间的铜版本，又说不知道为什么中国不自行刊印，却送到日本去印。夏鼐告诉他，中国有乾隆年间的殿本，他不相信，让他去不列颠博物院查阅这个乾隆殿本，仍是将信将疑。后来，他向夏鼐出示容媛的《金石书录目》，说其中没有提到乾隆年间刊本，原来该书目著录的日本铜版本及上海石印本，都注明刊行的具体年代，乾隆殿本则未注刊印于何年，他不知道“殿本”二字作何解释，以为不过指乾隆年间编撰而已。再如 1937 年初李济访英时，因一度身体欠佳，原定的讲演无法前往，临时委托叶慈代为放幻灯片并略作解说，他对许多情况搞不清楚便信口乱说。例如，看到河南浚县辛村西周卫侯的两条墓道“中”字形大墓，与安阳侯家庄西北冈殷代王陵四条墓道的“亚”字形大墓有所不同，便说这是商周两种文化的差别。又如原本只有几厘米长的杏叶形马饰（当卢），幻灯片上没有比例尺，他便误以为是盾牌，说有 1 英尺来长。

在这样的情况下，夏鼐认识到在艺术研究院注册是个错误，学习不到自己希望掌握的知识和技能，因而准备及早进行调整。他当时有两个选择：一是去爱丁堡大学，攻读史前考古学；一是转往伦敦大学的大学学院，进考古学系攻读希腊罗马考古学，或者进埃及考古学系。当时国内以史前考古为方向的考古学者，已有李济、梁思永两位先生，及正在英国留学的吴金鼎，而历史时期考古则迫切需要有人进一步开拓。夏鼐认为，对中国考古界而言，埃及考古比希腊罗马考古更有借鉴意义，而且伦敦大学的埃及考古学实力最强。英国第一个埃及学教授的职位，就是伦敦大学为埃及考古学巨擘皮特里破例设立的，这是埃及学学科发展史上具有里程碑意义的事件。当然，对于学习埃及考古学的困难，夏鼐也有充分的认识："第一，必须依导师意见，先学习其文字，以便以文籍与古物互证；第二，对于发掘及保存古物之技术，更须注意［学习］；不若史前之遗物，仅留石器、陶器、骨器，保存较易，技术较简；第三，则以参考书籍较丰富，欲得一眉目，非多费工夫阅读不可"。[①]

夏鼐决意早日离开叶慈，另寻门径。本学年尽量多读考古学和人类学的书籍，至于第二年暑假究竟是赴爱丁堡大学习史前考古学，还是就近入伦敦大学埃及考古学系，则需要经过周密的调查与思考。他通过当时在爱丁堡大学留学的周培智了解到，该校的设备和标本都不够完备，关于考古学技术方法的课程极少，而技术方法恰是我国考古工作所急需的；主持其事的柴尔德教授对教学及奖掖后学都不够热心，对有色人种又素来轻视；特别是，在爱丁堡大学只能学习史前考古学，无法学习国内最缺乏的历史时期考古学。夏鼐感到，抵达英国以后，在田野工作的技术方面已经用力不少，短缺的主要是"发掘后如何整理、采集标本后如何研究"方面的知识。要弥补这方面的不足，绝非仅仅听讲即可掌握，"必须有具体之实物及实例，始能领悟，然后始能以其方法，返国后应用于搜集及整理中国之古物"。而伦敦大学设备发达、注重实习的埃及考古学系，最便于达到这方面目的。基于此，他进一步认为："中国将来之考古学，必须以埃及考古学之规模为先范，故中国之考古学界，必须有一人熟悉埃及考古学，以其发掘技术及研究方法，多可借镜。"[②] 因此，决意转入埃及考古学系。但这又有一定的实际困难：需要花时间学习艰深的古埃及文字，需要注重发掘及保存古物之技术，需要广泛阅览参考书

---

① 《陈请梅贻琦校长准予延长留学年限的信函》，载《夏鼐文集》第四册，第440页。

② 《陈请梅贻琦校长准予延长留学年限的信函》，载《夏鼐文集》第四册，第441页。

籍。于是夏鼐在1936年4月11日写了一封5000字的长信，向清华大学校长梅贻琦教授详细陈述情况，并致信傅斯年、李济二位先生。他在写给梅贻琦校长的信中，明确要求转入伦敦大学学院的埃及考古学系，恳请将留学时间延长一年。经过傅、李二先生与梅校长洽商，此请得到清华校方的批准。1936年7月8日，夏鼐终于办妥转学手续，向叶慈教授告别，告诉他“学校命令，不得不遵”。叶慈教授显得尴尬惆怅，与一年前初次见面时的欢欣大为不同。

其实叶慈这样的“汉学家”乐意收中国学生，不过是备作顾问罢了。那个时候，吴金鼎、曾昭燏两位也知道自己吃亏上当，但为了拿学位，不得不委曲求全。笔者听夏鼐先生亲口说过，叶慈编撰的几部书都离不开中国学生的“协助”，其中《柯尔中国铜器集》（*The Cull Chinese Bronzes*）就是曾昭燏协助编撰的。夏鼐的日记中还提到，曾昭燏离开叶慈去德国时，叶慈为了挽留她，公然许愿“当他的助手，每年津贴200镑，两年为期，赠给Ph. D.”。所以李济于1937年初去英国进行学术访问时，了解到这些情况，表示以后决不再送学生跟叶慈念书。又说，吴金鼎太老实，感到不对头，还不知道改变，赞许夏鼐及时离开叶慈，转往埃及考古学系。这时，夏鼐向李济报告，自己打算以古代埃及串珠为研究方向，李济极为赞许，认为是否取得学位并不重要，但以伦敦大学收藏的埃及串珠为基础做一番比较研究，则很值得。李济还说，吴金鼎的博士论文，以《中国史前陶器》为题，选题即属错误，用力虽勤，而所得不多。

从格兰维尔（Glanville，S.）教授于1937年2月8日写给清华大学推荐夏鼐延长留学期限的信中，可以看到他对夏鼐的肯定：

> 自去年10月以来，夏鼐先生一直在我的指导下攻读埃及学。他干得很好，极其勤奋、认真、严谨；就我现在看来，他对他的课程表现出全面的兴趣。在通过资格考试后，他将以几乎全部精力撰写考古学性质的论文。论文题目尚未决定，因为我想先多了解一下他

> 的考古工作。我知道夏鼐先生想在攻读埃及学的同时尽快取得田野工作的经验，我希望能在今秋或明春作此安排。这将大大提高他攻读埃及学的进益，增加其一般考古学的经验和训练。[①]

夏鼐转入伦敦大学学院埃及考古学系以后，首先是师从古埃及文权威伽丁纳尔（Gardiner，A. H.）教授，刻苦学习古埃及象形文字。夏鼐自1936年9月21日开始学习象形文字，到1937年3月17日，已经学完600页左右的中埃及语（Middle Egyptian）语法，做完了全部练习，得到伽丁纳尔的肯定。此外，他还学习了僧侣体象形文字（Hieratic）、新埃及语（Late Egyptian）等。到1937年年底，他已经译完了《辛努海的故事》《胡夫与魔术师的故事》《温纳蒙出使记》《真理被遮蔽》《奥赛里斯与塞特的争斗》《荷鲁斯与塞特》等古埃及文学作品，这些是埃及学专业的学生至少要用两年才能完成的功课。在译读《荷鲁斯与塞特》时，文中提到埃及人看不惯喝牛奶的外族人，夏鼐用“乳臭小儿”一语来解说，令伽丁纳尔教授击节赞叹，让他写成一篇短文《一个古埃及短语在汉语中的对应例子》，于1938年在《埃及考古杂志》第24期发表。[②] 后来他又在《埃及古物研究年报》（*Annales du Service des Antiquités de L'Egypte*）上发表《关于贝克汉姆岩的几点评述》一文[③]，与埃及学家艾伦·罗威（Alan Rowe）进行商榷。夏鼐对艾伦·罗威关于贝克汉姆岩的文章持不同意见，曾当面与之讨论，艾伦·罗威建议夏鼐把自己的想法写成文章。夏鼐很快找到一份古埃及文字的新材料，证明贝克汉姆一词应译为“塔门”，而非艾伦·罗威所说的“祭坛”，文章写成后又反复切磋，最后夏鼐将“原译不正确”一句改轻语气，成为“可以有另一译法”。此事说明夏鼐使用古埃及文字的考据功夫已经相当成熟。通过两年的努力，他的英文听写能力也有飞跃的进步，不仅从口语欠流利变成可以跟英国同

① 译文见《夏鼐日记》卷二，第93页。

② 译文见《夏鼐文集》第三册，第546～547页。

③ 译文见《夏鼐文集》第三册，第548～563页。

学一道说绕口令，而且他用英文翻译的古埃及文学作品被大家当作范本。他总是面带笑容、镇定自若，赢得了师生们的喜爱和称赞。①

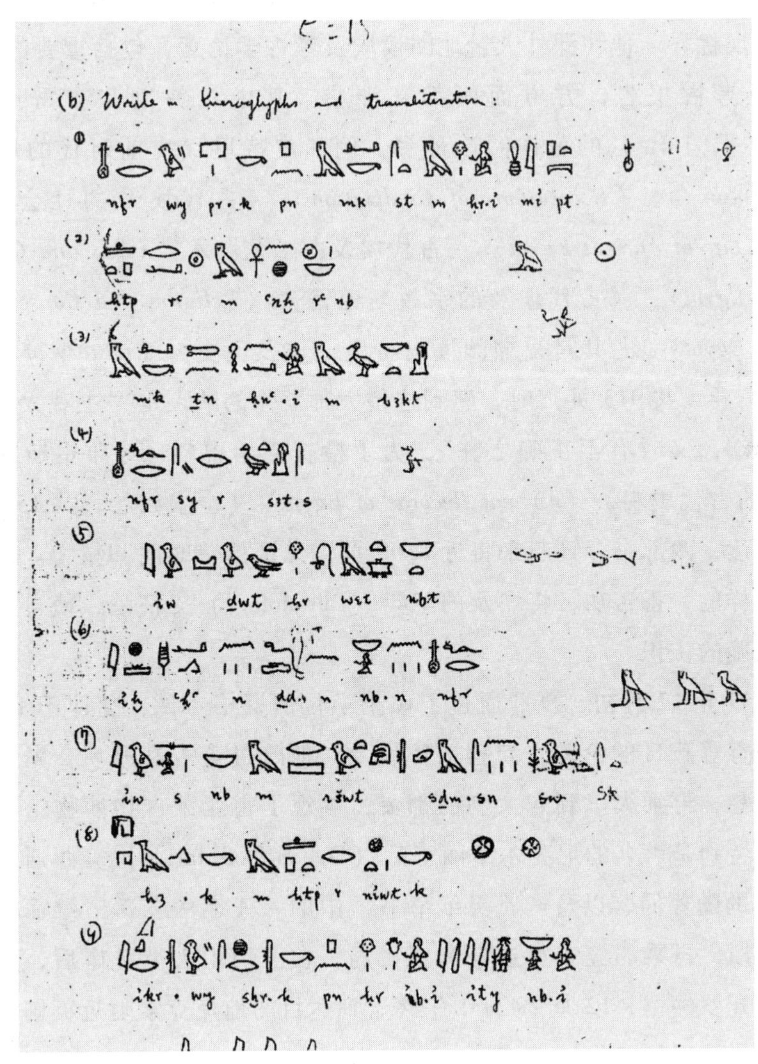

夏鼐所做古埃及文作业

① 参见汪涛《对〈夏鼐先生的英伦之缘〉一文的几点补充》，载《夏鼐先生纪念文集——纪念夏鼐先生诞辰一百周年》，第319页。

夏鼐在修读古埃及象形文字的同时，又选修了“近东上古史”“埃及历史”“埃及宗教史”“埃及考古学”，以及“上古美术史”“工艺学”“地质学”“人体测量学”“人类学”等课程，还修读过英语语音和德文，成绩均属优异。他在课外大量地阅读埃及考古学论著，包括重要的通论、专著及考古报告，方方面面都有涉猎。其中皮特里和布雷斯特德（Breasted，J. H.）的著作阅读最多。例如皮特里《史前时代的埃及》、《文明的革命》（*Revolutions of Civilization*）、《古代埃及的社会生活》（*Social Life of Ancient Egypt*）、《古代埃及的工艺美术》（*Arts and Crafts of Ancient Egypt*）、《古代埃及的宗教与道德》（*Religion and Conscience in Ancient Egypt*）。尤其是夏鼐阅读皮特里《埃及历史》（*History of Egypt*）（全书三卷，共913页）时，感到这位大师著作的缺点是“主观太重，而细节小端，又时有不正确之弊”，为了检查原始史料，与布雷斯特德的《埃及的古代史料》（*Ancient Records of Egypt*）（全书四卷，共1571页）互勘对读，两部书合计起来将近2500页，无疑更费时间和精力。但夏鼐投入这样的一番苦功，将埃及的纪年（Chronology）弄清楚，使自己有了更加明确的认识。

1937年12月初，夏鼐通过了硕士学位的资格考试，随即于18日暂时离开雾霾蔽日的伦敦，启程前往埃及。他跨过英吉利海峡，先到法国首都巴黎，再乘火车到意大利的都灵，参观了雷亚莱古物博物馆的丰富陈列，特别是著名的尼斐尔泰丽王后（Queen Nefertari，拉美西斯二世之后）墓的随葬俑，以及“都灵纸草书”中的“王名表”等。继而重游水城威尼斯，再乘船经布林迪斯和罗得岛，在亚历山大港登岸后，又在埃及首都开罗停留，12月29日中午终于到达目的地卢克索附近英国考察团的阿尔曼特遗址工作站。

1920～1930年代，英国埃及考察学会在埃及南部的发掘工作集中于阿拜多斯（Abydos）、阿尔曼特（Armant）和阿曼尔纳（el-Amarna）三个遗址。1938年1月，夏鼐投身阿尔曼特遗址的考古工作。这时，阿尔曼特遗址由迈尔斯（Myers，O. H.）主持发掘。夏鼐先参观阿尔曼特的托勒密神庙遗址，继而参加埃及考古学上具有重要意义的撒哈拉（Saharan）遗址的发掘，旨在探究撒哈拉文化的年代和来源。那里的作息以吹喇叭为号，早 7 时许上工，8 时早餐，12 时至下午 1 时午餐、休息，下午 5 时许收工，上下午的工间各有 10 分钟休息。夏鼐在 33 号地点工作了整整一个月，参与用平板仪测量几个发掘地点，拾取地面散落的石器和陶片，体验在地面划出方格将采集到的遗物进行整理，逐项登记其基本特征。除负责陶片整理和测绘遗址平面图外，着重了解考古队的记录方法和管理制度，抄录了可资参考的各种应用表格。

夏鼐在阿尔曼特的工作结束后，于 1938 年 2 月花费差不多二十天的时间，遍览著名的古埃及史迹：赴尼罗河西岸，先参观戴尔巴哈里（Deir el-Bahari）神庙，再翻山至帝王谷，逐一详细地参观图坦卡蒙（Tutankhamen）、拉美西斯三世（Ramses Ⅲ）、阿蒙霍特普二世（Amenhotpe Ⅱ）、塞提一世（Seti Ⅰ）等古埃及帝王陵墓；至王后谷，参观尼斐尔泰丽王后及阿蒙塞普夫王子（Prince Amenshepf，拉美西斯二世之子）等人墓；至卡尔纳克（Karnak），参观库苏（Khusu）、阿蒙（Amen）、拉美西斯三世（Ramses Ⅲ）、孟图（Montu）、塞提二世（Seti Ⅱ）、图特摩斯三世（Thutmose Ⅲ）等庙；再赴伊德富（Edfu），参观那处保存最完整、门前有两座神鸟巨像的雄伟神庙。又参观阿斯旺最具历史价值的几座古王国陵墓、规模较巨的中王国二陵墓，以及南、北采石场；赴阿拜多斯，参观塞提一世庙、拉美西斯二世庙。还曾参观吉萨的胡夫金字塔、狮身人面像，以及其他金字塔。由于夏鼐逐一参观的各种史迹，往往是普通游客不大去的地方，雇毛驴时驴夫感到奇怪地问他为什么专找人家不去的残石块参观。回到英国考察团驻地萨卡拉（Saqqarah），再参观那附近的古埃及陵墓。又曾花费 9 天时间去开罗博物馆，详细参观该馆陈列的众多古埃及文物。

1938 年 3 月，夏鼐由开罗去巴勒斯坦的加沙，参加杜韦尔（Tell Duweir）遗墟的发掘，这便是圣经《旧约全书》中多次提到的莱基（Lachish，旧译“拉吉”）古城废墟，因其堆积甚厚而形成一处小山。他

夏鼐在埃及阿尔曼特遗址参加发掘

夏鼐参观阿尔曼特托勒密神庙遗址

夏鼐骑骆驼在胡夫金字塔前

先在“犹太宫”遗址以东地段停留，发掘犹太时期的1067号房屋遗迹，获得许多青铜时代晚期陶片，并学会用2%盐酸溶液浸泡去除石灰质附着物；又获得许多釉陶和石灰石等材质的不同形状串珠。那里作息以吹哨为号，早上6点半上工，8点半和10点各休息一刻钟，工作人员用茶点，12点停工午膳，下午1点半上工，3点休息一刻钟，5点半收工。工作之余，他便阅读《旧约全书》的有关章节。继而在遗墟东北角4000号墓地的4034号洞穴工作20多天，下掘到相当深的地步，出土青铜时代不同时期和铁器时代的多种陶片及钱币，采集到埃及圣甲虫形宝石（Scarabs）；学习了用不同的化学溶剂清洗铜币和银币，以及钱币整理编目卡片的制作方式。工地上跳蚤很多，每天收工后洗脸、换衣服都能捉到，半个月捉了30多只。从刚到埃及参加阿尔曼特遗址的发掘，主持该地发掘的迈尔斯就问夏鼐：“懂不懂阿拉伯语？”经过两个多月，到结束在这一地区的工作时，他感到阿拉伯语很不好学，只学会很少几句日常用语。

夏鼐结束在埃及和巴勒斯坦的发掘以后，于1938年4月初去耶路撒冷和伯利恒参观。4月中旬，在那不勒斯停留，详细参观因公元79年维苏威火山大爆发而湮没的罗马时代城镇遗址——庞培（Pompei）和赫尔库兰尼姆（Herculaneum）；又在罗马停留两日，参观圆形大剧场、罗马广场等诸多古罗马时代遗址。无论在埃及发掘前后所做考察，还是往返沿途的参观，他每到一地都详细记录所见所闻。经过四个多月的长途跋涉，满载丰富的学术收获，于当年4月23日返回伦敦。这时他已得到伦敦大学考古学院埃及考古学系主任格兰维尔的赏识。格兰维尔教授在写给大学学院院长的信中，这样称赞夏鼐的天赋：

> 他是一个出类拔萃的学生。他从科特奥德学院的叶慈教授那转到我名下，原先在中国曾做过一年的田野，但对埃及学所知甚微。可他以极大的毅力投身于这一学科的各个领域，很快就显示了他在语言学上的熟练程度，正如他在考古学方面也是同样的卓越。去年12月他通过了硕士资格考试，随后又参加了在埃及和巴勒斯坦的发掘工作。这个学期伊始，他从工地回来做论文的研究。不止一位在埃及和巴勒斯坦进行考古的同事都向我证明，他对各种不同类型的特征掌握极为敏捷。我坚信不疑，一旦他再回中国工作，他的能力将为他赢得声誉。[①]

系统研究古埃及串珠第一人

1938年5月，夏鼐在格兰维尔教授的指导下，选定被皮特里前辈称作埃及考古学发展中关键性课题的“古代埃及的串珠”，作为自己的研究

① 转引自汪涛《对〈夏鼐先生的英伦之缘〉一文的几点补充》，载《夏鼐先生纪念文集——纪念夏鼐先生诞辰一百周年》，第319页。

方向。这又是一次知难而进。串珠是埃及考古资料中既极为常见又种类繁多的一种考古标本，一具木乃伊往往随葬成千上万颗珠子。这类串珠的材质，包括玻璃、石料、金属、塑材和其他材料（骨料、象牙、珊瑚、贝壳等），制作与装饰工艺甚为复杂；而其时代跨度很长，从史前时期到希腊罗马时期，上下数千年均有发现；至于分布的地域，则从以埃及为中心的非洲东北部到西亚和东南欧，范围甚为广泛。由于时代风尚、制作工艺和原料来源的变化，珠子在形制、材质、工艺和纹饰等方面都会出现很大的差异，因而串珠的研究对于埃及和邻近地区考古的分期断代，以及文化交流和制作工艺等问题的研究，具有重要的标志性意义，其研究的难度也就可想而知。夏鼐即以伦敦大学皮特里博物馆收藏的1760件（串）古串珠为基础，辅之从各种有关出版物中收集的资料，以及对埃及开罗博物馆等处藏品的粗略考察，逐一进行登记，并手绘线图。他在卡片上记录了每串珠子的8项信息，即登记号、出土单位、年代、用途、参考文献、评注、线图和照片号；同一串珠子再分别记载其形状、穿孔类型、颜色、材质、纹饰和数量，先后制成两套将近两千张的资料卡片，充分表现出他的扎实功力。1939年9月13日，开始动手撰写学位论文。

1938年10月，因为欧洲战争的爆发，伦敦大学埃及考古学系停办，夏鼐本来准备回国，但导师格兰维尔教授设法安排他继续求学：先是争取让学校照常发给他已获批准未及领取的道格拉斯·默里奖学金42英镑；又征得学校同意，让他在开罗博物馆工作一学期来代替缺少的一学期课程。这样，自1939年10月底到1940年12月初，夏鼐得以再赴埃及，进行了11个月的研究考察，完成了撰写学位论文《埃及古珠考》的准备工作。

夏鼐两次探访埃及并参加考古发掘与研究，正值埃及考古学发展的转折时期。在经历了盗掘抢劫的时代，进入科学考古阶段之后，埃及考古学以第二次世界大战为分水岭，前后有着截然不同的特点。二战前，埃及考古学注重艺术史方面的内容，以实物为主，看重铭文，偏重于研究宗教和墓葬建筑。而二战后，则关注日常社会生活，更多地发掘城镇聚落，最重要的则是重视文物保护，主张多勘测少发掘。随着勘察、发掘和分析中越来越多地使用新的方法，专业埃及学家也更加注意科学知识的充实，如人类学、遗传学、生物学、地质学和物理学。而自然科学家的参与，也给埃及学的研究带来了新的活力。如在开罗工作的化学家艾尔弗雷德·卢卡斯（Alfred Lucas），在图坦卡蒙墓发现后不久，就出版《古代埃及的材料与工业》（*Ancient Egyptian Materials and Industries*）的第一版，对现存关于埃及材料和工艺品方面的资料作了很好的综述。该书直到1990年代仍被视为古埃及科技研究方面必不可少的参考书。卢卡斯能够接触到埃及国家博物馆的很多资料，有条件整理和研究19世纪中期以来出土的大批重要文物，进行数据和化学的分析，其中包括图坦卡蒙墓出土的随葬品。在伦敦期间，夏鼐曾阅读过《古代埃及的材料与工业》一书。在埃及期间，夏鼐与卢卡斯更有频繁的交往，多次将自己的学位论文初稿及其他文稿呈送卢卡斯征求意见，而卢卡斯对夏鼐的研究也有极高的评价，表示战后修订所著《古代埃及的材料和工业》时，将添加“串珠和串珠制造”一部分，采用夏鼐学位论文中的材料。

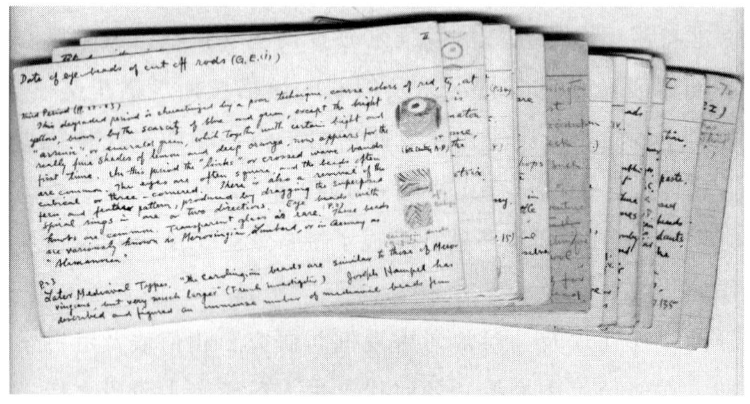

夏鼐手写埃及古珠资料卡片

1.3

PART FOUR CHRONOLOGICAL SURVEY

Preliminary Remarks

As pointed out by Petrie, "these two methods of work (the corpus and the arrangement of material in the chronological order) may prove to be, for archaeology, what the balance and atomic theory have been for chemistry — the necessary foundation for systematic knowledge and exact theory" (1). After having worked out the bead corpus, we may proceed to a chronological survey of the ancient Egyptian beads. This chronological survey will be based mainly upon the Petrie Collection. However extensive this Collection of beads may be, it is certain that some types are not represented and other represented but not in all their main periods, still less in all the periods in which they did occur. It has been attempted to supplement the specimens of this collection with those from other sources, mainly from various publications. But the informations given in the publication are sometimes useless for our purpose because of the uncertainty of typing due to the deficiency and vagueness of the description and representation. Sometimes the informations are quite definite and accurate in appearance, but are wrong in reality, and the result is even more disastrous than that in the case of deficiency and vagueness. For example, the type of perforation of the beads of hard stones may be wrongly represented. This is due to the fact that the type of perforation, although usually shown in the drawing of corpus, is in most cases regarded as a very unimportant feature. When beads of the same form and same size are found on the same string, especially if they are of a great number, they are typed as all of the same type of perforation, so as to save the trouble of making separate drawings. The material and the technical method of the beads may be wrongly identified because an archaeologist is not necessarily at the same time the expert on material and technology. Therefore this kind of information should be used with caution, and most of them could not be used as an evidence in the critical case, unless verified by a re-examination of the actual object.

Another source of error is the mistake of dating. This kind of mistake may happen to some strings in the Petrie Collection too. It is very often that the date of a tomb is obtained by taking into account all objects found there except beads, and then the beads are dated by the tomb. The result is that the time-range of certain types of bead has to be unnecessarily extended a great deal. On the other hand, if we take into consideration the known time-range of the beads together with those of other objects for the dating of the tomb, the result in some cases may be quite different, because the date of the tomb then may fall within the known possible time-ranges of all objects, with that of the beads on the margin, or may be a compromise between them. In the latter case, the time-ranges of certain objects have to be adjusted, but not at the expense of that of beads alone. This practice of excluding beads in the dating of a tomb but dating the beads by the date of tomb, will produce a disastrous result if it is applied to a disturbed tomb which sometimes contains objects of various dates with some intrusive beads of very late age or even modern times. As to the museum specimens, they are usually separated from their associated finds, and in many cases it is very difficult to verify their datings, and we have to regard them as questionable if they are in conflict to the conclusion derived from a great number of well-dated specimens. As to the specimens bought from antiquity-dealers or tomb-robbers, they should be left out at the first stage of our work, because they can be dated only by a comparison with the well-dated specimens.

Besides the fact of the occurrence of a type of beads in certain periods, the frequency of its occurrence should be also indicated if possible. It is not the isolated specimens, but the whole lot of them, that can be safely used for the dating of new-found beads. Isolated specimens of a type may be due to some mistake on our part, therefore a new-found specimen should be dated to the period in which this type commonly occurred unless there is some strong evidences pointing otherwise. For the study of their frequency, we should take into consideration both the number of lots (i.e. the number of tombs in which the beads are found), and the number of beads found in each lot. For the frequency of lots, certain information can be obtained from some detailed reports of excavation; but in order to save the trouble of re-typing the published material, the statistic table given here are based upon the Petrie Collection alone unless otherwise stated. As to the frequency of the number of specimens, we have to depend almost entirely upon this Collection, in which most strings have been counted or estimated and a statistic tabulation is possible. These two kinds

(1) Petrie, Methods and Aims in Archaeology, p.122.

夏鼐博士学位论文《埃及古珠考》手写稿

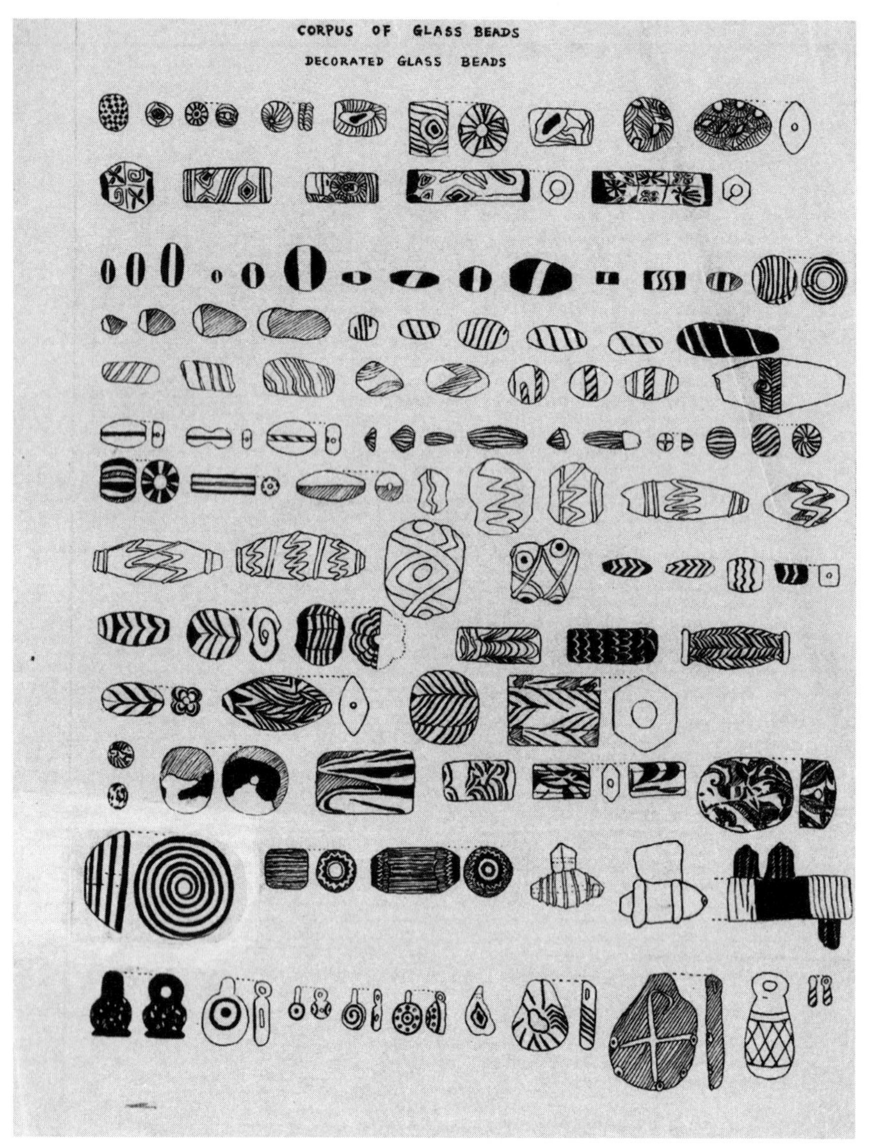

夏鼏博士学位论文《埃及古珠考》中所绘集成图谱

夏鼐选定古埃及串珠为自己的学位论文题目时，这个领域还很少有人涉及，而伦敦大学皮特里博物馆收藏有皮特里在埃及发掘获得的大批埃及串珠，从来没有人进行过系统的整理研究。他在开罗将近一年的时间，又得以对埃及国家博物馆所藏及其他来源的串珠进行对比研究。所以，夏鼐在选题上已经站到了埃及学研究的前沿，具备利用第一手考古资料以及实地考察的便利条件。正因为夏鼐的研究从选题到方法都敢为人先，他的工作很快就得到埃及学界的关注和肯定。论文开始写作不久，开罗博物馆的布伦顿（Brunton，Guy）先生就请他鉴定阿尔曼特出土的串珠，后来夏鼐写成《阿尔曼特撒哈拉诸遗址出土的串珠》（Beads from Saharan Sites at Armant）一文。随后，夏鼐将自己编绘的串珠集成图谱，送请布伦顿征求意见，布伦顿称赞他“干得不错”。①

夏鼐从1940年5月开始，与年近九旬的埃及考古学泰斗皮特里有了书信交往，得以直接探询各种细节问题，并把论文的前几章文稿寄请教正，得到皮特里的充分肯定。1940年9月皮特里给夏鼐的回信中说：“我细读了你的论文。其中最后4页主意极好。希望你回国途中能来耶路撒冷面晤叙谈。”这里所谓的“主意极好”是指夏鼐提议串珠分类，须先依材料归类，即仿照皮特里《前王朝时期陶器集成》（*Predynastic Pottery Corpus*）一书的先例。夏鼐在进行古埃及串珠研究的过程中，不仅吸取了皮特里研究方法中的材料分类法，而且尝试用统计学方法整理自己所搜集的古代埃及串珠材料，先阅读关于统计学方法原理的专著，再阅读皮特里《归纳的度量衡学》（*Inductive Metrology*）等著作。1940年末，夏鼐取道巴勒斯坦回国时，特地在耶路撒冷逗留，于12月9日上午前往当地政府医院，晋见这位安卧在病床上疗养的埃及学大师，当面聆听他的教诲。夏鼐看到皮特里银白色的长发垂在肩上，虽然年事已高、身体虚弱，但双目依然炯炯有神。皮特里高兴地谈论了一会儿古埃及串珠，便转向自己的考古生涯，如何开创墓葬排序和陶器分型的研究方法、奠定前王朝时期的年代序列，并对继承他事业的惠勒和布伦顿的工作表示赞赏。

夏鼐的学位论文，是1941年初返回祖国以后，于1943年7月最后完

① 布伦顿原拟将该文收入所著《阿尔曼特诸墓地》第2卷（*Cemeteries of Armant II*），后来该书并未出版。现据夏鼐自存遗稿将其译成中文，作为氏著《埃及古珠考》的附录出版。

成的，其间曾征求过李济、梁思永两位先生的意见，同年10月设法寄往英国。全文打字稿433页，分为四个部分，共23章：第一部分5章为“绪论”，论述珠子的考古学价值、研究范围、登记方法，以及材质术语与鉴定等；第二部分5章为“珠子的制作技术”，分别论述不同材料（玻璃、石料、塑材、金属、其他）珠子的工艺；第三部分4章为“分类与排谱”，论述珠子的分类方法，提出新的排谱系统；第四部分为“编年研究”，占全文的一半以上篇幅，将古埃及串珠按时代划分为9段，即史前时期、早王朝时期、古王国时期、第一中间期、中王国时期、第二中间期、新王国时期、晚期埃及阶段、希腊罗马时期，详细论述各个时期珠子在材质、形制和制作技术上的差别。所附20幅手绘图谱，包含各种材质典型珠饰800余号。

第二次世界大战结束后，伦敦大学于1946年复课，原本规定学位论文的考核，必须本人到场答辩，夏鼐无法专程前往，经申请校方特许免予答辩，缺席通过。1946年7月31日，伦敦大学颁发给夏鼐埃及学专业的哲学博士学位证书，夏鼐成为中国第一位埃及学专家，日后被誉为中国的“埃及学之父”。据说当时英国权威的考古学家认为，夏鼐的这篇学位论文，至少有60年的命运。[①]

夏鼐在埃及学方面造诣之深，在新中国成立后有过戏剧性的表现，被我国考古学界传为佳话。1956年和1957年，根据中埃文化合作协定，中国科学院先后接待过两位埃及历史考古学家费克里（Fakhry，A.）和埃米尔·埃芬迪（Amir Effendi，M. el）在北京大学历史系分别讲授“埃及古代史”和“埃及考古学”两门课程。讲演时，往往由夏鼐将讲稿译成中文，或亲自担任口译。有一次，某专家面对提问讲不清楚埃及古代

① 据孙毓棠先生回忆，他于1945～1947年赴牛津大学做访问研究之际，适逢伦敦大学决定授予夏鼐博士学位，曾听加德教授说过，夏鼐的博士论文“至少有60年的命运，为研究此道者必须参考之书。”（《夏鼐日记》卷八，第387页）加德教授（Prof. Gadd，C. J.）系当时英国最著名的苏美尔学家，曾代表不列颠博物院协助吴雷教授进行乌尔王陵的发掘。加德教授所说，代表了当时英国权威考古学家的看法。

1939 年秋行将离开伦敦大学的夏鼐

史上的某个问题，夏鼐进行补充才得解围，将问题说清楚。这位专家结束讲演时尴尬地表示，自己讲的这些事情，夏鼐先生都熟悉，而夏鼐先生熟悉的许多事情，有的自己却不大清楚，今后大家有什么问题，可以就近向夏鼐先生请教。两位专家授课的讲稿译成中文后，都经过夏鼐费神审阅、校正，然后由科学出版社于 1956 年和 1959 年分别出版。改革开放以后，夏鼐曾热情支持埃及学专业在中国高等学校的建立，应邀为有志于此的青年教师作启蒙性报告。[①] 他还为东北师范大学和中国社会科学院世界史所的埃及学硕士研究生担任毕业论文答辩委员会主席。[②]

夏鼐写作博士论文《埃及古珠考》，是中国考古学家在占有大量资料

① 《夏鼐日记》卷八，第 245 页。

② 《夏鼐日记》卷九，第 60、184 页。

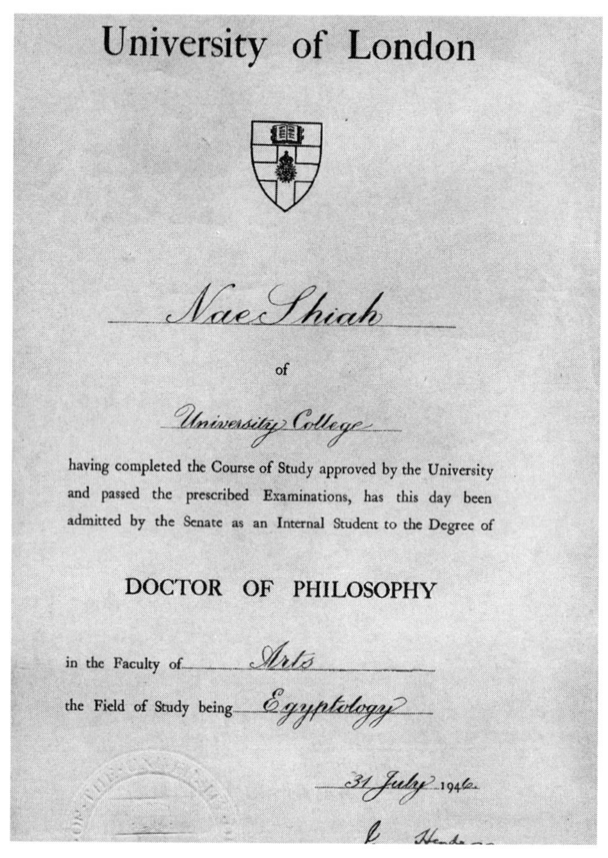
University of London

Nae Shiah

of

University College

having completed the Course of Study approved by the University and passed the prescribed Examinations, has this day been admitted by the Senate as an Internal Student to the Degree of

DOCTOR OF PHILOSOPHY

in the Faculty of Arts

the Field of Study being Egyptology

31 July 1946

1947 年伦敦大学学院颁发给夏鼐的哲学博士证书

的基础上，运用工艺学、统计学和类型学方法，对古代器物进行全面缜密研究的第一人，数十年间无人超越。由于他的这部著作仅有英文稿本，数十年间未能出版，保存在伦敦大学的图书馆供读者阅览，因而长期不为广大中国学者熟知，甚至误以为夏鼐并不掌握类型学真谛。中国社会科学院考古所鉴于该论文的重要学术价值，从 1990 年代初开始，在旅英华裔考古学者汪涛博士的协助下，与伦敦大学有关方面反复洽商，经过对该英文稿本的复制、整理和重新录入，这一著作终于在 2014 年 6 月由社会科学文献出版社与国际著名的施普林格（Springer）出版社合作出版。

夏鼐的博士论文，确实至少有 60 年的命运，至今仍有无可替代的学术价值。伦敦大学学院埃及考古学教授斯蒂芬·夸克（Stephen Quirke）为《埃及古珠考》英文版所写《导言——21世纪见及夏鼐的〈埃及古珠考〉》指出："在埃及考古学中，一部研究著作在时隔65年多才出版是很罕见的。"认为这部著作"在很大程度上代表了埃及考古学乃至非洲内外历史研究方面人们期待已久的关键性进展"，强调："夏鼐的索引使大量信息免遭损失，对于后来需要了解其中任何一件发掘品的研究者来说，这些信息本身就大有学术价值。"夸克教授还讲到出版这部论著的意义："没有任何从事埃及考古或者非洲考古的人出版过关于该地区的串珠或者串珠研究一类的专著。……夏鼐的博士论文如此出色，以至于在伦敦竟无人敢再做这种对于许多其他人来说可能会花费一生时间的工作。没有

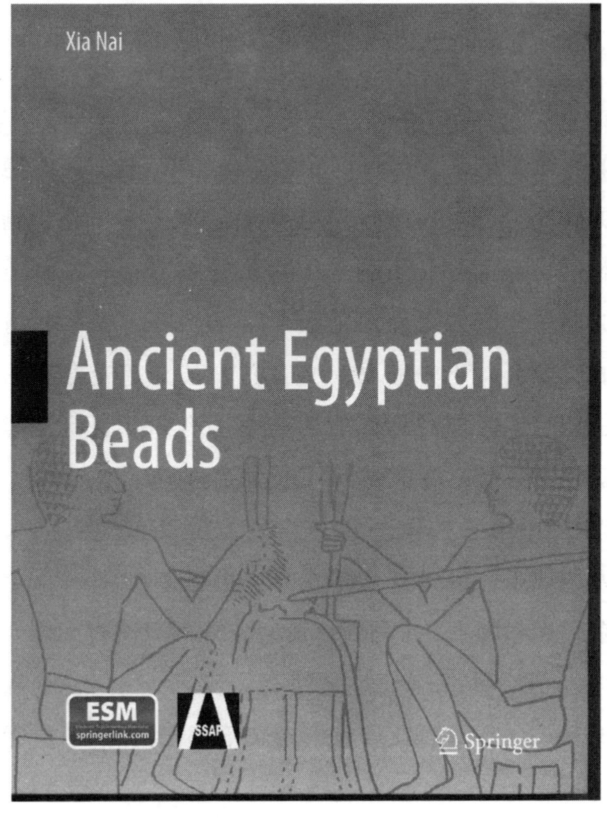

《埃及古珠考》英文版封面

人继续这项研究，在东北非洲考古理论与实践的核心领域留下了一个巨大的空白，这个空白直接影响到与之最为相关的西亚与东南欧的研究。所以说这部核心论著及其基础性资料汇编的出版，可能正是使这个关键性的研究领域进入极端重要境界的必要却又缺少的条件。”为了使有关研究者能够看到埃及串珠的基础资料，伦敦大学于 2011 年已将夏鼐手写并绘图的 1760 张资料索引卡片制成电子版，连同全部数码照片制成网页，在伦敦大学皮特里博物馆的网站上公布，供有关学者查阅。现在，中国社会科学院考古研究所和社会科学文献出版社约请专人，已将夏鼐的博士论文先后译成阿拉伯文（2018 年出版）和中文（2020 年出版），以应国内外的研究需要。

满怀抱负，启程回国

由于夏鼐在留学期间，满怀对中国考古学未来发展的抱负，时刻考虑将来怎样更好地“为祖国服务”，所以在课外异常勤奋地博览群书。他一方面充分利用伦敦大学和不列颠博物院的藏书，一方面经常出入查令十字街等地的旧书店，如饥似渴地汲取学术营养，尽量节约各项生活用费，将优厚的奖学金省下来购书。有时购书甚至花光身边的钱，只好远道步行返回住地。他回国时运回的西文书即有 380 余册，其中以埃及考古学为最多，计 107 册，史前学 66 册，人类学 60 册，上古史 25 册，考古学一般 69 册，中国考古学（西文）25 册，其他 30 余册。[①] 夏鼐读书之多达到惊人的地步。1938 年末他在日记中写道：“今年第一季以参加发掘，漫游近东，无暇阅书，4 月底返英时，一共只阅过十来本书。以后又以在校中整理古物，从事于串珠之编目，偷闲读书。一年仅阅过 80 部书，页数达 19534 页（小说及杂志中论文不算在内）。”[②] “无暇阅书”尚

① 《夏鼐日记》卷四，第 143 页。

② 《夏鼐日记》卷二，第 235 页。

且如此，其他年份可想而知。根据夏鼐的日记粗略计算，1936 年和 1937 年两年，每年读书都有 100 种以上。当时夏鼐大量阅读的，除少数几种出国前未能见及的西方学者中国考古学论著、前述埃及考古学著作以外，主要包括以下几方面著作。

考古学的基本理论与技术方法方面，有皮特里《考古学的目标和方法》（*Methods and Aims in Archaeology*）和《考古学七十年》（*Seventy Years in Archaeology*），吴雷（Sir Woolley，C. L.）《挖掘发现过去》（*Digging Up the Past*），库克（Cook，A. B.）《古典考古学的兴起与发展》（*The Rise and Progress of Classical Archaeology*），卢卡斯《古物的修复与保存》（*Antiquities：Their Restoration and Preservation*），普伦德莱思（Plenderleith，H. J.）《古物保管》（*The Preservation of Antiquities*）等。

夏鼐阅读最多的还是人类学方面著作。由于他开始步入考古学领域，就认识到从事考古学研究，必须具有人类学的根基，关于文化的起源、变迁等，须有一规模较大的理论在后面，始能把握住考古学材料的意义。所以他对古人类学和文化人类学著作都投入了不少精力。其中，一般性著作，如哈登《人类学史》（*History of Anthropology*）和彭尼曼（Penniman，T. K.）《人类学一百年》（*A Hundred Years of Anthropology*）；大部头古人类学著作，如基思《人类的古代》（*Antiquity of Man*），全书 2 册，共 700 多页。在国内准备期间，李济曾向他介绍过该书，当时由于畏难不曾阅读，这时集中四五天时间将其读完。同时，他又阅读了就读清华时接触过的基思另外一部 500 多页的专著《关于古代人类的新发现》。利基（Leakey，L. S. B.）《亚当的祖先》（*Adam's Ancestors*）和《肯尼亚的石器时代人种》（*The Stone Age Races of Kenya*），是两部关于旧石器时代的最新著作。夏鼐读后感到资料既新且富，虽然结论有时超过证据，但对石器制作的实验研究，及早期文化的分析，都是不可多得之收获，较之伯基特所著《古石器时代》和《我们的远古祖先》，有显著的进步，便将其要点摘录于基思的著作中。他还利用一个多月往返大学和住地的时间，在公交车上将达尔文的名著《物种起源》从头到尾阅读一遍。

文化人类学方面不同流派的重要著作，夏鼐都很关注。他阅读过均变论者泰勒（Tylor，Edward）《原始文化》（*Primitive Culture*），第1、2两卷合计1000页，又阅读了传播论代表性著作史密斯《人类进化论》和《文化的传播》（*Diffusion of Culture*），以及批判传播论的狄克逊（Dixon，Roland B.）《文化的大厦》（*Building of Cultures*）。另外，还有戈登威泽（Goldenweiser，A.）《早期文明》（*Early Civilization*）、博厄斯（Boas，F.）《原始人的心智》（*The Mind of Primitive Man*）、弗洛伊德（Freud，Sigmund）《图腾与禁忌》（*Totem and Taboo*）、克劳利（Crawley，E.）《神秘的玫瑰》（*Mystic Rose*）和《发誓、诅咒和祈福》（*Oath，Curse and Blessing*）、里弗斯（Rivers，W. H. R.）《社会组织》（*Social Organization*），等等。

夏鼐阅读文化人类学著作，往往联想到有关资料，设想进行某些方面问题的研究。例如阅读克劳利的《神秘的玫瑰》，认为搜集中国内地民俗资料，历史文献中的《内则》《女诫》等书，对古代“禁忌”的产生，以及婚姻史方面问题进行探讨，可获极佳的成绩；但是，倘若学识不丰，缺乏组织材料的能力，则必定贡献甚微。[①]

面向中国考古学的未来，夏鼐在对待人类学理论的态度问题上，很有见地地写过一段具有深远意义的自勉感言，他说：

> 现在中国谈考古学的，还多以19世纪后半叶的人类学为根据，Spencer，H.［斯宾塞］、Tylor，E. B.［泰勒］等的uniformistic evolutionism theory［均变论］，尚极盛行，实则将来须费一番肃清的工作。然后再专就实证，以建立中国的上古史。考古学在学术界的地位，并不很高，但是治上古史，考古学是占中心的地位，尤其是中国现下的上古史界情形，旧的传说渐被推翻，而新的传说又逐渐出现，与旧的传说是一丘之貉，都是出于书斋中书生的想像，假使

① 《夏鼐日记》卷二，第8、14页。

中国政治社会稍为安定，考古学的工作实大有可为也。书此以自勉。[1]

夏鼐视野广阔，放眼关注世界古代文明的其他地区，特别是美索不达米亚和印度河流域考古，阅读了不少重要著作。例如：霍尔（Hall, H. R.）《近东的古代历史》（*Ancient History of Near East*）、金（King, L. W.）《巴比伦的历史》（*History of Babylon*）和《苏美尔与阿卡德的历史》（*History of Sumer and Akkad*）、吴雷《苏美尔人》（*The Sumerians*）和《苏美尔人艺术的发展》（*Development of Sumerian Art*）、法兰克福《考古学与苏美尔人问题》（*The Archaeology and Sumerians Problem*），还有西德尼·史密斯（Smith, Sidney）《亚述的早期历史》（*Early History of Assyria*），以及麦凯（Mackay, E.）记述当时新发现摩亨佐达罗（Mohenjo Daro）、哈拉帕（Harappa）两遗址的《印度河文明》（*Indus Civilization*）一书。

夏鼐出国前夕，行将结束安阳殷墟实习时即已认识到："中国考古学上的材料颇不少，可惜都是未经科学式发掘方法，故常失了重要的枢纽，如能得一新证据，有时可以与旧材料一对证，发现新见解，将整个的旧材料由死的变成活的。"[2] 夏鼐五年半的留学生涯，不仅师从惠勒、伽丁纳尔、格兰维尔等权威专家，得到埃及学大师皮特里爵士的青睐，而且专程拜访过柴尔德，曾与伯希和、高本汉有过交往，还曾领略斯坦因（Stein, M. A.）、吴雷、伊文思等多位名家的风采。历年来，他又广泛涉猎了那么多部名著。所以在治学的道路上，从一开始就站在人类学、考古学和埃及学的学术前沿，见识超群，并且一贯地坚持如此。夏鼐通过脚踏实地的实践，参加英国梅登堡遗址、埃及阿尔曼特遗址等项发掘，经历室内古物整理，特别是应付战备的大量古物装箱，使他既掌握了国

① 《夏鼐日记》卷二，第 52～53 页。

② 《夏鼐日记》卷一，第 328 页。

内尚不熟悉的开探方进行大面积揭露，以及找寻柱洞、采集土壤标本等发掘史前遗址的先进方法，又通晓了室内整理的一系列工作。具体到殷墟大墓发掘中遇及的“花土”（朱绘木雕印痕），他也曾向英国专家请教，获知比大块起土更简便易行的处理办法。这样，夏鼐在考古学理论和知识结构上，在田野考古的理念和操作技术上，都是中国考古学界的翘楚。

他在伦敦时，曾与吴金鼎多次议论国内的考古工作状况，并于1937年春季李济去英国进行学术访问时，当面向这位老师表露过对殷墟发掘早期方法上的不满。李济坦诚地说：“小屯发掘的时候，我们什么都不知道，只好乱挖。”甚至还叹气表示：“后世知我者其小屯乎！罪我者其小屯乎！”李济原本留学美国攻读人类学专业，转行从事考古工作，自然不熟悉“科学式发掘方法”。留美主攻考古学的梁思永来到史语所考古组后，对殷墟发掘在方法上有很大的改进，但仍存在着不足。再说，李、梁二位老师留学归国都已有十多年时间，对于国外考古学的进展情况已经不甚熟悉。而夏鼐在英国这个现代考古学摇篮学成回国，则是成竹在胸。他满怀抱负和激情，准备为中国考古学的发展做出自己的贡献。

关于夏鼐回国后的工作单位，他的导师李济早已来信与他约定。中研院史语所考古组因人员编制所限，暂时无法进入，但应允在其兼职主持的中央博物院（简称“中博院”）筹备处安排一个位置，并拟将四川地区的考古工作全盘相托，月薪预定为法币180元。当时另有浙江大学有意聘请夏鼐前往执教，月薪法币280元，差额100元。夏鼐经过认真考虑，为自己的前途计，决心舍弃月薪高出一半以上的浙大教职，义无反顾地投奔月薪较少的中博院。

夏鼐于1940年12月6日从埃及首都开罗启程回国，先乘火车到巴勒斯坦晋见皮特里大师，再到伊拉克的巴格达参观巴比伦遗址；然后从巴士拉乘船，经巴基斯坦的卡拉奇，到印度的孟买和加尔各答；继而从加尔各答乘船到缅甸的仰光，再从仰光乘火车和汽车一路北上，经曼德拉到达腊戍。在腊戍等候十多天，1941 年 1 月 24 日才坐上驶往祖国境内的汽车，整个返程历时 49 天。夏鼐回国的整个旅程，正值第二次世界大战的非常时期，考虑到沿途关卡检查行李甚严，他从 1940 年 11 月 1 日在埃及准备启程，到回至国境以内，前后 85 天时间不得不用英文书写日记，以免遭遇不必要的麻烦，战时异国旅行的艰辛由此可想而知。

第五章　初步确立在中国学术界的地位

途经昆明作公开讲演

夏鼐于1941年1月24日傍晚回到云南边境的畹町小镇，本来听说要等候五六天才有开往昆明的汽车，幸而巧遇一位小学时期的同学，第三天（26日）就搭上便车成行。时值农历辛巳年春节前夕，沿途经过龙陵、保山、永平、下关、祥云、楚雄等县，汽车行进在风景绝佳的苍山洱海之间，但因正值日本侵略军对滇缅交通线狂轰滥炸之际，沿途的桥梁往往被炸断，又不时遭遇空袭警报，前后经过近十天，于2月3日晚间到达昆明。这时他才获知，中央博物院筹备处已于1940年秋，与中研院史语所一道，从昆明迁往四川宜宾附近的南溪县李庄镇。

夏鼐在昆明休整了二十多天。其间，与旧友郑天挺、向达、费孝通及同乡徐贤修有较多的交往。去西南联大时，清华老师雷海宗有意留夏鼐执教西洋上古史，他一则志在从事田野考古，二则已应中央博物院之聘，当即婉言谢绝。去黑龙潭北平研究院迁居地，与徐炳昶（字旭生）先生及其弟子苏秉琦相识，聆听正在撰著《中国古史的传说时代》一书的徐先生谈其华夏、东夷、苗蛮三集团说，又听苏秉琦略述宝鸡斗鸡台的发掘情形，还与历史学家姚从吾等先生初次会面。这期间他曾游览西山风景区和其他景点，在大观楼抄录了著名的孙髯翁 180 字长联，在昆明北门外，寻访过南明永历帝埋骨处和陈圆圆葬身的莲花池，还曾品尝过东月楼名菜锅贴乌鱼，以及过桥米线等。

2 月 18 日晚，夏鼐拜访兼任北京大学文科研究所所长的语言学家罗常培先生时，应约去该所作一次讲演。20 日《中央日报》（昆明版）刊出的通告云："国立北京大学文科研究所定于廿一日下午四时在昆北食堂，敦请中央博物院研究员夏鼐讲演《考古学的方法论》。并于三时半起，展览夏君参加英国与埃及发掘工作之照片多种。如遇警报则改自晚六时开始。"其间相隔只有两天半的时间。夏鼐在仓促之间赶写讲演稿，而 21 日上午又有空袭警报，人们纷纷向近郊疏散，他在防空壕里将讲演稿写完。那天直到下午 4 点半才解除警报，原定下午的讲演会，不得不改到晚间 7 时开始，8 时许结束，但仍有百余人踊跃听讲。讲演会由罗常培主持，姚从吾、郑天挺、向达等在昆明的著名学者都曾到场，为昆明学术界的一件盛事。这是夏鼐回国后的第一次公开讲演，会后随即将讲演稿交给罗常培，在北平图书馆主办《图书季刊》发表。① 由于夏鼐是路过昆明，行李既未打开，书箱更未运到，讲演所述考古学基本理念都是烂熟于心的肺腑之言。

1940 年代以前，很少有中国学者对考古学方法进行论述。1920 年代末，傅斯年、李济在中国现代考古学起步阶段的讲演，尚属泛泛而谈；某些并无田野考古经历的人士也曾作侈谈，隔靴搔痒，没有学术价值。夏鼐的讲演，根据留学期间在名师指导下参与几次重要发掘的体会，以及所知田野考古发展历程，联想到自己对国内考古工作的所见所闻，第一次对如何从事科学的考古学研究作了比较全面而系统的阐述。他在讲演的开头就指出："考古学之研究对象为古物，则考古学方法之第一步，即为如何搜集古物。"而"由古董商手中购得之古物，则因其出土情形不明，考古学之价值甚低"，因此"最好亲自出马"。关于考古学方法第一

① 原载《图书季刊》第 3 卷第 1、2 期合刊，1941；又见《夏鼐文集》第一册，第 41 ~ 48 页。

步的“调查”，他讲到通过“参考书本上之记载”、“采求当地人士之传说”、“获睹当地公私收藏之古物”并“访求其来源”，可寻求探得重要遗迹的线索。他还特地介绍英国新创的空中摄影探求古代遗迹的方法。

关于考古学方法第二步的“发掘”，夏鼐说：“吾国发掘工作，现方法萌始。但埃及方面之发掘工作，则发轫于百年以前。”并着重介绍皮特里“对发掘方法大加改进，谨慎周密，堪称为科学的发掘方法，其目的在搜取古代一切遗物或遗迹，以重造古代历史。”他指出，“现今规模较大之发掘，常先将整个遗址，加以详细测量，绘成总图，然后将其分化为纵横十米或二十米的小区。……如果探沟中掘及建筑物残遗，即当停止再向下掘，须先将探沟加阔，以便求得建筑物之整个情形”。又说：“发掘时须有田野记载，记录发掘情形、地层状态及所得古物。平面图及剖面图，均不可缺。重要阶段，须要摄影。古物移至工作站洗刷修补后，加以编号，并有古物登记簿，依编号次序登记，并注明其出土情况。”这些，在现今的考古工作中早已成为惯例，当时却是前所未闻的先进方法。夏鼐为了说明“发掘记载，有时极为复杂”，特别提到美国考古学家赖斯纳（Reisner，G. A.）在埃及发掘齐奥普斯（胡夫）法老母后的陵墓①，因随葬品多为已朽的木制品，数量既多，又极混乱，花费了305个工作日始得竣事，用去记录纸1701页，拍照1057张，后来再用几年工夫进行复原研究。他又提到古物的出土，“有时甚脆，一触即行粉碎，须先施行保存之方法，然后始可移动”，英国考古学家卡特于1922年去埃及发掘图坦卡蒙陵墓，邀请两位化学家到现场协助进行古物的保存，花费十年的工夫，1933年才将古物清理完毕，移往博物馆收藏。夏鼐强调“发掘之时，由于观察之不精，记录之忽略，及保存方法之欠佳，其结果常致毁灭宝贵之史迹。鲁莽疏忽之发掘工作，其所毁之史迹，常超过其所得者”，又说：“考古学之发掘，必须编写报告。盖经过发掘之后，遗址之

① 齐奥普斯（胡夫）法老，即埃及最大金字塔墓主，其母后海泰斐丽丝的陵墓，系美国考古学家赖斯纳与史密斯（Smith，W. S.）共同发掘。夏鼐主持北京明定陵发掘时，曾参考该墓发掘报告。

地层次序，出土古物之原来位置，皆已不复存在。如无发掘报告以遗后人，则结果等于毁灭史迹。”这些说得很重的话，至今仍有现实意义。

关于考古学方法第三步的“整理研究”，夏鼐指出“研究之主要目的，在审定古物遗迹之时代前后程序，及文化之交流影响”。他首先讲到“记载上之证据”，这种“内证”即发掘所得足以证明时代的文字资料，但“不易获得”；而书本记载及传说的“旁证”，“有时极不可靠”，需要“甄别”。其次是“层位学”，他说：“史前考古学，几乎完全依赖此方法以建立各文化之前后次序”，举例为梁思永先生根据安阳后冈的层位证据，判明仰韶、龙山和殷代文化的相对年代。又提出“层位学之证据，依其堆积情况，有时极为复杂，须根据剖面图及平面图，细加分析”，“由一小小区域所得之层位学上证据，未必即能应用于大区域”。再次是“标型学”，夏鼐对此十分重视，讲述也最多。他说，如果未获文字证据，又无层位证据，“只能依赖古物本身之形制，及纹饰，以推测其时代先后。根据演化之原则，……可以排成一连贯之次序，每一阶级各有其标准之典型。”提及李济对安阳出土爵形器的排比，详述皮特里如何用统计学方法将埃及史前陶器排成次序。他又指出：“同一时代所出之物，勉强依其简繁而定先后，或致错误。”并且提到，为确定古物的相对年代和探讨相互关系进行的比较研究，“所用以比较之古物，必须几乎完全相同，不仅稍有形似而已”。他还前瞻性地指出：“彩陶文化一名词，实属不妥，甘肃彩陶可分为数系统，河南之仰韶文化，虽亦有彩陶，然另成一系统，似与甘肃之各系统皆无关系，这个问题将来需多搜集材料，始能完全解决。”为研究不同文化之相互影响，绘制分布图是其一法，“但应注意者，文化之传播，未必皆有一地理上之中心地区”。整理研究得相当成果以后，还有一项重要工作，应编辑各种器物的“图谱”，以便日后参阅。

夏鼐的讲演最后讲到“综合工作”，着重论及考古学与历史学的关系，认为“考古学家亦犹史学家，各人得依其性之所近而有不同之方向”。又说“考古学及历史学之最终目的，即在重新恢复古人之生活概况，使吾人皆能明了人类过去生活也”。同时，他曾强调：“此项综合工作，虽极有兴趣，最易引人。但材料若不充足，稍一不慎，即易成为荒谬之谈。今日吾国考古学之材料仍极贫乏，作此项综合工作者，更须谨慎。将来材料累积至相当程度以后，则此项工作，亦不可少。”换句话说，这一工作仍然需要谨慎对待。

夏鼐的这次讲演，与他在新中国成立后讲授“田野考古序论”、“考古学通论”和“田野考古方法”，以及一系列论著，基本观点一脉相承。

1941 年 2 月 28 日，夏鼐结束在昆明的休整，前往中央博物院的战时驻地四川李庄。动身前夕，26 日昆明再次遭到日本飞机的大轰炸，炸死七十余人、炸伤三十余人；27 日晚向罗常培、郑天挺、雷海宗等先生逐一告别后，返回住地时又值邻近的电影院屋顶和楼板整个坍塌，发生死伤数百人的惨剧。当时电影院正在上演《少奶奶的扇子》。这部电影，是根据英国作家王尔德经典作品《温德米尔夫人的扇子》改编摄制的，由袁美云、梅熹等明星主演，是一部深受人们欢迎的影片，因而院内的观众多达上千人，死伤情况甚为悲惨，数十年后昆明人士仍记忆犹新。

在中央博物院参加彭山崖墓发掘

夏鼐从昆明启程后，经过曲靖、盘县、贵阳、遵义、綦江等地，山路崎岖不平，所乘汽车多次抛锚，路过二十四道湾、黄果树瀑布等著名景点，于 1941 年 3 月 10 日到达重庆。恰逢傅斯年、李济在重庆出席中央研究院评议会会议，夏鼐立即晋见两位导师，并将在埃及发表的两篇文章，及尚未完成的学位论文稿，呈请李先生审阅。短暂停留四天后，乘船溯江西行三日，于 3 月 19 日晨到达史语所和中博院筹备处所在地南溪县李庄镇。

当时，中央博物院筹备处的驻地为李庄镇的上坝月亮田，中研院史语所的驻地为板栗坳。夏鼐在月亮田，拜访了住在那里的梁思永师、时任中博院总干事（即秘书长）的郭宝钧先生，又与马长寿、王振铎（字天木）、赵青芳等人相识。去板栗坳则探望了董作宾先生及石璋如等，并与高去寻初次会面。

夏鼐住定以后，随即继续撰写自己的学位论文《埃及古珠考》，完成了第四编“编年研究”中第一章“史前时期”的“新石器时代”“巴达里文化时期”两节。其间，他先后向梁思永、李济两位老师请教。梁思永对串珠的分类指示意见，认为：“制作技术虽重要，但吾人所见多仅为其工序所留之痕迹，而非工序之本身。有时无痕迹可见，则不可知；有时虽可见，或由于不同工序所留。以此为分类之根据，实为危险。……对此点须特加注意，即分类之根据为其形态上所留之痕迹，而非虚拟之工序本身也。”李济看过以后，劝他将“珠子的制作方法”部分译成中文，先行发表。

抗战期间，各单位的经费都很困难，往往采取合作的方式开展田野考古工作。1938 年冬至 1940 年春，中研院史语所与中博院筹备处合组苍洱古迹考察团，由吴金鼎主持，夫人王介忱及曾昭燏参加，在云南大理附近开展考古调查与发掘。1939 年 5 月初苍洱地区发掘开始之际，吴金鼎曾函告尚在伦敦的夏鼐，信中附对联相赠：

> 苍岩云欲住，洱海月长流，佳景如斯，才堪考古；
> 中土燎方扬，西溟波复起，大功成矣，何不荣归。

夏鼐则戏作一联奉答：

> 吴老板开张之喜：
> 掌柜有贤妻，伙计是良朋，如此搭配，若君真堪考古；
> 桐棺作徐榻，广厦多臭虫，尚待须臾，则我亦将来归。

吴金鼎等三位学者在苍洱地区，先后调查了史前时期的马龙、龙泉、下关、佛顶等二十多处遗址，南诏时期的太和城、羊咀城、三塔寺及中和、清碧、白云等十多处遗址。其中，史前时期的马龙遗址发掘面积最多，揭露1753平方米；佛顶甲址和乙址，均揭露400余平方米；龙泉遗址揭露近300平方米。南诏时期的白云甲址发掘面积稍多，揭露700余平方米；清碧遗址和中和遗址发掘面积较少。马龙，佛顶甲、乙二址，龙泉，白云甲址，共计五个地点的发掘收获，连同调查情况，由吴金鼎等撰著为《云南苍洱境考古报告》。报告将史前遗存定名为“苍洱文化”，并用类型学方法进行出土陶器的分期研究，佛顶遗址属第一期，龙泉遗址含第二至四期，马龙遗址含第二至五期。[①] 这是中国西南地区第一次科学的考古发掘与研究，具有开拓性的意义。

夏鼐刚回国的时候，吴金鼎已经结束苍洱地区的发掘，李济责成他协助审阅已经写出的《云南苍洱境考古报告》稿本。夏鼐奉李济之命，于5月26~29日，花费四天时间审阅这部报告的稿本，并且遵嘱将意见写出，“以供修订时之参考”。现在虽然无法看到夏鼐所提意见的原件，但是他审阅稿件从来都是非常认真的，对任何人都不曾无原则地敷衍了事。这次是夏鼐第一次审阅考古报告，而吴金鼎和曾昭燏又都是他的好友，当然更不会例外。1942年在李庄用四川土纸刊印的曾昭燏缩写本，其7月18日所写后记交代缩写缘由称：“因照相材料及印刷经费种种困难之故，奉筹备处主任李济先生命，重写为是编。”又提到：“原稿曾经夏鼐先生细读一过，承其指正多处。”由此可见，现有苍洱考古报告包含着夏鼐的心血。

夏鼐在这段时间，为了适应参与四川地区考古工作的需要，抓紧阅读了关于四川古代历史、地理及考古方面的许多书刊。其中，历史文献有扬雄《蜀王本纪》、常璩《华阳国志》等，地方志有《四川通志》《四川郡县志》《乐山县志》《南溪县志》《蜀中名胜记》等，金石学著作有洪适《隶释》和《隶续》、瞿中溶《汉武梁祠画像考》等；外国考察家

① 日后的研究认为，佛顶甲、乙址，马龙早期和龙泉，属于新石器时代，白云甲址早期则可能已进入南诏时期。参见汪宁生《云南考古》，云南人民出版社，1980，第12页。

早年有关四川考古的著作，有色伽兰（Segalen，V.）等《中华考古图志》（*Mission archéologiue en Chine*）、沙畹《两汉画像石考》（*La Sculpture sur Pierre en Chine au Temps des Deux Dynasties Han*）和《北中国考古调查记》（*Mission Archéologique Dans la Chine Septentrionale*）等；日文的汉代考古报告《营城子》《牧羊城》《乐浪王光墓》《乐浪彩箧冢》等。还查阅了《中国营造学社汇刊》中的四川汉代崖墓考察报告，外文刊物《中国地质学会会志》《皇家亚洲学会华北分会会报》《华西边疆学会会志》中的有关文章。阅读中，摘录某些要点，描绘若干地图，做了相当充分的业务准备。

1941 年 1～4 月，中研院史语所又与中博院筹备处及中国营造学社合组川康古迹考察团，由吴金鼎任团长，在四川岷江流域进行考古调查。6～11 月，考察团对彭山江口镇附近的崖墓进行清理发掘。夏鼐奉派前往参与，但开始就声明，田野工作结束便请假回家探亲，不参加整理和写报告，对于资料不再过问。[①] 他乘船沿岷江前往彭山途中，曾在乐山停留，游览了凌云寺的著名大佛，认为该大佛“美术价值甚低，远不及云冈石刻”；考察了凌云寺侧麻浩湾那座规模较大的崖墓，认为其西壁雕刻“与山东武梁祠汉画像之题材颇多相同，为崖墓中之精品”。夏鼐于 7 月 15 日到达彭山。先期到达的考察团成员 4 人，中博院的吴金鼎、王介忱夫妇和曾昭燏，以及营造学社的陈明达，已在寂照寺驻扎。夏鼐去后与陈明达同室，居住在寺内的定慧阁上。7、8 月间在王家沱发掘，夏鼐与曾昭燏、王介忱、陈明达 4 人先清理 666 号墓，因连日大雨，墓内积水很深，发掘团没有带去抽水设备，于是“干考古的竟干起水利工程来了”，4 人在积土上挖沟、壅堵，进行宣泄，再承包给民工将水挑出，共计挑水近 200 担。他们在泥浆中清理了两个整天，弄得满身是泥，大家戏称“为了掘泥娃娃，将自己弄成泥娃娃”。4 个墓室出土陶俑和其他物品，

① 夏鼐 1981 年 3 月 21 日致赵青芳函，转引自南京博物院编《赵青芳文集·考古卷》，文物出版社，2012，第 93 页。

编制登记卡片共计 163 号。[①] 后来，4 人又共同发掘 501 号墓。该墓有 3 个墓室，他们“在积水中摸索，几与摸藕摸鱼相同，所出之物为陶器，及陶屋、陶俑之碎片，并无特出之品”。这次是夏鼐回国后第一次参与考古发掘，他与吴金鼎共同确定墓葬记录的体例，设计了出土物登记卡片及表格。9 月暑休期间，夏鼐与清华历史系同期毕业的同乡王栻，一道去峨眉山游览，步行登临金顶。暑休后转移到豆芽房和寨子山发掘，又有史语所考古组的高去寻前往参加，先后发掘了 460、130、127、128、166、167、168、169、161、669 号共 10 座墓，都是前室之侧有一个或两个耳室，有的墓出土陶器和陶俑，有的墓随葬品不存。发掘开始前和发掘期间，夏鼐曾阅读“两汉书”的本纪、列传和表、志全部内容，还曾抽暇整理自己的古埃及串珠卡片。

1941 年的彭山发掘结束后，夏鼐于 12 月 12 日回到李庄，随即从李庄启程返回故乡。1942 年 5～12 月考察团再次在彭山牧马山进行发掘时，又有中博院的赵青芳参加，夏鼐未再参与。发掘结束后不久，考察团团长吴金鼎即脱离中博院，由曾昭燏主持进行室内整理。她曾根据崖墓出土的有价值陶俑，撰写《从彭山陶俑中所见的汉代服饰》一文[②]。但是，由于种种原因，曾昭燏一直未能将考古报告编撰出来，直到 40 多年以后，才由 1942 年参加彭山牧马山汉墓发掘的赵青芳主持，组织南京博物院人员于 1987 年著成《四川彭山汉代崖墓》一书，1991 年由文物出版社出版。赵青芳在着手组织这项工作时，曾于 1981 年 3 月致函夏鼐请教报告体例，夏鼐复信说：“可惜我目前腾不出工夫，但仍想在你们初步整理后，我能来南京住半个月或一个月，商酌报告体例，或可负担一部分的

---

① 《夏鼐日记》中，1941 年 7 月 29 日记载：“所出土物，皆为瓦器，除容器外，尚有陶俑（舞者，执箕帚者）、陶犬、瓦灶、瓦屋等。又有一蛙形器中空，背部有一空心小柱，似用以插物。”8 月 20 日又记：“连日整理 No. 666 墓出土物，编整登记卡片，计 163 号。”这应是包括未拼合复原陶片在内的统计数。根据南京博物院编《四川彭山汉代崖墓》一书附表，该墓出土的器物，计有陶器 10 件、男女陶俑及俑头 21 件、陶鸡 5 件、陶犬 1 件、陶座等 2 件、五铢钱和饰片 2 件，共计 41 件，但未提及“瓦灶、瓦屋”。

② 南京博物院编《曾昭燏文集·考古卷》，文物出版社，2009，第 38～67 页。

发掘彭山崖墓期间，李济与夏鼐等合影

左起吴金鼎、王介忱、高去寻、冯汉骥、曾昭燏、李济、夏鼐、陈明达

（采自《曾昭燏文集》）

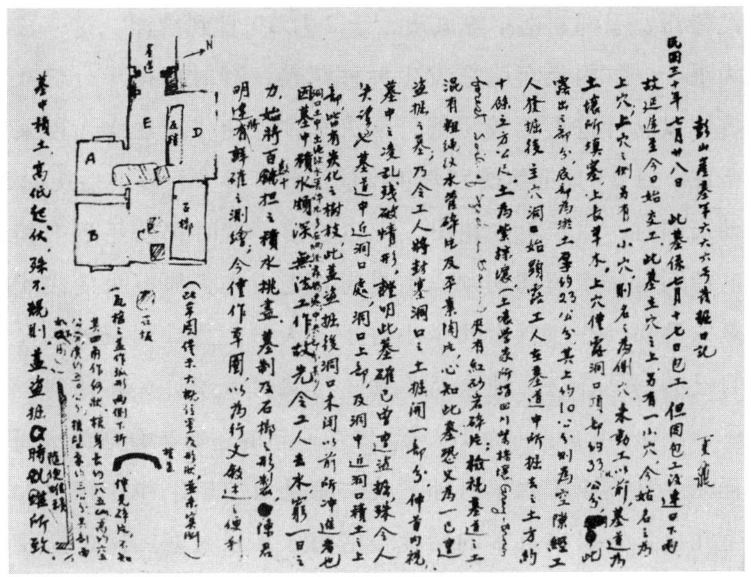

彭山崖墓第六六六号發掘日記　(夏鼐)

民國三十年七月廿八日　此墓係七月十七日包工，但因包工没建日下雨，故延遲至今日始交工。此墓主穴之上，另有一小穴，今姑名之為上穴。上穴之側另有一小穴，則名之為側穴。未動工以前，墓道為土壤所填塞，上長草木。上穴僅露洞口頂部約33公分，此露出之部分，底部為淤土，厚約23公分，其上約10公分則為空隙。經工人發掘後，主穴洞口始顯露。工人在墓道中所掘去之土方約十餘立方公尺。土為紫棕壤（土壤學家所謂四川紫棕壤 Gray-Brown forest soil of Sze……）夾有紅砂岩碎片；檢視墓道之土，混有粗縄紋水管碎片及平素陶片，心知此墓恐又為一已遭盜掘之墓；乃令工人將封塞洞口之土掘開一部分，仲首內視，墓中之凌亂殘破情形，證明此墓確已曾遭盜掘，殊令人失望。此墓墓道中近洞口處，洞口上部，及洞中近洞口積土之上部，皆有炭化之樹枝，此墓盜掘後洞口未閉以前所沖進者也。因墓中積水頗深，無法工作，故先令工人去水，窮一日之力，始將百數十擔之積水挑盡。墓制及石棺之形製，陳君明達有詳確之測繪；今僅作草圖，以為行文敘述之便利。

（此草圖僅示大概，至室之形狀，並未實測）

墓中積土，高低起伏，殊不規則，盡盜掘時亂堆所致。

夏鼐手写 666 号崖墓发掘记录

（采自《四川彭山汉代崖墓》）

写作任务。”报告初稿写成时，本想送请夏鼐审阅并写序言，由于夏鼐坚持认为“如果不看稿子，决不会把序言写好。”① 而当时他实在太忙，确实没有时间看稿，写序之事也就只好作罢。

战乱中返温州探亲

夏鼐在抗日战争的艰苦年代，从四川动身，长途跋涉，返回东海之滨的浙江温州，路途如此遥远，行程着实困难，仅在重庆等候汽车就花费了40多天。等候期间，归心似箭，百无聊赖，除会晤几位在渝的老同学外，不得不将难舍的业务完全丢在一边，唯有看些中文和外文的小说，如巴金的《秋》、茅盾的《虹》、老舍的《骆驼祥子》、曹禺的《蜕变》，以及狄更斯的《大卫·科波菲尔》等，借以消磨时光。从1941年12月中旬拖延至1942年1月末，方才离开重庆。先乘汽车，经綦江、遵义、贵阳、贵定、金城江、柳州，到桂林；换乘火车，经衡阳到曲江；再乘汽车，经赣州、宁都、南丰等城市，于2月19日到鹰潭。这一段路程的行进最为艰辛，每因换车购票发生种种纠葛，有时闹得十分恼火，很不愉快。鹰潭以后行进得比较顺畅，乘火车，经金华至丽水，再乘船经青田，终于在2月25日抵达阔别六年半的温州，整个行程前后历时26天。

夏鼐出国时，双亲年方花甲，身体均健，这时都已年近七旬，衰老了很多。特别是父亲留起胡须，更显得苍老。夫人原有头痛之疾，近年又添昏厥的毛病，往往昏厥几个小时不省人事。夏鼐到家时，夫人正因头痛在自己的房间休息，他全然不知，与父母絮谈许久才回房看望。女儿和儿子，一个14岁，一个10岁。住在一起的还有未分居的大哥、大嫂和两个侄儿。夏氏四房阖家祖孙三代，除夏鼐的姐姐和妹妹二人已经出阁外，十几口人安居在宽敞的转盘楼宅第，其乐融融。这是夏鼐成年以

① 夏鼐1981年3月21日致赵青芳函，转引自南京博物院编《赵青芳文集·考古卷》，第94～95页。

后，与双亲相聚最长的一段时间。

刚回到家的半个多月，夏鼐免不了众多亲友接二连三地宴请，但一个月后便着手整理古埃及串珠卡片，从近700号到1760号，将这1000多张卡片中登记的串珠，花费差不多两个月的时间，枯燥地依照新编图谱更改编号，重新整理并打字。接着继续撰写学位论文第四编“年代考证”各章，先修改前已写好的史前时期两节，再写第三节前王朝时期，刚写完这节未及誊清便遭遇日本侵略军的侵扰。抗日战争期间，温州曾于1941年、1942年、1944年三次沦陷，夏鼐这次回乡探亲恰逢第二次沦陷。当时日寇为推进太平洋战争，屡次窜犯物产丰盈的浙东地区，掠取瓯江一带的战略物资。从1942年5月中旬起，温州时常有敌机空袭的警报，最多一天警报三次，民众惶恐不安，有如惊弓之鸟，许多人家避难乡间。夏鼐奉母并携妻儿于5月28日晚动身避难，当时已经租不到船，岳母家派船来接。一家老小冒着大雨登船，天明到达近郊双屿山的岳母家时，雨仍未停，因而衣被全湿。父亲留在家中看守，大哥则送嫂嫂回其娘家，并未同行。夏鼐在离家避难的前一天，仍然坚持进行学位论文撰写之事，将刚回国时在李庄写好的“年代考证”编中“前王朝时期”章誊抄完毕，当天上午又将有关材料装入一个小手箧，以便携带。

夏鼐避居双屿山后，稍稍安定即从内弟李良（字锄非）处借来开明书店缩印本“二十五史”的第一、二册，即“前四史”部分，准备挤出时间阅读。他随即逐篇阅读《三国志》，由于那个版本的字迹偏小，尤其是注释文字更小，颇费目力，特地返城回家取来阅书用的放大镜。截至6月29日，花费一个月的时间将《三国志》读完。接着他又重读《史记》，但仅读《五帝本纪》和《夏本纪》两篇，便转而对经学和小学下功夫。开始阅读孙星衍《尚书今古文注疏》及阎若璩《古文尚书疏证》，直到避难结束返家后读完；还曾将清华大学《国学论丛》所载《王观堂先生尚书讲授记》，转录于《尚书今古文注疏》眉端。他又阅读王筠的《文字蒙求》，并购买段玉裁《说文解字注》，准备有暇时全部读完，认为“此书为攻古文字学者之必要工具，治中国考古学者所不可不读之书也”。

这段时间，温州附近的金华、丽水已先后失守，日本军舰停泊在瓯江口外准备进攻，最多时达到20余艘。温州城区屡遭日机骚扰，轮番投弹轰炸，市中心最繁华的五马街等多处中弹，地处府城西北部的夏家房舍附近也曾被炸，但夏家房屋尚未波及。为避免遭受损失，他们再次将一些箱笼运往乡间。7月11日温州宣告沦陷，原本入夜灯火辉煌的闹市，变成阴暗无光、人迹罕见的一座死城。夏鼐的日记记载了日军在双屿山岳母李家附近驻扎，屡次入室抢掠及烧杀的惨剧。7月18日日记所载，夏鼐与日军遭遇时险遭不测，他镇定自若，巧于应对，尤其令人惊叹：

> 上午有二日军至李宅老屋搜索。老屋有暗楼，旁置一梯，为妇女隐匿之用，此次因日军突然出现，妇女不及上楼，即避匿他处。日军上梯搜索，在衣箱中搜去包金手钏及戒指；又至新屋，爬上满是蛛网之中间暗楼，开箱倒笼，整整地搜索了一个上午，后由谷仓间下来，拿了三包袱的东西，扬长而去。下午又来二个日军，一个手中拿着一把菜刀，另一个则歪戴着军帽，有点像上海流氓的神气，没有拿什么武器，态度都极凶恶。这一个由口袋中拿出一把小刀，向我说“来!”我只好跟着他去搜索的地方，他问那些木箱装着什么东西？我说是人家的，不知道；他要我打开给他看，问我：“中国兵?”不知道是问这些东西是属于中国兵的呢？还是问我们人是中国兵（呢)？我起初摇头说不懂，他用铅笔在壁上写“中国兵”三字，我说“不是中国兵，是老百姓”，他俯下头继续搜检。我用日语问他们是否是日本人，那流氓相的兵士，突然仰起头来，满脸杀气，似乎说我便是中国兵，便一手拿住我的手，一手向我面上打来，我连忙一躲，挣脱身子，退出中央间去。他又追来，向我一拳打来，我一挡，看他在腰间掏小刀，我便逃向门外去。他顺手拿起门闩丢过来，幸得我已转弯，没有着身。我逃向柑园中，稍一住脚，他已赶过来，手中拿着把小刀，他的伙伴拿着菜刀，招手喊我“来！来!”我看形势不妙，今天也许便死在刀下，如果他的刀子一动，纵使不死也得重伤。但是心中仍很镇定，不

过有点茫然，觉得自己不应该这样毫无价值的送了性命。看他行近，便拔脚飞跑，他追来几步，后来没响声了，我才定脚向后看，知道没有追来，还怕他埋伏在柑园中放枪，便继续由稻田中行走到庄头村，向人家借了一套黑衣服，返回双屿山。[①]

8 月 15 日日本侵略军从温州撤退，夏鼐一家历时三个月的逃难生活告一段落，8 月 22 日返回城内。逃难前后，夏鼐除阅读《三国志》和《尚书》外，曾将《日语基础读本》共 65 课，自修一遍。返家后，迅速集中精力投入学位论文的写作，写完第四编中第一章“史前时期”的“前王朝时期”一节。他将所见日寇暴行写成《双屿山的惨剧》一文，于 11 月 20 日在《浙瓯日报》的副刊发表。后又写过一篇《抗战时期温州经济情况》，简要记述抗战时期温州工业、商业和农业的情况。[②] 这都有不可多得的史料价值。

进入历史语言研究所

1942 年 10 月 14 日，夏鼐在温州家中接到中央研究院代理院长朱家骅和史语所考古组主任李济联名发来的电报，内称“本院历史语言研究所极希兄来相助”。夏鼐当即复电：“电悉，盛意甚感！俟私人研究工作结束后，即赴渝候教，大约明春首途。”所谓“私人研究工作”，就是写完他的学位论文。他抓紧时间，集中半年的精力，陆续撰写论文第四部分“编年研究”中“早王朝时期”“古王国时期”“第一中间时期”“中王国时期”“第二中间时期”“新王国时期”“晚期埃及阶段”，共计 7 章；最后一章“希腊罗马时期”则做好资料准备，尚未写完。先密密麻麻地手写，再打字誊清，历时整整一年，直到离开温

① 《夏鼐日记》卷三，第 46～47 页。

② 《夏鼐文集》第五册，第 422～428 页。

州前夕。

1943 年 4 月 28 日中午，夏鼐辞别双亲和妻儿再次远行，归家无期。行前，年迈的老父慨然嘱咐“不必顾虑家事，安心工作”，老母焚香祷神，祝福平安，体弱多病的妻子则黯然无语，依依不舍，盼望他两年返家一次。这次返川，因与自幼以来的同学徐贤修一道，随其姐夫国民党中央要员萧铮同行，沿途自然有许多方便。5 月 13 日路过桂林时，曾前往迁至桂林郊区的中研院地质研究所，谒见李四光先生。5 月 30 日抵达重庆，次日晋见中研院总干事叶企孙，获知中研院已决定派遣夏鼐与北京大学向达二人，参加西北科学考察团，组成历史考古组，并希望不久即启程前往西北工作。据闻，4 月 26 日的《大公报》已刊发消息，夏鼐尚未见及而已。6 月 5 日回到李庄，正式办理应聘为史语所副研究员的手续，订定月薪法币 360 元，比中博院的月薪（180 元）增加一倍。夏鼐的老师李济，既是史语所考古组主任，又兼任中博院筹备处主任，夏鼐在名义上暂时仍被中博院借用。

这时，中博院筹备处正准备在重庆举办一次专题展览，计划展品包括史前石器、周代铜器和汉代陶器三组（后汉代陶器未展）。史前石器部分由李济亲自挑选展品，准备以史语所收购的莫尔蒂耶藏品（Mortillet Collection）法国出土旧石器为主，配合以中国学术机关收集的石器进行陈列。夏鼐回到李庄当天，李济便告诉他这件事，要他协助整理法国旧石器。夏鼐随即在中博院李济的工作室展开工作。这批法国旧石器多达 3000 余件，李济原想要夏鼐逐件登记，并标明所属类型。李济不曾进行旧石器的研讨，夏鼐留学期间倒是下过一番功夫，但因数量过多，夏鼐不愿意为此耗费太多时间，没有同意承担全面整理工作，只是将李济选出的标本登记，并订正其所属类型。他对石器类型所作订正，大都得到李济的同意。后来，李济为中博院在重庆举办的第一次专题展览开幕，于 10 月中旬写出两万字左右的普及性论文《远古石器浅说》，内容包括：引言、人类如何开始使用器具、早期人类在地球上的环境、石器制作法、石器的演进、石器在中国，共计 6 节。他先将文稿请梁思永和高去寻二位看过，又交给夏鼐征求意见。据李济之子李光谟记述，梁思永在文稿上批注11条意见，夏鼐则批注37条意见。李济接受其中的多处意见，对论文进行了修改和补充，全文增至大约22000字，于1943年12月作为中博院筹备处第一次专题展览会的赠送品印出。①

接着夏鼐对自己的学位论文进行收尾，部分地修改、誊抄，写完了“编年研究”部分的最后一章“希腊罗马时期”。7月22日将学位论文全部写完后，一面修改、打字，一面整理串珠集成图谱，至9月14日终于全部告竣。10月30日托人将论文带到重庆，设法托外交部航邮寄往伦敦大学。与此同时，夏鼐根据李济的嘱咐，从英文的学位论文中选出几段，改写成《若干埃及出土的玻璃分层眼状纹珠》《几颗埃及出土的蚀花肉红石髓珠》二文，以应国际学术文化资料供应委员会的征文，后分别发表于《美国考古学杂志》和《皇家亚洲学会孟加拉分会会志》。②

西北考察的准备和从兰州到敦煌

夏鼐从1943年6、7月间开始进行前往西北考察的业务准备。8月3日在李庄与向达会合，9～10月曾因罹患伤寒而疗养了40天，病情稍稳即继续投入业务准备工作。夏鼐本人所做准备，主要包括两个方面。第一，进一步学习测量技术，以应野外考察的需要。他除自学《实用平面测量》一书外，还从史语所借出测量仪器，先后去大地测量研究所、同济大学、地理研究所联系，最后请到地理研究所人员协助实习，采取导线法测过8个基点，各点相距50米，用望远镜、照准仪读出测距及高程，

① 李济：《远古石器浅说》，载《李济文集》卷二，上海人民出版社，2006。关于他先请梁思永和高去寻看过，又送夏鼐提意见的情况，参见《夏鼐日记》卷三，第140页。另参见李光谟《从清华园到史语所——李济治学生涯琐记》，清华大学出版社，2004，第164、188、189页，但未提及高去寻曾经看过一事。

② 二文的译文，载《夏鼐文集》第四册，第572～582页。

以期绘出有等高线的地形图。第二，阅读有关的历史文献、考古报告，以及地质、地理方面论著，这是从 7 月底开始的。夏鼐以大量的时间，着重阅读西方考古学家在中国西北地区考察的报告与论著，主要有：斯坦因《塞林提亚》（*Serindia*）、《亚洲腹地》（*Innermost Asia*）、《沙埋契丹废墟记》（*Ruins of Desert Cathay*）、《沙埋和田废墟记》（*Sand-buried Ruins of Khotan*）、《古代和田》（*Ancient Khotan*）、《千佛》（*The Thousand Buddhas*），沙畹《斯坦因在新疆沙漠中发现的中国文书》（*Les Documents Chinois Découverts par Aurel Stein dans les sables du Turkestan Oriental*），伯希和《敦煌洞窟》（*Les Grottes de Touen-Houang*），格伦威德尔（Grünwedel, A.）《印度的佛教艺术》（*Buddhist Art in India*），勒可克（Le Coq）《新疆地下宝藏》（*Buried Treasures of Chinese Turkestan*），斯文·赫定（Sven Hedin）《戈壁滩之谜》（*Riddles of the Gobi Desert*）。其中，斯坦因的大部头重要报告《塞林提亚》将近 1600 页，《亚洲腹地》将近 1100 页，都是从头到尾读完。对重点部分进行摘记，并描绘了《甘肃金塔县附近略图》《敦煌西部古边城烽燧图》等地图，以便随身携带。夏鼐对历史文献方面，特别是汉代河西四郡问题也曾下过一番功夫。他梳理了《汉书·地理志》及清代学者所作订补、《元和郡县志》的有关记载，查阅了《嘉庆重修一统志》、《甘肃通志》及各府州县志书，抄录了敦煌写本《沙州图经》和“寿昌县地境”卷子，辑录《太平御览》中刘昞《敦煌实录》，并曾阅读徐松《西域水道记》、裴景福《河海昆仑录》、陶保廉《辛卯侍行记》（河西部分）、常钧《敦煌随笔》和《敦煌杂钞》、黄燕赞《秦边纪略》、俞浩《西域考古录》等书。中文考古学及有关著作，则曾阅读黄文弼《高昌陶集》，罗振玉、王国维《流沙坠简》，张凤《汉晋西陲木简汇编》，劳榦《居延汉简考释》，叶昌炽《语石》和《缘督庐日记钞》，以及贺昌群、劳榦的有关论述文章。夏鼐还曾关注西北地理和地质方面，阅读了杨钟健、卞美年等关于河西地质的论著，马溶之关于河西土壤的论著，以及丁文江等人关于西北气候变化与湖泊变迁的论著，又翻阅过斯坦因《中国新疆和甘肃地图集》（*Memoir on Maps of Chinese Turkestan and Kansu*），等等。

夏鼐结束在李庄的业务准备，于1944年2月26日到达重庆，准备启程。但出乎意料的是，为了拿到中研院拨给的经费和购买飞赴兰州的机票，竟然等候了将近40天。根据“国父实业计划”精神开展的西北科学考察，历史考古方面系由中研院史语所、中博院筹备处和北大文科研究所共同派遣，1942年曾由劳榦、石璋如和向达前往，由于他们以前不曾交往，加以向达的脾气较大，相处得不甚愉快。1944年这次，由向达和夏鼐组成西北科学考察团历史考古组，向达年长夏鼐10岁，彼此是旅英期间过从甚密的挚友，乐于携手工作。至于活动经费，除北大负担向达本人及随后参加的向达弟子阎文儒的旅差费用外，主要由中研院、中博院两个单位负担。抗日战争期间文教单位的经费都相当困难，1943年史语所的经费即亏欠20余万元。经多方设法、耐心等待，中博院方面李济从其经费中拨给10万元；中研院则由傅斯年亲自吁请朱家骅代理院长支持，拨给借自邮政储金汇业局的10万元，如此考察组始得成行。至于重庆至兰州之间的交通，当时飞机票5700元，汽车需行9天，票价5300元，加上途中食宿，实际花费相差无几。但航空不是每天都有班机，并且座位不多，所以需要等候较长的时间。3月7日原本有两个名额可以同行，因向达执拗地要等经费到手而放弃，21日向达排上名次先行离渝，夏鼐延迟半个月，于4月4日到达兰州。向、夏二人，下榻于袁翰青任馆长的兰州科学教育馆。

甘肃考察期间，向达和夏鼐为了便于开展工作，十分注意处理各方面的关系。在兰州谒见省主席和有关厅局长，到县里会晤县长和当地士绅，县以下则与保甲长交往，该拜访的拜访，该宴请的宴请。长时间停留的县份，宴请的各界人士包括银行、邮政局、电报局、卫生院、汽车站和驻军的负责人。考察工作得到层层关照和各方面配合，当地政府派遣军警跟随守护，并常有熟悉遗址情况的人员充任向导。

夏鼐在兰州停留的十多天时间，为考察兰州附近的史前遗址，先后会见业余在当地进行考古调查的两位人士：一位是早年就读于清华国学研究院，时在西北师范学院任教的何士骥（字乐夫）；一位是吴金鼎的堂弟，时任中国银行兰州握桥办事处主任的吴良才。夏鼐检视了他们采集的陶片和石器标本，又由他们分别陪同，亲赴十里店、土门后山、曹家嘴、青岗岔等遗址考察，确认遗存的文化性质。

4 月 17 日，向达、夏鼐二人离开兰州西进，时而乘不断抛锚的汽车，时而坐当地特有的一种马车（车轮直径约 1.8 米，轴长约 2 米），经永登、武威、永昌、张掖、酒泉至金塔，沿途看到公路北侧有断续的明代边墙，未及下车观察。由金塔转而向北行进，七八天内坐牛车、骑骆驼和毛驴，考察了早年斯坦因和 1927 年贝格曼（Bergman，F.）曾调查过的三墩、二墩、旧寺墩等汉代烽燧遗址。所经地段，多为沙碛或盐渍土，荒凉得不见人烟，往往狂风乍起，沙尘扑面，难以张目，更无法远望，工作十分艰难。

结束金塔以北汉代烽燧遗址的考察以后，向达门下研究生阎文儒从陕西赶来参加考察，于是三人一道从酒泉再向西行，坐汽车经嘉峪关、玉门到安西，5 月 19 日到达本年度工作目的地敦煌。这已是由四川李庄出发之后的 68 天。

敦煌附近、洮河流域等地的考察

（一）佛爷庙、老爷庙两处墓地发掘与千佛洞考察

向达、夏鼐一行到敦煌后，在敦煌城内筹备了十来天，先租下张家大院的几间房子作为城内的办事处；再选定城东南 15 里，去千佛洞途中戈壁滩上的一处古代墓地，作为此次发掘的第一个地点；又修缮距该墓地四五里、久无人居的佛爷庙房舍，补配门窗，浚淘水井，建立起自己的工作站。他们从 5 月底迁入，到 7 月 19 日收工、7 月底离开，在佛爷庙工作 50 多天，居住近两个月，每天“日出而作，日落而息”。夏日炎炎，工地上毫无遮挡，中午无法工作，休息时间较长，能够返回工作站

睡个午觉。三人加上跟随的两名警察，雇人烧饭，主食有县里供给的面粉，副食就不好说了。其间更换炊事人员时，后任向前任打听："先生们的口味如何?"前任竟回答："你喂过猪没有？只要给他们吃饱就算了。"饭菜如何可想而知!

考察团历史考古组名义上由向达任组长、夏鼐任副组长，但向达并不熟悉田野考古技术，较多地承担行政事务，停留四个多月便提前返回四川；阎文儒初次参加田野考古，虽比夏鼐仅年轻两岁，但学术上属于后辈，所以实际是由夏鼐全面主持，事无巨细都要亲自动手。第一次在盐碱性强的戈壁滩发掘，如何辨认土质是一大难题。斯坦因和石璋如先后在敦煌的坟堆上打探沟，都是掘到戈壁面下的"砾岩"，因难以再掘而中止。夏鼐出发前阅读过有关河西地质、地理情况的文献，发掘中弄清楚接近地面那一层"砾岩"，是地下的盐碱和石灰等可溶物，由于水分上

敦煌佛爷庙魏晋墓地发掘现场

升和蒸发凝结而成，使墓道中原本疏松的填土变成坚固的砾石一般。他成功地将这种“砾岩”与原生砾岩相区别，既将墓道的原状清理出来，又避免民工发掘时挖透的情形。为了从墓坑中起土，当地没有使用辘轳的习惯，找来的铁匠又制作不出灵活可用的滑轮，于是制作几架当地俗名“称竿”的桔槔用以提升。最深挖到七八米以下时，曾发生坑壁因刮大风导致成片向下崩圮的险情。为确保发掘时的安全，便先将土坯墙拆下，再敲击掉两三米厚的松土，直到露出原生砾岩的坑壁，然后进入墓室清理。

敦煌老爷庙墓地1号唐墓出土的天王俑

（采自《南京博物院》，文物出版社·日本讲谈社，1984）

他们在佛爷庙工地发掘的是魏晋时期砖室墓，包括一座较大的1001号墓和几座较小的墓。1001号墓内，第一次发现砌有彩绘花砖的门墙。为了妥善地保存，照相、绘图后有序地进行拆卸，夏鼐在记录本的草图上依次编号，阎文儒则在拆下的砖上标号，一共拆下559块彩绘花砖。后来将花砖全部运到千佛洞，依照原来的样式，堆砌在张大千编号第9洞中保存。至于墓内的遗物，只采集到一些陶质器皿。佛爷庙的发掘尚在进行之中，夏鼐又去敦煌城东9公里的老爷庙，开辟一处唐代墓地的发掘，从两座唐墓坚硬的泥土中，清理出一批松脆的男女陶俑、骆驼俑和马俑，其中两件高达1.2米的天王俑堪称精品。发掘结束后，这两件天王俑交由中博院筹备处保存，多年来一直在南京博物院的陈列室中展出。他们继而又在佛爷庙东区墓地开展工作，阎文儒发掘507号墓至墓门时，移开一块封门土坯往墓内窥视，外泄的秽气冲入鼻孔，顿感身体不适，急服藿香正气水，当晚睡眠不安，梦见死尸起身扑来，一夜惊醒数次。第二天，阎文儒不敢再进墓室，夏鼐只好代他清理完毕。7 月 19 日佛爷庙的发掘工作结束后，夏鼐又独自留在工地将近 10 天，冒着华氏 120 度（约摄氏 50 度）以上的高温，补测墓地的墓坑分布图。7 月底移居千佛洞避暑一个月。9～10 月在佛爷庙西南发掘几座盛唐时期墓葬，出土多件秀美的半身小女俑（大约另有丝织衣裳，已腐朽），发髻作不同的样式，是研究唐代服饰的良好资料。

千佛洞避暑期间，夏、阎二人先随向达将全部洞窟巡览一遍，随时有所讨论，再分头详细观察。夏鼐认为，应该将有年号题识的洞窟，作为标准尺度，仔细分析它们的特点，然后根据所得的标准来推断没有年号的洞窟，最后各时代的洞窟，不论有无年号题记，将它们的建筑形式、壁画的题材与作风、供养人的服饰、塑像的风格和字体等，综合起来研究，探求每一时代的特征，以及前后各时期的演变情况。这实际是从根本方向上提出，运用考古类型学方法开展敦煌千佛洞的系统研究。他曾在普遍参观时抄写题记、搜集材料，准备“以［洞窟］题记中有年号者为标准，抽绎各时代之特点”，撰写《敦煌千佛洞各窟分期研究的初步试探》一文，由于这需

夏鼐（右）与向达（中）、阎文儒（左）在敦煌三危山上

要较长的时间，他本人随即继续主特考古发掘，无暇进行。日后曾发表《漫谈敦煌千佛洞和考古学》一文①，进一步申述关于开展敦煌考古学研究的前瞻性看法。十多年后，在夏鼐这一学术思想的指导下，后辈学者宿白和更年轻的学子致力于中国石窟寺考古研究，取得了显著的成就。

（二）汉代烽燧遗址的考察

考察敦煌西部的汉代烽燧遗址时，向达已经离去，是夏鼐和阎文儒协力进行的。1944 年 10 月 31 日，他们在敦煌驻军营长及其传令兵的陪同下，各骑一马，浩浩荡荡由敦煌县城向西湖地区进发。跟随的士兵 10 人、警察 3 人则步行，押运着 6 匹驮载被褥、粮食和杂物的骆驼。一路都是荒漠，自搭四面透风的帐篷露宿。晚间，天气已感寒冷，身穿皮大衣，头戴皮帽子，“围着野火吃西瓜”。当年由敦煌远行必须骑马，而夏鼐来敦煌前从来没有骑过马，出行时几次从马上摔下，但他无所畏惧，摔下仍骑，坚持到底。此次考察的最大收获是，找到判明汉代玉门关确切位置的物证。

他们路过西千佛洞时，在第 6 洞南壁初唐时代的佛说法图侧，目验了几个月前未能找到的“如意元年（692）五月”题记。随后，路过距南湖 30 里戈壁上的累累古坟，对斯坦因《敦煌西部古边城烽燧图》中的“古董滩”和另一古董滩进行考察，测量了红山口的墩台，考察了寿昌古城。按照斯坦因图上所示，逐个勘察了头墩、二墩等汉代烽墩之后，于 11 月 3 日到达斯坦因、石璋如先后发掘的小方盘城遗址。斯坦因曾在那里掘获一些木简，石璋如因未能突破“砾岩”层，一无所获。11 月 5 日选定小方盘城北的一处小丘，即斯坦因发掘过的地点，由六七名士兵掘土，开挖一条宽 2 米、长 20 米的探沟，以期判明孰为斯坦因扰土、孰为原文化层、孰为生土。下掘 1 米以下即见不少芦苇绳索和许多干草，其间夹杂着一些大小木片。继而发现带字的木简铇花，先见有“如叏和元”“子奉竭不”字样的木片，接着又找到写有“玉门都尉”等三行字的一

① 原载《文物参考资料》第 2 卷第 5 期，1951；又见《夏鼐文集》第二册，第 429～433 页。

支木简，等等。这就为判定汉代玉门关的确切位置找到了物证。当晚夏鼐在日记中兴奋地写道：

用手摩挲这些汉代遗留下来的木片，恍惚间打破二千年时间的隔离，自己似乎也回到汉代去，伴了汉代的戍兵在这里看守烽台，远处沙尘腾起，一匹飞骑送来故乡家人的信牍，或京师近郡的公文，低头看着手里所持的汉简，墨迹如新，几令人不敢相信这是二千余年前的东西。①

夏鼐发现汉代玉门关位置物证的敦煌小方盘城遗址

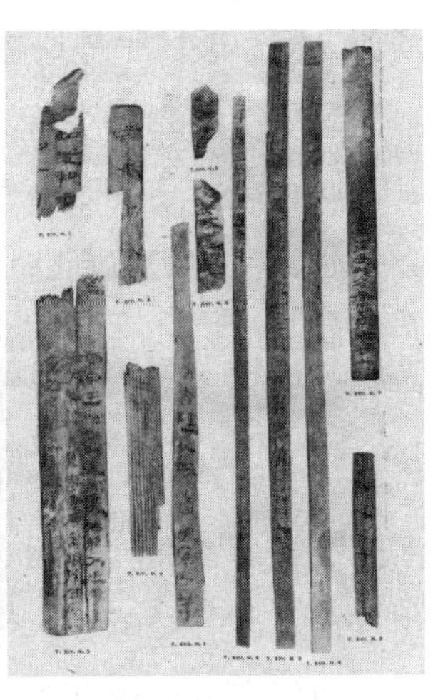

夏鼐在敦煌小方盘城遗址发掘所获汉代木简（左下简有“酒泉玉门都尉”等字）

11月6日，他们沿着断续的汉代边墙，朝大方盘城行进，在斯坦因编号T. XVII烽墩东南约10米的掘坑附近，采集到有字的一支木简和一片铇花。次日，在该坑掘获19支有字汉简、字迹不清或无字的木简，以及木器残片等。后又发掘大方盘城东南小丘（T. XVIII）附近的遗迹，在开掘的A

① 《夏鼐日记》卷三，第243页。

区土坯墙残迹旁，获得一块刻有“泰始十一年二月十七日甲辰造乐生”15字的红砂岩石碑。这是敦煌西湖汉代烽燧考察期间，收获最大的几天。

考察小方盘城和大方盘城之后，他们向东进发。因该处汉代长城沿芦苇塘边蜿蜒而东，而骆驼在芦苇丛中不易行走，便改由与汉代烽燧线有相当距离的大路前进，经过大半倾圮的斯坦因编号 T. XXI 烽台，而 T. XXIIa 离大路已远，未能进行考察，陆续考察了 T. XXII b、c、d、e 等4墩；后再到孟家井子附近，考察了 T. XXIII b、c、d、e 等4墩。冒雪发掘 T. XXIIIe 时，曾获得若干有字木简。但是，由于种种原因，斯坦因图上的 T. XXIII f~t 等15墩，未能见及。随后七八天，又去西碱墩、北湖燕儿窝、安西老圈和破城子等地考察。整个考察历时16天，11月15日返回敦煌。

这段行程相当艰苦。除骑有鞍的马外，还曾骑过骆驼和无鞍无镫马，甚感吃力。沿途都是荒芜的盐碱地，仅见红柳和骆驼刺，还曾遭遇找不到淡水而受困的危局。11月8日傍晚，在黑海子岸边支帐篷过宿，岸边尽是结晶的硝盐。进至离岸半里处汲水后，用提回的水和面，烙成的饼既咸且苦，无法下咽，用以喂马，马亦不吃。幸而当天猎得一只黄羊，携来一只油鸡，又存余几块洋芋（土豆），得以稍慰饥肠。这是由于夏鼐事先准备地图和札记时，仅注意烽燧等古迹，而忽略了有无水井，当天出发前又因一时疏忽未带淡水，以致陷入困境。

他们在敦煌休息数日后，冒着风雪去三危山以南地区，考察踏实堡、榆林窟，及锁阳城、双塔堡等遗址，然后经玉门至酒泉，一路乘汽车，于1945年1月15日回到兰州。休整期间，整理了敦煌佛爷庙、老爷庙两处墓地的发掘资料，并进一步调查兰州附近的史前遗址。

（三）洮河流域史前遗址的考察

洮河流域史前遗址的考察，是1945年4~5月进行的。4月3日夏鼐等从兰州出发赴洮沙县，在县城东何家庄西俗名“大坪”的黄土台地，发现一处辛店文化遗址；又去灰嘴调查，也是一处辛店文化遗址；再到安特生考察过的临夏县四时定和辛店镇的遗址。他们在辛店遗址的几个地点，各开掘一条探沟：辛店 A 址发现完整墓葬 2 座，其一随葬有彩陶罐；辛店 B 址发现仰韶文化和辛店文化的彩陶片，以及其他遗物，地面散存齐家文化陶片；辛店 C 址发现的灰坑，出土物以齐家文化陶片为多，但在地表土层找到两块仰韶文化彩陶片。夏鼐据此敏感地觉察，这似可证明齐家文化不能早于仰韶，只能同时或较晚。联系到辛店 B 址的地面发现似属齐家文化的柳条纹灰陶片，进一步悟及“亦暗示齐家晚于仰韶（半山）”，考虑“将来拟赴齐家坪，将此问题再作一决定性解决”。他们在辛店镇一带，找到 1924 年安特生在此活动时的房东，获知安特生当年生活和工作的一些情况。他的所谓“发掘”，实际是出资收购，每个彩陶罐 5～10 元，最高达到二三十元，因而导致当地农民乱掘，其中辛店 A 址乱掘最甚，往往四五十人齐上阵，如遇人骨架和陶罐则由安氏的助手绘图后取出装箱。

夏鼐等在辛店遗址逗留一周以后，又在三天之内先后考察了南家湾、杨家坪、边家沟、齐家坪、瓦罐嘴等遗址，上上下下，高高低低，一天步行数十里，都没有来得及动土，意欲留待以后有条件时再来发掘。其间在瓦罐嘴了解到，安特生所获著名的人头形彩陶器盖，出自其附近的半山羊奶头，出土时置于一件双耳彩陶罐之上，罐口和盖缘同样作锯齿形，恰好两相合缝。

夏鼐等于 4 月 16 日到临洮县城，进行了四五天的休整以后，于 21 日前往寺洼山遗址进行发掘。这是考虑安特生 1924 年所做发掘“工作很粗疏，记载也很简略”，所以有必要再做发掘，以“确定马家窑期遗址和寺洼期墓葬的关系”，于是“发掘少数寺洼期墓葬”。他们先在寺洼山附近调查，并测绘地图；26～29 日在 A 区发掘合计 54 平方米的 4 个探方；30 日在 B 区开掘一个 8 平方米的探方。两个地点的第 3 层，均属甘肃仰韶文化（现称马家窑文化）堆积。但 A 区的第 3 层发现打破马家窑文化堆积的 6 座寺洼文化墓葬，连同当地农民私自开掘的一座，共计出土不同质地和形制的陶器 33 件。这清楚地揭示了寺洼文化的面貌，又从地层学上判定寺洼文化的相对年代晚于马家窑文化。而农民私掘一墓中，发现一个大罐内藏火葬骨灰，夏鼐当即判断“似足证其非汉人之风俗”。

1945年5月，夏鼐再到宁定县齐家坪、瓦罐嘴一带调查，在魏家嘴附近的阳洼湾找到一处齐家文化墓地，13日发掘其中2座。一号墓获陶器5件、骨针1件，二号墓获陶器4件、骨钻1件。两墓的填土，又各出齐家陶片20余片。十分难得而容易忽视的是，在一号墓的填土中，找到两片口沿绘黑彩的马家窑文化橙红色陶钵残片。一个月前，夏鼐在辛店遗址发掘时悟及关于仰韶与齐家相对年代的“暗示”，得到了地层学上的“决定性解决”。他在当天的日记中十分肯定地说，“齐家期之较晚，更得一明证矣”。

夏鼐发现改订齐家文化年代的标本

7～8 月间，夏鼐又去甘凉一带考察史前遗址，8 月末在民勤县的沙井文化墓地进行发掘，两天半时间开掘了 1350 多平方米，人骨多已腐朽无存，采集陶器近 50 件。

夏鼐在洮河流域、甘凉一带和其他地方考察，并不局限于史前时期，而是关注从早到晚的历代史迹，对所过寺院的牌匾、碑刻及钟磬铭文，都尽可能地记录下来，后撰写为《〈陇右金石录〉补正》[①]。经过六七十年来的种种变故，许多金石资料恐怕难能保存下来，该文所记资料弥足珍贵。考察期间，一般是借住农民家中。中途临时借住，往往因房屋窄小挤不进去两个人，夏鼐不止一次身裹老羊皮大氅睡在室外的大车上，而将室内的热炕让给比自己年轻的阎文儒。他不怕艰苦和对友关爱的精神，令人感动。

（四）武威唐代吐谷浑墓的发掘

1945 年 10 月初考察至武威时，夏鼐和阎文儒在武威文昌宫看到四方唐代吐谷浑王室慕容氏墓志，内容可补订“两唐书”《吐谷浑传》的缺失。又从《武威县志》了解到，这些墓志系 1927 年出土于距武威县城 60 里的南山。于是他们于 10 月 9～16 日，在南山喇嘛湾进行发掘。先后发掘两座砖室墓（其中一座有彩绘壁画残痕），出土木质伎乐俑、僮仆俑、马俑、骆驼俑，及金饰黑漆马鞍、漆器、丝织衣物等残损不完的珍贵文物，更各出土一方墓志，墓主分别是唐代皇室下嫁的金城县主及其嫡长孙慕容曦光。发掘结束后回到武威县城，阎文儒即行离去，考察工作收尾和所获标本的装箱启运，都由夏鼐独力承担。

夏鼐与向达前往西北考察，随身携带有国民政府民政、教育二部共同颁发的“采掘古物执照”，将近两年来一路畅通，不料最后在武威遇到阻碍。离开武威前夕，当地士绅以县文献委员会的名义，百般阻挠启运

① 原载《向达先生纪念论文集》，新疆人民出版社，1986；又见《夏鼐文集》第二册，第 497～513 页。

发掘出土的两合墓志，经过几天的反复交涉，虽电告省民政厅转请省主席饬令县府放行，最后仍不得不将慕容氏墓志的志盖留下。夏鼐在日记中幽默地说，如有人编写考古外史，此回的回目可称为“孤军作战，夏作铭受困武威城”，而 1943 年向达在万佛峡与张大千争吵事，则可称为“双雄相争，向觉明扬威榆林峡”。

11 月 11 日夏鼐回到兰州以后，又用 20 天的时间前往青海，在西宁游览著名的塔尔寺，目验省图书馆收藏的汉代《三老赵宽碑》原石（1950 年代初已在火灾中焚毁），考察安特生曾做发掘的朱家寨遗址，等等。为了日后在青海开展田野考古工作，还曾拜访省主席马步青。12 月初回到兰州整理标本和什物，寄存科学教育馆 61 箱。18 日携带 5 箱发掘标本、记录、仪器，以及铺盖等杂物，离开兰州，启程回四川。原本计划还要去新疆考察，由于当时新疆的政局不稳，只好暂时作罢。

夏鼐从 1944 年 4 月 4 日抵达兰州，到结束工作离去，前后历时一年零八个月。返程乘卡车，取道定西、天水，经陕西褒城、勉县等地到达四川广元。全部行程共计 900 多公里，有的路段甚为艰险，公路循山修筑在山腰间，一面是悬崖峭壁，一面濒临深谷，崎岖不平，转弯又多，常发生翻车坠谷的事故。他原想继续乘汽车返回重庆，经前往广元车站联系，客票和托运行李即共需 5.8 万多元，身边剩余的考察团经费不足此数，途中食宿还需要花费数千元，所以决定改乘木船。

夏鼐在广元参观了千佛崖唐代造像后，又等候三日才登上开往重庆的木船，1946 年 1 月 3 日下午始启碇。他满怀收获丰硕的喜悦，归心似箭，赋七律《嘉陵江上》一首，其中有“陇坂秦栈兴未穷，又上巴船听江风”“冷云微雨卧舱里，梦魂早已到瓯东”句。不料当晚停泊于河湾场附近时遭遇土匪抢劫，丢失三架相机及衣物、现金等公私财物，发掘的标本、资料也有相当损失。其中，武威金城县主墓出土的金饰黑漆马鞍残片原有 38 片，缺少 8 片（有的残片金饰颇多）；已摄未冲胶卷丢失 10 卷，包括沙井遗址和吐谷浑墓发掘各三四卷，最感痛心。尽管公私财物遭受严重的损失，夏鼐仍然手不释卷，一路阅读完曾国藩编选的《十八家诗钞》，又阅叶昌炽《语石》及其他书籍。夏鼐在嘉陵江上航行 52 天，于 2 月 24 日回到重庆。

代理史语所所长职务前后

夏鼐从兰州返抵重庆后，没有再回李庄，随即请假回乡探亲。甘肃考察期间，因与温州之间相距遥远，交通极不方便，一封信三个月才能收到。1945 年初曾收到长兄"父病危"的电报，因交通断绝，无法东归，后更无音讯。因而考察结束，归心似箭。实际上，夏鼐的父亲早在 1944 年 11 月 21 日（农历十月初六），即其正在敦煌附近考察汉代烽燧遗址期间即已去世。迟至将近一年零四个月以后，1946 年 3 月下旬返乡途经上海时，才从至亲处获知确实信息，父亲是温州第三次沦陷避难期间突发脑溢血故去的。4 月 6 日回到家乡，拜见老母，祭奠先父。后来夏鼐写道："病未能侍，殓未能视，抚棺一恸，亦复何补，悠悠苍天，此恨千古。"

夏鼐在温州与家人团聚了半年，其间对乡土历史文化下过一番功夫，曾阅读《瓯海轶闻》和《永嘉县志》，并据《东瓯金石志》《温州经籍志》对勘后书的金石、艺文二志，又圈点了乡贤叶适的《水心文集》；还曾在母校浙江省立第十中学讲演"最近二三十年中国考古学之新发现"等。11 月 19 日回到南京。

抗日战争胜利后，中研院史语所于 1946 年 5 月迁回南京鸡鸣寺。傅斯年为考古组确定的工作方针是：两年内不做田野工作，先把旧账还清，出版报告。夏鼐根据这一方针，集中精力，抓紧进行西北考察所获资料的整理研究，撰写一系列重要的论文。他先在英国《皇家人类学会杂志》发表《齐家期墓葬的新发现》英文稿；继而在《中国考古学报》发表《齐家期墓葬的新发现及其年代的改订》和《临洮寺洼山发掘记》二文，郑重地向国内外学术界宣布，宁定县阳洼湾两座齐家文化墓葬的发掘，第一次从地层学上确认甘肃远古文化的相对年代应为甘肃仰韶文化（现称"马家窑文化"）早于齐家文化；临洮县寺洼山 6 座墓葬的发掘，则揭示寺洼文化的内涵，并且推测寺洼文化可能与文献记载中的氐羌民族有关；进而提出中国史前时期的文化系统问题，认为晚于马家窑文化的寺洼文化和辛店文化是同一时代的两种文化，沙井文化与辛店文化又属于不同的文化系统，相互之间并没有因袭变迁关系。[①] 这便宣告，曾有相当影响的安特生中国史前文化分期体系[②]已经彻底破产，中国史前时期考古研究从此进入新的发展阶段。

夏鼐又在《历史语言研究所集刊》发表两篇蜚声史坛的考据性文章——《新获之敦煌汉简》和《武威唐代吐谷浑慕容氏墓志》[③]，充分显示其深厚的文献学功底。前文，对 1944 年敦煌两关遗址和烽燧遗迹发掘出土的 30 余支汉简进行考释，为判定敦煌小方盘即为汉代玉门关故址提供确切的物证，又对太初二年（公元前 102）以前的玉门关位置提出新的看法，指出“玉门关在元鼎六年（公元前 116）敦煌建郡以前，便已在敦煌的西北，但也可能是同一年的事”。他还穷数日之力，全面检视居延汉简资料，将劳榦释文中 362 支含有“延”字的简，从 600 多张原简照片中找出来一一对照，发现变例作“㢟”者仅占总数的 65%；又发现在 557. 8 号简中，“征和”与“居延”和“延寿”并见，“征”“延”二字的区别“甚为显著”，再参考罗振玉的有关论著，从而纠正了马衡、傅振伦师徒将汉简中汉武帝“征和”年号释作“延和”的谬误。后文，则在考释当地发掘所获金城县主、慕容曦光两方墓志的基础上，结合以前出土的西平公主（弘化公主）、青海王、慕容宣彻、慕容明四方墓志，参考“两唐书”与《册府元龟》《通典》《资治通鉴》等文献资料，用年表的形式对吐谷浑晚期历史作了前所未有的详细阐述。

夏鼐在中国史前考古和汉唐时期考古方面取得的这些令人刮目相看的突出贡献，受到国际考古学界和国内史学界的关注，由此确立了他在

---

① 原载《中国考古学报》第 3 册和第 4 册，1948；又见《夏鼐文集》第二册，第 3 ~ 93 页。

② 安特生所作中国史前文化分期的次序是：齐家→仰韶→马厂→辛店→寺洼→沙井。

③ 二文原载《历史语言研究所集刊》第 19 辑和第 21 辑上册，1948；又见《夏鼐文集》第二册，第 375 ~ 409、434 ~ 475 页。

中国考古学界和历史学界的学术地位。史语所所长傅斯年对夏鼐所做甘肃考察，特别是在敦煌小方盘城发掘出载有“玉门都尉”等字的汉简，当即表示“极为满意”，寄予很大的期望。他于 1945 年 2 月 5 日在回复夏鼐的信中说：“本所考古事业之前途所望于兄者多矣”。2 月 6 日在致中研院代院长朱家骅的信中又说：“夏君乃本所少年有为之一人，……将来于考古界之贡献必大。”① 1946 年 11 月 22 日下午，傅斯年所长突然向尚为副研究员的夏鼐提出，自己将于翌年赴美国医治高血压病，有意要他在此期间代理史语所所长职务。这使夏鼐吓了一跳。傅斯年说：

> 这事是我经过两个多月的考虑才决定的，所中的事，本来希望你们年轻人以后多负点责任，我当所长的时候比你们还年轻。现下所中的各研究员，不是书呆子、老学究，便是胡涂虫。我曾同萨［本栋］总干事商量过，他也赞成。朱［家骅］院长不知道你的为人，经我说过，也无问题。所有所中的重要的事，我都会事前布置好。所中的人事，也颇简单，董［作宾］先生明年出国一年，与我差不多时候才回来。如果是由你代理，李［济］先生大概也不会有什么问题，旁的人更易说话。②

夏鼐连忙退让，答以自己入所年限不久，资望过浅，成绩未显，难于服人。如果不自量力，一定失败。并非不肯负责，实以为如果此次失败，众怨所集，必至以后欲负责而不可得。但是傅所长要他考虑以后再答复，稍作牺牲，不要拒绝。夏鼐回答，如果牺牲于己于人皆属无益有害则可不必尝试，傅所长劝他考虑三四天后再说。夏鼐说：“三、四天后，恐仍是如此答复。”随后，傅所长于同年 12 月 3 日、1947 年 1 月 3 日和 2 月

---

① 转引自邢义田《夏鼐发现敦煌汉简和晋泰始石刻的经过》，载《古今论衡》第 10 期，台北中研院史语所，2003。又见《夏鼐先生纪念文集——纪念夏鼐先生诞辰一百周年》，第 332 ~ 338 页。

② 《夏鼐日记》卷四，第 80 页。

11、12、13 日，先后 5 次再找夏鼐谈话，并且说自己对一件事考虑好，就非达到目的不可。2 月 13 日这一天，中研院总干事萨本栋、本所考古组主任李济、所务秘书那廉君三人都当面表示“全力襄助”，在此前后又有好友曾昭燏、王振铎从旁劝驾，夏鼐最后勉为其难地答应下来，但向傅所长提出两项条件：“（1）如果代理结果怨声载道，使余不能在所中继续工作，则余提出辞职，应加照准，不必再询理由；（2）此次代理之后，在任何情形之下，不得再要求余作此类之事，以免碍及研究工作。”① 傅所长一笑置之，说这不成其为条件，第一项几乎想入非非，事实决不会如是严重；第二项可作为一声明，将来视情形再定，实则纵使要求再作代理，如坚决辞绝，也无法强迫。夏鼐表示“声明在先，以免将来见怪”。2 月 17 日傅斯年带领夏鼐参加中研院本年度的院务会议，24 日在史语所所务会议上正式宣布。后傅斯年因故推迟至 6 月 26 日启程，此后即由夏鼐代理所务，直至 1948 年 8 月 20 日傅斯年回到南京，21 日夏鼐向傅斯年汇报所内情况，23 日不再负责史语所所务。

夏鼐代理史语所所务一年零两个月的经历，既锻炼又展示了他的组织领导能力，成功妥善地处理几项棘手事务。例如，处理资深研究员岑仲勉离所事，容庚将其《金文编》订补后出版事，书价甚昂的《殷虚文字甲编》在所内人员中赠书事。② 再如夏鼐为抗日战争期间史语所研究成果的公布，曾多次奔走于宁沪之间，前往商务印书馆及有关单位，解决纸张供应和印制出版问题。1947 ~ 1948 年集中出版和付印的考古书刊就有：《殷虚文字甲编》和《殷虚文字乙编》，《中国考古学报》第 2、3、4 册。历史学著作和刊物有：陈槃《左氏春秋义例辨》，王叔岷《庄子校释》和《列子补正》，严耕望《两汉太守刺史表》，岑仲勉《元和姓纂四校记》，王崇武《明本纪校注》、《明靖难史事考证稿》和《奉天靖难记

① 《夏鼐日记》卷四，第 103 页。

② 参见李东华（遗稿）《从往来书信看傅斯年与夏鼐的关系：两代学术领袖的相知与传承》一文第五节“夏鼐代理史语所所长期间的表现”，载《古今论衡》第 21 期，台北中研院史语所，2010，第 23 ~ 26 页。

注》，以及《历史语言研究所集刊》第17、18、19、20本和第21本第一分册。这是1949年以前史语所出版书刊最多的阶段。[①] 为妥善分配中研院新建的眷属宿舍，他也花费不少精力。

最值得称道的是，1947年10月17日夏鼐代表史语所，列席中央研究院评议会决定首届院士候选人的会议，讨论是否提名郭沫若为候选人时的表现。提名郭沫若为院士候选人，原是傅斯年主持下史语所上报名单中推荐的。10月16日分组评审时，夏鼐不是正式评议员，本来可以不去参加，胡适作为人文组负责人，要求他一定要代表史语所列席。17日中研院代理院长朱家骅主持进行大会讨论，会上对是否提名郭沫若为候选人展开了激烈的争论。夏鼐当天的日记对此作了详细记载：

> 关于郭沫若之提名事，胡适之氏询问主席［朱家骅］以离开主席立场，对此有何意见？朱氏谓其参加内乱，与汉奸罪等，似不宜列入。萨总干事谓恐刺激政府，对将来经费有影响。吴正之［有训］先生谓恐其将来以院士地位，在外面乱发言论。巫宝三起立反对，不应以政党关系，影响及其学术之贡献。陶孟和先生谓若以政府意志为标准，不如请政府指派。胡适之先生亦谓应以学术立场为主。两方各表示意见，最后无记名投票。余以列席者不能参加投票，无表决权，乃起立谓会中有人以异党与汉奸等齐而论，但中央研究院为Academia Sinica，除学术贡献外，唯一条件为中国人，若汉奸则根本不能算中国人，若反对政府则与汉奸有异，不能相提并论。在未有国民政府以前即有中国，国民政府倾覆以后亦仍有中国（此句想到不须说出口，中途截止），故对汉奸不妨从严，对政党不同者不妨从宽。表决结果，以14票对7票通过仍列入名单中。

不过1948年3月中央研究院正式选出第一届院士和9月举行院士大会的

① 参见《历史语言研究所出版品目录》，中研院史语所，2008。

时候，郭沫若已经转移到香港，并没有前往南京接受院士称号。

夏鼐代理史语所所长期间，与历史学界顶尖的前辈学者，例如胡适、陈垣、杨树达、余嘉锡、顾颉刚、汤用彤，都有近距离的接触，曾约请他们与史语所同仁座谈，讲述自己的治学经验。其中尤其与胡适、陈垣二位接触最多。胡适每到南京，必定下榻于史语所所长室，晚间常约夏鼐一道聊天，听他畅谈自己的学术经历、《水经注》等方面研究情况，以及对时局的看法。胡适对夏鼐所做西北考察情况颇加赞许，并曾提到对北大设立考古系和博物馆的设想，中国考古学前途和夏代考古，等等。陈垣也曾在史语所下榻，将其新著《通鉴胡注表微》《南宋初河北新道教考》两书赠给夏鼐，夏鼐则将自己的新作《汉武征和年号考》《武威唐代吐谷浑慕容氏墓志》两篇文稿送请审阅，都曾得到陈垣的首肯。与此同时，夏鼐因不时出席中研院的院务会议及社交活动的关系，与自然科学方面的著名专家也有广泛交往，与郑振铎、徐森玉、顾廷龙更有密切接触。其间，夏鼐于 1947 年 10 月 6 日收到伦敦大学授予的博士学位证书，1948 年 8 月晋升史语所研究员。这样，他就成为学术界具有相当知名度的新秀。

尽管傅斯年对夏鼐有知遇之恩，寄予很大的期望，但夏鼐在大是大非面前没有含糊。傅斯年于 1948 年 8 月中旬返所复职后三个月，面对国民党军队在战场上节节败退、人心惶惶的形势，决定将他领导的史语所迁往台湾。为此，傅斯年于 11 月 29 日询问夏鼐的个人计划，他表示“决定返家”，傅斯年劝他早走。两天以后，傅斯年改变主意，又问他能否押运古物赴台，他断然拒绝受命。这是因为，夏鼐对蒋介石挑起内战，搞得民不聊生，早有不满。在中研院讨论院士候选人会议上发言时，即已想到“国民政府倾覆”问题。1948 年 12 月 9 日夏鼐脱离中研院，于 13 日回到故乡温州闲居，静待政局的巨变。事前自行邮寄或委托高去寻代为寄回藏书，先后三批共计 200 包有零。

第六章　走上新中国考古工作领导岗位

家居与任教于浙江大学

夏鼐于 1948 年 12 月 13 日回到故乡以后，不久获知好友高去寻和其他同事已随史语所陆续迁往台湾，继而知悉李济、董作宾等多位先生都在台湾大学兼课，其他友人则“寄居仓库中，生活颇苦”。后来收到高去寻托人辗转带回的信，信中说：“终日苦痛（已非苦闷），焦急如待决之囚，两鬓顿成斑白，皆台湾之行所铸造成者也。”此后相当一段时间，傅斯年、李济再三来信催促夏鼐赴台，一会儿说正在为他办理赴台手续，一会儿说仍为他保留工资。在当时的情况下，夏鼐始终不为所动，加以正值年逾七旬的老母病重，确实无法远行，因而终于未去台湾。1949 年 5 月 7 日温州宣告解放。

夏鼐家居半年多的时间，轻松地做了一些自己感兴趣的事情。首先，花时间阅读以前无暇问津的大部头书，第一部书是清代乾嘉时期浙东学派代表人物全祖望的《鲒埼亭集》，内编和外编合计 85 卷；第二部书是英国人类学家弗雷泽（Frazer，J. G.）的名著《金枝》（*Golden Bough*），计有 700 多页。他还认真阅读了钱大昕《十驾斋养新录》、徐炳昶（旭生）《中国古史的传说时代》、蒙文通《古史甄微》等书；又曾在经学上继续花费精力，曾阅读王弼注《周易》和朱熹《诗集传》，以及《四库全书总目提要》的“易类”和“诗经类”内容。夏鼐对“三礼”，尤其下过很大一番功夫，先后将《周礼注疏》和《仪礼注疏》全部阅读一遍，并开始阅读《礼记集解》（限于时间，仅读完《曲礼》《檀弓》二篇）。他还阅读了李如圭《仪礼释宫》及江永增注、阮元《考工记车制图解》、程瑶田《通艺录》中《考工创物小记》《释宫小记》等篇，并对《磬折古义》关于“倨句名柯”“斧柄名柯”作出新的解说。

其次，夏鼐对乡贤文化情有独钟。他一方面抄录《玉海楼书目》、《敬乡楼书目》及《永嘉先哲遗著会抄本目录》，准备合编为综合的《温州先哲现存书目》；整理、修改就读燕京大学时期的旧作《叶水心年谱》[①]。另一方面手持《永嘉县志·金石志》，去温州城隍庙等各处，调查碑石现存情况，抄录、核校碑石文字。

再次，继续进行西北考察所获考古资料的整理研究。夏鼐离开南京前，已发表阳洼湾齐家墓葬和寺洼山墓地的发掘报告、敦煌新获汉简和武威吐谷浑墓志的考释，并将《兰州附近的史前遗存》一文[②]大体撰就。这时，继续写完该文，誊清并编排图版。至于其他尚未发表的调查发掘资料，由于古物标本已被史语所运往台湾，或存南京博物院，都不在手头，便根据自己的日记，先行撰写通俗性的《甘肃考古漫记》。他在序言中说：“通俗性的读物，可以获得较多的读者，且可作专门性质的考古报告的介绍书，使人知道在专门的报告书中，可以查得到一些什么材料。但是并不能完全代替专门的报告。本书虽力求通俗，但也力求正确，以免以误传误。”根据事前拟定的写作提纲，原计划撰写六章，刚写完前四章：（一）从兰州到敦煌，（二）敦煌佛爷庙古墓发掘记，（三）在千佛洞的避暑，（四）敦煌佛爷庙西区墓地的发掘。后面两章：（五）敦煌的汉代烽燧（阳关与玉门关），

① 此时，夏鼐与同乡张一纯相识，知其亦从事叶水心年谱的撰作，相约合作，并写有序言（《夏鼐文集》第五册，第351～352页）。1963年将自己的未完稿寄给任教于山西大学的张一纯。1967年张君车祸身亡后，书稿下落不明。

② 原载《中国考古学报》第5册，1951；又见《夏鼐文集》第二册，第94～132页。

（六）冰天雪地中的旅行（由敦煌返兰州），则未及撰写。[①]

夏鼐在1949年5月初温州解放以后，即不断收到留在中国大陆的原中博院和原中研院友人的来电、来信，对他表示慰问，邀约他出山。最早是5月24日收到王振铎来电："恭贺解放，盼不久相见。"6月1日，收到原中研院社会研究所所长陶孟和（后任中国科学院副院长）5月14日发自南京的来信，征求他对"史语所如何恢复"的意见，尤其盼望他去南京面谈。这时正值新中国成立前夕，包括中国科学院在内的各种机构已在酝酿之中，梁思永于6月20日从北平发来信函，盼望他"赶紧出来工作"，到南京或来北平主持原史语所的工作。这个时候，北京大学的临时负责人（校务委员会主任委员）汤用彤有意创办两年毕业的考古专修科，与已有的图书馆、博物馆二专修科平行，曾找梁思永谈过多次，并曾致电夏鼐希望聘他为北大教授。梁思永闻讯，急忙发来电报和快信催促其主持原史语所的工作。北大方面则于7～9月，陆续由向达、阎文儒师生几次发来长信；汤用彤、郑天挺、向达三人联名两次发电报，催促夏鼐应聘。但是，由于解放初期浙东地区的社会秩序很不安定，从温州北上的交通十分不便，途中常有土匪出没。主要还是夏鼐自身存在困难，年逾七旬的老母卧病在床，体弱多病的妻子正在哺育襁褓中的幼子，一时难于远行，只好复信向友人们说明情况。

拖延至9月2日，夏鼐又接到浙江大学人类学系主任、原史语所同事吴定良的来信，邀约他去浙江大学任教。他感到杭州与温州相距不算太远，作为临时性安排，倒是可以接受，第二天便回信应聘。他随即中断《礼记集解》的阅读和《甘肃考古漫记》的写作，开始准备讲课资料。10月6日到达杭州，去浙江大学人类学系报到。系主任吴定良是体质人类学家，对古人类学并不熟悉。夏鼐刚到即发现，系办公室陈列的克鲁马农人复原模型，标签误为爪哇猿人，放置数年竟无人发现。开始

---

① 《甘肃考古漫记》的第一至四章，原载《考古通讯》1955年第1～3期和1956年第4期。参见夏鼐《敦煌考古漫记》，百花文艺出版社，2002。该书编者曾摘录夏鼐的日记补齐未及撰写的五、六两章。另见《夏鼐文集》第四册，第3～114页。

吴定良还不相信，找出原有清单查对，他才同意纠正。根据校方的规定，教授须开三门课程，每星期讲课 9 小时，吴定良主任希望夏鼐开“考古学概论”、“史前学”及“文化人类学”三门课程，但考虑到他初来执教，需要一定的时间备课，打算改为开两门课，讲课 6 小时，让同学注册时集中选修两门，其余一门停开。最后于 11 月 2 日开始上课，“考古学概论”有学生 5 人，“史前学”仅有 2 人。听讲的有正在浙大人类学研究所读研究生的石兴邦、党华等。他们曾跟随夏鼐进行考古发掘实习，在玉泉寺旁的马铃山下发掘一座出土有“东晋孝武帝宁康二年”铭文砖的残墓，又去良渚遗址考察。石兴邦经再三请求，成为夏鼐的第一位及门弟子①。

夏鼐对于在浙大人类学系任教，认真地进行准备。讲课期间，他不仅阅读了马林诺斯基（Malinowski，B.）《科学的文化理论》（*Scientific Theory of Culture*）、《文化变革的动力》（*The Dynamics of Culture Change*），柴尔德《考古学的时代与技术阶段》（*Archaeological Ages and Technical Stages*），阿特金森（Atkinson，R. J. C.）《田野考古学》（*Field Archaeology*），赖特（Wright，W. B.）《第四纪冰期》（*The Quaternary Ice Age*），弗林特（Flint，R. F.）《冰川地质学与更新世》（*Glacial Geology and the Pleistocene Epoch*），胡顿（Hooton，E. A.）《从猿到人》（*Up from the Apes*），基思《关于人类化石的新发现》，门京《石器时代的世界史》（日译本）等书，而且浏览了《人类》《美洲人类学家》《美洲考古学》《科学月刊》等美国刊物的近年各期。其中，《科学月刊》1949 年 5 月号有一篇文章，介绍 1939 以来人类学与考古学的新发现与新学说，尤其引起他的注意，曾经

① 据石兴邦本人回忆，他于 1949 年秋到浙大人类学研究所当研究生，适逢夏鼐在人类学系讲授“考古学概论”和“史前学”，曾跟随听课，又随从进行田野考古实习。但在确定导师时，第一、二次请求，夏鼐都不同意，直到第三次请求，方才勉强答应。为什么开始不同意呢？因为夏鼐带领同学进行考古实习时，由石兴邦管理账目，结束工作时结余 2.7 元（当时为旧币 2.7 万元），他曾与一道实习的同学议论干脆大家吃一顿算了，被夏鼐听到，立即生气地制止了。夏鼐接受石兴邦当研究生后，第一次谈话就提起这件事，告诫他做考古工作接触钱财的机会很多，首先要廉洁守法，不能做有损国家的事。参见石兴邦《尽瘁于新中国考古事业的忠诚战士——夏鼐同志的学问、道德和事功》，载《夏鼐先生纪念文集——纪念夏鼐先生诞辰一百周年》，第 32 页。

特地将其抄录下来。而随时浏览外国学术刊物，掌握国际学术界人类学与考古学的研究动向，是夏鼐坚持不懈的治学特点，因而他始终站在学术前沿，比同辈学者高出一筹。正因为如此，他在1950年初撰写《裴文中〈从古猿到现代人〉的商榷》一文，能够尖锐地指出裴文中的某些失误。[①]

出任中国科学院考古所副所长

中国学者主持进行的田野考古发掘，肇始于1920年代。1949年以前，从事田野考古工作与研究的人员很少，全国范围仅有十几个人。而老一辈的考古学家中，除李济在国外主修人类学专业、接触过田野考古外，真正在发达国家经受过科班考古训练的只有三位：梁思永，卧病十多年，身体极度虚弱；吴金鼎，已于1948年9月去世；再一位就是夏鼐。另有曾昭燏自费去英国和德国学习博物馆学，参加过考古发掘。新中国成立时，夏鼐是大陆唯一既在国外受过正规科班训练，又有丰富实践经验和重要贡献，并且能够亲临第一线的田野考古学家。因此，酝酿建立国家考古研究中心机构的时候，夏鼐是众望所归的最佳领导人选。

早在1949年7月，随史语所迁居台湾的好友高去寻致夏鼐的信函，在倾诉自己初到台湾身处困境的苦痛的同时，热诚地预言“中国考古之学，不绝如缕，今日继续起衰者，则舍兄其谁”。又说：“兄乃考古学之巨擘，亦应体会孟子‘天将降大任于斯人也’之句。”[②] 梁思永则在行将举行“开国大典”的9月29日来信，言及正在酝酿成立科学院，提到“目前国内能领导全盘考古事业者唯兄与济之先生，而济之先生远在台湾，音信阻绝”，因而“亟须兄亲自在场，积极为将来之中国考古事业计划奋斗”。[③] 中国科学院是1949年9月下旬宣告成立的，中科院的总办事处于11月1日在北京王府大街9号（即考古所成立后的所址，后为王府

① 原载《进步青年》第223期，1950；《夏鼐文集》第四册，第278～286页。

② 高去寻致夏鼐函，参见《夏鼐日记》卷四，第249页。

③ 梁思永致夏鼐函，现藏考古研究所考古资料信息中心。

井大街27号）开始办公，但所属各研究所的设置方案尚在酝酿之中。

中央文化部及所属各局亦于11月1日成立，由郑振铎任文物局局长进行筹组，打算约请若干专家主持各主要业务处的工作：裴文中任博物馆处处长，向达任图书馆处处长（未就），夏鼐任古物处（后来定名为“文物处”）处长。郑振铎在文物局成立的前一天致函夏鼐说：

> 中国考古工作的前途，希望太大了，渴望我兄能够前来领导这个工作。现在已经请了裴文中、王天木、苏秉琦诸兄在工作。……我很盼望兄能即日北上，主持“古物处”，为考古发掘工作的领导者。……希望你来任处长，再找一个副处长帮你忙……将来发掘工作，总要由古物处领导的。我们的意见，都以为兄主持，最为适宜。务请不必推却，感甚！感甚!！此非一人之私愿，实国家百年大计之所系也。

对于夏鼐当时生活上的实际困难，郑振铎表示：“我们可以替你解决!”从文物局成立到1950年1月，郑振铎先后三次致函夏鼐，催促他早日北上。针对夏鼐不愿陷身行政事务而脱离考古发掘和研究工作，郑振铎令人感动地反复诉说，恳切之情溢于言表：

> 主持者固然免不了有些日常行政的事……不必多管行政的事，并不妨碍兄的研究工作也。只要主持大体就可以了。……处里有副处长及秘书各一人帮你的忙，尽有自己研究及出外发掘的工夫。……你可以有充分的时间来做田野工作和研究工作……我们非常迫切的希望你能够来主持古物处！……国家文物的前途，大为光明。……无数的该做的事，都等待着我们去做。(11月5日)
>
> 此间专候兄来领导考古发掘的工作。兄如不来，则此项工作势将停顿。……尚望毅然决定，出来领导古物处的工作，感甚！盼甚！(11月10日)
>
> 弟等盼兄北上，如大旱之望云霓！甚盼兄能够下一个决心，摆

脱一切，设法北上。不胜感盼之至！觉明、秉琦诸兄均极望与兄能早日相见。……将来集合“志同道合”的朋友们在一起，一定可以有很大的成绩做出来的。(12 月 27 日)[①]

中国科学院成立后，于 1949 年 11 月 5 日接收原北平研究院史学研究所[②]和原中研院史语所的北平图书史料整理处[③]，开始酝酿成立考古研究所。1950 年 4 月，中国科学院为安排来访的苏联文化代表团成员吉谢列夫博士去殷墟参观，派出郭宝钧率领的发掘团，前往安阳进行新中国成立前后的第一次考古发掘，发掘了著名的武官村大墓。同时郭沫若院长又邀约夏鼐来北京，商谈进一步开展考古发掘的计划。中央人民政府政务院第 33 次政务会议，根据郭沫若院长的提名，通过任命文化部文物局局长郑振铎兼任考古研究所所长，梁思永、夏鼐为副所长。5 月 19 日发出周恩来总理签署的任命通知书，并随即见于新闻报道。夏鼐于 5 月 25 日刚获知时，尚欲“辞去副所长，专任研究员”。6 月 21 日收到周恩来总理签署的任命通知书，深知“辞职恐不可能”。同时收到梁思永的来信，表示“政务院任命通知书想已收到，以弟残废之身，学问荒废多年，尚且厚颜接受任命，希望在某些方面，或能发生一点微小的作用。考古所之发展，大部须依靠兄之努力，有此名义，可有若干便利，兄绝不可谦逊，更万不可言辞”。[④] 接着收到中国科学院汇来的旅费和郑振铎所长 6

① 郑振铎致夏鼐函，原由夏鼐自存，1958 年为参与筹备编辑《郑振铎文集》交给笔者代为保管。1985 年 6 月下旬，郑振铎之子郑尔康为筹备郑先生诞辰九十周年纪念活动及整理郑先生论著资料来访，将致夏鼐函共 18 通借去，后编入《郑振铎先生书信集》，于 1988 年 12 月由上海古籍出版社影印出版。该书出版后未将原件送还，后闻知郑尔康已将这批信函交由中国书店拍卖，成为私人藏品。

② 中国科学院接收后，北平研究院的历史学家，除徐旭生、黄文弼、钟凤年、许道龄一直在考古所外，冯家昇、王静如、程溯洛、贾敬颜、尚爱松于 1953 年调往中央民族学院等单位，图书设备则留考古所。

③ 中研院史言所北平图书史料整理处，是抗日战争胜利后接收日本政府在北平所办东方文化事业总委员会的近代科学图书馆而设立的。中国科学院接收后，以该馆及大部分人员为基础建立中国科学院图书馆，王伯洪、马得志等少部分人员归考古研究所。

④《夏鼐日记》卷四，第 305 页。

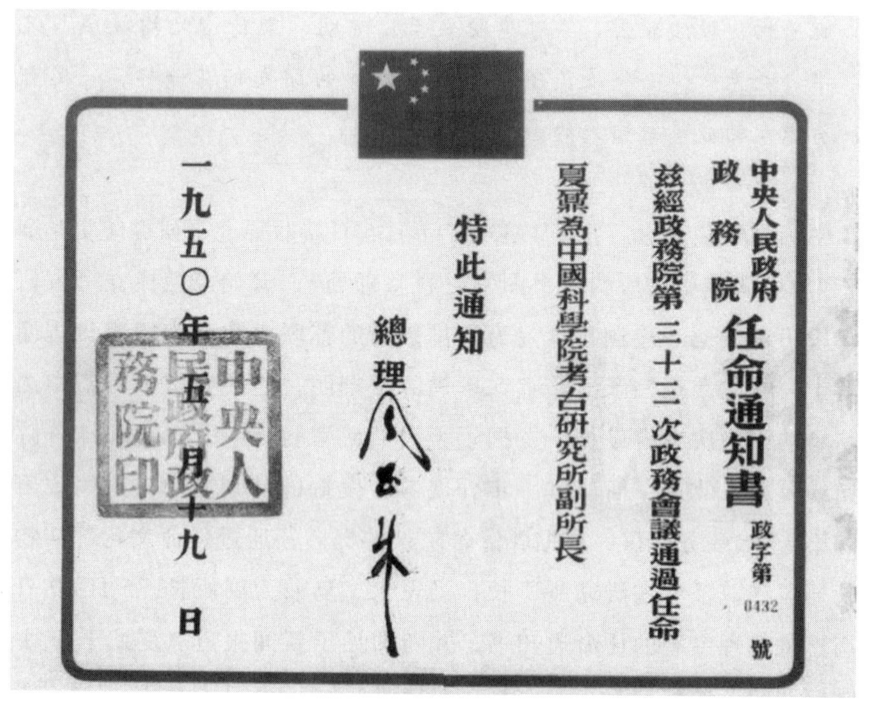

中央人民政府
政務院 任命通知書 政字第 0432 號

茲經政務院第三十三次政務會議通過任命

夏鼐為中國科學院考古研究所副所長

特此通知

總理

一九五〇年五月十九日

中央人民政府政務院印

政务院任命夏鼐为中国科学院考古研究所副所长的通知书

月 27 日的来信，信中说：“我们都极盼兄能即日北上，所务会议要等兄来才能开，有关下半年的计划，必须兄来才能商定。”①

1950 年 5 月下旬夏鼐的老母与世长辞，享年七旬又七。6 月间夏鼐将父母的灵柩一起安葬完毕，不再有难以割舍的后顾之忧②，于是匆忙结束在浙大人类学系的教学任务，义无反顾地直接从杭州前往北京，7 月 10 日晨到达北京，当即去文律街 3 号中国科学院办公厅报到，并面见郭沫若院长。24 日上午，郭沫若院长正式接见夏鼐，对考古所成立后的工作寄予殷切的希望。这是夏鼐到位履职的重要标志。1978 年 6 月郭老逝

① 参见《郑振铎先生书信集》，上海古籍出版社，1988。

② 夏鼐是一位孝子。他去甘肃考察期间，父亲在温州去世，未能在侧，一年多后返乡始知，悲痛莫名，已见前述。去浙大人类学系任教以后，与家乡相距不算太远。1950 年 2～5 月，他在家中侍奉病情危重的老母三个半月，稍有转机仍回浙大，刚上一天课又收到促其“速归”的电报，急忙在风雨交加中登程，三天赶回时慈母已于两天前弃世，临终时夏鼐又未在侧。

世时，夏鼐在悼念文章中深情地回忆那次谒见的情景：

> 这是我第一次见到他，虽然他的盛名在我幼少时便已熟知，他的著作也曾读过不少。我当时很惊异他仍显得那么年轻，头上没有半根白发，谈笑举止，像生龙活虎一般。当时他很忙，但是对于考古所工作仍是恳切地做了指示。他希望我们首先要学习马克思列宁主义，要学而能用；把马列主义的观点方法用到古物的发掘、整理和研究上去。其次是要多做田野考古工作，提高田野工作的水平，以便累积具有科学性的资料，为室内研究打下基础。但是要避免有挖宝思想。①

夏鼐愉快地承担起国家考古研究中心机构的领导职务，在郭沫若院长的领导下，坚决贯彻党的方针政策，坚持多做田野考古工作，出色地完成考古所的任务。1955 年科学院成立四个学部时，他以中国最有成就的田野考古学家的身份，被聘任为中国科学院哲学社会科学部学部委员，成为中国学术界公认的考古学权威。

培养田野考古骨干的辉县等项发掘

考古研究所是中国科学院成立后建立的第一批研究机构之一，1950 年 8 月 1 日在原北平研究院史学研究所和原中研院史语所一部分的基础上宣告正式成立。夏鼐于 7 月中旬从浙江来中国科学院报到，并与郑振铎所长、梁思永第一副所长，以及郭宝钧、苏秉琦等，商谈 1950 年下半年的田野工作计划，决定 10 月派遣发掘团前往河南辉县，集中力量进行考古发掘。

考古研究所成立时的业务人员，考古方面除梁思永和夏鼐外，有原属

① 《郭沫若同志对于中国考古学的卓越贡献》，原载《考古》1978 年第 4 期；又见《夏鼐文集》第四册，第 194 页。

中研院的考古界元老郭宝钧研究员、技工魏善臣和测量员徐智铭，原属北平研究院专治新疆考古的黄文弼研究员、参与过宝鸡斗鸡台发掘的苏秉琦副研究员、资深老技工白万玉。他们参与田野考古的经历有所不同，掌握发掘技术不够全面，需要在操作规程上规范化。而新参加田野工作的6名青年人：安志敏、石兴邦、王仲殊是刚从大学毕业的研究生或本科生，王伯洪、马得志是原史语所图书史料整理处人员，赵铨则是新招聘人员，更需要在实践工作中进行严格的基本训练。所以最初几年，梁思永以孱弱之躯在病榻上勉力主持日常所务，而由夏鼐全力带领青年人进行田野考古。

中国科学院考古研究所辉县发掘团合影

后排居中站立者即夏鼐，其右苏秉琦、郭宝钧，其左安志敏、马得志、王伯洪、石兴邦，前右一赵铨、右三王仲殊、右四白万玉

1950年10月1日夏鼐就任考古研究所副所长。一个星期后率领考古所第一支发掘团，前往河南辉县（当时属临时设置的平原省，省会在新乡）进行为期近四个月的发掘。1951年夏季，夏鼐率领发掘团，去河南中西部地区进行史前遗址的调查发掘。同年秋、冬两季至1952年春季，又率领发掘团，在长沙近郊进行战国和汉代墓葬的发掘。这几项田野考古工作都具有示范的性质，既培养本所青年业务骨干，规范田野考古的

操作规程，扩大考古所在全国的影响，也为全国考古工作的规范化开展奠定了基础。

辉县发掘时期，由夏鼐任发掘团团长、郭宝钧任副团长，苏秉琦任秘书。[①] 考古所的田野考古人员全部出动。12 名人员齐集辉县后，开始都住在城东二里一座绿色琉璃瓦顶的文昌阁（俗称“琉璃阁”）附近的农家。当时，除安排年近六旬的郭宝钧由魏善臣陪同单独住一间较小的房屋外，其余 10 人同住一间大房子，将折叠床在室内一字排列，有人戏称很像“排葬坑”。夏鼐与青年人打成一片，相处得十分融洽。开始集中人力在琉璃阁北地发掘战国墓葬和汉代墓葬，后来又在相距大约十里的固围村发掘三座战国大墓。夏鼐掌握全盘工作的进程，在两个地点之间往返奔走，及时纠正和解决发掘中的问题。他以身示范、亲手操作，先自己掌握辨识当地熟土与生土的经验，再手把手地将发掘技术传授给初次下田野的青年同志，使大家迅速学会认土、找边、剔人骨架。他在操作规程上对青年同志的要求是相当严格的，有人初次参加田野发掘，不懂得随时观察墓葬填土中的包含物，以为起土时闲着没有事情，便在坑边看起书来，当即被他批评一顿。晚间，他要查阅青年同志的发掘记录，是否符合规定的要求，如有懈怠和缺漏，也要受到批评，必须重新写好。闲暇时，发掘团也搞点自娱自乐的活动，郭宝钧唱河南梆子，马得志、赵铨都唱京剧，王仲殊唱日本歌曲，夏鼐则讲个笑话。

1950 年辉县发掘期间，用工最多时达到 450 人以上，规模之大可与 1934 ~ 1935 年安阳侯家庄西北冈的发掘相比。除雨雪天停工十多天外，星期日和年假都不曾休息，实际开工 114 天，进行至翌年 1 月 23 日大寒过后始告结束。取得的学术收获主要是：琉璃阁的发掘中，第一次找到年代早于安阳殷墟的商代遗存，第一次根据随葬陶器的形制与组合探讨

① 中国科学院考古研究所编著《辉县发掘报告》，科学出版社，1956，第 1 页。王仲殊《夏鼐先生传略》一文（载《中国考古学研究——夏鼐先生考古五十年纪念论文集》，第 6 页）称，辉县发掘时，“夏鼐先生任发掘队队长、郭宝钧先生任副队长、苏秉琦先生任秘书长”，表述欠准确。

战国墓葬的分期。固围村并列于长宽 100 多米平台上的三座魏国顶级贵族大墓，由郭宝钧、苏秉琦和石兴邦三位负责发掘，规模之大前所未见。墓坑 20 米左右见方，深至 15 米以下，连同墓道通长达 150 米以上，墓上还发现大型享堂建筑的基址。三座墓虽均遭严重盗掘，仍残存错金车辕饰、玉册等珍贵文物。墓坑填土出土一批铁质生产工具，第一次确认了汉代以前的铁器，具有重要的学术意义。而夏鼐亲手在琉璃阁第一次成功发掘的战国车马坑，在田野考古技术上尤具划时代的意义。发掘期间，正值连降鹅毛大雪的数九寒天，滴水成冰，冻土坚硬如石，每天都要用炭火慢慢烤化才能下挖。坑内 19 辆古代木车，早已腐朽成灰，仅留下木料的空隙，夏鼐采取埃及考古发掘的办法，将石膏液灌进空隙，以保留原来的木质痕迹，再剥去周围的土。他匍匐在冰冷的地上，以冻裂的双手一点一点地仔细剔剥，经过二十多天的紧张工作，终于第一次将古代木车完整地揭露出来，显示了新中国田野考古的技术水平。其中的艰辛非外人所能想象。早年殷墟等地的考古发掘中也曾遇及车马坑，都以发掘失败而告终，夏鼐在殷墟进行考古发掘实习时有此经历，1949 年初家居时特地钻研有关古代车制的文献资料。此次通过琉璃阁车马坑的完整揭露，结合深入钻研《考工记》及有关车制的文献记载，第一次根据实物复原古代大型车子和小型车子的模型，引起国际考古学界的关注。柴尔德在《辉县发掘报告》出版的同年（1956），在其所著《历史的重建：考古材料的阐释》（*Piecing Together the Past：The Interpretation of Archaeological Data*）一书中，评述二战以后考古发掘方法的新进步时，曾提到“中国的考古学家采取更加精细的发掘技术，于 1951 年成功地将公元前 4 世纪～公元前 3 世纪的战车予以复原”。[①] 辉县发掘以后数十年间，各地陆续成功地发掘许多车马坑，使商周车制及其演变得以进一步明确。饮水思源，夏鼐的开创性贡献功不可没。

---

① 〔英〕柴尔德：《历史的重建：考古材料的阐释》，方辉、方堃扬译，上海三联书店，2012，第 10～11 页。

夏鼐第一次成功发掘的辉县琉璃阁战国车马坑

根据发掘出土遗痕复原的战国木车模型

1951年4月中旬，考古所为进行史前遗址的考察，同时派出两支调查发掘团：河南省调查发掘团由夏鼐率领，前往河南中西部地区，参加者有安志敏、王仲殊、马得志；陕西省调查发掘团由苏秉琦率领，前往西安附近地区，参加者有石兴邦、王伯洪、白万玉、钟少林。夏鼐一行到达河南后，又有当地的安金槐、蒋若是、贾峨等参加过一段时间工作。据参加者回忆，调查时，每天要步行十几里乃至几十里路程，食无定时，饥饱无常，粗细不择，加以天气已经酷热，确实甚感疲劳，而夏鼐总是走在前面，青年人也就不甘落后。他边走边告诉大家：一要注意道路两侧的壕沟和断崖的剖面，寻找古文化遗址与古墓葬的线索，认识当地生土与熟土的特征；二要注意农田地头和近现代坟墓周围的堆积物，其中往往会有附近出土的残碎古代陶片和石器等物，也是发现古代文化遗存的重要线索。傍晚，夏鼐和青年同志一道，背负采集到的陶片、石器等沉重的标本，疲惫地返回住地。晚上和休大礼拜时（过去在田野工作中一般两周休息一天，习称“大礼拜”），夏鼐从不休息，带头清洗陶片等标本，用毛笔蘸墨汁在每件标本上书写出土地点、坑位和层次的编号。通过渑池县仰韶村遗址的再发掘，进一步判明该遗址不仅有仰韶文化的遗存，而且有龙山文化的遗存，从而为探求中原地区从仰韶文化到龙山文化的发展演变提供了线索（当时误认为“糅杂仰韶和龙山的混合文化”）。成皋点军台的发掘，使青年同志对发掘史前居住遗址的难度深有体会，不仅在土层中发掘出红烧土和白灰面等遗迹，而且在国内古代遗址中第一次找出不易辨认的柱子洞。点军台遗址周围没有树木，头顶骄阳，无处躲藏，中午休息时，夏鼐常独自在探沟里清理墓葬，青年同志连忙跑过去同他一起干。① 一个季度的田野调查工作，不仅进一步培养了青年同志独立工作的能力，更重要的是夏鼐的献身精神和严肃作风使他们深受教益。

1951年10月中旬至1952年2月初，夏鼐率领“考古研究所湖南省调

---

① 参见王仲殊《怀念杰出的考古学家夏鼐先生》、安金槐《忆夏鼐先生对我从事文物考古工作的关怀与指导》，载《夏鼐先生纪念文集——纪念夏鼐先生诞辰一百周年》；安志敏《为考古工作而献身的人——沉痛悼念夏鼐同志》，《中原文物》1985年第3期。

查发掘团”，在长沙近郊进行古墓发掘，参加者有考古所的安志敏、石兴邦、王伯洪、王仲殊、陈公柔、钟少林，以及南京博物院的宋伯胤、王文林等。先后在长沙东郊彼此相距2公里以上的几个地点（陈家大山、伍家岭、识字岭、五里牌与徐家湾）进行了发掘，共计清理战国墓葬73座，西汉墓葬65座，另有东汉墓7座，唐宋墓葬若干座。通过这次发掘，积累了在南方地区发掘古代墓葬的经验，对长沙地区战国和西汉时期的墓葬形制、棺椁结构、器物组合，有了初步的认识。其中，战国时期的406号墓，第一次揭示完整的楚墓棺椁结构，第一次发掘出土楚国竹简；伍家岭西汉后期的203号墓，则第一次发现木质车船模型，为研究汉代交通工具提供了珍贵的实物资料。当时，著名学者杨树达曾率领湖南大学师生前往参观。其间，夏鼐还曾在五里牌外，勘察相传为五代时期楚王马殷陵墓的马王堆，判明其应为两座汉代墓冢。1972～1973年湖南省博物馆与中国科学院考古所共同进行的马王堆一、二、三号墓发掘，证实了当时的这一正确判断。

长沙汉墓出土木船复原模型

夏鼐亲自领导的辉县、长沙两项发掘结束以后，都曾在当时位于北京午门前两庑的北京历史博物馆，举办历时数月的公开展览，发挥了良好的社会效益。他又主持编写两项发掘的报告——《辉县发掘报告》和《长沙发掘报告》，分别于1956年和1957年出版。这是考古所成立后最先出版的两部考古报告，也是具有样板意义的两部报告。其中除辉县报告有郭宝钧、苏秉琦和夏鼐本人撰写的篇章外，大部分内容由安志敏、石兴邦、王伯洪、王仲殊、马得志和陈公柔等第一次参加田野考古的青年同志分别执笔。夏鼐认为，编写报告是发掘工作的继续，也是培养青年研究人员的重要环节。所以，在编写过程中，他亲自审查提纲、审阅文稿、核校资料、编排图版，具体而微，反复修改，直到最后定稿。通过这些工序，大家掌握了从整理原始记录资料，到器物的分类排比、遗址和墓葬的分期断代，再到妥善安排适当的文字表述与必需的辅助图表，以期实事求是地得出结论，从而编写报告的一整套基本规范。其中王伯洪执笔撰写的《辉县发掘报告》琉璃阁战国墓葬部分，是1949年以后在夏鼐的指导下第一次运用类型学方法，根据随葬陶器的形制与组合进行墓葬分期断代。当时尚属青年的这些同志，在日后长时间的研究历程中，始终遵循夏鼐对田野工作和室内研究的教导，不时将自己撰写的论文送请尊敬的导师审阅，并且以此为幸为慰。王伯洪、安志敏、石兴邦、王仲殊、马得志五人，曾被誉为考古所的“五虎上将”，是新中国田野考古承先启后的第一批业务骨干。

推进全国考古工作人员的培养

为了应对国家即将到来的基本建设高潮，迅速培养田野考古工作人员，中央文化部、中国科学院和北京大学合作，一面共同举办全国考古工作人员训练班，对各地文物单位人员进行田野考古知识和技能的短期培训，以适应配合基本建设工程的急切需要；一面在北大历史系共同创办中国第一个考古专业，更有系统地培养考古研究专门人才。夏鼐直接参与考古训练班和考古专业的组织领导与具体策划，为此他在1952年7

月，连续参加在文化部文物局（当时称社会文化事业管理局，简称“社管局”）、教育部和北京大学召开的会议，讨论考古训练班和北大考古专业的主要课程设置问题。由于与会者中夏鼐是唯一曾在国外接受过正规田野考古训练的专家，他的意见起了不言而喻的重要作用。1952～1955年举办的四届考古训练班，均由时任文物局博物馆处处长的裴文中教授担任班主任。北大的考古专业，则由考古所派遣苏秉琦副研究员兼任考古教研室主任（兼任至1983年7月改制为考古学系之前）。历届训练班的考古课程中，最重要的基础课“田野考古方法”，均由夏鼐亲自讲授。

夏鼐在第一届考古训练班的讲演稿《田野考古序论》[①]，针对各地文物单位人员，他们往往是碑帖和古董的爱好者，不了解考古工作是怎样一回事，所以首先讲清楚：“考古学是根据实物的史料，来恢复古代社会的面貌。……并不是‘玩物丧志’地玩弄古董。”考古学的研究对象“包括古物及遗迹”，“是古代传留下来的经过人类加过工的东西”。至于“专考古代金石拓本，考据古文字的字形字义，是古文字学；虽然与考古学的关系很深，但并非考古学。”他强调：“田野考古是一种科学的训练”，“是‘实践的’，不是空论”，“实践中重要的是亲自动手”，“要求田野工作的记录的忠实和精确，便是使之‘合于实际’”，等等。当时正值《毛泽东选集》第一卷出版之后，讲稿明显地贯穿着毛泽东《实践论》的思想。不久，他又发表《〈实践论〉与考古工作》一文[②]，结合田野考古工作的实际，进一步讲述自己学习《实践论》的体会。夏鼐这一至关重要的基本课程，教导一代后辈学者深刻领会考古学的科学理念和正确方法，使大家受用终生。田野考古包括古代墓葬和居住遗址的发掘，要求初学者在实践中从辨别生土和熟土，也就是熟练地找边学起；发掘墓葬不能盲目下挖，要注意填土中的包含物；发掘遗址要开探方，根据隔梁剖面显示的土色土质（即自然堆积）划分地层，

---

① 原载《文物参考资料》1952年第4期；又见《夏鼐文集》第一册，第49～59页。

② 原载《光明日报》1953年11月30日第3版；又见《夏鼐文集》第一册，第60～66页。

不能按照深度分层而不顾堆积的变化，并且要随时注意遗迹之间的平面关系，等等。

1952年第一届考古训练班开学典礼合影（局部）

中间就座者左第五人起：陶孟和、沈雁冰、郭沫若、郑振铎、裴文中、郑天挺、夏鼐、张政烺、启功、韩寿萱、尹达、郭宝钧

至于基础考古知识和具体技术，也多由考古所的专家和有关人员授课：裴文中和贾兰坡讲授旧石器时代考古，安志敏讲授中国新石器时代考古，郭宝钧讲授殷周考古，苏秉琦讲授战国秦汉考古，宿白讲授秦汉以后考古，并由考古所技术室的白万玉等人讲授修复、绘图、照相、测量等具体技术（北大考古专业开始几年的课程同样如此，1956年以后不再请校外专家们讲授基础课程）。室内授课结束后，又进行田野考古实习（第一届去郑州和洛阳，以后三届又去过西安），由考古所的几员大将进行实地辅导。第一届训练班结业时，发给每位学员一套根据考古所样品制成的发掘工具（发掘工作中“找边”与刮地层用的尖头铲和平头铲），以及田野工作中使用的遗址和墓葬发掘记录本、出土标本登记标签本等。各地文物单位随即照此样式复制，并一直沿用下来。第一至四届考古训

练班，共计培训学员 341 人，[①] 包括 20 世纪五六十年代各地田野考古的许多领军人物。例如第一届的安金槐、蒋若是、于豪亮、孙太初、郑绍宗、张学正、裴明相、胡继高、李逸友、徐秉琨；第二届的罗宗真、麦英豪、李京华、朱伯谦、李遇春；第三届的蒋赞初、黄宣佩、高至喜、牟永抗、王劲、谭维四、吴震；第四届的孙守道、赵青云、刘来成，等等。这样，就为全国各地培养了田野考古骨干，将科学的发掘方法和基本设备迅速普及全国，使田野考古成为中国考古研究的主流。

夏鼐开始在北京大学历史系任教，是在该系设立考古专业以前，1951 年春季第一次授课时，受教的历史系和博物馆专修科学生，有邹衡、吕遵谔、赵其昌、金学山等。其中部分同学，又曾参加第一届考古训练班的听课和实习。1952 年秋季创办考古专业以后，因本年度院系调整开学甚晚，夏鼐讲授的"考古学通论"与"田野考古方法"推迟至 1953 年 1 月 12 日开课，1950 级、1951 级、1952 级的同学一道听讲。1950 级有吴荣曾、林寿晋、俞伟超、杨建芳、李仰松、郑振香、黄展岳、刘观民、徐苹芳等，1951 级有赵芝荃、于杰、苏天钧等，1952 级有高明、张森水、张忠培、郑笑梅、徐锡台、黄景略、叶小燕、王世民、王克林等。后来聆听夏鼐讲授这门课程的，还有 1953 级和 1954 级的严文明、杨泓、杨锡璋、纪仲庆、杨式挺、高广仁、任式楠、邵望平、徐光冀、殷玮璋等。前后聆听过夏鼐这门课程的北大同学共计八十余人。同学们清楚记得，1953 年 1 月 12 日下午，大家齐集北大文史楼一层西头的 108 号阶梯教室，翘首静待夏鼐第一次上课。他身穿简朴的灰布短大衣，头戴皱巴的布质解放帽，讲话声音较低、温州口音很重，板书笔画轻淡又常随手擦掉，因而多数同学听不明白。于是考古教研室安排青年教师刘慧达上课时坐在前排记录，经夏鼐本人审阅后，将记录稿油印成讲义发给同学。[②]

---

① 考古训练班四届学员总数，参见国家文物局编《中华人民共和国文物博物馆事业纪事 1949—1999》，文物出版社，2002，第 45 页。需要指出的是，《文物参考资料》关于四届训练班开学和结业的报道，学员总数与此基本一致，但《北京大学考古学系五十年（1952—2002）》（内部资料，第 234～235 页）所列第三届训练班学员名单缺数十人。

② 参见《夏鼐文集》第一册，第 67～126 页。

当时考古所没有小汽车，夏鼐每周乘公交车去北大，有时因挤不上西直门开往颐和园的32路车而迟到。寒假前周一下午上课，寒假后改为周二上午讲两小时“考古学通论”，中午无法休息，下午再讲一小时“田野考古方法”。他曾在未名湖畔教大家用照准仪进行简单的平面测量，在镜春园原燕京大学史前陈列室旧址（这时是考古专业的标本库房），手把手教大家在气炉子上用漆皮胶粘接陶片。

夏鼐又于1955年春季为北大考古专业同学讲授“考古学通论”，系由东北人民大学历史系为创办考古学专门化（吉林大学考古专业前身）派到北大进修的教师单庆麟记录，课后记录稿经夏鼐本人审阅，铅印发给同学。[①] 两份考古学通论讲义的内容，都包括绪论（考古学的定义、门类、资料范围、与其他学科的关系）、考古学简史、外国考古学现状，等等，均属基本理念和基础知识，并且讲到许多具有前瞻性质的信息，例如新石器时代部分都曾提到西亚发现耶莫（Jarmo，或译“查摩”）等前陶农业文化遗址。

1957年以后，夏鼐没有时间继续去北大兼课，但他始终关怀北大考古专业的发展，曾应邀两次为毕业班同学作报告，讲演过“考古学当前形势与青年考古学者的任务及要求”“世界考古学的目前动态”“我国考古学上的主要问题”“考古学研究方法”，以及“新疆考古学概况”等专题。苏秉琦任职期间，始终不断向他通报情况，报告视察同学实习和其他发掘的见闻，共同商讨教学和生产实习的问题（有时由宿白或青年教师前来）。苏秉琦还曾将学生的实习报告、学年论文及青年教师的论文送请夏鼐审阅，他或毫不客气地提出商榷意见，或给予应有的肯定。而每年毕业生分配时，北大考古专业除自留个别毕业生外，往往让考古所优先挑选。直到建立考古学系前，北大校方和历史系领导曾就改制考古学系问题几次与夏鼐交换意见。《夏鼐日记》对此都有记载。

另外，他还曾为新疆考古工作人员训练班讲授“新疆考古学概说”，为中央民族学院历史系讲授“考古学通论”。历年来在不同场合聆听过夏

① 参见《夏鼐文集》第一册，第127～193页。

鼐讲授基本课程的学生，包括前述四届考古训练班学员和1960年代以前毕业的北大考古专业学生，总计多达数百人。因此，可以毫不夸张地说，20世纪五六十年代参加工作的田野考古人员，大部分在考古理念和基本方法上都曾直接领受过夏鼐先生的教诲，是他亲授的弟子。西北大学创办考古专业，夏鼐本人不曾亲自授课，但在开办前他曾应邀与西北大学校领导和历史系马长寿、陈直等先生反复商谈，明确表示考古所将予以大力支持，曾派遣郭宝钧、陈梦家、石兴邦、张长寿、杨泓等前往授课。

1957年初，考古所为本所刚参加工作的众多中学毕业生举办见习员训练班，课程与四届考古训练班相仿，并有所外个别文物单位人员参加，可视为第五届考古训练班。夏鼐除审阅大部分课程的讲稿外，再次亲自讲授"田野考古方法"，对田野工作方法作了更为系统的论述，讲稿编入后来出版的该训练班教材《考古学基础》[①]。夏鼐在这部讲稿中，从考古调查到遗址和墓葬的发掘与记录，田野工作的每个环节都讲得十分具体，提出更加明确的要求。关于室内整理中的器物分型和定名，他说："要使每一型有它独有的特征……同时又要忽略掉一些偶然的毫无意义的细小差异，否则每一件古物都要自成一型了。""为了比较研究的方便，尽量采用一般已通行的分类法，不要毫无意义的标新立异。""要尽量采用大家都通用的名称，不要专找意义不明的冷僻的奇字。"讲到根据地层中不同种类遗物推断年代时，一再强调"孤证不足为凭"，"需要包括比较全面的各方面证据，才可下结论"。他更着重指出，推断年代"并不是考古学的最终目标"，"考古学的最后目标，是要恢复古代社会情况和社会发展史。……我们不能希望每一次发掘都可达到这个目标。我们发掘后的主要急迫工作，是将所获得的材料，整理后尽早发表出来，以供大家利用。至于进一步较高度的研究工作，可以在发掘报告发表后再做"。至于如何编写报告，夏鼐则认为应该力求"精简扼要""明白易懂""检查参考方便"。

---

① 参见中国科学院考古研究所编《考古学基础——中国科学院考古研究所工作人员业务学习教材》，科学出版社，1958；又见《夏鼐文集》第一册，第207～235页。

夏鼐一贯认为，考古研究的基础在于田野工作，强调提高考古发掘的科学水平，要求大家在考古调查发掘中认真辨别复杂的地层情况，弄清楚遗迹、遗物的各种关系，并且要把观察到的一切有关现象详细、正确地记录下来。他以自己的实践告诉大家：考古工作的成绩如何，主要不是看你发掘出什么东西，而是看你采用什么方法发掘出这些东西，切忌有“挖宝”思想。1952 年开始发掘的郑州二里冈商代遗址，1954 年开始发掘的西安半坡仰韶文化遗址，起初都是为考古训练班学员实习而安排进行的。如果没有切实做好田野调查发掘，“忠实和精确”地做好记录，进一步研究便无从谈起，所谓“研究”便是无本之木，不免有相当程度的主观臆测，甚至流为无稽之谈而贻笑大方。

1952 年冬第一届考古训练班结束后至 1953 年春，为配合洛阳附近的基本建设工程，文化部文物局、科学院考古所及河南省和洛阳市的人员，共同组成“洛阳区考古发掘队”，由裴文中和夏鼐分别兼任正、副队长，参加者有考古所王伯洪、王仲殊、陈公柔、马得志等多人，及河南省蒋若是等数人。在洛阳西北三华里邙山南坡的烧沟，先后发掘汉代墓葬 225 座。这处典型墓地的墓葬形制和随葬器物，经过考古类型学的排比分析，为中原地区汉墓的分期断代提供了可靠的标尺，后由蒋若是执笔撰写为《洛阳烧沟汉墓》一书，于 1959 年出版。

1955 年秋，为配合国家治理黄河水患、开发黄河水利的规划，文化部和中国科学院联合组成黄河水库考古工作队，由夏鼐兼任队长、安志敏兼任副队长，调集各省文物单位人员（多为第四届考古训练班学员）、中国科学院考古所和文化部文物局人员，共计 40 余名田野考古人员，分为 10 组前往三门峡水库区的豫、晋、陕三省 14 个县（陕县、灵宝、永济、芮城、平陆、临猗、潼关、华阴、华县、渭南、大荔、临潼、朝邑、郃阳），进行深入的考古文物调查。当时，夏鼐在洛阳坐镇指挥一个多月，出发前为队员作了题为“考古调查的目标和方法”的指导性报告[①]，将他亲自设计的

① 原载《考古通讯》1956 年第 1 期；又见《夏鼐文集》第一册，第 194～206 页。

缜密调查记录表格发给大家使用。调查期间，他不断披阅各组的工作汇报，编发考古队的工作通讯，并针对发现的问题随时做出具体指示。这次前所未有的大规模考古文物调查，共计发现各类古代遗迹 278 处。其间夏鼐曾亲临三门峡古代漕运栈道遗迹现场，察看那里发现的汉唐题刻。

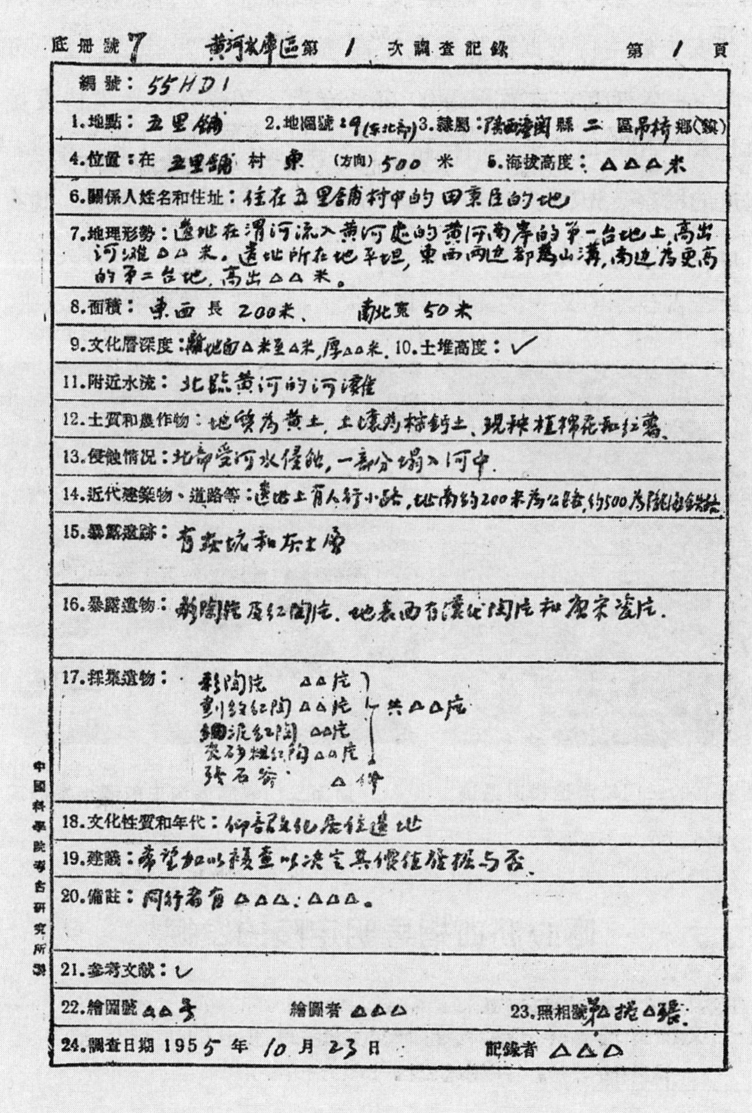

底冊號 7　黄河水库區第 1 次調查記錄　第 1 頁

編號：55HD1

1.地點：五里舖　2.地圖號：9（东北部）　3.隸屬：陕西潼関縣 二 區吊桥鄉（鎮）

4.位置：在 五里舖 村 東 （方向） 500 米　5.海拔高度：△△△米

6.關係人姓名和住址：住在五里舖村中的田景臣的地

7.地理形勢：遗址在渭河流入黄河处的黄河南岸的第一台地上，高出河滩△△米。遗址所在地平坦，東西两边都為山溝，南边為更高的第二台地，高出△△米。

8.面積：東西長 200米、　南北寬 50米

9.文化層深度：離地面△米至△米，厚△△米。10.土堆高度：✓

11.附近水流：北臨黄河的河灘

12.土質和農作物：地質為黄土，土壤為棕鈣土、現种植棉花和红薯。

13.侵蝕情況：北部受河水侵蚀，一部分塌入河中。

14.近代建築物、道路等：遗址上有人行小路，址南约200米為公路，约500為陇海铁路

15.暴露遺跡：有灰坑和灰土層

16.暴露遺物：彩陶片及红陶片。地表面有漢代陶片和唐宋瓷片。

17.採集遺物：
彩陶片　△△片
劃纹红陶　△△片　共△△片
细泥红陶　△△片
夾砂粗红陶　△△片
残石斧　△件

18.文化性質和年代：仰韶文化居住遗址

19.建議：希望加以複查以决定其價值發掘与否。

20.備註：同行者有△△△、△△△。

21.參考文獻：✓

22.繪圖號 △△号　繪圖者 △△△　23.照相號 第△捲△張。

24.調查日期 1955 年 10 月 23 日　記錄者 △△△

中國科學院考古研究所製

夏鼐为黄河水库区考古调查设计并填写的调查记录样张

1956 年 5 ~6 月，由安志敏率领黄河水库考古队重新组织的人员，分 4 组先后进行三门峡水库区部分县复查和甘肃刘家峡水库区调查，在刘家峡地区发现古代遗址和墓地 176 处。调查结束后，夏鼐专程到西安听取工作汇报，视察所获标本。随后，1956 年秋、冬两季和 1957 年，黄河水库考古队又集中在原陕县会兴镇（今三门峡市区）附近，进行大规模的考古发掘。其中，仅安志敏主持发掘的庙底沟史前遗址，即有 70 余人参加，开掘 150 多个 4 米 ×4 米探方，总面积 2400 多平方米。又由林寿晋主持发掘上村岭虢国墓地和后川东周墓地，俞伟超主持发掘刘家渠汉唐墓地，并进行三门峡漕运遗迹的勘察。先后参加这些考古调查和发掘的上百名人员，既有之前曾参加考古训练班的各地人员，又有考古所新入所的人员，因而实际是对年轻人员田野考古技能的又一次集中培训，大大地提高了他们的业务水平。

夏鼐曾亲临的三门峡漕运栈道遗迹

河南三门峡庙底沟史前遗址发掘现场

呕心沥血指导明定陵的发掘[①]

正当文物管理和考古工作面临如何应对急迫的大规模基本建设的难

① 参见赵其昌《夏鼐老师与定陵发掘》，载《夏鼐先生纪念文集——纪念夏鼐先生诞辰一百周年》。

题时，夏鼐的清华同窗、明史专家、时任北京市副市长的吴晗，联络郭沫若、范文澜、沈雁冰、邓拓、张苏五位知名人士，于1955年10月初联名上书国务院，请求发掘北京明十三陵中明成祖永乐皇帝的长陵。这时，兼任中国科学院考古研究所所长的原文化部文物局局长郑振铎，已升任文化部副部长，但仍分管文物事业。郑振铎和夏鼐对于发掘明陵都持反对态度，认为从全国考古工作的紧迫形势考虑，主动发掘帝王陵墓并非当务之急，宜暂缓进行。夏鼐受郑振铎的委托，亲自劝说过吴晗不要急于搞这项发掘。[①] 不久，周恩来总理批示"同意发掘"。随即于1955年12月初成立了由吴晗等六位发起人，以及郑振铎、夏鼐等组成的长陵发掘委员会，下设由中国科学院考古所和北京市文化局文物调查研究组人员组成的考古工作队。夏鼐作为中国田野考古方面的权威人士和长陵发掘委员会委员，顺理成章地负责具体的业务指导，他不得不勉为其难地挑起这副重担。发掘工作在行政上由北京市文化局文物调查研究组主任朱欣陶负责并坐镇明陵。至于考古队的队长，原定由考古所的王仲殊担任，后因另有任务，除曾参与初期勘察外，并未到任参加发掘。定陵发掘的具体业务，由1953年毕业于北大考古专业的北京市文物组人员赵其昌，以及考古所老技工白万玉在现场实际指挥（当时他们二人都没有正式的名义）。据《夏鼐日记》记载，历时两年有余的定陵发掘期间，夏鼐在业务上主要依靠他们，除亲赴现场进行具体指导外，不时听取他们二人的请示汇报，而与赵其昌单独商谈居多，总计不下二十次。

首先，明陵的发掘从哪里着手？这就经过一番周折。由于原拟议发掘的对象长陵，位居十三陵之首，规模甚为宏大，地下结构必然复杂，情况无人知晓。夏鼐认为，不宜贸然行事，应先选择一座规模较小的其他陵墓进行试掘，取得一定的工作经验以后，再考虑制订长陵的发掘方案。1955年冬至1956年春，经过考古队人员对诸陵的详细调查后，发现埋葬万历皇帝的定陵有些线索可寻，宝城外侧有一处城砖塌落形成的缺

---

① 《我所知道的史学家吴晗同志》，载《夏鼐文集》第四册，第259页。

口，缺口内里的城砖有重新垒砌的迹象。夏鼐得知这一情况后，当即奔赴现场复查，试图亲自上去检视究竟。宝城缺口距地面很高，而定陵野外没有梯子，爬上去很困难。赵其昌等觉得太危险，劝夏鼐不要上去，他说：“野外调查不比室内，没有那么好的条件，还是上吧！”于是就蹬着年轻人的肩膀爬了上去。夏鼐仔细察看后也认为，这一线索十分重要，可能是当年万历帝后分次入葬时的通道。随后，赵其昌等又在宝城内侧的墙脚发现“隧道门”“左道”“右道”“大中”“宝城中”“金墙前皮”等石刻字迹。于是决定以定陵为试点，开始了中国大一统王朝帝陵的第一次考古发掘。

定陵的发掘工作，从1956年5月破土开挖，到1958年7月墓室清理结束，历时两年零两个月。这段时间，笔者正在夏鼐身边的考古所学术秘书室工作，他的办公室在考古所四合院大北房东间，学术秘书室则在西间，因而深知他为定陵发掘呕心沥血的操劳情况。那时，他身患严重的十二指肠溃疡，饮食稍有不适便会接连呕吐。发掘的每个关键时刻，都需要夏鼐亲临现场进行具体指导，所以笔者不时接到定陵发掘工地打给他的电话，或者看到朱欣陶主任来他办公室坐等。一般情况下，夏鼐都是第二天一早驱车前往。由于定陵发掘时期的生活条件较差，往往停留一两天即因呕吐不止而折返，稍事恢复再重新前往。其间，他检视了赵其昌等同志摘抄的《明实录》，及有关十三陵的其他文献资料卡片，又阅读梁份《帝陵图说》、朱东润《张居正大传》等书。准备清理定陵后室的帝后棺椁时，夏鼐考虑应该借鉴埃及考古的发掘经验，特地阅读美国考古学家赖斯纳、史密斯合著考古报告《海泰斐丽丝的陵墓》（*Tomb of Hetepheres*）一书。海泰斐丽丝是埃及最著名的“胡夫金字塔”墓主——古王国时期第四王朝法老胡夫的母亲。1925年发掘的这座埃及古墓，墓内随葬品保存甚佳，其复杂情况与定陵棺室颇为类似。

夏鼐要求在发掘工作的过程中，应该分头做好文字记录，稍有疏忽，便会给后来的研究工作带来困难。当时每天的记录文字甚多，有时不下万言，都送请夏鼐过目。每当深夜发掘队人员结束工作后，他还不肯休息，经常通宵达旦审阅记录材料。他审阅记录材料十分认真，往往在记录本上圈圈点点，提出疑问，不能尽意时就夹上几张写满密密麻麻小字的纸条。夏鼐曾经不止一次地告诫赵其昌等："原始记录是基础，对今后的研究工作十分重要，必须详尽、准确，否则无法弥补。"这谆谆的教诲，认认真真、一丝不苟的科学精神，正是他严谨治学态度的写照。

夏鼐陪同郭沫若院长考察定陵地宫

夏鼐与文化部副部长兼考古所所长郑振铎共商定陵清理工作

1957年9月地下玄宫打开以后，夏鼐曾在定陵坐镇十多天。当时，首倡定陵发掘的吴晗，热衷于接待各方面领导人前往参观，对发掘工作的记录情况并不上心，因而某些工作环节被置之不顾。例如开工发掘两年间，竟未测绘过发掘坑位图，夏鼐屡次催促未果，不得不亲自动手进行补测。他又亲自测绘了“封门乱砖及前甬道平面图”“金刚墙内至石门的甬路平面图”，还将发现的木栅门痕迹绘图、测量尺寸，等等，以便日后复原。

夏鼐抱病清理万历皇帝棺内文物

1958年5月清理万历帝后棺内文物期间，是夏鼐在定陵发掘中最辛劳的日子。由于棺内的随葬器物品类繁多，数量很大，加以空气潮湿，腐朽严重，如不抓紧清理，面临着发霉变质的危险。考古所派遣刘观民、黄展岳等实习研究员，以及多名中学毕业的见习员前往支援，承担绘图等项工作。夏鼐本人抱病住进临时工棚。他不仅在现场指导工作，而且亲自操作。现场的工作条件极差，仅有一台小型发电机供电照明。黑乎乎的地宫内，工作十分紧张，持续时间又长，常常要加班4~6小时，夜以继日，更没有星期天。夏鼐就是这样拖着病体，和工作队的青年人一起，不分昼夜，忘我劳作，历时两个星期。当清理到随葬品中皇帝的冠冕、皮弁（即皇帝举行大典时戴的帽子）等时，由于实物腐朽叠压严重，形制难辨，清理难度很大，特请夏鼐担此重任。糟糕的是腐朽的冠冕四周布满了其他器物，不易接近。只得在棺口上面搭起木架，木架上再铺木板，人要趴在木板上，头向下操作。夏鼐忍耐着病痛，艰难地耐心清理，整整花费四天四夜的时间，弄清楚冠冕和皮弁的形制、结构、尺寸、色泽，以及珠饰的系结方式和数量等，绘制了细部草图，为日后的复原工作提供了充分的依据。他还亲自测绘棺木结构和棺中器物分布的草图，将基本情况详细而完整地记录下来。

1958 年 6 月下旬，定陵地宫的清理工作基本结束，夏鼐却完全病倒，先住进北京人民医院，再转往小汤山疗养院，先后疗养了五个月。这是他生前疗养时间最长的一次。而通过定陵的发掘，使夏鼐及文物工作方面的有关领导，更加深切地感到发掘古代帝陵的条件很不成熟，出土的大量珍贵文物（特别是丝织品等有机物）难以妥善保存。于是由文化部于 1960 年 6 月 6 日上书国务院，提出："在帝王陵墓中很可能有较多的随葬品，但是目前有些文物的保护技术问题还没有解决，如彩色漆木器、竹器等易变形，丝绸、纸质类等纤维材料的科学保存等。在这种科学技术问题尚未解决以前，如果不进行发掘，暂时保存在地下，当不会破坏，一旦发掘出来保护不好，反而造成无法弥补的损失。"他主张"古代帝王陵墓，除配合基建必须发掘外，最好暂时不作主动发掘"。国务院于 6 月 22 日将该报告转发各省、自治区、直辖市人民委员会，明确表示"国务院同意文化部报告的意见"，强调："目前考古发掘工作应当以配合各项建设工程为中心任务，凡不属于配合建设规划或工程范围内的帝王陵墓及其他发掘工作可暂缓进行。"因此，原拟议发掘的明成祖长陵也就从此作罢。某省跃跃欲试，一再试图主动发掘本省帝陵的打算，也就无法提上议事日程。

按照考古工作的常规，本来应该在发掘工作结束之后，迅速安排出土资料的整理研究和发掘报告的编写工作。但是，在当时的历史情况下，来自不同单位的发掘人员随即分散，实际具体负责的赵其昌回本单位后，又被长期下放农村劳动。而随着定陵建立博物馆并公开开放，整理资料和编写报告的工作，更被长期搁置，无人过问。特别是经历"文化大革命"的劫难，定陵博物馆的隶属关系屡次变更，以及多方面的工作失当，定陵出土文物遭受相当程度的损失，其中尤以大量丝织品为甚。发掘时，对于糟朽的丝织品，曾施加有机玻璃涂料进行加固，但其结果很不理想。直到 1979 年，即发掘结束 20 年后，才在夏鼐的督促和筹措下，建立北京市文物工作队、中国社会科学院考古研究所、十三陵管理处共同组成的编写组，由赵其昌主持，协同考古所派遣支援的王岩及定陵博物馆人员，着手进行资料整理和报告编写工作。考古所又派遣修复、照相、绘图等方面的多名得力技术人员，参与其事。夏鼐对编写组的工作计划、编写提纲，乃至出土丝织品的整理细则，都提出详细的指导性意见，始终如一地关怀和督促工作的进展。经过有关人员四年多的齐心努力，夏鼐终于在1985年5月，高兴地获知定陵发掘报告完成了初稿，成书业已在望。令人遗憾的是，三十年来为定陵发掘和报告编写殚精竭虑的夏鼐，一个月后却突然与世长辞，未能亲眼见及书稿。后来，这部书于1986年6月定稿，1990年5月由文物出版社精印出版，1995年荣获第二届夏鼐考古学研究成果奖。

重视图书资料的基本建设

科研机构的图书资料状况，是开展科学研究的重要保证。夏鼐主持考古研究所工作期间，对本所图书资料的基本建设非常重视。考古研究所成立时，接收原北平研究院史学研究所的全部藏书，又曾由中国科学院图书馆拨给过一些图书，但其中考古学专业的书刊有限。郑振铎兼任考古所所长期间，十分关注图书采购，曾在出访印度时购回考古学家乔克拉瓦蒂（Chrekarawati, N. P.）博士旧藏西文考古书籍，又曾收购金石学家林钧、孙壮等人收藏的金石学著作，古文字学家于省吾收藏的大量金文拓本，丰富了考古所的专业性藏书。但长时间不懈关注的还是夏鼐，他在20世纪五六十年代外汇紧张、科学院受到倾斜待遇的情况下，亲自抓紧图书采购，从查阅外国新旧书店的书目，留意有关期刊的书讯，到审核签发订单，始终如一，直到晚年。由于夏鼐高瞻远瞩，熟悉世界考古研究的动向，做到严格地选购需要的各种新书，即便碳－14断代这种新发明的方法，有关专著出版不久即已入藏。夏鼐屡次出国访问和不时接待外国考古学家来访，赠送他本人的大量书刊，基本上无保留地随时交本所图书室入藏。在夏鼐的关注下，考古所除通过图书进口公司向国外预订书刊外，长期与许多外国学术机构保持交换关系，用考古所出版的书刊，换回外国最新出版的考古书刊。相当长的一段时间内，考古所是国内唯一有此优越条件的考古单位，入藏的外国和我国港台地区历史考古书刊，其他单位人员难以见及。许多连续数十年的重要定期刊物，堪称国内少有的齐全收藏。例如日本的《考古学杂志》《日本考古学年报》《东方学报》《东洋学文献类目》，瑞典的《远东古物博物馆馆刊》，等等。后来在“文化大革命”中，若干外国刊物中断缺期，夏鼐在与外国学者交往时亲自当面请他们帮忙，基本上得以补配齐全。

考古所的图书室，遵循夏鼐一贯主张的书库开放方针，原则上本所中级以上研究人员允许进入书库查阅（实际上来所较久的人员均可入库）。这样，考古所的研究人员，都有机会在书库中博览群书，随手翻阅，从而扩大自己的知识面，受益匪浅。虽非对外公共图书馆，但兄弟业务单位人员持介绍信或有本所人员引见，亦可在阅览室看书，因而不时接待本市和外地同行。例如1960年代北京大学的邹衡，为进行殷墟文化的分期研究，曾连续数月每天从北大赶来，阅读台湾出版的殷墟考古报告；1970年代吉林师范大学历史系为开展古代文明研究，林志纯教授和他的弟子，从长春前来阅读古埃及等文明古国的著作，长时间流连于此，甚至有的弟子在考古所借住数月。而夏鼐本人，几乎每天都到图书阅览室翻看新到的外文书刊，因而能够始终站在世界考古学的前沿，及时掌握发展信息。至于他自己借出阅读的书，从来都是随用随还，绝不长时间占据，使他人无法问津。许多时候，他常钻在书库里查书，随手用便条记下所需资料。严冬季节书库没有供暖，他就披着皮大衣查阅。

夏鼐对于资料工作中的文献检索，因其具有导向性作用，也相当重视。“文革”以前，考古所资料室于1958年组织人力制作1949年以来的“中国考古学论著资料卡片”，继而在《考古》发表《1949～1959年考古书刊目录》，连载1959～1966年的《全国考古学论著资料索引》，后汇编为《中国考古学文献目录（1949～1966）》，于1978年出版。这些目录和索引发表前，大多经过夏鼐审阅，并且进行过订补。他还亲自编出《十年来综合报导新中国考古发现的文章》，发表在《考古》1959年第10期上，以资查考。1970年代以后，持续制作“中国考古学论著资料卡片”，并曾在《考古》杂志连载1981年、1982年两年的《全国考古学论著资料索引》。当时，《文物》月刊一度刊载中国人民大学书报资料社供稿的《全国文物考古文献要目》，夏鼐亲自出面沟通，促其停发，以保证这项工作的权威性。1984年《中国考古学年鉴》开始出版以后，“考古学文献资料目录”为其固定的重要栏目，延续至今已逾三十余年。

对科研成果严格把关

夏鼐为树立谨严的学风，一贯对科研成果严格把关。他不仅对自己主编的《辉县发掘报告》《长沙发掘报告》审阅得十分认真，而且考古所编辑出版的考古学专刊，及所外送请审阅的其他考古学著作，同样如此，绝不含糊。据《夏鼐日记》记载，截至1970年代初，经他审阅后交付出版的考古报告及图册有：

《白沙宋墓》（宿白著）

《塔里木盆地考古记》（黄文弼著）

《郑州二里冈》（安金槐执笔）

《洛阳中州路》（苏秉琦、安志敏、林寿晋执笔）

《寿县蔡侯墓出土遗物》（安徽省博物馆等编著）

《洛阳烧沟汉墓》（蒋若是执笔）

《望都汉墓壁画》（北京历史博物馆编著）

《浙江新石器时代文物图录》（浙江省文管会编著）

《江苏徐州汉画像石》（江苏省文管会编著）

《山彪镇与琉璃阁》（郭宝钧著）

《庙底沟与三里桥》（安志敏、谢端琚、郑乃武执笔）

《上村岭虢国墓地》（林寿晋执笔）

《三门峡漕运遗迹》（俞伟超执笔）

《唐长安大明宫》（马得志执笔）

《唐长安城郊隋唐墓》（马得志执笔）

《西安郊区隋唐墓》（卢兆荫等执笔）

《前蜀王建墓发掘报告》（冯汉骥著）

《西安半坡》（石兴邦等执笔）

《沣西发掘报告》（王伯洪、张长寿等执笔）

《长沙马王堆一号汉墓》（湖南省博物馆、科学院考古所合著）

《满城汉墓发掘报告》（卢兆荫等执笔）

另外，夏鼐还审阅过以下论著：

马衡《汉石经集存》

赵万里《汉魏南北朝墓志集释》

陈梦家《殷虚卜辞综述》

陈梦家主要执笔《武威汉简》

吴文良《泉州宗教石刻》

考古所集体撰写《新中国的考古收获》

徐苹芳等《中国古代天文文物图录》

夏鼐审阅的上述书稿，涵盖了20世纪五六十年代出版考古学专著的绝大部分。他审阅书稿，绝非敷衍了事、大而化之，而是逐字逐句仔细地看。特别是考古报告，不仅从政治上和学术上进行整体的把关，而且对于细节也一丝不苟，关注文字叙述、插图、图版和附表四个方面是否相符，有没有漏洞。记得《洛阳烧沟汉墓》付印前，夏鼐在病床上审阅，这部报告包含共计225座汉墓，墓室结构复杂，出土器物繁多，文字叙述和所附图表的分量很大，他通过相互之间的仔细核校，发现正文中若干不易察觉的失误，使作者蒋若是叹服。笔者还亲历过，他在审阅考古报告时，纠正分类统计数与相加后的总计数不符的情况。至于审阅所内外人员的单篇论文，更是不计其数，三十年间不下数百篇。无论工作关系如何，凡属重要的课题，无不认真把关，帮助大家较好地完成任务。

夏鼐深知作为国家学术研究中心机构，主办的核心性刊物，对外代表国家的学术水平，对内具有学科建设的导向性作用，因而必须保持应有的学术水平，不能疏忽大意。早在 1947 ~ 1948 年他在中研院史语所代理所长职务时，即曾担负《历史语言研究所集刊》和《中国考古学报》的具体编辑工作，具有把握刊物学术质量的经验。1950 年考古研究所成立后，《中国考古学报》改名《考古学报》，正式由夏鼐主持编辑工作。1950 年代初，除高水平的《考古学报》外，缺少一般性的考古学刊物。当时的《文物参考资料》，包括文物（含传世书画和革命文物）、博物馆、图书馆等方面内容，尚非侧重于考古研究的学术性刊物，无法适应考古工作迅速发展的需要。考古所在郑振铎所长的领导下，排除个别人士的阻挠，于 1955 年创办夏鼐任主编的《考古通讯》，1959 年为提高刊物的学术质量，改名为《考古》。《考古学报》和《考古》两个刊物，始终坚持高标准、严要求的办刊方针，既在国内外学术界赢得了声誉，又在考古学界倡导了谨严的治学风尚。

夏鼐审阅两个刊物的稿件，不仅极为认真，常在稿件边缘留下以蝇头小字批注的具体意见，而且很少积压，上万字的稿件，往往三四天就阅毕退回。他一再叮嘱编辑人员，对待作者应一视同仁，绝不要有亲疏远近，所内作者的稿件一定要严格；所外作者特别是县级基层单位人员，则应适当照顾，必要时帮助他们根据审稿意见进行修改。有时这种基层单位寄来的考古简报，往往资料颇为重要，而文字表述较差，常由编辑人员反复质询情况，进行认真的加工，甚至代为全面改写。这不仅保证了刊物质量，对作者也是有力的辅导，促进他们业务水平的提高。

夏鼐在政治上和业务上严格把关的同时，始终坚持百花齐放、百家争鸣的方针，绝无帮派之见，也从不强加于人。例如《沣西发掘报告》，编写主持人王伯洪打破惯例，没有采取前言叙述发掘经过、结语总括发掘收获的模式，而是先冠以合并两方面内容的《1955 ~ 1957 年沣西发掘概述》，再详细交代具体发掘资料。夏鼐对此并不赞同，认为仍宜分割为前言和结语，但未坚持一定要按照他的意见修改。再如《西安半坡》，某些方面近似于原始社会史的写法，夏鼐也不认同。又如《考古学报》1963 年第 2 期发表的《洛阳西郊汉墓发掘报告》，遵照夏鼐的明确指示："这批墓葬基本上可以按《洛阳烧沟汉墓》的标准来进行分期工作……所以在墓葬形制、器物种类以及葬具、葬式等方面，既与《烧沟》不免有雷同处，但也有与之互异的地方"，因而没有必要重起炉灶，所以"有关墓葬形制及随葬器物的分型分式，尽量做到与《烧沟》统一，只是部分作了一些改动和调整"。夏鼐对于在占有资料的基础上提出某种新见解的文章，尽管有人提出负面意见，甚至百般刁难，仍然促其刊发。例如 1957 年发表的佟柱臣《黄河长江中下游新石器文化的分布与分期》一文，1965 年发表的苏秉琦《关于仰韶文化的若干问题》一文，都是如此。由于夏鼐的社会活动较多，刊物发稿前或无暇终审，但出刊前总要检视清样，外文目录和外文提要也从不放过，发现问题及时处理。对待政治上和学术上存在严重问题的稿件，绝不客气。例如 1972 年《考古》复刊后不久，刊发某知名专家关于契丹文释读的文章，看清样时发现其基本内容抄袭自日本学者，作者虽系夏鼐的老朋友，他也坚决撤掉。有时夏鼐在出刊以后发现一些错字，亲自列成勘误表，责成编辑部印发。《夏鼐日记》中每每记载审阅时发现问题的情况：1981 年 6 月，审阅《考古学报》英文提要校样，系临时由所外人员英译，竟将汉代钱币"五铢"误认作"玉珠"，再误译为"Jade Pearl"（玉的珍珠），及时得到纠正，避免出丑；1984 年 2 月审校《殷墟青铜器》英文提要，又纠正对"测绘图""墨线图""灰坑"令人啼笑皆非的误译。夏鼐为考古书刊的质量投入的辛劳，由此可见一斑。

考古所内外许多后辈学者保存有夏鼐审阅自己文稿的便条。夏鼐对文稿的严格要求，主要体现于检查基本史实是否准确，专门词汇的使用是否恰当。有一件事笔者牢记终生。大约 1957 年，笔者在一篇文稿中沿用某前辈学者的提法，讲到殷周大墓近旁有"祔葬"的车马坑，夏鼐审阅后手持《辞源》指出"合葬曰祔"，另有一解为祭名。他告诉笔者，这里不能称“祔葬”，可称之为“附葬”。这使笔者猛然想起，旧日在丧帖中常看到“合祔”，是指在墓地将夫妻中的后死者与先死者同穴合葬。由此明白古书上的许多字词，往往在训诂上有特定的含义，一定要弄清楚，绝不可乱用。但这种误用“祔葬”的情形，近年在考古书刊中仍屡有出现。

郑振香、陈志达执笔撰写的《殷虚妇好墓》，出版前未经夏鼐审阅，存在着某些明显不当的表述。后编撰《殷墟玉器》一书，书稿延续这种不当，被夏鼐在审稿时发现而订正。[①] 关于玉料颜色的段落，原有“铁化物”一语，被订正为“铁的氧化物”。又在“某些黑色可能是含有铬”之下，加了“但铬的呈色作用更重要的是使呈翠绿色”，并批注指出：“铁有氧化铁与氧化亚铁。锰与硅化合可呈紫色。铬的呈色作用更为重要的是使呈翠绿色。”

这里略举笔者所知1970年代的几个例子。

（一）1970年代初，杨泓进行中国古代甲胄的研究，撰写完初稿时送请夏鼐审阅。夏鼐在肯定其“用力甚勤，收获亦多”的同时，严肃地指出：“论文不能写成‘长编’体裁发表”；“皮甲发展第一阶段是臆想出来的，恐不合事实”；“唐代四种类型，要指出各类型的特点”，但各型相同之点则不必重述。接着提出七条具体的修改意见和补充建议。（1）北朝到隋唐的皮甲，疑即“明光甲”，大型圆护，反射光即发“明光”。汉镜所谓“见日之光，天下大明”。（2）关于马铠，金属者当起于后汉末，但革制者当较早，似东汉初已有之。[②]《后汉书·鲍永传》“拔佩刀截马当匈”，注云：“当匈以韦为之也。”按宋人《武经总要》中之“荡胸”，疑即“当胸”之音误。此“当匈”似为甲片，不是革索。（3）宋代部

① 参见中国社会科学院考古研究所编著《殷虚妇好墓》，文物出版社，1980，第114页；《殷墟玉器》，文物出版社，1982，第11页。

② 后来河南淅川下寺春秋时期楚墓、湖北随县战国时期曾侯乙墓、荆门包山战国楚墓的考古发现表明，西汉以前已有革制马甲。参见白荣金、钟少异《中国传统工艺全集·甲胄复原》，大象出版社，2008。

分，是否可添入辽、金的材料。金人之“拐子马”及“铁浮图”，都可研究。不能忽视汉族以外的少数民族的贡献。（4）所引日人《兵库密》有脱字，已注在文中，不知原书如此，或抄录时漏脱。（5）关于外国尤其是伊朗的甲铠与我国的关系，虽不必强调，甚至不必发表，但可以加以研究。（6）锁子甲的来源及形制，可加研究。唐俑中作“卝”形，疑为《唐六典》中的“山文甲”，并非“锁子甲”。（7）劳弗尔的《中国泥俑》一书，实为专论泥俑之甲胄者，材料虽陈旧过时，但仍可一读。杨泓认真修改成8万字的第二稿。经夏鼐进一步审阅之后，以《中国古代的甲胄》为题，在《考古学报》1976年第1、2期连载。这篇论文发表后，受到外国考古学家的重视，迅速被译成日文刊发，日本著名古代兵器专家末永雅雄修订所著《日本古代的甲胄》一书时，特地将该文摘要附在书后，并邀请杨泓前往日本进行学术讲演。[①]

（二）1976年考古所组织编写一本普及性的《中国考古学讲话》（后未出版），夏鼐审阅部分文稿时，提出许多具体意见，举例如下。

关于畜牧业和农业的兴起，指出：“畜牧业开始与农业开始，在近东及中国几乎同时。并不像欧洲那样畜牧较农业为早。新大陆则农业较畜牧为早。我国亦然，养猪只是农业的副业。”

关于氏族这种社会单位，指出：“一个部落包括好几个氏族，有的还有中间组织的胞族。因为当时（母系氏族制）实行族外婚，一定要有一个以上的氏族同时存在，并组成部落。这表示部落与氏族是同时存在的，部落不是由氏族中发展出来。没有族外婚的原始群，不能称为氏族。氏族是一定历史阶段中与部落同时出现的。”

关于“粟即小米”，“我国古代称稷”，指出：“我国古书中的‘稷’是指哪一种谷物，尚有争论，有的说就是粟，有的说不是粟。后者又分二派，或以为是黍的不粘者，也有以为就是黍（今日黄米，不是小米）；或以为是

---

① 张天来、金涛：《夏鼐的足迹》，载《夏鼐先生纪念文集——纪念夏鼐先生诞辰一百周年》，第350～351页。

高粱的。这里解释‘粟即小米’即可，不必卷入有争论的稷的问题中去。”

关于“乌黑光亮的黑陶，先像烧红陶那样，到烧成将近结束时加以烟熏即进行短时间的渗碳”，指出：“‘渗碳’乃炼铁学的专门名词，指渗入碳原子使与铁原子合成碳化铁。这里是指渗入极细的炭末（即烟炱），不能称‘渗碳’。碳指化学中碳元素，不是一般的炭。”①

（三）1977年8月，天文学史专家席泽宗在《光明日报》发表一篇题为《科技史上的中外交流》的文章，事前将文稿复写了一份送请夏鼐审阅。他在文稿上用铅笔密密麻麻地批注，连标点符号使用不当也进行了订正。其中对基本史实的批注有如下几例。

“小麦起源于中亚”，批注：“应改为西亚，不是中亚，现下一般认为起源于叙利亚北部及其附近。”

“水稻起源于印度”，批注：“现下所发现的古代水稻，中国的较印度为早，而野生稻则两国皆有，故一般不再认为中国水稻起源于印度。”

“星期记日制度则一直可追溯到古埃及”，批注：“古埃及一周为十天，与中国一旬相当，七日星期一般以为始于希伯来”。

“大秦即罗马帝国”，批注：“大秦是指罗马帝国的东部亚洲地区（叙利亚一带）……并不指整个帝国”。

原文中“汉武帝派张骞通西域……把苜蓿、葡萄等农作物带回我国”，批注：“苜蓿、葡萄由西域输入，后汉时始有人归之于张骞，当依石声汉考证，乃是张骞死后若干年‘十余辈’汉使带回（《科学史集刊》5期，19～20页）。”

甚至原文提及曾在物理学上做过重要贡献的一位印度财政部小职员拉曼，原仅括注“C. V. Raman 1888—”，也批注：“拉曼已于1970年11月21日去世。”其博闻如此，令人惊叹。②

夏鼐在审阅中国科技史方面文稿时，还曾纠正过将宋明理学中哲学

① 任式楠：《夏鼐——诲人不倦的导师》，《考古》2010年第2期。

② 张天来、金涛：《夏鼐的足迹》，载《夏鼐先生纪念文集——纪念夏鼐先生诞辰一百周年》，第372～373页。

名词“气”理解为天然气的谬误。

夏鼐对后辈学子如此严格要求，集中到一点，就是告诫大家，科学是老老实实的学问，既不要望文生义、想当然，也不要人云亦云，更不要夸大其词，必须严肃认真，实事求是，不可疏忽大意。

几次政治运动中的表现

夏鼐和其他老一辈专家一样，经历了1950年代的几次政治运动，紧张的时段往往连续几个整天，甚至晚间都有“学习”活动。夏鼐在忘我地勤奋工作的同时，对于政治运动，坚持实事求是地正确对待，表现出为人正派、品格高尚的优良风范。1956年初，他以特邀代表的身份，参加全国政协二届二次会议；同年5月，又以中国科学院先进生产者代表的身份，参加全国先进生产者代表会议。

（一）1951～1952年的“三反”和思想改造运动开始的时候，夏鼐正在长沙主持考古所的发掘，进行着紧张的古墓清理工作。在梁思永先生接连来电、来信催促下，于1952年1月15日提前返回北京（发掘团交安志敏代为负责，3月初全部由长沙返回）。夏鼐返回后获知，考古所前段时间的运动已因“发生过左偏差”，受到中国科学院领导方面的批评。夏鼐除与梁思永分别诚恳地作自我检查、虚心听取群众意见外，[①] 主要是冷静地处理“追查黄文弼私藏《文心雕龙》写本”事件。

关于黄文弼私藏《文心雕龙》写本，原本是这样一件事。黄文弼早年曾治《文心雕龙》。1925年，他函请留学英国的友人，获得斯坦因骗购敦煌写本中的复制件，共计20多张，其中“完者自《征圣》至《杂文》，为篇十有三”。1928年，黄文弼第一次去新疆考察时，在吐鲁番获得友人赠予的《文选序》写本残纸一页（见《吐鲁番考古记》图版四，现存中国国家博物馆），因为未加深入研究，曾长期误以为是《文心雕

① 《夏鼐日记》卷四，第463～465页。

龙》的残纸（1931年在北平图书馆举办的赈灾图书展览上即如此误题）。此后，从事《文心雕龙》研究的王利器等人关注此事，但都无缘见及实物，即轻信传言，甚至猜测是否为《文心雕龙》佚文中的《隐秀篇》。“三反”运动开始时，隆福寺街修绠堂旧书铺店员李新乾及王利器分别写信，向考古所揭发此事，于是便在考古所、近代史所、语言所共同召开的会议上追查。

这时，考古所与邻近的近代史所、语言所，政治学习均属中国科学院的东南区学委会领导，由范文澜负责，刘桂五等人协助工作。经夏鼐亲自了解，王利器是听别人传说的，并未直接听黄文弼本人述说，更不曾见到实物。李新乾的揭发说：有一次黄文弼到修绠堂闲逛，老板告以店里收进好版本的《文心雕龙》，黄说自己有唐写本二尺多长，你们那算不了什么。学委会又约请早年参观过北平图书馆赈灾图书展览的几位专家马衡、向达、赵万里、王重民等，鉴别黄文弼手中的《文选序》残纸，是否那次展览会上看到的《文心雕龙》写本。他们或说并无印象，或说要有也是一小块，或不肯出面作证。换句话说，事出有因，查无实据，无法落实。

经过分析，夏鼐推断所谓黄文弼私藏的《文心雕龙》残卷，是将敦煌写本复制件与《文选序》残纸相混淆的误传；又认为黄文弼当初在修绠堂提及时故作神秘，不肯细说，加以讲话的乡音较重，“二十多张”被误会成“二尺多长”，于是以讹传讹，越传越离奇。学委会负责人范文澜，恰好是《文心雕龙》研究的前辈，听到前后情况的汇报，最后判定这件引人关注的“稀世文物”，或许是他吹牛，就此不了了之，不再继续追查。兼任考古所所长的郑振铎，精于古籍版本的收藏，也不拿这当一回事。

这件事在考古所早已成为茶余饭后的笑谈资料，不料迟至1980年代初，仍然有个别《文心雕龙》的研究者在其论著中言之凿凿地提及此事，例如王元化《日本研究文心雕龙论文集序》就曾提到。[①] 夏鼐获知后，颇为重视，感到有必要予以澄清，本拟亲自撰写专文，但他在那段时间实

① 参见《上海图书馆建馆三十周年纪念论文集》，上海古籍出版社，1994。

在太忙，未暇动笔已溘然长逝。[①]

（二）1954～1955 年批判胡适派唯心主义思想的运动，在考古研究所主要进行一般性的文件学习，没有开展政治性的批判活动。夏鼐在梁思永副所长逝世后，主持考古所的日常工作，虽然他在 1947～1948 年曾与胡适本人有过几次近距离的接触，并没有在任何场合乱说什么。在当时的形势下，他身为中国科学院考古所的常务副所长、《考古通讯》杂志主编，不能不撰写表态性文章。当时发表的《批判考古学中的胡适派资产阶级思想》一文[②]，主要讲述抗日战争前中国田野考古草创时期，殷墟发掘中曾经出现和纠正的个别失误。例如不认识夯土和河卵石柱础，错误地提出殷墟“洪水冲积”说；发现带有刻辞的兽类头骨，未鉴定所属兽类即比附“获麟”记载。再如发掘工作从打探沟到“平翻”的变化，器物描写与统计是否繁琐？怎样进行分类排比？纵然存在着主观臆测的偏颇，基本上是实际工作中的具体细节，并不是上纲上线的问题。对早年考古工作领导者李济本人，也不曾进行集中批判和人身攻击。

（三）1957 年“反右派”斗争时，夏鼐尚未入党，不是考古所的第一把手。作为主持考古所日常工作的非党人士，虽被吸收参加整风领导小组，但是并没有实权。他没有在反右派斗争中发表过针对某一位人士的批判文章，在文化部召开的“文物界反右派斗争座谈会”上所作题为“考古工作的今昔”的发言[③]，通过考古工作的具体事实进行解放前后情况的今昔对比。陈梦家在考古研究所被错划为“右派分子”以后，不再负责考古所的编辑工作，但是并没有被调离，仍承担部分具体的编辑事务。1958 年末陈梦家与本所劳动锻炼干部一道，下放到洛阳东郊白马寺

---

① 笔者根据夏鼐先生的遗愿和黄文弼先生之子黄烈同志提供的资料，曾撰写《所谓黄文弼先生藏唐写本〈文心雕龙·隐秀篇〉究竟是怎么回事》一文，详细说明事情的原委，参见《文物天地》1990 年第 5 期；笔者著《考古学史与商周铜器研究》，社会科学文献出版社，2017。

② 参见《考古通讯》1955 年第 3 期。《夏鼐文集》未收。

③ 参见《文物参考资料》1957 年第 9 期，《考古通讯》1957 年第 5 期。《夏鼐文集》未收。

植棉场，12 月 22 日出发，1959 年 12 月 21 日返回，为期整整一年。下放期间，除从事体力劳动外，又参加农村文化活动，并曾撰写豫剧剧本《红日》。陈梦家下放返回不久，夏鼐获知甘肃省博物馆于 1959 年夏在发掘武威磨嘴子的一处汉代墓地中，六号墓出土一批完整的竹木简，经初步整理判明内容为《仪礼》，并已发现若干篇名。他敏感地认识到，这是 1949 年以后首次发现如此大批的汉简，并且内容属儒家经典，具有中国古代文献学上的重大意义，协助地方做好这项难度较大的整理研究，应是考古所义不容辞的职责。派谁前往兰州协助工作呢？夏鼐审慎而大胆地提出，经考古所领导小组集体讨论，决定派戴着“右派分子”帽子的陈梦家，由他的一名弟子陪同，于 1960 年 6 月上旬前往。陈梦家通过酷暑之中两个月的努力，完成了 469 支 27000 多字《仪礼》简的释文和校记，并且撰写洋洋数万言的叙论，考述简本《仪礼》在汉代经学上的地位、实物所见汉代简册制度。《武威汉简》一书于 1962 年 7 月交付出版时，陈梦家虽尚未摘掉“右派”帽子，但后记对他承担的工作予以明确的交代。出书后，得到学术界的好评。

陈梦家编撰的《美国收藏中国铜器集录》，作为中国科学院考古研究所编辑考古学专刊的一种，在他被错划为“右派”时，图像制版和说明文字的排校都已完竣，行将付印出书，遵照有关部门的指令被搁置起来，拖延至花费甚大的铜版有全部报废之虞，才安排印刷，但不得不将书名更改为《美帝国主义劫掠的我国殷周铜器集录》，并删去封面和扉页的署名，[①] 于 1962 年 8 月内部少量发行。但夏鼐撰写的出版前言中说得清楚，书中资料是“陈梦家先生十余年前所搜集的”，又说“编者”如何如何，实际仍表明其为陈梦家的著作。

（四）夏鼐将碳－14 测定年代这种现代科技方法，引进中国的考古

---

① 考古所编辑的考古学专刊，一向遵照中国科学院建院初期规定的体例：封面下侧先署“中国科学院考古研究所编辑”，再并列“某某出版社出版”。考古所集体编撰的考古报告和专著，将下侧的“编辑”改为“编著”，不再另署作者，但在前言或编后记中写明执笔者；个人论著和院外单位的考古报告，则在书名下另署作者姓名或单位。

研究领域，是对中国考古学发展的重大贡献。而他为此冒着政治风险设法调入被错划为“右派”的仇士华、蔡莲珍夫妇，突出地反映出他在对待“右派”问题上的态度和胆略。夏鼐于1954年7月阅读美国化学家利比（Libby，W. F.）新著《放射性碳素测年方法》（*Radiocarbon Dating*）一书，获知这种现代科技方法，随即于1955年夏撰文介绍，呼吁早日建立中国自己的实验室以应考古工作的需要。该文说：“考古研究所现正在向有关的研究机构提出计划请求协助。我们希望在不久的将来，这计划能够实现。”[①] 但他建立碳-14断代实验室的愿望，实现起来谈何容易。考古所苦于没有这方面条件，更找不到合适的人选，几年的时间毫无进展。这时，与夏鼐同住在北京宽街附近中国科学院第三宿舍的杨承宗，是中国科学院高能物理研究所（后改称原子能研究所）第五（放射化学）研究室主任，曾经设想建立碳-14项目，但排不上队。夏鼐从杨承宗处了解到，他们所有一对被错划为“右派”的年轻夫妇，都是刚参加过原子能培训班的复旦大学物理系优等毕业生，1958年正下放河北农村劳动，即将于年末返回后被调往其他单位。

于是夏鼐便去找高能物理研究所所长、比他晚两年毕业于清华大学的钱三强，商调这两位将被处理的“异类”人员。经两所人事部门往返交涉，终于在1959年初，将静候被扫进“历史垃圾堆”、处于迷茫状态的仇士华、蔡莲珍夫妇调到考古所。[②] 他们在夏鼐的关怀、支持与呵护之下，白手起家，投入紧张的工作。当时，不可能去发达国家考察，国内既没有可参照的实验室，又没有同类的仪器工厂，市场上无线电元件也不齐备，存在着重重的困难，只好从做好文献调研工作开始，掌握国外最新技术的发展情况，根据国内的条件和自己的技能来创造条件、奋力研制各种设备。他们通过五六年自力更生的艰苦努力，于1965年末建成

---

① 夏鼐：《放射性同位素在考古学上的应用》，原载《考古通讯》1955年第4期；又见《夏鼐文集》第四册，第313～320页。

② 参见仇士华、蔡莲珍《永远怀念敬爱的夏所长》，载《夏鼐先生纪念文集——纪念夏鼐先生诞辰一百周年》；仇士华、蔡莲珍《^{14}C测年及科技考古论集·自序》，文物出版社，2009。

中国第一座碳－14断代实验室，后来在同类实验室中长期居于领先地位，为中国史前考古学研究做出了划时代的重要贡献。

夏鼐陪同外国考古学家参观中国第一座碳－14断代实验室

第七章　推进中国考古学的健康发展

为中国的考古研究引航掌舵

1959年，考古研究所的领导关系有了改变。中共中央为加强党对哲学社会科学研究工作的领导，决定从1958年11月起，中国科学院哲学社会科学部（简称“学部”）的业务工作，划归中央宣传部直接领导。各研究所虽然名义上仍是中国科学院所属单位，但从政治上进一步明确了哲学社会科学各研究所的方向。这时，夏鼐的人生也发生重大转折，1959年3月光荣地参加中国共产党（1960年10月转正），从而更加明确了自己的政治使命。

在此以前，全国范围的考古工作，基本上是以被动地配合基本建设工程为主，多数地方文物单位主要清理古代墓葬，缺乏学术目的性明确的古代遗址发掘。1958年“大跃进”运动中，盲目蛮干的浮夸风也曾波及考古工作领域，个别地方文物单位在考古发掘中搞起“挑灯夜战”，“边发掘、边整理和边编写报告”；高等学校又在学术批判中，批判考古工作中的所谓资产阶级学术思想，以及所谓形式主义与繁琐哲学，实际上否定田野发掘和室内整理研究的基本操作规程。个别人员主张发掘史前遗址开大面积探方，对出土陶片称斤统计之后即可丢弃。再有某负责人士信口说，考古研究不可或缺的器物线图（绘有剖面）是令人生厌的“阴阳脸”，言下之意应予废止，等等。这在考古学界造成过一定的思想混乱。当时，夏鼐正在定陵发掘以后的长时间疗养之中，考古所虽有一位新来的行政领导跟风，但是遭到所内业务骨干们的抵制，对新进所的考古专业毕业生进行了集中培训，因而并未在考古所的田野工作中形成明显的影响。

1959 年初，根据上级领导机关的部署，为迎接中华人民共和国成立十周年，总结新中国成立以来的成就，考古研究所会同文化部文物局，于 1 月中下旬召开编写“新中国十年考古”的座谈会。与会者有河南、陕西、山西、河北、山东、江苏、湖北、湖南、广东、四川、甘肃及北京、洛阳，共计 13 个省市考古单位的同志。会上，除交流各地考古工作的收获外，曾对当前存在的问题进行讨论。兼任考古所第一副所长的尹达在讲话中，有针对性地指出“我们在考古学中采取‘立中有破，边立边破’的方针，应当说是比较恰当的”，强调“必须具备一些必要的田野考古基本技术”，批评一提“瓦罐排队”就全然否定的错误倾向，指出“陶器的科学研究是不应当过分忽视的”。[①] 这些，都是他和夏鼐一致的意见。

正是这次会议上，夏鼐应与会各地同志的要求，针对考古学文化方面亟待解决的问题进行了阐述，并在会后发表《关于考古学上的文化定名问题》一文[②]。当时，田野考古已经在全国范围普遍展开，过去原有的考古学文化名称已经不能适应形势，有学者将历史上的族名轻率地与考古遗存直接挂钩，更有个别人主张用社会发展史概念取代考古学文化概念，因而能否正确对待考古学上的文化命名问题，成为考古研究进一步发展的关键。夏鼐对考古研究中这一至关重要的也是最基本的理论问题，及时作出科学的明确回答。他从正面指出：考古学上的“文化”是指某一社会（尤其是原始社会）的文化在物质方面遗留下来可供观察的一群东西的总称，用以表示考古遗迹中（尤其是原始社会的遗迹中）所反映

---

① 《编写新中国十年考古座谈会在京召开》，《考古》1959 年第 2 期；尹达：《组织起来，大家动手，编写十年考古》，《考古》1959 年第 3 期。

② 原载《考古》1959 年第 4 期；又见《夏鼐文集》第二册，第 158 ~ 165 页。

的共同体，通常以第一次发现典型遗迹的小地名来命名。这样命名是想用简单的名称来表示一种特定的含义，以便大家在共同使用时互相了解，不致产生误解。夏鼐的基本态度是：从实际出发，慎重处理，既不要迟疑不决，以致不同类型的文化遗存长时间地混淆在一起，延缓研究工作的进展；又不要轻率浮夸，看到某些片面的个别现象，就匆忙地给它一个新的名称；特别不赞成直接用历史上的族名作为考古学文化的名称，认为那只适用于年代较晚的一些文化，并且必须是考据无疑的，否则最好仍以小地名命名，而另行交代可能属于历史上的某个民族，以免引起历史研究的混乱。他还预见到考古学文化谱系研究中可能出现的问题，认为区分考古学文化时，“哪些可以算是两个不同的文化，哪些只是由于地区或时代关系而形成的一个文化的两个分支”，即在考古研究中如何界定文化、分期和类型的问题。换句话说，哪些是一定地区的同一种文化、哪些是同一文化系统的不同时期、哪些是同一文化系统的不同类型，学者之间会有不同的看法，需要留待将来再作详细讨论，启发大家更加深入地思考问题。

需要特别提到的是，1950 年代末和 1960 年代初，夏鼐历经主持编写《新中国的考古收获》、审阅北大考古专业《中国考古学》讲义稿、讨论郭沫若主编《中国史稿》原始社会部分等活动，反复思考中国史前考古研究中的问题，感到：“解放以来，由于考古田野工作的开展和各有关学科的协作，我国古代原始社会史的研究取得了很大的进展。许多考古调查发掘报告或简报发表了；专题研究和综合性的论文，以及讨论的文章也发表了不少。虽然有些问题仍未能解决，但是我们现在已可描绘出我国古代原始社会的大致轮廓了。”1963 年初，夏鼐应天津历史教学社的约请，选编了《中国原始社会史文集》一书。[①] 他于 1963 年 2 月 11 日所写编后记，交代了选编该书的意图，特地说明自己对什么是原始公社制度，

① 《中国原始社会史文集》于 1964 年 10 月由天津历史教学社出版。《序言》后经修订，改题为《解放后中国原始社会史的研究》，在 1963 年 4 月 7 日《人民日报》发表；又见《夏鼐文集》第二册，第 178～188 页。

怎样研究中国古代的原始社会史，以及“史前”和“原始社会”两个词语的看法。[①] 而12日撰写完成的长篇序言，则对中国史前考古研究尤具指导意义。夏鼐既从中国原始社会发展的角度将已有的考古发现，按照“人类历史的最初阶段”“氏族公社制的发生和发展”“黄河流域原始公社制的繁荣”“黄河流域以外地区的原始氏族社会”“原始社会的解体”的顺序，进行恰当地评述；同时，又站在世界考古学的高度，前瞻性地提出一系列问题，指明考古研究的努力方向。例如，对于当时争论不休的“中国猿人是否最古的最原始的人”问题，他指出“北京猿人已知道用火，可以说已进入恩格斯和摩尔根所说的人类进化史上的‘蒙昧期中级阶段’，不会是最古的最原始的人，我们应该采取积极态度向前看，努力探寻比他更古的人类”。讲到当时所知旧石器时代晚期遗存，他指出那“都是些比较零星的发现……还没有发现保存的墓葬，也没有发现有篝火痕迹的居住处所”，强调：“这是原始人群进入母系氏族公社的重要时期，我们今后工作中要多加注意。”至于“人类历史上占有非常重要地位”的新石器时代初期，他说：“关于我国这个关键性时期的知识，目前几乎是个空白，今后应努力加以探讨。根据近年来西亚的考古新发现，新石器初期最早的遗存是以农业为主兼有家畜的定居村落遗址，但是没有陶器。所使用的石器虽已有磨制的，但仍以打制的为主。这对于我们今后的探索新石器初期的遗址的工作，或许有所启发。”其实夏鼐早在1950年代初期，两次在北京大学讲授“考古学通论”，都曾提到西亚1950年发掘的耶莫前陶遗址，[②] 已见前述。他是中国考古学家中，最早关注早期新石器文化和农业起源问题的先导者。不过由于那时我国考古资料的局限，长时间没有引起大家的注意罢了。陕西西乡县李家村遗址发掘以后，许多学者怀疑李家村文化遗址的年代未必早于仰韶文化。他却根据李家村遗址所出圈足钵、直筒形三足器等独具特征的陶器，曾见于宝鸡北首岭

① 《中国原始社会史文集·编后记》，《夏鼐文集》未收。

② 《夏鼐文集》第一册，第113、154页。

和华县元君庙仰韶遗址中的最早期墓葬或底部文化层的事实，当即表示李家村文化可能年代较早，“才是探索仰韶文化前身的一个较可靠的新线索”。[①] 后来，李家村的一件标本经碳－14测定年代晚于仰韶文化，有的学者又怀疑起来，夏鼐则明智地指出测定年代与地层堆积前后颠倒“是难以接受的”，继而了解到那件标本出土的地层情况不明，便断然将该数据摒弃不用，仍然认为李家村文化的年代较早。裴李岗、磁山两处遗址发现以后，夏鼐曾偕同苏秉琦、安志敏亲赴磁山遗址发掘现场视察，当即给予充分肯定，认为：“如果继续上溯，或可找到中国农业、畜牧业和制陶业的起源。”[②] 经过广大考古工作者的多年努力，已经在这方面取得了更大的突破，先后在北方和南方的多处地点发现距今1万年前后的农业遗存。

夏鼐对待磁山文化与裴李岗文化，突出地表现了其在文化定名问题上的审慎态度。当这两种分布范围不同、文化特征有所差别的文化遗存发现之初，在发掘资料尚不充分的情况下，有关学者曾对其定名争论不休，一般将二者作为同一种文化，或定名裴李岗文化，或定名磁山文化，莫衷一是。夏鼐在《三十年来的中国考古学》一文中，称之为“磁山·裴李岗文化”。他曾解释说：“在现今的研究情况下，我以为这名称是比较稳妥的，名称虽然有点累赘。将来研究的结果，或是Tzusha-Peiling Culture［磁山－裴李岗文化］或是Tzusha·Peiling Cultures［磁山·裴李岗文化］，都可继续使用。若是后一情况，则二者为同一文化丛（Compound）中的两种文化，若为前者则为同一文化的两个类型。”[③] 由此可见夏鼐考虑问题的周密，也体现了他对文化谱系研究的态度。夏鼐关于文化定名的文章，从理论上统一了中国考古学界对文化命名问题的认识，对于克服错误倾向，起了重要的作用，从而极大地推进了考古研

---

① 《夏鼐文集》第一册，第328页。

② 《三十年来的中国考古学》，载《夏鼐文集》第一册，第379页。

③ “磁山·裴李岗文化”为《三十年来的中国考古学》一文中用语，参见《夏鼐文集》第一册，第379页。所作解释，系1980年初审阅笔者《1979年的中国考古研究》文稿（《考古》1980年第2期）所作批语。

究的健康发展，尤其对中国史前时期考古研究起了重要的指导作用，使之出现新的局面。

有了这样的思想基础，当1960年代初期整个学术界呈现活跃气氛的时候，中国考古学领域也曾出现新的气象。《考古》杂志开展了有关仰韶等史前文化分期、类型和社会性质的讨论。在此历史背景下，夏鼐主编、考古所20多位中青年同志集体撰写的《新中国的考古收获》一书，作为第一部正式出版的中国考古学综合性论著，于1961年底问世。该书对1949～1959年我国考古工作的成果，作了初步的综合归纳和一定的理论分析，特别是其中新石器时代部分，在已有研究的基础上，将中国新石器文化区分为六个大的区域，即黄河中下游、黄河上游、长江流域、华南地区、北方草原地区、东北地区，作综合性的论述，对文化谱系问题作了全面的初步探讨。[①] 虽然该书存在着某些不足之处，但产生了不小的社会影响，对考古研究从“见物不见人”状态转变为致力于探讨原始社会的发展有积极意义。日本学者迅速将其译成日文出版，[②] 更扩大了新中国考古工作的国际影响。后来应英国一家出版社的约请，考古所安排专人将其译成英文，译稿经夏鼐校定，并由外文出版社打出清样。译稿还增添了夏鼐1964年发表后经过增订的《我国近五年来的考古新收获》一文，使书稿所述内容更完整地包括1949～1964年新中国成立十五年间的

---

① 分地区进行考古学文化的谱系研究，本是考古学上固有的基本课题，随着田野考古资料的日益丰富而逐步发展和不断深入。早在1950年代安志敏在为考古训练班和北大考古专业讲课时，即分地区进行论述，曾发表《中国新石器时代的物质文化》（《文物参考资料》1956年第8期）等文章。又有佟柱臣曾发表《黄河长江中下游新石器文化的分布与分期》一文（《考古学报》1957年第2期），《考古》还曾开展过这方面问题的讨论。1960年内部印发的北大考古专业编著《中国考古学》新石器时代部分（严文明等执笔），1961年出版的考古所编著《新中国的考古收获》新石器时代部分（安志敏等执笔），都对中国新石器文化分区进行了全面的探讨。在《新中国的考古收获》一书的影响下，西方华裔考古学者郑德坤、张光直等人，随即据以在自己的著作中阐发，影响及于国际考古学界。在此长时间积累的基础上，苏秉琦于1981年发表与殷玮璋合作撰写的《关于考古学文化的区系类型问题》一文（《文物》1981年第5期），则为文化谱系研究的集大成之作，对文化区域进行了新的划分，将其提高到新的境界，在各地考古工作者中产生广泛影响。

② 书名改为《新中国の考古学》，平凡社，1988。

考古收获。令人遗憾的是该书稿的出版由于“文化大革命”发生而被搁置。

建立中国考古学的学科体系

夏鼐参加中国共产党以后，更加自觉地努力用马克思主义指导自己的研究工作。他坚持认为考古学作为历史科学的重要组成部分，所做研究不应局限于鉴别遗迹、遗物的年代，及判明它们的用途和制作方法，而是应该将研究的最终目标指向阐明存在于历史发展过程中的客观情况和规律。这便要以科学的调查发掘为基础，通过对大量实物资料的整理、分析和多学科研究，经过归纳，加以提高，进而从理论上探讨古代社会历史的发展。

为了根据中国考古学的学科发展需要，更有计划地开展考古研究，不断提高田野工作的学术水平，夏鼐曾于1956年参与、1963主持制定考古研究工作长期规划的工作。其中1956年的“十二年远景规划”虽未正式实施，但通过两次制定远景规划的讨论，使考古研究所的课题意识得到极大的增强，从而在夏鼐的领导下，更加主动地安排各项业务工作。考古所在“文化大革命”前，对于没有文字资料的史前时期方面，是在继续进行黄河中游仰韶文化、龙山文化遗址发掘和黄河上游马家窑文化、齐家文化等遗址发掘的同时，开始前往邻近的长江中游、黄河下游和内蒙古东部等地区开展工作；对于文字资料尚少的原史时期方面，开始进行夏文化和商周早期遗存的探索工作；对于历史时期方面，则坚持进行（或参与）历代都城遗址，包括安阳殷墟、西周丰镐、汉长安城、汉魏洛阳城、隋唐长安与洛阳城址，以及辽中京、金中都、元大都的勘察发掘。考古所的田野工作安排与成绩，既体现了夏鼐的学术思想与学术贡献，又是建立中国考古学学科体系的重要组成部分。同时，对殷墟甲骨文、殷周金文、汉代简牍、历代碑刻等出土文献的研究，考古研究规划中都曾做出适当的安排。

1959年以后，夏鼐的行政事务和社会活动负担日益加重，他对考古工作的指导，不可能像以前那样亲自带队去各地发掘，主要是在定期撰写的回顾与展望文章中发表一些指导性意见，再是偶尔亲临重点发掘现场视察，以及年终听取田野工作汇报时给予具体的点评。谈到史前时期和原史时期的考古工作，他曾强调要正确对待古史传说资料问题。谈到历史时期的考古工作，他曾说过："考古研究进入'历史时期'，便要掌握狭义历史学中的大量文献和运用文献考据功夫。"前述夏鼐对考古书刊的出版严格把关，每遇历史考据问题，常亲自查核所引文献，有所订正。对已经发表的文章，往往不客气地指出其中的舛误。例如，陈梦家在《文物》1964年第2期发表《宋大晟编钟考述》一文，文中引及《宋史·乐志》"又上亲祠宫架之制，四方各设编钟三、编磬三……设十二镈钟、特磬於编架内，各依月律，四方各镈钟三、特磬三"，误将"四方各设编钟三、编磬三"句，点读为"编钟三编、磬三"，据以推断宋徽宗所铸大晟编钟的总数，"最多用到编钟12编、磬12枚"。夏鼐发现后指出其误，陈梦家在同年第6期发表更正，承认自己"句读有误"，特地将其"对于编钟总数的推算"删去。[①] 十多年后，宿白在《考古》1978年第6期发表《隋唐长安城和洛阳城》一文，原附注43根据《新唐书·西域传》推断，中亚有被突厥掳掠的中原人民集居的"小城三百"。夏鼐通过缜密的考据推断，《新唐书》摘抄自《大唐西域记》的有关记载，可能原作"［南］有小城，三百［余户］，本华人为突厥所掠……"也就是说，中亚有一座三百余户的"小孤城"，并没有"小城三百"。[②] 这尤其显示出夏鼐在历史时期考古方面，正确对待文献记载的考据、辩证地思考问题的扎实功力。治学谨严的宿白，接受夏鼐的意见，纠正这一失误，后来出版《魏晋南北朝唐宋考古文稿辑丛》一书时，将这条字数甚多的注释全部删去。

---

① 参见《文物》1964年第2期，第51页；《文物》1964年第6期，第57页；又见《陈梦家学术论文集》，中华书局，2016，第528、533页。

② 《夏鼐文集》第四册，第323～324页。

夏鼐在考古所每年年终的田野工作汇报会上，总是谆谆嘱咐大家增强考古工作的课题意识，提高田野发掘的学术水平。他提倡在田野工作中开阔眼界，不要局限于单一方面。有一年的汇报会上，山西队队长张彦煌汇报发掘晋南某史前遗址的收获，安阳队队长郑振香汇报发掘殷代墓葬的收获。夏鼐没有针对他们汇报的内容提出问题，却分别提问：晋南有个盐池，在古代的社会生活中非常重要，安阳是古代相州窑的所在地，你们注意考察这些方面的遗址没有？两位考古队长都不曾念及，无法应对。

1961 年冬季夏鼐曾去西安、洛阳两地，历时二十多天，仔细检查考古所各个发掘工地的工作（西安附近的沣西、汉长安城、唐大明宫和兴庆宫遗址，洛阳附近的二里头、唐城遗址），检视发掘进程、出土标本和记录情况。他发现个别人员擅离职守，无视发掘现场，一心在室内脱离考古发掘实际而另行“读书”，立即提出严厉的批评。其间，夏鼐在西安应邀向当地历史、考古方面人员，作过一次学术报告，题为“关于考古研究中的几个问题”，针对当时忽视考古资料、忽视田野工作的倾向，着重讲的还是考古学的实践性。他指出：“1958 年批判资产阶级学术思想，提出要建立马克思主义的考古学体系，这是应该的。不过，有些同志又发生了忽视资料工作，而理论说来说去，也偏于空谈，有时忘记了考古学的特点，不能提高。……干部应有一定的理论水平，应该认识到研究的方向，工作的目的性。但是，具体的研究工作，应该由实际出发，即从考古资料的实际出发。”他又说：“考古发掘是揭露古代的遗存。地层关系、平面布局及建筑遗痕，这有时比实物更重要。……没有田野工作做基础，室内工作是无法做好的。”①

1962 年 6 月，实际主持考古所各项工作十多年的夏鼐，名正言顺地被任命为中国科学院考古研究所所长。7 月，夏鼐应《红旗》杂志的约稿，撰写了《新中国的考古学》一文②，通过对已有考古研究成果的总结和归纳，从理论的高度提出中国考古学的基本课题，计有六个方面，即：

① 《夏鼐文集》第一册，第 418 ~ 419 页。

② 原载《红旗》1962 年第 17 期，《考古》1962 年第 9 期转载；又见《夏鼐文集》第一册，第 313 ~ 323 页。

人类的起源问题和人类在我国境内开始居住的时间问题，生产工具和生产技术的发展以及人类经济生活的问题，古代的社会结构和社会关系问题，国家起源和夏代文化及城市发展问题，精神文化（艺术、宗教、文字等）方面问题，汉族形成和中华民族共同体形成的过程问题。这集中体现了夏鼐对于建立与完善中国考古学学科体系的学术思想，也进一步明确了中国考古学研究的发展方向。

夏鼐的这篇文章，还曾明确地指出："根据考古资料，现今汉族居住的地区，在新石器时代存在着不同的文化类型。连黄河流域的中游和下游，也有很大的差异。古史传说中也有这种反映。"[①] 即中国史前文化并非一元的，而是多元的。这是中国考古学家第一次公开提出如此前瞻性的重大课题，具有深远的影响。

该文最后说道："我们要不断地改进考古研究方法，要认真学习马克思列宁主义和毛泽东著作，打好理论基础。除了运用考古学本身的各种研究方法（如地层学方法、类型学方法等）和运用文字资料和民族学资料之外，我们还要运用自然科学的方法以解决考古学上的问题。"[②]

根除痼疾，焕发旺盛活力

夏鼐长期患十二指肠溃疡病，饮食不适就会胃疼，甚至呕吐，严重时一天吐好几次。最严重的是 1958 年，大呕吐达到一天 21 次，苦不堪言。以前住院治疗时，主治大夫不止一次动员夏鼐及早动手术，他本人也愿意做，只因夫人思想上存在顾虑，便一直拖延下来。1963 年 3 月 6 日，夏鼐已经因胃部不适在家卧床休息数日，晚间突然剧痛难忍，病况异于以往。急忙由小儿子正炎去请同住干面胡同宿舍楼的本所颜訚过来探视。体质人类学家颜訚，早年就读于协和医学院，曾任四川医学院解剖学系主任，熟

① 《夏鼐文集》第一册，第 321 页。
② 《夏鼐文集》第一册，第 323 页。

知医道，他的夫人又是资深护士，所以经常关照夏鼐夫妇的病况。颜訚探视后判断，夏鼐这次的病况相当严重，考虑到夏夫人患有精神方面疾病，便给夏鼐及其夫人都打了镇定针剂，随即陪同夏鼐及其夫人前往北京医院急诊。碰巧值班的是夏鼐不久前住院时的主治大夫，调来他的多卷本病历，无须细看即转请外科大夫诊治。经透视检查判定，夏鼐的溃疡处已完全糜烂，临近穿孔，病情紧迫，刻不容缓，必须立即施行手术。这时，夏鼐表示自己对动手术没有顾虑，夫人有精神分裂症，不必再等了。大夫决定，一面由颜訚奔赴考古所行政副所长牛兆勋家，请其来医院代表考古所党组织签字，一面对夏鼐施行局部麻醉。局部麻醉后，夏鼐为了镇定，暗自背诵白居易的《长恨歌》，一会儿工夫即昏迷过去，牛兆勋副所长来时已失去知觉。手术从零点左右开始，大夫切开腹部后，发现已经穿孔，脏液流进腹腔，旋即切除患部。整个手术进行至次日早晨，历时七个半小时。这真是万幸，其间稍有延误便会造成难以预料的后果。夏鼐夫人李秀君女士，一直站在手术室门外守候，既不肯回家，又不肯坐下休息，腋下夹着夏鼐脱下的一双布鞋也不知放下，直到亲眼看见夏鼐被推出手术室，平安地躺卧到病床上。他们夫妇相濡以沫，恩爱情深，由此可见。

困扰数十年的痼疾就此根除，夏鼐转危为安，不胜欣喜，众多亲友纷纷前来探视。一向日夜劳作的夏鼐，得到前所未有的彻底休息，高兴地写起打油诗来。他先写了题为《病中偶吟》的七律二首，继而再写《病中续吟》二首，最后合二为一，改题为《断肠词·有序》四首[①]：

序曰：断肠者，外科手术切断肚肠也。

其一

孤灯病榻夜阑时，往事低徊苦缠思，
学究鸿荒人未老，志吞沧海命如丝。

---

① “其一”中“自己完全不着急”，系毛主席致王观澜关于战胜疾病信中句；“其三”中第三、五、六句分别为卢克索、哈代、庞贝的异译；“其四”中第三句退浑为吐谷浑的急读，第四、五句指彭山崖墓和辉县琉璃阁发掘。

绮年旧梦迷庄蝶，老境禅心胜披缁，
“自己完全不着急”，七字真言是吾师。

其二

得便高歌失即休，不将愁痕锁眉头，
胃虽三分还留一，肠曾寸断非为愁。
身卧斗室羁幽燕，魂绕乡关到温州，
吟罢新词酣睡去，不觉红日上东楼。

其三

当年脚跟类转蓬，洹滨考古初启蒙，
莱刻什城风暴烈，金字塔影夕阳红。
哈定故乡吊古堡，滂贝废墟畅游踪，
大雪骑驼度荒碛，流沙拾简玉关东。

其四

敦煌西去丝路通，火焰山石如血红，
喇嘛湾里退浑墓，彭云山下蛮子洞。
琉璃阁畔千百冢，西安城外两代宫，
长沙楚简定陵宝，挖运亨通乐无穷。

其间，夏鼐曾将其打油诗，给同室病友著名京韵大鼓演员白凤鸣看，并在用字平仄上有所讨论。又曾给相邻病房的嵇文甫、白寿彝两位历史学家看过，承嵇文甫回赠一诗：

夏公真达人，身危气益壮。
割胃犹弃土，肠断置若忘。
坚守七字诀，妙药品无上。
横眉斗病魔，信心高百丈。
清词解人颐，襟怀何开朗。
我亦卧病榻，一读一神旺。

夏鼐不断将《断肠词》向前来探视的众亲友展示的同时，又先后寄给郭沫若院长、老朋友向达、清华同窗吴晗等人。本所陈梦家前来探视时，夏鼐除向他展示外，曾戏言自己暂时不看考古书籍，不做考古工作，仅写打油诗和小品文，但写诗须诗兴来时才能作，所以只好让他们诗人去作，自己主要是写幽默小品文。这充分表现了夏鼐当时的兴奋心情。手术刚完以后，他确实轻松了一段时间，没有看考古方面的书籍。夏鼐住在北京医院时，让家人向同住在干面胡同宿舍楼第三单元一层的对门近邻——鲁迅生前好友、语言学家郑奠，陆续借阅影印线装本《鲁迅日记》五函24册，许广平签名赠送本《鲁迅回忆录》，以及鲁迅译本、果戈里名著《死魂灵》等书。4月下旬转往小汤山疗养院以后，他主要阅读苏联阿尔茨霍夫斯基著《考古学通论》的俄文本，借以温习俄文，后又审阅郭沫若主编《中国史稿》的第一册。夏鼐于6月10日从疗养院回来后，继续在家中休息，8月曾去北戴河休养半个月。这时，他的体重从动手术后不久的45.7公斤，增长至55.6公斤，完全恢复健康。9月他开始正常上班，更加勤奋地投入各项工作。

开拓中西交通史和中国科技史的考古学研究

夏鼐在忙于繁重的各项业务领导和社会活动的同时，仍然挤出时间进行个人的学术研究，首先是开拓了中西交通史的考古学研究。他在1956年末着手进行国内新近发现波斯萨珊朝银币的考察，其中有1955年新疆吐鲁番出土的10枚、西安近郊出土的2枚，1956年河南陕县出土的2枚，以及早年新疆吐鲁番、库车出土的各1枚，共计银币16枚。经他鉴定判明，这些银币分别属于波斯萨珊朝的沙卜尔二世（Shapur Ⅱ）、阿尔达希二世（Ardashir Ⅱ）、沙卜尔三世（Shapur Ⅲ）和库思老一世（Chosroes Ⅰ）诸王，认为“这几批银币提供了我们以公元4~8世纪间的中国和波斯的交通史上的实物资料”，撰成《中国最近发现的波斯萨珊朝银币》一文[①]发表。这是我国学术界第一篇关于波斯银币的论文，也是第一次从考古资料出发研讨中西交通史的论文，因而具有明显的开拓意义。夏鼐又于1958年发表《青海西宁出土的波斯萨珊朝银币》一文[②]，进一步指出，钱币发现的地区并不表示政治上统治权力的范围，但可表示当时的贸易和交通的路线。该文引证《法显传》等书，提出从公元4世纪末到6世纪初，即东晋南北朝时期，中西交通路线除甘肃河西走廊一线外，青海西宁一线也占有相当重要的地位。当时从西宁进发，或经柴达木盆地北行过当金山口至敦煌，然后西行进入新疆，或经柴达木盆地南缘越阿尔金山至新疆的若羌，这条偏南的交通线之所以骤然变得重要，应与吐谷浑的兴盛有关。夏鼐认为，西宁出土的波斯银币为这条路线增添了确实可靠的实物证据，而过去从事中西交通史研究的中外学者对有关的文献资料却不够重视。后来，夏鼐又发表《新疆吐鲁番最近出土的波斯萨珊朝银币》[③]和《河北定县塔基舍利函中波斯萨珊朝银币》[④]二文。

夏鼐对考古资料的科技考察向来十分重视。早在1950年代初期，即曾将辉县发掘出土战国铁器送往东北工学院进行金相学鉴定；将长沙战国墓出土的麻布残片送请纺织工业部鉴定；又约请硅酸盐专家周仁进行古代陶瓷工艺的科学考察。他本人则根据亲手发掘的辉县战国车马坑和长沙汉代车船模型，进行了古代交通工具的复原研究。1960年代初期，若干著名科技专家为寻求有关中国科技史的考古资料，纷纷向夏鼐咨询。笔者亲见老一辈化学家张子高（夏鼐入学清华时的教务长）、冶金学专家胡庶华，以及化学史家袁翰青等，来他的办公室咨询问题。天津纺织学院王若愚教授着手进行中国纺织史研究时，开始对礼书中丧服用布的升数下了不少功夫，与夏鼐交谈后才转而关注考

① 原载《考古学报》1957年第2期；又见《夏鼐文集》第三册，第341～362页。

② 原载《考古学报》1958年第1期；又见《夏鼐文集》第三册，第363～371页。

③ 原载《考古》1966年第4期；又见《夏鼐文集》第三册，第373～381页。

④ 原载《考古》1966年第4期；又见《夏鼐文集》第三册，第382～389页。

古资料。

这个时期，夏鼐本人更以相当的精力，根据可靠的考古资料，运用考古学方法，创造性地进行古代丝织工艺和古代星图的研究，从而开拓了中国科技史的考古学研究。

夏鼐关于中国科技史考古研究的第一篇重要论文，是1962年撰写的《新疆新发现的古代丝织品——绮、锦和刺绣》[①]。西方学者早就对1920年代新疆等地出土的古代丝织品进行过工艺研究，夏鼐则是我国学术界中根据考古资料进行纺织史研究的先驱。1961年，他曾先在对外英文刊物《中国建设》发表《古代丝织品的新发现》。1962年，夏鼐应大型文物鉴赏研究刊物《文物精华》之约，进一步研讨新疆新发现古代丝织品，撰写成这篇长达四万余字的论文。他在百忙之中，花费半年多的零碎时间，一面广泛阅读英国安德鲁斯（Andrews，F. H.）、法国普菲斯特（Pfister，R.）、瑞典西尔凡（Sylwan，V.）等西方学者，以及苏联和日本学者的论著，主要涉及丝织艺术史、中国新疆和内蒙古以及蒙古国出土的汉代丝织品、波斯纺织技术等方面；一面仔细观察新疆民丰、吐鲁番两地近年发现汉唐丝织品的若干残片和放大照片，并且参考过去其他地方出土的有关资料，考察汉唐时代绮、锦和刺绣的纺织工艺与图案纹样。

夏鼐的家乡温州是我国丝织业最发达的地区之一，温州生产的瓯绸曾闻名海内外。他出生时，虽然自家的瓯绸坊已经歇业，但生活环境的熏陶，使得他对丝织工艺具有一定的常识，精心从事古代丝织品的研究，应该并非偶然。据夏鼐的子女回忆，他进行这方面研究时，曾连日在灯下使用夫人用于刺绣的各色丝线试作编织，以期揣摩汉锦的织造方法，然后用铅笔绘出织物结构的草图。由于他是通过自己的实践进行摸索，因而对汉代平纹经锦的织造方法，在

① 原载《文物精华》第2辑，文物出版社，1963，《考古学报》1963年第1期转载；又见《夏鼐文集》第三册，第35～89页。

认识上取得重大的突破。夏鼐精辟地指出："汉锦一般是使用二色或三色的组织法。如果需要四色或四色以上，便需要采用分区的方法。……分区的方法是在整个幅面上将经线分为若干区，每区中一般有三种不同颜色的三组经线。就整个幅面而言，它便可以多达四色甚至于五色以上了。"

夏鼐研究过的新疆民丰出土东汉织锦

夏鼐还阐明东西方两种不同的纺织技术传统。中国使用卧机制织经线提花的平纹织品，西方则使用竖机制织纬线提花的斜纹织物。他详细

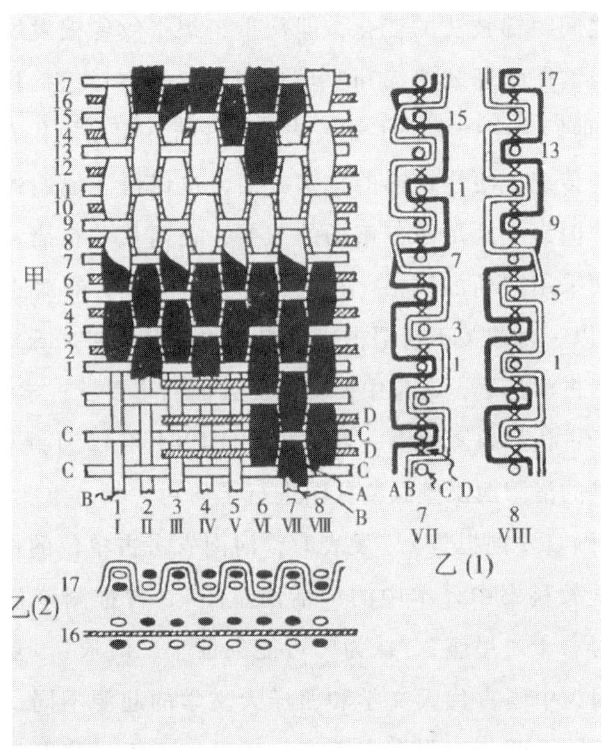

根据夏鼐手绘图稿清绘的汉锦结构图

1982 年在荆州博物馆考察江陵马山一号墓新发现的战国丝织品

地分析汉唐之间织锦技法的变化，即从重组织平纹经锦发展到重组织斜纹纬锦，并与波斯萨珊朝织锦和罗马晚期西亚与中亚织锦比较，进而精辟地指出："他们由中国学去了养蚕法和提花机，但是不仅花纹图案常保留他们自己的传统，便是织锦的技术方面，也保留了他们的纬线起花和斜纹组织。中国为了满足西方市场的需要，在隋代和初唐，中国丝织品的图样有些便采用波斯的风格。在织锦的技术方面，有时也受到波斯锦的影响。"所以，夏鼐关于新疆古代丝织品的长篇论文，既是中国科技史方面的重要考古学论著，又是中西交通史方面的重要考古学论著。

夏鼐关于古代星象图的第一篇论文，是1964年12月撰写的，对我国发现年代最早的洛阳西汉壁画墓星图进行了研讨，具有重要的指导意义。《洛阳西汉壁画墓发掘报告》[①] 发表时，河南省考古单位的作者，参考一本苏联天文学教科书中译本中的"活动星图"，曾推测该墓发现的星象图，十二幅为"十二星座"，认为"可能象征十二时辰"。夏鼐感到这样推断不妥，因为中国古代天文学和西洋天文学的起源不同，关于星座的划分也基本不同，两相比附多有不当。当时，正值夏鼐出席全国人大三届一次会议前后，又值考古所年终总结，他在百忙之中花费一个多月的零碎时间，先后参考李约瑟（Needham, J.）《中国科学技术史》第3卷天文学部分、朱文鑫《历法通志》和《史记天官书恒星图考》等书，查核了汉画像石和高句丽壁画墓中的星象图，完成《洛阳西汉壁画墓中的星象图》一文[②]。该文从辨明正确的研究方法入手，首先指出这种古代墓葬壁画中的星象图的作者，不会是一位天文学家，所绘不是天文学上那种比较完整而准确的星图，而是根据一个蓝本，"依样画葫芦"，为宗教目的绘制以象征天空，因而某些方面便会走样，例如各星相距的疏密、布局的位置，甚至有可能漏绘。所以，进行研讨时必须考虑到：（1）这一星图的内容，并非比较全面地表现北天的星象，仅是选取少数星座作

① 《考古学报》1964年第2期。

② 原载《考古》1965年第2期；又见《夏鼐文集》第三册，第150～169页。

为象征，因而只能用中国古代星座对照，不能用现代星座对照；（2）这一星图是西汉末年的，应以年代接近的《史记·天官书》作为主要的对比材料，而以《晋书·天文志》所载作为补充；（3）比较不能漫无边际，应注意北天亮星的几个星座和天球赤道附近的二十八宿，它们可能是古人绘制这一星图时用以选择的主要对象。夏鼐经过仔细地分析研究，判明这星象图，“绝不会是在一幅西洋的星象图上乱选出几个星座作为点缀，也不会只是在我国古代的星图任意选拣几个星座，漫无目的”，进而断定：“这星象图，既不是以12个星座来表示十二次，更不是象征十二时辰。……只是汉代天官家所区分的‘五宫’中每‘宫’选取几个星座用以代表天体而已。”

1950年代末到1960年代初，夏鼐为了将自然科学方法引进考古学领域，还致力于逐步建立和完善考古所的实验室。除前已述及的碳－14测定年代工作外，又开展了出土金属器物化学成分的定性定量分析，以及体质人类学和动物考古学等方面的研究，并且与若干科技单位建立长时间的协作关系，取得初步的成绩。

频繁的社会活动与对外学术交流

随着夏鼐学术地位和政治地位的提高，各种会议和社会活动日趋频繁。1959年4月当选第二届全国人大代表，10月出席全国先进集体和先进生产者代表会议，为主席团成员和中国科学院代表组副组长。他还是中国埃及友好协会理事和中朝友好协会理事。往往同一个时间有几项活动，难以兼顾，只能参加其中一项。例如1956年5月12日下午，原有全国教育工会招待先进生产者代表座谈会、对外文化联络局招待比利时文化代表团座谈会、科学规划委员会听周总理录音报告三项活动，他决定不参加前两项，去听周总理的录音报告；晚间又有全国教育工会招待先进生产者代表和翦伯赞招待澳大利亚外宾两个宴会，他参加了前者。1964年2月15日，即农历甲辰岁正月初三，夏鼐还曾以整天时间，代表中朝友协，前往北京南郊的红星中朝友好人民公社，参加与朝鲜驻中国使馆人员的联谊活动。

夏鼐致力于对外文化交流，投入大量的精力。他在“文化大革命”前，经常为《中国建设》、《人民中国》和《北京周报》等对外刊物撰稿，先后不下数十篇，介绍中国考古学的最新成果，扩大了新中国考古工作的国际影响。同时还经常接待来访的外国学者，交往并保持友谊的西方著名学者有英国的李约瑟、意大利的杜奇（Tucci，G.）、法国的叶理夫（Eliséff，V.）、瑞典的俞博（Gyllensvard，B.）。其中俞博的中文名还是夏鼐帮他起的，取其姓和名的第一个音节，既两相符合，又颇为典雅。而花费时间最多的，首先是1955年和1957年接待两位埃及历史考古学家费克里和埃米尔，曾亲自为他们的学术讲演做过口译，校订所著《埃及古代史》《埃及考古学》二书的中文译稿，并为其选定图版。

其次是1957年4~5月接待第一次来新中国访问的日本考古代表团，进行为期一个半月的参观访问。该团由年逾古稀的日本考古学界元老原田淑人任团长，团员中既有杉村勇造、驹井和爱、水野清一、杉原庄介、关野雄等知名专家，又有樋口隆康、冈崎敬两位后起之秀。这次访问的时间长、地点多，接触面广，中日两国考古学者结下了深厚情谊。日本同行在北京活动期间，除原田在北京大学的讲演由翦伯赞主持外，驹井、水野、杉原、关野的讲演及学术座谈会均由夏鼐主持。他们去各地参观，特别是看到西安半坡、沣西、汉长安城及洛阳东周城址的发掘后，对于大面积揭露和细致地划分地层赞叹不已，对夏鼐为首的新中国考古学家的年富力强和勤奋不懈精神深表敬佩。

再次是1959年末根据中苏科学合作协定，接待曾于1950年春考古所成立前夕来访的苏联考古学家吉谢列夫院士进行为期一个月的访问。吉谢列夫这次来访，除前往东北三省和郑州、洛阳、西安三地参观外，北京活动期间均由夏鼐亲自陪同，先后参观明十三陵中的定陵地下宫殿和长陵、中国历史博物馆和故宫博物院，又曾在中国历史博物馆和考古研究所讲演，并曾进行学术座谈。

1957 年陪同郭沫若接见第一次来访的日本考古代表团

左起原田淑人、郭沫若、翦伯赞、关野雄、夏鼐

陪同苏联吉谢列夫院士参观中国历史博物馆

左一王振铎、左二沈从文，右一韩寿萱

至于出访，在 1949～1966 年的十七年间，只有三次。

第一次出访是 1956 年 8～9 月，作为翦伯赞为团长的中国学术代表团团员（团员还有周一良、张芝联两人），经莫斯科去巴黎，参加第九届欧洲青年汉学家会议，会期一周。① 这不仅是新中国历史考古学者第一次参加西方的学术会议，而且是社会科学界人士的第一次出访，因而备受关注。夏鼐在会上作了关于新中国近年考古发现的报告，展出 150 张近年考古发掘和出土文物的照片，受到与会学者的称赞。会间，他结识了法国的戴密微（Demiévclle，P.）、叶理夫，英国的范登龙（Van Der Loon，后称“龙彼得”）、华生（Watson，W.），意大利的兰乔蒂（Lancheotli，L.），荷兰的何四维（Hulsewe，A. F. P.）等人，并与美国的拉铁摩尔（Lattimore，O.）、德国的傅吾康（Frankel，Wolfgang）交往，又与旅居海外的吴世昌、郑德坤等中国学者会面。至于来自英占香港的罗香林、饶宗颐等，在当时的政治情况下则不相接触。夏鼐曾于 1935 年和 1937 年两次去巴黎游览，这次故地重游，仍然陪同翦伯赞等前往卢浮宫博物馆和凡尔赛宫等地参观游览。往返途经莫斯科时，他们除瞻仰列宁、斯大林墓和参观克里姆林宫外，夏鼐曾两次访问苏联科学院物质文化史研究所（后改名考古研究所），会见雷巴科夫（Рыбаков，Б. А.）所长，详细了解该所的各方面情况，参观其古物修理实验室；又访问莫斯科大学历史系，会见阿尔茨霍夫斯基（Арциховский，А. В.）教授，参观其光谱与金相实验室，以及古物修理室。

第二次出访是 1963 年 11 月末至 12 月末，作为中国学术代表团团员去日本访问。这是继 1955 年 12 月郭沫若以中国科学院院长身份率领中国学术代表团访问日本之后，中国学术界阵容最强大的一次访日活动。中国科学院哲学社会科学部副主任兼法学研究所所长张友渔任代表团团长，副团长是兰州大学校长江隆基和历史研究所副所长侯外庐，团员除夏鼐外，有近代史研究所副所长刘大年、半导体研究所副所长王守武，以及北京大学

① 参见翦伯赞《第九次青年汉学家会议纪要》，《历史研究》1956 年第 12 期。

中文系教授游国恩、地球物理研究所研究员顾震潮等。张、夏、侯、刘四位，都是中国科学院哲学社会科学部的学部委员。由于出发前张友渔即已身体不适，勉强抱病登程，11 月 28 日夜到达东京后即住进医院，所以为期一个月的全部访问，由江隆基、侯外庐两位副团长率领分组活动。当时中日尚未建交，形势相当严峻，代表团内部制定有详细的“注意事项”书面文件。到达日本后，总的接待有著名友好人士组成的接待委员会，具体工作则由日中友好协会的事务局及其各地分会负责，其事务局人员在所住宾馆楼梯口日夜守卫，警卫厅便衣警察和民主青年同盟的志愿者进行协助。其间，代表团成员不接待私人来访，也不接受新闻单位私下采访和约稿。出行时，交通车上有便衣警察和志愿者守候在司机身旁。代表团先后访问了东京、仙台、静冈、名古屋、大阪、京都、广岛、山口、福冈等地的高等学校和科研机构。考古学方面受到格外的重视，日本考古学协会在接待委员会之外，又成立一个小组，各地都有专人负责，专司招待夏鼐事宜。行前，他做了充分的准备，撰写两篇讲演稿《新中国的考古学》和《三年来的中国考古工作》，摄制内容丰富的幻灯片，并阅读了基德尔（Kidder, J. E.）的《佛教以前的日本》（*Japan before Buddism*）等书。夏鼐除出席全团参加的盛大欢迎活动外，先后在东京大学、明治大学、京都大学、关西大学、广岛大学、九州大学讲演和座谈，当场放映相当数量的幻灯片，回答大家提出的各种学术问题，受到热烈的欢迎。夏鼐与日本考古学界的众多旧友、新识会面，其中既有老一辈的原田淑人、杉村勇造、贝塚茂树、八幡一郎、梅原末治、镜山猛等，又有风华正茂的杉原庄介、关野雄、樋口隆康、冈崎敬、大庭脩等，与在读的考古专业大学生也有所接触。访问明治大学考古学研究室时，夏鼐受托将该校考古专业学生的一封信，带给北京大学考古专业同学。夏鼐还考察过京都平城宫遗址、福冈太宰府遗址等发掘工地，参观了东京和京都的国立博物馆，以及收藏中国古代青铜器甚丰的泉屋博古馆、白鹤美术馆。夏鼐此行，巩固和发展了中日两国考古学者之间的深厚友谊。回国以后，他在考古所举行的报告会上，向所内外人员详细讲述所见所闻，展示带回的大量赠书。

1963 年夏鼐访日期间拜会著名考古学家原田淑人

夏鼐在京都大学参观，陪同者贝塚茂树（右）、梅原末治（中）

第三次出访是 1965 年 5 月，与刘大年一道参加巴基斯坦历史学会第十五次年会。他们 5 月 5 日到达卡拉奇，23 日返回北京，前后半个来月。会议于 5 月 7 ~ 10 日在卡拉奇大学举行，年会的中心旨在阐明伊斯兰史的重要性，由该校伊斯兰历史系主任西迪基（Siddiqi，A. H.）教授担任本届年会的主席。与会正式代表120人，列席多达500人，外国代表仅有中国和苏联两国政府派出的代表团，其余则是旅居巴基斯坦的客座教授和过客。会上，由刘大年代表中国史学界致贺词，夏鼐所作题为“中国、巴基斯坦友谊的历史”的学术报告，受到与会代表的盛赞，曾在5月16~18日的当地报纸上连载。[①] 会后，夏鼐又访问巴基斯坦考古局、白沙瓦大学考古系等单位，并在该考古系主任达尼（Dani，F. H.）教授的陪同下，参观两处著名的古代遗址：史前时代的摩亨佐达罗遗址、佛教时代的呾叉始罗城址。

这段时间，夏鼐在国内参加的重要外事活动有两项。

1964年8~9月，参与了北京科学讨论会的中国代表团工作。这是在当时的国际形势下，具有“反帝”“反修”重要意义的活动，由中国科协与世界科协北京中心共同举办，与会代表主要是亚非拉国家的多学科知名专家。中国科学代表团由周培源任团长，张劲夫、范长江、张友渔、张维、钱信忠、于光远等任副团长。夏鼐作为代表团的重要成员，从8月17日起即进驻北京科学会堂，参加了8月21~31日的会议，特别是哲学历史组的活动，并曾负责联系塞内加尔代表，陪同其在会场内外活动。会后，他又参与哲学社会科学方面论文编辑委员会的工作，曾仔细审校过6篇论文的内容及其中译。直到9月14日，夏鼐为这项与考古业务完全无关的政治性活动奋力工作，日夜操劳，一个月始告结束。这段时间，正值夏鼐的夫人卧病在床，他也无法照顾，仅偶尔回家探视片刻而已。

1966年3月末至4月下旬，接待根据中越两国科学合作协定来访的阮文义为团长的越南考古代表团。虽然代表团成员都是国际上并不知名的中青年学者，由于来自“同志加兄弟”的友好国家，中国科学院对外联络局安排年逾七旬的杨钟健，以及裴文中、夏鼐、吴汝康出面迎接，

① 中文稿原载《考古》1965年第7期；又见《夏鼐文集》第三册，第533~545页。

并且要求夏鼐不仅在北京接待，还要专程陪同他们去外地参观。3 月 29 日傍晚离京，4 月 23 日上午返回，历时 25 天。这虽然是一次政治性任务，但因为是夏鼐在 1949 年以后第一次去西部地区考察，得以摩挲未曾见及的重要考古标本，也有意想不到的业务收获。其间，在西安，先后参观了蓝田公王岭蓝田猿人发现地的发掘、半坡遗址博物馆、沣西西周车马坑和汉长安城遗址、考古所西安研究室和陕西省考古所的标本室，以及陕西省博物馆、大雁塔和小雁塔等景点；在重庆，参观了原西南博物院收藏的资阳人化石，巫山大溪和忠县㽏井沟的新石器时代遗物、巴县冬笋坝船棺葬等巴蜀文化遗物，以及理县、汶川出土的铜柄铁剑；在昆明，则主要参观了晋宁石寨山墓群、祥云大波那铜棺葬的器物，以及滇池附近的新石器时代遗物。由于云南省博物馆当时没有常规的历史陈列，临时特辟专室摆放越南友人感兴趣的古物，方便他们亲手摩挲。

1966 年接待越南考古代表团

左起杨钟健、阮文义、夏鼐、吴汝康、颜訚

夏鼐在云南省博物馆，手持《晋宁石寨山墓群发掘报告》按图索骥，果然发现报告中的瑕疵。特别是石寨山第 13 号墓出土一堆可以穿成串的玛瑙珠和肉红石髓珠，其中有一颗系“蚀花的肉红石髓珠”，报告编写者未能识别。对不同质料古珠有过精湛研究的夏鼐，深知这种珠子的重要意义，因而立即引起了注意。

后来在 1972 年，当云南省将这串石珠送到北京参加出国文物展览时，夏鼐又进一步仔细观察，并查阅有关文献，于 1974 年发表《我国出土的蚀花的肉红石髓珠》一文，指出这种珠子过去在我国新疆曾有出土，其中 5 颗系斯坦因发现于和田，1 颗系黄文弼发现于沙雅，但都缺乏认真的研究。该文根据英国学者对巴基斯坦民间传统工艺的调查资料，讨论这种蚀花的肉红石髓珠的制作方法，论述蚀花石珠的年代和地理分布，断定云南和新疆出土的蚀花石珠都属于“中期”，“早期”的目前尚未在中国发现。夏鼐希望，“今后有更多的新发现”，“更多的加以发表”，认为：“进一步加以研究，这将对于石珠的制造和加饰的技术，以及各地区间贸易与文化交流的历史，都会有所帮助。”①

这时已经处于“文化大革命”的前夕，报刊上不仅批判吴晗的《海瑞罢官》、邓拓的《燕山夜话》，以及吴晗、邓拓、廖沫沙合写的《三家村札记》，而且已经点名批判翦伯赞。因而夏鼐在云南省博物馆的座谈会上，不仅讲到云南考古学方面的学术问题，而且强调考古工作也要突出政治。后来，他们又去长沙，参观湖南省博物馆临时布置的出土文物陈列，瞻仰毛主席的韶山旧居和长沙市内几处革命史迹。

夏鼐在“文化大革命”前最后一次接待外宾，是 1966 年 5 月应全国美协约请来访的日本中国美术史代表团。代表团中有几位考古学家，杉村勇造和关野雄是交往已久的老朋友，小山富士夫和林巳奈夫则是初次来访，所以他们不止一次来考古所参观访问。5 月 28 日晚，考古所学术秘书王伯洪和笔者等曾陪同夏鼐前往民族饭店，与几位日本朋友座谈。

① 原载《考古》1974 年第 6 期，后收入《考古学和科技史》一书；又见《夏鼐文集》第三册，第 262 ~ 270 页。

第八章　特殊时期的经历与贡献

从被揪斗到关进“牛棚”

1963～1964年，随着社会上城乡社会主义教育运动和意识形态领域批判的展开，中国科学院哲学社会科学部各研究所的政治活动也较前频繁很多，学习反修文件，机关革命化，分批参加农村社教运动，等等。1964～1965年，考古所人员曾被先后派往北京通县、辽宁金县、山东海阳、山西永济参加农村“四清”，一批未回，另一批又去，最多一次去五六十人，业务工作进入半停顿状态。留所的业务人员很少，党员更少，所里的多数领导成员（行政副所长、办公室正副主任）都下去了，1964年9月夏鼐勉为其难地被推选为所党支部书记。尹达同志获知后鼓励他说：“参加组织工作，学习学习也好，做组织工作，有八个字最重要，‘多听、多看，少说、晚说’。”又说：“做工作要稳、要准，多多请示领导。”这样，夏鼐在那段时间更加繁忙，虽然也曾报名参加“四清”，始终没有被批准前往。1965年11月下旬至12月初，夏鼐曾与徐旭生、钱锺书、张政烺等一道，参加郭沫若院长率领的中国科学院参观团去山西，参观运城地区的“四清”运动。

1965年冬至1966年春，夏鼐参加政治性活动更加频繁，从学部的中心学习组到本所的党内外学习小组，从学习中央文件、领导人讲话到报刊上的批判文章，以及大庆经验、大寨经验、焦裕禄事迹……不间断地学习、讨论。“五一六”通知下达后，形势更加严峻。6 月 14 日考古所开始有向夏鼐开火的大字报，群众选出的文化革命小组要他作检查，但是对待他的态度，还不像历史所对待侯外庐、近代史所对待刘大年和黎澍那么猛烈。一两天后，在全所大会上听到不少尖锐的批评，特别是察觉不再称呼他同志，上纲上线，被打成了“反动学术权威”。这使他感到形势已有很大的变化，有几天夜间辗转不能入睡，但他本人的态度是坦然和诚恳的。他一面随时摘记大字报的要点，一面主动将自己的著作编成目录，做好进行自我检查的准备。他 6 月 26 日编成的目录，共收入 130 篇（包括译文 3 篇、论文集 1 册、合著 4 种、主编 1 种），当天在日记中写道：“检查起来，可能是大量放毒，不胜惶恐。但是解放以来所发表的主要是资产阶级思想的毒，似还没有对党不满或对党进攻的毒草，这点尚可自慰。”次日又记：“我虽犯错误，但自信还是真正愿意医治，愿意改正。”① 这段时间，他阅读《毛泽东选集》，“希望能由其中吸取革命的精神，增加自我改造的决心”；又阅读《资本论》的序和跋、《毛主席语录》等。但这时他还看完《辍耕录》和《容斋随笔》的全书以作消遣，因为他扪心自问，坦荡地认为：“这十几年来并没有反党、反社会主义，不管别人对我的看法如何，但是我仍当勇敢地进行自我检查，决心投入这次运动，将资产阶级思想的学术路线打垮。在过程中，与群众一起，把资产阶级所谓‘权威’、‘专家’，包括我自己在内，统统搞臭，丢到垃圾堆中去。当然，我认为一个人被搞臭后，仍应该为人民服务，献出自己的一点一滴的力量。‘落红不是无情物，化作春泥更护花。’这‘情’应该是有阶级性的，即带着无产阶级的感情去为人民服务。”② 7～8 月，夏鼐认真地写自我检查，先后交给文革小组两次书面检查和 20 多

① 《夏鼐日记》卷七，第 226 页。

② 《夏鼐日记》卷七，第 225 页。

份专题交代材料。所里开过一两次批判会，火力都不是太猛。其间，为了帮助自己思考问题，夏鼐曾阅读《历史科学中两条路线的斗争》一书，以期从对照中得到启发。他还特地去中国历史博物馆，书生气十足地观察通史陈列中做了怎样的改变，注意到信阳楚墓的镇墓兽被撤去、定陵金器的旁边增加了卖身契，等等。

8 月夏鼐受到的冲击增大。8 月 8 日考古所的造反派及群众去北京大学参观，学到“革命造反”的真经以后，随即依样画葫芦，次日考古所也成立监督小组，将“走资派”“反动学术权威”“摘帽右派”“保皇派”共计十余人，集中到一间小屋，即关进“牛棚”，限定每天上午劳动，下午和晚间学习、写检查，再打扫所内的一处厕所，然后才准回家。所谓参加劳动，开始是在所内建房工程中递砖和泥灰，后来多为扫院子一类，倒也不算累活。最艰苦的还是寒冬季节搓制煤球。本来考古所的办公用房冬季以火炉取暖，都是一面购买现成的机制煤球，一面雇上门的煤球工用积存的煤末摇制，而这时则责令夏鼐等“牛鬼蛇神”用手搓制。每天手搓湿冷的煤泥，当然不免皴裂成血口，晚上老伴用热水帮他温烫，粘贴胶布以便愈合，但第二天仍要继续搓制。

对夏鼐等人冲击最大的有两次：一次在 8 月 23 日下午，考古所成立红卫兵组织时搞的游斗活动。红卫兵让夏鼐手擎一面黑旗领头，行政副所长和办公室主任在旁鸣锣开道，头戴不同形状纸帽子的“反动学术权威”“保皇派”“右派分子”“贪污分子”等所谓“牛鬼蛇神”随后，共计近 30 人（占当时全所总人数的五分之一），在考古所院内游斗三周。这种旨在侮辱人格的闹剧，伤害了被游斗者的心灵。年逾七旬、体弱多病的黄文弼先生，因那次游斗受到惊吓，身心俱损而病倒，不久即告离世。

再一次是 9 月 9 ~ 10 日在考古所四合院内，即夏鼐的办公室前，召开批判斗争他的大会。为了壮大声势，特地邀约北大考古专业学生和中国历史博物馆等单位人员参加。那时社会上还没有兴起“喷气式”，这次会上也就没有，但有“保皇派”等多人陪斗。后来在北大“造反”学生的呼喊下，揪至二十余人陪斗。他们曾责令年近八旬的徐旭生站到凳子上，徐老颤颤悠悠说自己站不住，有学生呵斥："翦伯赞、冯友兰能站，你为什么不能站？"会后还在院子里游斗。

夏鼐在批斗最严重的时日，回到家里从不透露实情，生怕患有昏厥毛病的老伴过分担忧，总是宽慰说："我的一切行动你都是知道的。我有什么重大罪恶你也可以检举，如果没有什么，你又何必担心呢！""牛棚"生活一直延续到1968年12月下旬，"北京工人、中国人民解放军毛泽东思想宣传队"（以下简称"宣传队"）进驻以后，历时两年零四个月始告结束。其间，根据周恩来总理的指示和郭沫若院长的安排，考古所人员于1968年夏季前往河北满城，承担西汉中山靖王刘胜夫妇墓的发掘任务。当大批出土文物运回考古所整理时，虽然不允许身处逆境的夏鼐接触，但他实际上仍然密切地关注着工作中的问题。有一次，负责满城汉墓文物修复工作的王孖和白荣金，抬着装有准备去锈的铁质刀剑的木箱，巧遇正在院子里低头扫地的夏鼐，两人故意放慢脚步与他靠近，询问："你知道用什么办法去锈比较好吗？"夏鼐立刻低声答道："据国外的资料介绍，用车床切削下的铁屑刮锈效果很好，另外还可用电解的方法去锈，都可以试一试。"再有白荣金进行满城二号墓（刘胜夫人窦绾墓）漆棺内部镶嵌玉版的复原，剩下8块圭形玉版不知怎样处置，悄悄向正在劳动的夏鼐请教，他沉思片刻回答"可以试从封棺时使用的'小腰'考虑"。经此指点，白荣金合理地将其复位于棺材两旁4对封棺小腰的内侧，完成了棺内玉版的全部复原。

夏鼐对"文革"初期造过他反的青年同志，始终以宽厚的态度正确对待，当时和日后不曾在任何场合流露过怨言。"文革"后期，考古所长期分居两地的同志，政策上允许将家属调进北京工作，但需要自己找到接受单位，有一两位同志因为当初造过夏鼐的反，不敢当面恳求他写推荐信，托笔者代为恳求，夏鼐都是毫不犹豫，立刻动手写信，

---

① 白荣金：《点燃文物复原的火花——怀念夏鼐先生》，载《夏鼐先生纪念文集——纪念夏鼐先生诞辰一百周年》，第163页。

顺利地解决家属调进北京的安置问题。这使他们深受感动，事后念念不忘。

宣传队进驻后的两年

宣传队进驻后不久，要求全所人员集中住到考古所，每天上午、下午和晚间三段时间学习，周末才准许回家。这时，“牛棚”已告解散，所谓有这样那样问题的人员不再每天劳动，而是与普通群众一起编组，恢复正常的生活秩序。为此，夏鼐曾赋诗感志：

春风漾荡牛棚中，劳动归来花正红，
锤炼不为生锈铁，梦思犹作展翅鹏。
年近桑榆心未老，学穷洪荒愿岂空，
六十知非犹未晚，扬鞭驰马逐东风。①

此后，仍有一段时间的学习与批判，包括“清理阶级队伍”和落实政策，也曾召开过批判夏鼐的全所会和小组会。1969 年底，驻学部宣传队在河南信阳地区举办“五七干校”，有两个所的人员先行下去。1970 年 5 月初，宣传队决定：考古所全体 157 人留所三分之一（留守继续工作 40 人，病号等 12 人），其余 105 人作为第一批人员下放“五七干校”，夏鼐名列下放人员之中。5 月 21 日启程，22 日凌晨到达河南信阳，天亮后转至息县东岳公社，借住在老乡家里。

“五七干校”的编制采取部队方式，考古所和近代史所合编一个连，正副连长分别是近代史所原办公室主任连燎原和考古所人员刘随盛，考古所原行政副所长牛兆勋任政委。夏鼐被安排在三排（排长安志敏）十班（班长王岩），同在一个班的有吴汝祚、金学山、黄展岳、杨锡璋、段

① 《夏鼐日记》卷七，第 247 页。

鹏琦等，共计 11 人。大家在生活上对夏鼐尽可能地予以照顾，例如住房，夏、王、金 3 人合住一处阴暗的屋子，白天需要点灯照明，他们让夏鼐住在里间；参加劳动时，总是安排他干较轻的活儿，制砖坯时踩泥，盖房时递砖，锄地时拔草，后来专司看庄稼。

夏鼐下放“五七干校”期间，在体力劳动之余，仍然关注着当地的考古发现。8 月中旬的一天，他听说民族所烧砖窑挖土时发现许多古代陶片，有一位名叫刘凤翥的青年人捡回一些，便通过两所宣传队，于 8 月 22 日午休时间前去访问。睡梦中的刘凤翥，正被宣传队当成“五一六”的清查对象，被叫醒时吓了一跳，误以为又要对他进行批斗。夏鼐仔细检视刘凤翥捡回的陶片，拿出携带的纸笔描绘器形和纹饰，了解到他是北大历史系历史专业 1962 年毕业生，在校时旁听过苏秉琦讲授秦汉考古课程。当天晚饭后，夏鼐偕同苏秉琦又去找刘凤翥，并一道前往古代陶片的出土地点苇塘坡察看，确认是一处古代遗址，回来又在煤油灯下进一步观看收集到的陶片。9 月 1 日是十天一休的休息日，夏、苏二位先生与刘凤翥再去苇塘坡，使用临时找来的工具，开挖了 1 米多见方、深将近 2 米的探坑，了解该遗址的地层堆积情况：耕土层以下的第 2 层出土青铜镞，属于青铜时代；第 3、4 层出土磨制石器，则应属新石器时代。[①]

夏鼐的夫人患有较为严重的昏厥毛病，在考古所是尽人皆知之事。1970 年国庆节前夕，笔者迁居到干面胡同宿舍楼与他人合住 3101 号，正好是夏鼐家 3102 号同一单元对门原郑奠住所。刚搬过去几天恰逢夏师母昏厥病发，一个人昏迷在床，他们的年长子女或在外地工作，或去“五七干校”，身边只有每天去南苑上班的幼子正炎，还有一个七八岁的孙女。笔者急忙向宣传队工人队长王连仲报告，请示可否发电报通知夏鼐，这位进驻过清华的“左派”，不同意以驻所宣传队名义发电报。第二天夏

① 关于夏鼐、苏秉琦等下放“五七干校”期间考察息县苇塘坡等遗址的情况，参见苏秉琦《七十年代初信阳地区考古勘察回忆录》，《中原文物》1981 年第 4 期；《苏秉琦考古论述选集》，文物出版社，1984；刘凤翥《契丹寻踪——我的拓碑之路》，商务印书馆，2016，第 16～29 页。

师母病情不见好转，笔者再去所里报告，那位工人队长已调离考古所，新来的杨姓解放军同志同意发电报。10 月 19 日夏鼐接到电报后，又打电报向家里询问究竟，确知情况后才于 22 日请假回京。他在“五七干校”待了整整五个月，原准备假满仍去“干校”，所以并未随身带回行李。

夏鼐回到北京以后，在家里悉心照料夫人，经过一个多月的诊治，夏夫人身体渐有起色。这时，考古所接受一项外事任务，将要在 1971 年协助阿尔巴尼亚修复二战中遭到损坏的古写本羊皮书。为了进行充分的准备，考古所留守处业务负责人王仲殊，提请郭沫若院长和驻学部宣传队考虑将夏鼐调回，最后决定夏鼐回所工作，不必再去干校。

社会活动颇多的“待解放”干部

1971 年初夏鼐恢复业务工作，承担的第一项任务，是参与《中国历史地图集》的编绘工作。《中国历史地图集》是根据毛泽东交办重编改绘清末杨守敬《历代舆地图》发展而成的一项任务，原本内容仅限于历代的疆域政区，这时准备增加原始社会的遗址图。考古所承担任务后，确定由夏鼐负责，笔者和郑乃武二人参与。经研究，确定编绘三幅地图：①中国原始社会遗址图，②中国原始社会早期遗址图（旧石器时代），③黄河流域原始社会晚期遗址图（新石器时代）。夏鼐考虑，旧石器时代考古方面的文献，笔者和郑乃武二人都不熟悉，就安排笔者二人摘编新石器时代遗址地名表，他自己摘编旧石器时代遗址地名表，然后进行上图。这样经过两三个月的努力，大体有了眉目。

为阿尔巴尼亚修复古写本羊皮书的任务，是 1971 年 3 月开始进行的。羊皮书原收藏在阿尔巴尼亚南部培拉特的一座基督教堂之中，第二次世界大战期间为躲避战祸被埋藏地下而受损严重。3 月 21 日阿方国家档案局人员将古羊皮书送来时，夏鼐以中国科学院考古研究所所长的身份接待，但阿方护送人员说不清楚古写本的原委。已经糟朽的羊皮书有两种，一种为小字泥金书写，一种为大字泥银书写，都是正反两面，共计 1000

多页。进行修复，首先要知道它的性质，夏鼐辨认出羊皮书系用希腊字母书写后，所里派笔者约请希腊文专家，以期进一步识别。笔者先去张自忠路中国人民大学宿舍，拜访翻译过《古希腊史》一书的缪朗山教授，他正卧病床榻，无法来考古所；再去干面胡同学部宿舍二单元，请来外国文学研究所专治希腊文学的罗念生研究员。罗念生来考古所后，面对阿尔巴尼亚送来的古写本，长时间目瞪口呆，一言未发。他解释说，中国的古书不断句，西方的古书既不断句又不断字，通篇字母连成一片，一般学者阅读的都是整理后出版的标点本。罗念生看了一会，猛然发现扉页的头像旁边有一处单字，低声拼读“Lou - kâs，Lou - kâs”，他尚未醒悟过来，夏鼐立时脱口而出：“那就是《路加福音》。”接着，笔者陪同夏鼐找到宗教所留守处负责人黄心川，打开暂存学部大院内的该所书库，从成捆的不同文字圣经中，找到一两部希腊文的《新约·福音书》，借回来与两部羊皮书逐字对照，果然一字不差。夏鼐博学多才，令人叹服，但这不是偶然的。他留学英国时曾购藏道光十六年刊本《马太传福音书》，并曾做过一番研究。[①] 夏鼐检索有关文献资料后，弄清楚阿尔巴尼亚送来的是基督教典籍中著名的“培拉特圣经”，年代分别属于 7 世纪和 10 世纪。关键问题解决后，即进入具体的修复工作阶段。考古所优秀的修复师王㐨与科学院化学所人员合作，独创“桑蚕单丝网 · PVB 加固技术”，将原件加固封存，装订成许多分册，又请北京皮革厂用数百张羊皮制成皮纸，采取印刷擦金（银）的方法照原样复制一份，历时近八个月，圆满完成这项艰难的任务。[②]

5 月初，夏鼐原本准备前往上海复旦大学，出席《中国历史地图集》的编绘工作会议，已经买好车票即将出发，突然接到中国科学院的通知，要他协助郭沫若院长出面接待日本社会科学代表团。代表团中有哲学家松村一人夫妇及其弟子与助手藤田敬一、历史学家井上清、经济学家小

① 《道光十六年刊本〈马太传福音书〉跋》，《夏鼐文集》第五册，第 332 ~ 334 页。

② 白荣金：《点燃文物复原的火花——怀念夏鼐先生》，载《夏鼐先生纪念文集——纪念夏鼐先生诞辰一百周年》，第 164 ~ 165 页。

林义雄。他们曾分别向郭沫若提出来访的请求，决定以中日友协的名义约请，中国科学院负责接待。由于他们在日本学术界的地位相仿，以年龄稍长的松村为首席，未设团长。这是“文革”开始后中国科学院第一次接待外国代表团，由于当时科学院的几位负责人都是军代表，所以特地安排夏鼐出面参与接待，又请近代史所的余绳武以中日友协职员的身份全程陪同。夏鼐先后参加了机场迎接、郭沫若院长接见及宴请、游览尚未开放的故宫、举行小型座谈会，最后是周恩来总理接见。1971 年 5、6 两个月间，夏鼐 6 次以有关方面负责人和科学家的名义见报（除接待日本社会科学代表团的报道外，还接待过日本文化界代表团等）。1972 年初，他又参加美国总统尼克松来访的国宴和告别宴会等外事活动。夏鼐如此公开“亮相”，在学部“五七干校”引起了不小的轰动，留在那里的老专家们不禁低吟：“旧巢共是衔泥燕，飞上枝头变凤凰”（吴梅村《圆圆曲》中句），但是不敢大声发牢骚。包括钱锺书在内的多位知名研究员，直到 1972 年 3 月，才以第二批“老弱病残”的名义被调回北京。[①]

1971 年下半年，仍然处于“半解放”状态的夏鼐，积极投入几项考古业务工作。6 月，根据周恩来指示成立的国务院图博口[②]，在故宫慈宁宫筹办“文化大革命期间出土文物展览”，考古所送展满城汉墓出土的金缕玉衣、长信宫灯等珍贵文物。其间，夏鼐参与预展的审查，除对部分展品说明提出修改意见外，他发现个别省份送展的文物，例如山西长治分水岭战国墓出土铜器，是“文革”以前发表过的材料，建议“图博口”负责人王冶秋下令撤出，避免弄虚作假造成不良影响。6 月 27 日，为故宫重新开放，郭沫若约请 13 位历史考古学家，在御花园漱芳斋对“故宫简介”进行修改，夏鼐参加了这一活动。

“文化大革命期间出土文物展览”展出以后，受到国内外观众的盛

① 《夏鼐日记》卷七，第 271 页。

② 国务院图博口是“文化大革命”发生后，1972 年 2 月重新成立国家文物事业管理局前，于 1970 年 5 月设立的主管文物博物馆工作的临时性机构，由军宣队干部任小组长，王冶秋任副组长。

赞。其间，周恩来总理和郭沫若院长在会见法国议会代表团时，谈到中国举办出土文物出国展的意向。郭沫若于7月22日就此亲笔写出书面报告，向周总理请示筹办出国文物展览的具体事宜，同时提出："《考古学报》、《文物》、《考古》（此乃简报性质）三种杂志拟复刊，以应国内外之需要。"24日周总理签批"同意"。[①] 为恢复考古所主办的《考古学报》和《考古》两种刊物，考古所迅速从"五七干校"调回安志敏、黄展岳、杨泓等人，决定由夏鼐、王仲殊、安志敏组成编辑小组，在郭沫若院长的领导下开展工作，定于1972年复刊。这时，各地的多数考古单位尚未恢复业务工作，为了把新复刊的考古刊物办出新的水平，夏鼐投入了很大的精力。他首先撰写《无产阶级文化大革命中的考古新发现》一文，在《考古》1972年第1期发表。[②] 其中概括了慈宁宫展览中未曾正式发表的新近出土文物，但并非泛泛的概述，而是包含许多独到的见解。例如，讲到陕西蓝田出土的西周铜器永盂的铭文提及"井白（伯）"，该文指出："传世'井白'之器有'井白甗'和'井白钟'，解放后长安普渡村西周墓出土的穆王时器长由盉的铭文中也有'即井白大祝射'一语。'井白'的名字屡见于恭王时器，他是当时周王左右的主要臣僚，曾官至司马。新发现的这件永盂，也应是穆、恭时期的彝器。"而与此同时，唐兰在《文物》1972年第1期发表的《永盂铭文解释》一文，却没有提到有关学者熟知的长由盉铭文。这位著名古文字学家觉得很不好意思，不仅与身边的年轻人道及，还在一天下午特地来考古所向夏鼐致意。

1972年，夏鼐在《考古》杂志先后发表8篇文章，除《无产阶级文化大革命中的考古新发现》《我国古代蚕、桑、丝、绸的历史》二文外，又有署名"竺敏"的《吐鲁番新发现的古代丝绸》，署名"史为"的《关于"金缕玉衣"的资料简介》《长沙马王堆一号汉墓的棺椁制度》

---

① 郭沫若致周恩来总理报告的影印件，参见肖玫《郭沫若》，文物出版社，1992，图347。但原件将书写时间1971年7月22日笔误为1967年。

② 参见《夏鼐文集》第一册，第353～373页，编者将题目改为"六十年代后期的中国考古新收获"。

《晋周处墓出土金属带饰的重新鉴定》署名"科学院考古所资料室"的《秘鲁古代文化》《柬埔寨著名的历史遗产——吴哥古迹》。那时，常常是夏鼐一面赶写，笔者和王仲殊一面协助润色，贴标签，加语录，后来他在1977年编辑《考古学和科技史》论文集时，将那些语录统统删去。

参与领导出国文物展览与重访英伦[①]

根据周恩来总理批准的郭沫若请示报告，国务院图博口成立文物出国展览的筹备小组，由国务院值班室主任吴庆彤兼任组长，王冶秋任副组长，夏鼐、王仲殊为小组成员。报告提出的工作计划是："通知全国各省市，选择建国以来出土文物之精粹而有复品者，送京挑选，并备详细说明；预定于十月份内初步选出……初选件数拟定为二千左右……出国展览，估计须至明年春末始能筹备就绪。"国务院于8月17日向各省、市、自治区发出《关于选送文物到国外展览的通知》，10月各地的文物如期陆续运到北京，随即在故宫武英殿进行鉴选。夏鼐除非另有其他更重要的活动，几乎每天到场，逐件亲手挑选。参与其事的还有宿白、安志敏、王仲殊等考古学界的权威专家。

根据出土文物的历史价值、艺术价值和珍贵程度，切实地做好鉴选是筹办展览的基础工作。选定涵盖29个省、市、自治区的历朝历代展品之后，临时调集的工作人员又制作了图表等辅助展品，拍摄展品照片，编写展品说明，以及制作包装箱具等。这需要花费大量的时间，所以最后将其布置成粗具规模的预展陈列，已是1972年6月。八旬高龄的郭沫若亲临武英殿审查预展，并题写"中华人民共和国出土文物展"匾额。筹办出国文物展览中最繁难的任务，是审定展览图册的中文稿及英、法文译稿，包括将近500件展品的具体说明、单元说明和总说明，共计有

① 参见雷从云《夏鼐先生与新中国文物出国第一展》，载《夏鼐先生纪念文集——纪念夏鼐先生诞辰一百周年》。

好几万字，内容涉及的方面很广。这便需要既对中国考古学和中国文化史具有深厚的修养，又要通晓世界古代文化知识，才能进行符合实际的正确表述，避免夸大和低估学术价值的偏向。夏鼐是国内外学术界公认的考古学权威，责无旁贷地承担了最后把关的这一重任。他在1972年10月至1973年2月的日记中，记载了反复审改译稿，直到定稿付印后校改清样的详细过程，其间偶尔与同住干面胡同学部宿舍楼三单元的钱锺书、吴世昌，对译稿中的个别问题交换意见。[①] 任务繁重，时间紧迫，夏鼐夜以继日地奋力工作。而那段时间，他宠爱的幼子夏正炎感染了严重的隐球菌性脑膜炎，作为协和医院第一次成功治愈的病例，当时正住院接受治疗。由于老伴身体不好，有时他还要去医院陪床，负担之重可以想见。倘若没有对工作极度负责的奉献精神，是不可能做到的。为适应工作需要，1973年1月16日，国务院批准王冶秋《关于增加出土文物展览工作领导小组成员和组织中华人民共和国出土文物展览工作委员会的报告》。夏鼐出任出土文物展览工作委员会副主任。如果说此前作为“领导成员”的夏鼐，在做大量具体业务工作的同时，已经参与许多指导性工作的话，那么1973年1月16日之后，除大量的业务工作外，又多了一份名实相符的主要领导者职责。

1973年2月17日，法、英两国的文物展览代表团到达北京（法国3人，英国11人），18日夏鼐陪同他们参观筹备就绪的出国文展。法方顾问叶理夫和英方顾问华生都是夏鼐的老朋友。19日开始，由夏鼐主持与法、英两国代表团会谈。由于这是第一次举办出国文物展览，谈判进行得相当艰苦。夏鼐做到坚持原则、当仁不让。外方的要求无非是希望展览包含尽量多的珍贵品，我方则坚持一定要将珍贵品控制在相当程度的比例之内，因而往往为某一件展品的有无而争执不下。从2月19日下午到3月3日下

① 关于夏鼐参与筹办出国文物展览的情况，在《夏鼐日记》中逐日都有详细记载。姚远撰写《谢辰生口述：新中国文物事业重大决策纪事》一书说：“展览说明英文的翻译是我去请钱锺书翻译的，法文的翻译是我去请朱广才翻译的”，并未提及夏鼐把关定稿，所述欠准确（生活·读书·新知三联书店，2018，第133～134页）。

1973年筹办出国文物展览期间，与英国谈判代表团顾问华生交谈

午的两周时间，先后谈判七次。2月22日竟谈判至次日凌晨，休会时仍有细节问题未能取得一致；上午9时继续谈判，终于取得原则上的一致，斟酌文字尚有分歧，法方主张即行草签，夏鼐则坚持必须报上级批准后始能草签。经过这样长时间的谈判，有关展出的各项条款终于达成了协议。随后，便是文物展品的点交、包装和启运。从1971年8月至1973年4月，经过一年又八个月的精心筹备和辛勤工作，新中国文物出国第一展终于行将展出。夏鼐又花费一些时间，应约为对外英文杂志《中国建设》和《考古》，撰写配合展览的宣传文章——《巴黎、伦敦展出的新中国出土文物展览巡礼》（先写成5000余字，后扩至8000余字）[①]，并且为这次出国文展编印的展品目录编列参考文献。

1973年5月8日，“中华人民共和国出土文物展览”在法国巴黎的珀蒂宫隆重开幕，展品385件。当时正值夏鼐应邀与王仲殊等前往秘鲁、墨西哥进行为期一个半月的访问，无法分身参加巴黎的开幕活动，但他在从墨西哥返国途经巴黎时，曾于6月10日前往珀蒂宫察看展览情况。9月28日这一展览移至伦敦皇家艺术协会大厅开幕，英国首相希思（Ed. Heath）亲自主持并致开幕词。中国出土文物展览代表团团长由国家文物局局长王冶秋担任，他是中国政府的高级别官员，英国政府给予充分尊重。

① 原载《考古》1973年第3期；《中国建设》（英文）第22卷第6期，1973；又见《夏鼐文集》第四册，第133～146页。

而作为副团长的夏鼐，则是34年前从英国留学回国，并且获得埃及考古学博士学位，在国际学术界享有盛名，因而受到英国专家学者的热诚欢迎。

与中国代表团成员一起瞻仰马克思墓

左四夏鼐、左五王冶秋

夏鼐这次在英国停留的两周时间，与王冶秋率领的代表团成员一起参观不列颠博物院、维多利亚与艾伯特博物馆等著名博物馆，以及斯通亨奇巨石建筑遗迹、约克的罗马时代遗址发掘，并曾前往海格特公墓瞻仰马克思墓。其间，他本人特地重访母校伦敦大学学院，与旧日师友会面。其中两位老师都是年逾八旬的考古学前辈，一位是他跟随发掘梅登堡遗址，在田野考古方法上深受其影响的惠勒爵士；一位是著名埃及考古学家，留学时关系密切的鲍姆加特尔博士（Dr. Baumgatrte，E. J.），还有几位过从较多的同窗。他们看到夏鼐这位当年的莘莘学子，如今是中国考古工作的主要指导者，而展览会上展现的新中国考古收获如此丰富多彩，艳羡之情溢于言表。惠勒爵士特地到宾馆回访夏鼐，签名赠送

夏鼐与王冶秋等游览斯通亨奇时回忆留学时期参观情景

自己的两本著作；鲍姆加特尔则将新出版的埃及学大师皮特里的著作《涅伽达发掘·增补》（*Naqada Excavation, a Supplement*）赠送给夏鼐。他还拜访过著名中国科技史专家李约瑟教授、曾任英国史前学会主席的剑桥大学考古人类学系主任克拉克（Clark, J. D.）教授，并与众多英国学术界知名专家亲切会面。代表团参观阿什莫兰博物馆时，夏鼐重点考察了该馆的热释光分析、X射线荧光分析、X射线衍射、年轮断代等实验室，期盼在中国的考古工作中及早引进这些现代化的科技设备。

夏鼐重访英伦以后不久，1974年7月下旬收到英国学术院的来信，通知他已于7月10日被选为该院通讯院士。这既是夏鼐本人的荣誉，也是中国学术界的荣誉，但当时请示上级得到的答复却是“可暂不理”。直到改革开放以后，1979年10月英国学术院代表团来中国访问，夏鼐方才接受这一荣誉称号。

夏鼐作为学术界著名的代表人物，早在20世纪五六十年代即曾参加欢迎苏联伏罗希洛夫主席、朝鲜金日成首相等国宴，1970年代初又曾参加欢迎美国尼克松总统、法国蓬皮杜总统等国宴。至于专业的学术代表团，则在中美建交前接待了第一次来访的美国考古代表团（1973）和美国古人类学代表团（1975），又曾先后接待日本、秘鲁、墨西哥、伊朗、菲律宾等国家的考古代表团。

1973 年接待首次来中国访问的美国考古代表团

1975 年接待美国古人类学代表团华裔考古学家张光直（左四）第一次来访

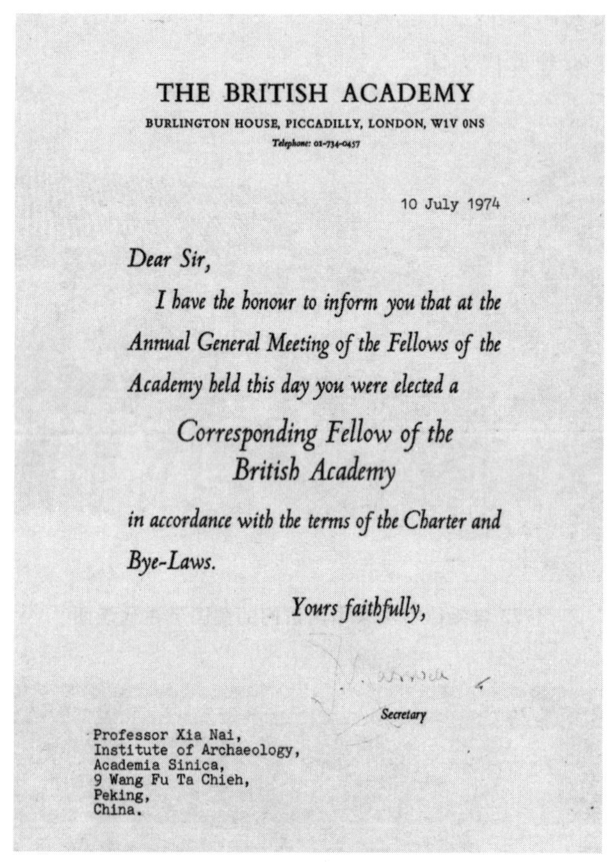

THE BRITISH ACADEMY

BURLINGTON HOUSE, PICCADILLY, LONDON, W1V 0NS

Telephone: 01-734-0457

10 July 1974

Dear Sir,

I have the honour to inform you that at the Annual General Meeting of the Fellows of the Academy held this day you were elected a

Corresponding Fellow of the British Academy

in accordance with the terms of the Charter and Bye-Laws.

Yours faithfully,

Secretary

Professor Xia Nai,
Institute of Archaeology,
Academia Sinica,
9 Wang Fu Ta Chieh,
Peking,
China.

英国学术院授予夏鼐通讯院士的证书

指导马王堆汉墓的发掘与研究

夏鼐在1970年代初期的重要学术活动，首推对长沙马王堆汉墓发掘与研究的悉心指导。这包括：派遣考古所的得力人员，支援一号墓和二、三号墓的发掘工作，协助进行一号墓发掘报告修改定稿，为一号墓女尸的病理学研究出谋划策，以及亲临二、三号墓发掘现场进行具体指导。

前已述及，早在1951年秋季，夏鼐率队在长沙近郊调查发掘时，即已判定俗称“马王堆”的土冢应是一处汉墓群。1970年底因当地施工取土获知其确为汉墓，经上级批准于 1972 年 1 月中旬开始发掘，4 月初当发掘至接近庞大的木构椁室时，湖南省博物馆因田野考古人员多仍下放农村，难以应付局面，电请主持全国文物工作的临时性机构国务院图博口负责人王冶秋支援。王冶秋转请夏鼐派人前往。恰好考古所刚完成为阿尔巴尼亚修复古羊皮书任务以后不久，当即派遣王㐨、白荣金二人前往。5 月初田野发掘和在室内清理内棺的工作完全结束以后，湖南省博物馆和考古所人员迅速合作写出《长沙马王堆一号汉墓发掘简报》，经夏鼐审阅后于 7 月由文物出版社出版单行本。这时，夏鼐根据该墓棺椁保存空前良好的状况，考虑到古代葬制研究中长期存在棺椁分辨不清的问题，撰写了《长沙马王堆一号汉墓的棺椁制度》一文，辨明棺是预先制成的“有盖木盒子”，收殓尸体后可以整体移动，并且可以套合几重，而椁则是用厚木材在墓坑现场构建而成。这既订正了发掘简报将第一层黑漆素棺定为内椁的错误，又对葬制研究有重要的推进。

国务院图博口在国内外关注马王堆汉墓的热潮中，曾经设想一鼓作气，短时间即出版发掘报告。7 月下旬，文物出版社负责人高履芳（王冶秋夫人）偕同湖南省博物馆熊传薪来到夏鼐的办公室，携带该馆人员突击写成的《马王堆一号汉墓发掘报告》油印本，以及全部线图，希望考古所帮助修改定稿，争取国庆节前付印、年底以前出书。夏鼐粗略翻阅后，感到报告初稿和线图都较粗糙，多数部分需要进行大幅度加工和修改，认为国庆节前定稿付印“不易办到”。他与王仲殊商量后决定，派出张孝光等四名绘图人员前往长沙，协助重绘全部线图，而将修改报告稿的任务交给黄展岳和笔者二人承担。当时约定，大部分章节由笔者二人负责修改，但竹简、乐器、丝织品三个部分，分别另请北大中文系朱德熙与裘锡圭、音乐研究所杨荫浏与李纯一、故宫博物院魏松卿负责修改，然后将修改稿交给笔者二人汇总，一并统稿定稿。

黄展岳和笔者接受任务后，先用一个多月时间在北京阅读原稿，发现问题，然后在国庆节前后的十多天内，去长沙察看墓坑、棺椁和女尸，并逐件核对各类出土文物；10 月中旬回到北京以后，日夜兼程，奋力改写分工负责的部分。杨荫浏、李纯一负责的乐器部分最先交稿，无须进一步修改即可将其编入。竹简考释部分，由黄展岳在朱德熙、裘锡圭修改稿的基础上，吸收唐兰考释稿的部分意见,[①] 汇合而成。丝织品方面，原应允负责修改的魏松卿，未能交出像样的文稿，笔者只得根据上海纺织科学研究院高汉玉等所作工艺考察报告稿[②]另起炉灶。而从事现代纺织工艺研究的高汉玉，则是从阅读夏鼐关于新疆古代丝织品的论著入门，着手进行马王堆丝织品的工艺考察。夏鼐为审阅报告的丝织品部分，曾与魏松卿、高汉玉二位交换意见；又曾去中国历史博物馆，检视1950年代初瑞典方面交还的1920年代中瑞西北科学考察团所获新疆纺织品标本。为了争取时间，整个工作进程采取流水作业的方式进行，互相配合相当默契，即笔者二人写出一节，送请夏鼐审定一节，随即将这一节交给出版社的责任编辑张圣福安排版面。据《夏鼐日记》记载，他从10月24日“开始校阅马王堆一号汉墓报告初稿”，到11月下旬看完丝织品和竹简考释部分，紧接着看完末尾的“年代和死者”“结语”两部分。夏鼐集中时间审定《长沙马王堆一号汉墓》修改稿，前后历时一个多月。夏鼐审阅书稿，向来十分负责，这次是周恩来总理直接关怀的重点发掘项目，又将是“文革”以后出版的第一部大型考古报告，所以审阅得更加认真，从出土各种器物的描述、分类和总括统计的数字到引证的历史文献，从标点符号到错别字，无不仔细校正、严格把关。

马王堆一号汉墓女尸出土以后，要不要进行解剖？怎样解剖？考古界存在着不同看法。1972年12月7～9日，王冶秋遵照周总理的指示在长沙召开四次专家座谈会，考古所的夏鼐、王仲殊，与六位医学专家，以及湖南省医学院有关人员，进行认真讨论。医学专家们熟知现代的尸体解剖与病理研究，但对古尸研究基本无知，因而夏鼐在座谈会上几次

---

① 唐兰（遗著）：《长沙马王堆汉轪侯妻辛追墓出土随葬遣策考释》，《文史》第10辑，中华书局，1980。

② 上海市纺织科学研究院、上海市丝绸工业公司文物研究组：《长沙马王堆一号汉墓出土纺织品的研究》，文物出版社，1980。

长时间发言，起了关键性的指导作用。解剖女尸时主刀的彭隆祥大夫，于30多年后撰写了《深情怀念夏鼐教授——教我从事古尸科研的启蒙老师》一文，[①] 深情地回忆道："听了夏鼐教授的发言，使我很受启发。我虽然1956年从湖南医学院毕业，到1972年讨论古尸解剖时，我已经是从事病理工作16年的人，可是古代病理学我还是第一次听到，研究古尸对医学史、疾病史、法医学和病理学都会有贡献。"通过座谈会几次讨论，到会者统一了认识：既要保存好古尸，又要进行病理解剖，开展多方面的科学研究。在专门讨论由谁主刀的会议上，在场的老专家可能心有顾虑，互相谦让，谁也不愿主刀。彭隆祥心想这件事是周总理批准的，政治方面不会有什么问题。从技术上讲，自己曾经做过200多例病理解剖，协助别人或指导别人做的尸体解剖更多，应该有能力完成这项任务，就在会上自告奋勇担当解剖古尸的主刀，得到大家的认可。也就是在这次会下，夏鼐找彭隆祥谈话，递给他一张写有5种外国古病理学文献目录的纸条，并且注明："（4）（5）两种，考古所图书室有之；（1）（2）（3）不知中国医学科学院图书馆有收藏否？"这些文献对于彭隆祥的古尸研究工作有明显的指导作用。现在彭隆祥大夫是国际上知名的古病理学家，他说："我在古尸科研的过程，许多老师和同事，许多外地的专家教授，都曾给予帮助和指导，而其中夏鼐教授是很重要的一位，是他领我进入古病理学的学术殿堂。"

1973年11～12月对马王堆二、三号墓进行发掘时，根据周总理的指示，成立了湖南省委书记李振军为组长的发掘领导小组，王冶秋、夏鼐等为副组长。夏鼐于12月1～17日在长沙，参加领导小组会议。发掘三号墓时，他夜半去墓地商定具体发掘方案，亲视墓坑中清理椁室边箱和室内开棺的全过程，关注一、二、三号墓之间的地层关系。在他的督促和亲自指导下，通过发掘弄清楚二号墓下葬的时间最早，三号墓略晚，其封土叠压在二号墓之上；而一号墓最晚，其封土既压在二号和三号两

① 参见《夏鼐先生纪念文集——纪念夏鼐先生诞辰一百周年》，第92～97页。

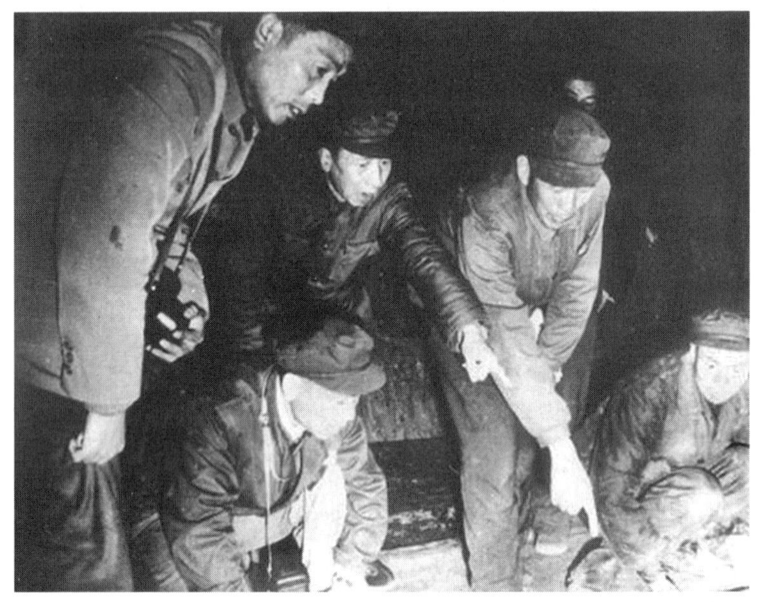

1973 年夏鼐夜半亲临马王堆三号墓发掘现场指导工作

左起高至喜、夏鼐、王抒

墓的上面，又打破三号墓的墓道。[①] 清理文物的工作，考古所支援的人员除王抒和白荣金外，又派去王振江。有了一号墓的发掘经验，整体上做得更好，但也有指挥失当未能尽如人意之处，例如帛书的揭取和装裱有一定的失误。[②]

1970 年代在夏鼐的指导和关怀下，田野考古工作取得的突出成绩还有两项。

（一）1974～1985 年发掘的北京大葆台汉墓，即公认的西汉广阳王刘建夫妇墓。当时在中共北京市委和国家文物局的领导下，成立了发掘领导小组，夏鼐作为领导小组成员，曾派遣钟少林、蒋忠义等经验丰富的田野考古人员参与其事，并且多次亲临发掘现场指导具体清理工作。该

① 湖南省博物馆：《马王堆汉墓发掘与文物整理保护亲历者访谈录》，湖南人民出版社，2014，第 304 页。

② 湖南省博物馆：《马王堆汉墓发掘与文物整理保护亲历者访谈录》，第 86 页。

墓虽早年经严重盗掘，随葬器物残存甚少，但这是保存完整的“黄肠题凑”墓室，仍然弥足珍贵。发掘结束后编写发掘报告，也有考古所人员参与。[①]

（二）1978 年湖北省博物馆发掘的随县曾侯乙墓。考古所没有派人员参与这项发掘，但夏鼐特地托人带去口信，要求当地同志密切关注出土的皮质甲胄。发掘中果然出土已经腐朽的皮甲胄，采取和盘托出的办法完整起取。在夏鼐的关怀下，由考古所派遣白荣金等前往察看后运到北京，协助进行室内清理与复原，成功地清理出可复原的十三副人甲胄和两副马胄，并且第一次复制出战国时代的一套人甲胄和一副马胄。[②]

继续致力于中国科技史的考古学研究

夏鼐在 1970 年代初期及以后一段时间，继续致力于中国科学技术史的考古学研究，主要是对中国冶金史和中国天文学史方面用力最多。

关于中国冶金史方面，有三件事值得一提。

第一件事，宜兴西晋周处墓出土金属带饰的重新鉴定。1953 年江苏宜兴西晋周处墓的发掘报告，于 1957 年送《考古学报》发表时，作者根据该墓出土的 17 件金属带饰中有一块碎片经南京大学化学系分析所含化学成分“85% 是铝”，在报告结语中说“为我们研究晋代冶金术提出了新的资料”。夏鼐考虑到用电解方法炼铝是“19 世纪才发明的”，对这一发现颇为关注，经去函查询后，请中国科学院应用物理所陆学善副所长再作分析的结果仍旧为“主要成分是铝”，于是在为该报告写的跋文中提出：“我们要问在当时是用什么方法提炼出这不易炼冶的金属达到 85% 的纯度？”发掘报告刊发后，“中国晋代已有金属铝”的信息，迅速引起国内外的关注。中国历史博物馆在陈列中作了肯定性的展示。有的外国科

① 大葆台汉墓发掘组：《北京大葆台汉墓》，文物出版社，1989。

② 湖北省博物馆、中国社科院考古所技术室等：《湖北随县擂鼓墩一号墓皮甲胄的清理和复原》，《考古》1979 年第 6 期。

幻作品，更把它说成是太空人带到地球的高度文明产品。

但是，早在1962年即有学者对另一块碎片进行分析，结果主要成分是银，而不是铝。为了彻底弄清楚事实真相，夏鼐于1972年，约请中国科学院物理研究所对现存16件较完整的金属带饰，全部进行重新鉴定，包括密度测定、光谱分析、X射线物相分析，分析结果一致，“都是银而不是铝”。夏鼐据此写了《晋周处墓出土的金属带饰的重新鉴定》一文，对金属带饰的化学成分问题进行了澄清，重点指出：“据说是晋墓中发现的小块铝片，它是有后世混入物的重大嫌疑，决不能作为晋代已有金属铝的物证。今后，我们最好不要再引用它作晋代已知冶炼金属铝的证据。”1978年夏鼐在汇编自己关于中国科技史的考古论文时，对该文所加补记又提到，北京有色金属研究院利用电子探针，也“确定周处墓出土的全部完整金属带饰是银，含有氯化银和少量硅、溴，那一小块碎片主要是铝”。同时又提到，北京钢铁学院用能谱探针测定周处墓小铝片的化学成分，“除铝外，还含有3%铜、0.4%锌、1.2%铁、0.6%硅、0.2%镁”。换句话说，“它不是普通的纯铝。实际上，它的成分和某些早期的铝合金（‘硬铝’Duralumin，发明于1906年）的成分相似，并且是经过加工延伸的产品”。困扰人们二十余年的西晋已有金属铝问题，到此宣告结束。①

第二件事，藁城出土商代铁刃铜钺性质的判明。1972年12月中旬，河北省考古单位人员来京汇报藁城台西村商代遗址的发掘情况，携来该遗址出土的一件铁刃铜钺，因其事关中国掌握冶铁技术的年代，引起了夏鼐的高度关注。1931年河南浚县曾出土两件西周时期的铜柄铁刃兵器，后流落到美国弗利尔美术馆。该馆对其进行过鉴定研究，但因锈蚀严重，未能得出最后的结论。而藁城出土的这件年代更早，也就更应给予足够的重视。1973年春，《考古》杂志编辑部收到河北考古单位的发掘简报

① 原载《考古》1972年第4期。加补记后见《考古学和科技史》，科学出版社，1979；又见《夏鼐文集》第三册，第249~261页。

《河北藁城台西村的商代遗址》，所附《冶金工业部钢铁研究院试验报告》称："我们认为钺的刃口部分系'熟铁'（系指古代熟铁，不同于现代方式生产的熟铁）。"夏鼐以其渊博的知识和丰富的经验，敏锐地感到根据《试验报告》中的鉴定数据，尚不能判定是否人工冶炼的熟铁，有待于进一步的分析研究。于是他一面说服国家文物局的负责同志和遗址发掘者不要盲目下定论，一面多方设法再行鉴定。他先在 6 月末会见中国科学院地质所张文佑所长，请求该所进行分析，迟至 8 月中旬尚未获得鉴定报告，而发掘简报刊发在即，夏鼐便亲自以个人名义撰写《读后记》，附在简报之后同时发表。[①]《读后记》开头就明确地说："根据已做过的化学分析和金相学考察，似乎并不排斥这铁是陨铁的可能，还不能确定其'系古代冶炼的熟铁'。"他指出就金相观察而言，只能证明金属经过热处理，"因之不是生铁（生铁锤打即碎），而不足以确定其为熟铁或陨铁"。进而强调"最可注意的是含镍较多。我们知道陨铁的特征是含镍较多，而冶炼的铁一般含镍极微或完全没有……定量分析一个小试样是含镍 1.76%，这是比较高的。……这方面还要再作定量分析。"当时正处于"文化大革命"后期极左思潮抬头的阶段，藁城发现商代"铁器"已经上闻"四人帮"中人物，考古所内外的"造反派"批评夏鼐"打击新生力量"，一时纷纷扬扬。夏鼐对咄咄逼人的政治压力毫不畏惧，坚定地认为这是严肃的学术问题，必须通过更加缜密的科学分析，彻底弄清楚真相。他冒着极大的风险，约请同样处于"待解放"状态的权威冶金专家柯俊教授重新进行鉴定。在柯俊的主持下，于 1975 年 5 月、11 月、12 月和 1976 年 1 月、3 月，采用独特先进的电子探针等方法，亲自开机，反复进行深入、细致的分析，最终在这件已经锈蚀的铁刃中找到了镍、钴分层的现象。[②] 这种分层现象是由于陨星在太空形成时，冷却及转变过程达 4×10^9 年，冷却速度 1～10°C/百万年，形成特殊魏氏组织——镍、

① 原载《考古》1973 年第 5 期；又见《夏鼐文集》第三册，第 226～227 页。

② 韩汝玢、石新明：《柯俊传》，科学出版社，2012，第 146～149 页。

钴呈层状分布。柯俊根据这种镍在铁锈中的层状分布得出最终结论，以“李众”笔名发表研究报告，明确断定这件“藁城铜钺的铁刃不是人工冶炼的铁，而是用陨铁锻成的”。[①] 该报告发表前，国外已有知名学者发表文章错误地说中国早在“殷代中期已能炼铁”。柯俊主持进行的出色鉴定，完全证实了夏鼐的论断，澄清了中国科技史研究上的这一问题，从而得到外国同行的充分肯定。

第三件事，推进黄石铜绿山矿冶遗址的发掘与研究。铜绿山遗址开始发现时，最早是中国历史博物馆于1973年10月，收到铜绿山矿上的来信及一件斧形大铜凿，随即派遣孔祥星和范世民等前往铜绿山现场调查。他们回北京后，曾到考古所，向夏鼐详细汇报遗址的情况。夏鼐在静心听取汇报的两个小时当中，一再说“这很重要”。[②] 1974～1975年湖北省博物馆暨黄石市大冶县人员进行了一定规模的发掘。1976年6月夏鼐与柯俊专程前往视察。

经过几年的酝酿，1979年为配合铜绿山矿扩大生产，夏鼐支持国家文物局组织考古发掘“会战”的计划，1979年冬考古所派出殷玮璋、白荣金等组成的考古队前往。夏鼐在考古队出发前明确指示：“这类工业遗址在全世界发现极少，如果发掘点的遗存保存状况较好，要考虑永久保留，将来在现场建馆，可以向世人公开展示。”[③] 考古所人员先后发掘两个地点：7号矿体1号点的采矿遗址、11号矿体的冶炼遗址。由于指导思想明确，而参与发掘的人员又很得力，此次发掘达到了预期的工作目的。7号矿体1号点古矿穴的方形木质支护框架，保存情况比预想情况好得多，井巷组合关系和排水系统都很完整，出土遗存内涵丰富，反映了当时的采矿工艺状况，如保存技术得当可以永久保存下去。11号矿体前

---

① 李众：《关于藁城商代铜钺铁刃的分析》，《考古学报》1976年第2期。

② 范世民、孔祥星：《铜绿山古铜矿遗址发现记》，载大冶市铜绿山古铜矿遗址保护管理委员会编《铜绿山古铜矿遗址记忆》，科学出版社，2013，第29～34页。

③ 殷玮璋：《铜绿山考古“会战”前后——在探索中寻求突破》，载大冶市全国绿山古铜矿遗址保护管理委员会编《铜绿山古铜矿遗址记忆》，第38～50页。

曾发掘7座冶炼炉，保存情况都不完整，新发掘的一座竖炉虽亦大部毁坏，但对其进行的复原研究和模拟试验，取得了良好的效果。[①] 夏鼐根据考古所发掘所获资料，曾与殷玮璋共同署名发表《湖北铜绿山古铜矿》一文，先后于1980年6月在纽约召开的中国古代青铜器国际研讨会、1981年在北京召开的中国古代冶金史国际研讨会上宣读。[②] 该文论述了铜绿山古铜矿由竖井→横巷→盲井掘取矿石的过程，以及为采掘矿石而在提升、排水、通风等方面采取的相应措施。推想当年矿工利用发掘中见到的那些采矿工具进行采掘工作的情况，夏鼐还亲自设计了提升用木辘轳的复原方案。他还指出："田野考古学根据出土物的共存关系（地层学的研究和墓葬中器物的组合的研究）和型式学的分析，将青铜器的研究提高到一个新的水平。今天，我们不仅研究青铜器本身的来源即它的出土地点，还要研究它们的原料来源，包括对古铜矿进行调查、发掘和研究。这是中国古代青铜器研究的一个新领域，也是中国考古学新开辟的一个领域。"

关于中国天文学史方面，夏鼐曾于1965年发表《洛阳西汉壁画墓中的星象图》一文，探讨古代星象问题。1976年发表的《从宣化辽墓的星图论二十八宿和黄道十二宫》一文[③]，是他晚年花费精力最多的名篇。1974年冬河北宣化下八里村的辽代砖室墓，发现一幅彩绘星象图。他得知信息后于1975年2月即着手进行研究，整理该星象图资料，阅读竺可桢《二十八宿的起源和时代》一文，绘制"二十八宿及黄道十二宫图"。随后，他在百忙之中，详细阅读了竺可桢《二十八宿起源的时间和地点》一文、钱宝琮《论二十八宿之来历》一文、朱文鑫《历法通志》、李约瑟《中国科技史》第3卷（天文学部分）、新城新藏《东洋天文学史研

① 《湖北铜绿山东周铜矿遗址发掘》，《考古》1981年第1期；《湖北铜绿山古铜矿再次发掘——东周炼铜炉的发掘和炼铜模拟试验》，《考古》1982年第1期。

② 夏鼐、殷玮璋：《湖北铜绿山古铜矿》，原载《考古学报》1982年第1期；又见《夏鼐文集》第三册，第228~248页。

③ 原载《考古学报》1976年第2期，收入《考古学和科技史》一书；又见《夏鼐文集》第三册，第170~208页。

究》、能田忠亮《东洋天文学史论丛》、桥本增吉《支那古代历法史研究》等大量的中外文有关论著。1975 年 12 月中旬花 4 天时间写出提纲，12 月末在中国科学院召开的中国天文学史会议上作了专题报告，1976 年 4～5 月再以一个月的时间将其撰写成文。

夏鼐关于宣化辽墓星图的这篇论文，根据壁画中的二十八宿和黄道十二宫图像，结合大量文献资料，进一步论证中国古代天文学体系的特点，指出以赤道为准的二十八宿显然是起源于中国，后来由中国传入印度，而黄道十二宫则至迟在隋代，随着佛经的翻译由印度传入中国。至于中国二十八宿创立的年代，他认为："由可靠的文献上所载的天文现象来推算，我国二十八宿成为体系，可以上推到公元前 7 世纪左右。真正的起源可能稍早，但现下没有可靠的证据。至于文献学方面的考据结果，也和它大致相符而稍为晚近，现下只能上溯到战国中期（公元前 4 世纪）而已。"夏鼐的这一论断，被公认为中国天文学史研究中对于二十八宿创立年代这一聚讼纷纭问题的较为稳妥的回答。[①]

夏鼐晚些时候撰写的《另一件敦煌星图写本——〈敦煌星图乙本〉》[②]，对中国天文学史研究也有重要贡献。关于敦煌写本中的两件唐代星图，他将现存英国不列颠图书馆的一件称为甲本，而将现存敦煌县文化馆的一件残卷称为乙本。他所进行的探讨，首先把甲、乙二本的紫微宫图各星官列成一表进行比较，发现两种星图的相同内容与《丹元子步天歌》所述最为接近，而与《晋书》《隋书》二史《天文志》的记述差异较多，但都属于一个系统。继而又就两本之间的大同小异互相对比，感到乙本的原来蓝本在星官数和星数方面，实稍胜于甲本的原本，但仍是一个系统的两个不同本子；至于两本中各星官的形状和位置，一般而论，都绘制得不很正确，却又没有很大的错误。夏鼐又将甲、乙二本的抄写年代和《步天歌》的撰写年代一并讨论，认为《步天歌》的撰述时

① 中国天文学史整理研究小组编著《中国天文学史》，科学出版社，1981，第 44 页。

② 原载李国豪等主编《中国科技史探索》，上海古籍出版社，1982，第 143～153 页；又见《夏鼐文集》第三册，第 209～225 页。

代不会早于李淳风活动的时代，歌辞和诠释的作者应该都是唐开元年间道号“丹玄子”的王希明；进而推测敦煌星图的原本应是根据《步天歌图》所绘，它不会比《步天歌》的撰写年代（唐开元时，即8世纪前半）更早，但其转抄的年代稍晚，甲本在开元天宝，乙本在晚唐五代。这比英国李约瑟将甲本的年代定为后晋天福年间（936～942），提早了二百年。至于乙本星图，夏鼐是第一位对此进行如此缜密研究的学者。

这个时期，许多科技单位组织人力编写本门科技方面的专史。开始是为配合“批儒评法”的学习，后来坏事变成为好事，努力爬梳中国古代诸多方面科技的光辉成就，进行前所未有的系统阐述。由于许多专业科技单位的人员不熟悉历史文献和考古资料，纷纷前来考古所求助。例如，1975年中国科技大学撰写《梦溪笔谈》注释和译评，夏鼐花费很多时间审阅文稿，并面对面进行讨论；他自己早就对《梦溪笔谈》做过一番研究，发表过《沈括和考古学》一文[①]，称颂沈括具有“实事求是的唯物主义思想”，“研究古器的制法和用法，不局限于表面的描述”，“注意各门学科的协作，不孤立地研究问题”，等等。而这正是夏鼐本人治学的突出特点。同年，中国硅酸盐学会组织撰写《中国陶瓷史》，夏鼐曾几次应邀参加编写工作座谈会，后派遣安志敏充任主编小组成员；参加中国科学院召开的中国天文学史会议，作了关于二十八宿的学术报告，又对编辑《中国天文学史文物图录》和《中国古代天文文物论集》进行指导。1977年，夏鼐应邀参加国家计量总局编撰《中国古代度量衡图集》的审稿会议；为纺织工业部《中国纺织科学技术史》（古代部分）编写组作关于中国古代纺织的专题报告；还审阅过《中国造船史》《中国地毯史》等书稿。凡此，他都认真地提出建设性意见，发挥了重要的推进作用。

夏鼐在1970年代前期从事的各项业务活动，都是宣传队进驻学部和考古所已久，他本人一度处于逆境的情况下进行的。1974年末经过“整

---

① 原载《考古学报》1974年第2期，后加补记收入《考古学和科技史》一书；又见《夏鼐文集》第三册，第271～292页。

党”学习，夏鼐恢复了组织生活。1975 年，夏鼐于 1 月出席全国人大四届一次会议，2 月当选为考古所党总支支部委员。但是，这时考古所的党总支委员会中仍有工宣队负责人。工宣队撤离前不久，年逾六旬的夏鼐仍要与中青年人员一道，经常参加所内的人防工事劳动。有一次，通俗本《满城汉墓》书稿急等夏鼐审定，该书主要执笔者卢兆荫自告奋勇代他劳动。又有一次，夏鼐正在劳动时，突然接到参加中央首长接见外宾活动的通知，他身穿旧中山装和解放鞋，来不及回家换装，急忙赶往人民大会堂，合影时察觉胸前掉落一粒纽扣，只好伸手挡住。直到 1975 年 8 月中旬工宣队撤离，考古所才恢复正常的工作秩序。

1976～1977 年，夏鼐在“批儒评法”高潮和“反击右倾翻案风”的时刻，顶住政治压力，毅然将自己历年来根据考古新资料，创造性地研究中国科技史问题的 10 篇论文，删去标签性语录，集结为《考古学和科技史》一书，交给科学出版社出版。夏鼐为该书的出版，特地写了一万数千字的长篇代序，题为《考古学和科技史——最近我国有关科技史的考古新发现》①。该文将 1966 年以来我国考古工作中有关科技史的新发现，归纳为天文和历法、数学和度量衡、地学、水利工程和交通工具、纺织陶瓷和冶金、医学和药物学、农业科学等专题，进行了全面而系统的概述。用他自己的话说，“这篇内容，在表面上是介绍 1966 年以来我国有关科技史的考古新发现，实际上是想说明考古资料对于科技史研究工作的重要性；同时也是告诉考古工作的同行们，应该设法取得科技工作者的协作，以解决考古学上的问题，有些同时也是科技史上的重要问题”。这对于启发考古学界同行和有关科技人员的认识，促进相互之间的协作，以共同解决考古学上和科技史上的重要课题，有重要的指导意义。

① 原载《考古》1977 年第 2 期，加补记后收入《考古学和科技史》一书；又见《夏鼐文集》第三册，第 3～25 页。

第九章　改革开放后的业绩

中国社会科学院成立初期

1977 年 5 月 7 日，中共中央批准中国科学院哲学社会科学部的名称改为中国社会科学院，其地位同于中国科学院。11 月，首任院长胡乔木，副院长邓力群、于光远到任，确定中国社会科学院科研工作的方针任务是真正成为我国社会科学的研究中心和资料中心，为在 20 世纪内实现四个现代化的宏伟目标、繁荣我国学术文化事业做出较大的贡献。领导班子首先抓清除“四人帮”的流毒和影响，继而又抓制订中期和长期科研规划。关于揭批“四人帮”问题，曾于 1978 年 2 月 20 ~ 23 日，由邓力群副院长主持召开批判“四人帮”炮制的“两个估计”座谈会，院内各学科的许多知名专家在会上发言，或作书面发言，《人民日报》以两个整版的篇幅发表座谈会的发言摘要。其中夏鼐的发言，批判了张春桥所谓的“思想上的正确和错误，决定于理论”的谬论，明确指出“判断认识或理论之是否真理，不是依主观上觉得如何而定，而是依客观上社会实践的结果如何而定”，“实践是检验真理的标准”。[1] 中国社会科学院院史

① 原载《人民日报》1978 年 3 月 16 日第 3 版；又见《夏鼐文集》第四册，第 398 ~ 399 页。

研究室编著《中国社会科学院编年简史1977～2007》，将此列为专条，并且强调“夏鼐的发言，比嗣后‘真理标准’大讨论早三个月”。[①]

中国社会科学院成立后不久，夏鼐撰写了一篇具有重要指导意义的文章：《碳－14测定年代和中国史前考古学》[②]。

放射性碳素断代法的发明和应用，被国际考古学界誉为“20世纪史前考古学中的大革命”。考古研究所在夏鼐的筹划下，于“文革”前夕建成中国第一个碳－14实验室，1972年公布第一批测定年代数据，立即引起国内外考古学者的关注。后来，又有几个单位陆续建立碳－14实验室。截至1977年上半年，考古所的实验室已经公布四批共计130多个数据，绝大多数属于史前时期。如何正确认识碳－14年代数据，更好地据以进行中国史前考古学研究，成为摆在大家面前的突出问题。夏鼐及时发表的这篇文章，指明碳－14断代法的局限性：第一，由于不同年代的碳－14是有变化的，数据需要进行“树轮校正”，才能得到“真实”的年代；第二，碳－14年代后面的加减号和数字（例如±90），是统计学上的标准偏差（也称“标准误差”），不要误以为确实的年代一定便在这范围以内；第三，统计学偏差以外，作为考古学年代还有其他误差的可能，例如实验过程中的误差、文化层或古建筑中年代较早的木质标本、特殊环境中（活火山地带）生长的标本、受到污染的标本等。他还提到需要在采取标本时认真注意地层关系等，特别强调：“只有一系列的基本一致的碳－14年代才是有价值的，而一两个孤零的数据，就其本身而论，是没有多大意义的。后者很可能是受到某种误差的影响的产物，因之很可能是错误的，不可靠的。”

夏鼐根据当时已经公布的各地史前文化的年代数据，结合文化内涵和地层证据，第一次进行全面的讨论，为这方面研究树立了典范。他将已有数据中属于公元前1000年以前的89个数据，剔除出土自石灰岩山洞

① 中国社会科学院院史研究室：《中国社会科学院编年简史1977～2007》，社会科学文献出版社，2007，第13～14页。

② 原载《考古》1977年第4期；又见《夏鼐文集》第二册，第189～222页。

标本的年代偏早数据、标本出土地层不明的数据，依照地区和时代编制成分布图，然后探讨最早的新石器文化问题，分析中原地区、黄河上游、黄河下游、长江中下游新石器文化的排列顺序和绝对年代，以及其他地区的新石器文化和早期青铜文化问题，对于中国新石器文化的起源与年代序列、相互关系与发展谱系，提出了许多富有启发意义的独到看法，尤其可贵的是更加明确地提出中国新石器文化的发展并非黄河流域一个中心的多元说。前已述及，夏鼐早在 1962 年发表的《新中国的考古学》一文，即已提出这种观点。1977 年发表的这篇文章，则对其阐发得更加透彻。他说：各地文化类型的不同，“表明它们有不同的来源和发展过程，是与当地的地理环境适应而产生和发展的一种或一些文化”。又说：“当然这并不排除与黄河流域的新石器文化可能有互相影响，交光互影。这种看法似乎比那种一切都归于黄河流域新石器文化的影响的片面性的传播论，更切合于当时的实际情况，更能说明问题。”中国远古文化的发展由传统的黄河流域一元说转变为并非一个中心的多元说，是中国史前时期考古研究的重大突破。四年以后，苏秉琦于 1981 年 5 月发表与殷玮璋合写的《关于考古学文化的区系类型问题》一文①，对黄河流域与其他地区古代文化发展的关系，进一步阐述相同的看法。四十年来的考古发现与研究，使多元说进一步确立，成为中国考古学界的共识。

夏鼐于 1977 年 11 月 22 日在登封王城岗遗址发掘现场会闭幕式上的讲话，会后以“谈谈探讨夏文化的几个问题”为题发表，② 也曾产生重要影响。

从考古学上彰明较著地探索夏文化问题，肇始于 1959 年春夏之交徐旭生进行“夏墟”调查。在此以前，河南省文物队在郑州洛达庙、考古所在洛阳东干沟，先后发现年代早于郑州二里冈的文化遗存。徐老在调查中发现的二里头遗址，因其内涵更加丰富，考古所随即持续进行大规

---

① 原载《文物》1981 年第 5 期；又见《苏秉琦考古学论述选集》，文物出版社，1984，第 225 ~ 226 页。

② 原载《河南文博通讯》1978 年第 1 期；又见《夏鼐文集》第二册，第 249 ~ 252 页。

模发掘，发现大面积宫殿基址、丰富的各类遗物，以及连续发展的早、中、晚期堆积。同时，偃师、登封的一些地方又发现新的二里头类型遗址。因而二里头文化受到极大的重视。1963年秋季，中国科学院哲学社会科学部制定1963～1970年科学研究发展规划时，正式将“夏文化的探索和商文化的渊源”列入考古研究发展规划。

夏鼐对古史传说资料的研究，原本持一定程度的保留态度。徐旭生进行“夏墟”调查之前，他曾当着徐老的面在考古所的会议上审慎地说：“这类资料中既有古老民族口耳相传的真正传说，又有先秦诸子编造的历史哲学。”但当徐老的“夏墟”准备进行调查时，作为考古所常务副所长的夏鼐仍然予以支持，派遣方酉生及若干辅助人员，协助前往豫西和晋南地区。[①] 夏鼐本人最早是1962年在《新中国的考古学》一文中提及：“二里头类型的文化遗存是属于夏文化，还是属于商代先公先王的商文化，目前学术界还没有取得一致的认识。我国的国家起源和夏代文化问题，虽已有了一些线索，但还需要进一步地研究，才能得到解决。”[②] 1964年，他在《我国近五年来的考古新收获》中讲到二里头遗址时说：“二里头可能为商灭夏后第一个帝王成汤的都城西亳。如果晚期是商汤时代的遗存，那么较早的中期（或包括早期）便应属于商代先公先王时代的商文化，因为三者文化性质是连续发展、前后相承的。如果事实上夏、商二文化并不像文献上所表示的那样属于两种不同的文化，那么这里中期和早期便有属于夏文化的可能了。”[③]

1977年，河南省文物队安金槐在登封告城镇附近发掘的王城岗遗址中，发现河南龙山文化晚期的夯土墙遗迹，因为地处文献资料中“禹都阳城”地区，便考虑有可能是“正要寻找的夏代‘阳城’遗址”。国家文物局于1977年11月18～22日在登封县城召开河南登封告成（王城

① 因时值晋南麦收，最终未能进行。

② 原载《考古》1962年第9期；又见《夏鼐文集》第一册，第318～319页

③ 原载《考古》1964年第10期；又见《夏鼐文集》第一册，第333页（文章题目改为“六十年代前期的中国考古新收获”）。

岗）遗址发掘现场会，以听取各方面专家的意见。夏鼐在闭幕式上，针对夏文化研究的复杂性作了极具指导意义的报告。报告开头提到发现的夯土是不是城墙和城墙的年代问题，在日后的发掘中迅速得到解决。关于夏文化问题，夏鼐说："首先应假定：（1）我们探讨的夏王朝是历史上存在过的，不像有些疑古派认为可能没有夏王朝。（2）这个夏文化有它一定的特点。"他针对众说纷纭的情况，着重从基本概念上进行澄清，指出夏文化应该是指夏王朝时期夏民族的文化，但有人以为仰韶文化也是夏民族的文化，但纵使能够证明仰韶文化是夏王朝祖先的文化，那只能算是"先夏文化"。夏王朝时期的其他民族的文化，也不能算是夏文化，不仅内蒙古、新疆等边区的少数民族文化不能称为夏文化，如果商、周民族与夏民族不是同一个民族，那也只能称为"先商文化""先周文化"，而不能称为夏文化。至于夏文化问题的四种不同意见，则认为"现有材料还不足以说明哪一个是夏文化，条件还不太够，四种意见都有说不通的地方"。

关于怎样探索夏文化，夏鼐认为："地域与社会性质，看来问题不大。……问题是文化与年代。"关于年代，他说"这个问题很麻烦"，指出："商代的灭亡是在公元前1122年或公元前1027年，这两种说法便相差百来年，还有其他说法。至于商代的总共年数是四百九十余年还是六百多年，不得确知。夏的年代更没法说清。或以为四百余年，或以为比殷代更长。目前放射性碳素测定年代，也还有些问题需要解决，一则是它本身的误差；再则是树轮校正年代的准确性。"关于文化问题，夏鼐说："殷商的文化面貌，早晚都较清楚；夏文化的面貌则不清楚。汉代学者所描写的夏文化的面貌，有许多是根据三统说加以引申而推上去的。夏商文化有共同之处，也有差异之处。有同志说郑州是汤都，二里冈下层便是商朝最早的文化，可郑州还有早于二里冈的商文化遗存。有共同点，又有差别。这里很复杂，可以继续研究。"夏鼐最后讲到夏都问题，他说："一般的探索过程，是先确定一个遗址属于某一王朝，然后再确定它是该王朝的京都。如果夏到不了河南龙山文化晚期，那么告成镇王城岗的城墙为夏都城之说便难以成立了。"他又指出，"禹都阳城"说出自上距夏禹将近两千年的《孟子》，另外还有“禹都安邑”等说法；纵使禹都阳城，是否即战国时期的阳城，也很可能指附近的另一个地点。凡此种种问题，都需要周密思考，不能草率地下结论。

夏鼐的这种实事求是分析的科学态度，推进了夏文化探索工作的健康发展，使有关研究不断深入，逐渐取得较多的共识。至于王城岗遗址的发掘工作，夏鼐曾亲下探坑具体检视其地层堆积、夯土结构、夯窝形制，又观察出土标本和发掘记录，指示要深入进行遗址的分期研究，特别是龙山文化中晚期与二里头文化早期之间的关系，为王城岗遗址的发掘与研究进一步指明了方向。

制订考古研究工作八年规划

1978 年 1 月上旬，中国社会科学院召开制订科研规划的会议，动员制订社科院 1978 ~ 1980 三年规划和 1978 ~ 1985 八年规划，为做好全国哲学社会科学规划进行准备。胡乔木院长在讲话中要求“制订规划要有雄心壮志，同时要切实可行，要有远大理想，同时要有实际的基础”。强调“要跟整个国家建设、科学文化事业、经济建设等各方面事业的发展相适应”。[①] 会后，各研究所迅速行动起来，分别召开专家座谈会，举行本门学科的规划会议。

考古所先是在年初举行上一年度田野工作汇报例会的同时，由夏鼐主持多次召开本所业务骨干座谈会，1 月中旬成立了王仲殊、乌恩二位负责，安志敏、张长寿、徐苹芳、王世民、任式楠、殷玮璋六人参加的规划小组，由王世民执笔起草“1978 ~ 1985 年考古研究工作远景规划草案”。1 月底，“规划草案”经夏鼐审阅修改后，提交考古所党总支委员会讨论通过。2 月，派人在北京征求国家文物局、北京大学考古专业、中国历史博物馆等单位的意见。3 月中旬由夏鼐主持在北京召开专家座谈会，并在考古所内组织讨论。会后，还曾派人去云南、四川及东北三省征求意见，再经夏鼐

---

① 参见中国社会科学院院史研究室《中国社会科学院编年简史 1977 ~ 2007》，第 11 页。

反复修改，至3月底基本定稿。此后，夏鼐又曾参加中国社会科学院召开的社会科学规划座谈会，出席包括历史所、近代史所、民族所、世界史所和考古所在内的历史学科规划会议。后来由于夏鼐在1978年8月作为社科院成立后第一次出访的中国学术代表团成员，与团长许涤新及钱锺书等去意大利，出席第26届欧洲研究中国会议（即原欧洲青年汉学家会议），因而单独的考古学科规划会议迟至1979年4月初才召开。

1979年4月的全国考古学科规划会议，是趁在西安举行中国考古学会成立大会之便，提前三天于4月3～5日召开的。会议由夏鼐主持并致开幕词，中国社会科学院党组副书记兼副秘书长梅益到会指导。参加会议的有裴文中、于省吾、商承祚、张政烺、胡厚宣、王振铎、常书鸿、苏秉琦等老一辈考古学家和古文字学家，以及各地考古单位代表赵青芳、安金槐、蒋若是、麦英豪等，大学考古专业代表宿白、邹衡、俞伟超、张忠培等，共计百余人。会上，由安志敏代表考古所，对"1978～1985年考古研究工作八年规划纲要（讨论稿）"作了说明。由于这是"文革"以后全国考古学界的第一次大聚会，与会人员回顾十多年来的经历，展望未来的远景，倍感兴奋。

"规划纲要（讨论稿）"肯定了新中国成立以来，"考古工作的面貌发生根本的变化"，"初步建立我国自己的考古学体系"，指出："现存的主要问题是：（1）专业队伍的人数较少，机构不够健全。工作人员的理论水平和业务知识，都有明显的缺陷，青黄不接的现象相当严重。（2）学术价值较高的专著很少，理论研究和基本资料的系统整理都没有很好地展开，存在着许多学科上的空白，更谈不到对外国考古学的研究。（3）田野考古和室内整理工作，在应用现代技术方面，同世界先进水平有较大的差距。"

"规划纲要（讨论稿）"提出的奋斗目标和设想是："要在密切配合高速度发展的经济建设，积极进行文物普查和清理发掘的同时，根据学科发展的需要有计划地开展典型遗址的大规模发掘，大力提高田野工作的科学水平，注意采用各种现代化的技术。"提出："今后若干年内需要集中力量从考古学上探讨的课题主要有：中国远古文化的渊源，中华民族共同体形成的过程，国内主要少数民族的早期历史”，等等。又指出：“在工作安排上，最近三年要搞好整顿机构和充实队伍的工作，除编写几种急需的专著外，着重进行普查、试掘和历年积压资料的清理，为进一步展开工作积极做好准备。八年内培养一批学有专长的人才，建成体制合理、门类齐全的中国考古学研究体系。”

虽然中国社会科学院与地方考古文物单位之间没有行政领导关系，但“规划纲要”的指导作用还是非常明显的。此后若干年考古工作的发展情况，在许多方面符合当时的设想。例如关于健全机构，曾提到“有条件的省、区，可报经上级批准，进一步建立和健全不同形式的地方考古专门机构”。这早已成为现实，各个省、市、自治区普遍建立了专门的文物考古研究所，具体工作的发展更不必说。

至于综合研究和专题研究的课题，中国社科院考古所在夏鼐的领导下，历年来正是依照规划开展工作，只不过有的项目在完成时间上有所推迟罢了。例如 1984 年出版的《新中国考古发现和研究》、1984 ~ 1994 年陆续出版的《殷周金文集成》、2003 年开始出版的《中国考古学》（多卷本），都是规划中综合研究类的重点项目。

专题研究方面，考古所依照规划的要求，有重点地部署田野考古和室内工作。新石器时代方面，进行了中国新石器时代早期和中石器时代文化的探察，中国新石器文化分布、分期和相互关系的研究，社会经济形态、生产活动、自然环境和人类体质的研究，以及绝对年代的测定。原史时期和历史时期，进行了夏文化的探索和商文化的溯源，商殷和西周都城遗址和其他重要遗址的勘察发掘，殷墟甲骨文和商周青铜器与铭文的研究；汉唐及其以后时期，除对汉唐两京遗址持续进行发掘外，又与地方单位合作，开展曹魏和北齐邺城遗址、唐宋扬州城址、南宋临安城址的勘察发掘，以及几处古代瓷窑遗址的发掘。这些工作使考古所和其他单位的青年研究人员增强了课题意识，迅速地成长为不同方面的专门人才。

1983 年国家建立社会科学基金制度，由夏鼐兼任考古学科规划小组的组长，成员有贾兰坡、张政烺、苏秉琦、宿白、安志敏、石兴邦、王仲殊、张长寿、徐苹芳等。夏鼐主持规划小组审批基金申请时期，根据“规划纲要”的精神，注意向“历年积压资料的清理”倾斜。“六五”期间的重点项目共计 18 项，其中除《新中国考古发现和研究》《殷周金文集成》和《小屯南地甲骨》3 项外，其余 15 项都是历年积压重要发掘资料的整理，计有：沁水下川、临潼姜寨、乐都柳湾、南京北阴阳营、余姚河姆渡、登封王城岗、偃师二里头、昌都卡若、曲阜鲁国故城、随县曾侯乙墓、平山中山王墓、马王堆二号和三号墓、鄂城六朝墓、元大都、北京明定陵。这些项目中，虽然极个别的完成时间拖延较久，但已全部陆续完成，并且公开出版，成为中国考古学研究的重要成果。

中国考古学会的成立及其初期活动

成立中国考古学会，最早是 1959 年初由考古研究所和北大考古专业的 16 位中青年学者在《考古》杂志上提出的倡议。[①] 随后，参加编写“新中国十年考古”座谈会的 18 个单位的同志正式发起并委托北京的几个单位负责筹备。[②] 经过多次酝酿，于 1964 年 3 月成立郭沫若为首的筹备委员会，原定 1964 年 7 月下旬在北京举行成立大会，但由于种种原因以及随后的“文化大革命”而搁置。直到党的十一届三中全会召开以后，中国考古学会的筹备工作才得以重新进行。

中国考古学会成立大会，于 1979 年 4 月 6 ~ 12 日在西安举行，[③] 与 4 月 3 ~ 5 日召开的全国考古学科规划会议前后衔接，一套人员，两个会议。根据夏鼐的提议，考古学会成立大会的开幕式，由最年长的与会代表、83 岁高龄的著名古文字学家于省吾致开幕词。中共陕西省委书记李尔重到会祝贺，并题写屈原《离骚》诗句“路漫漫其修远兮，吾将上下

① 《建议成立中国考古学会》，《考古》1959 年第 1 期，第 9 页。

② 《考古》1959 年第 2 期，第 62 页。

③ 参见《我国考古学界一次空前的盛会——中国考古学会在西安成立》，《考古》1979 年第 4 期。

而求索”，表示对大会的希望。开幕式上，夏鼐本人作了题为“我国考古工作的巨大成就和今后努力的方向”的报告[①]；裴文中对《中国考古学会章程草案》作了说明。与会代表热切地期望：中国考古学会的成立，将为团结全国考古工作者，在马克思列宁主义、毛泽东思想的指导下，发扬实事求是的优良学风，提高考古研究的科学水平，推动我国考古工作的进一步发展，完成八年发展规划的既定目标，为实现社会主义新时期的总任务做出积极的贡献。

大会在反复酝酿的基础上，选举产生64人组成的第一届理事会，并为台湾的考古学家保留若干理事名额。理事会会议推选夏鼐为第一届理事长，裴文中、尹达、苏秉琦为副理事长，王仲殊为秘书长。大会又选举著名古文字学家容庚、于省吾、徐中舒、商承祚、陈邦怀和国家文物局局长王冶秋6人为名誉理事。

在中国考古学会成立大会主席台上

右起夏鼐、梅益、李尔重、于省吾、安志敏、裴文中

① 夏鼐的这个报告，是秘书人员根据他1978年参加第26届欧洲研究中国会议的报告稿代为起草的，仅见于《中国考古学会成立大会特刊》，因非本人亲自撰写，未曾公开发表，亦未收入《夏鼐文集》。

大会用较多的时间开展丰富多彩的学术活动。会议论文涉及的方面很广：苏秉琦所作关于区系类型问题的报告，对大家颇有启发；湖北省关于随县曾侯乙墓发掘的报告，及其彩色影片和编钟演奏录音，引起大家极大的兴趣。会外，集体参观了半坡遗址、秦始皇陵兵马俑坑、汉长安城和唐大明宫遗址，以及唐代的昭陵和乾陵。

夏鼐于4月7日上午，在宿白、安志敏的陪同下，去秦俑坑发掘现场参观，感到那里的发掘工作存在严重问题。他在当天的日记中写道：

> 到秦俑坑发掘现场，由杭德洲同志陪同参观。我看了大吃一惊，这是一场全面破坏的挖宝工作。至于修复工作更是糟糕。……修复做得好的，会做得像真的古物一样，修得糟糕的，把真的修得像假古董。这里，便是糟糕的一例。听说，99人工作，规定每天修复1.5个，现在可以每天1个。发掘现场更是一场破坏性的活动，开了24个20×20平方米的探坑，只有四五个工作人员，还经常不在工地，而工人有120人之多。没有［在］现场作记录，照相、绘图都看不见人。揭露出来的东西，有的规定拿起放在一边（听说，最后摆成几堆照相、绘图）。要看平面图，拿出试掘时的平面图来塞责。图上器物都没有编号。这工作搞得真糟糕，我忍不住发了一顿脾气。

4月8日，夏鼐和与会代表一道再次去秦兵马俑坑参观，大家对发掘工作中的问题普遍都有同感。返回住地，他立即动手赶写关于注重发掘质量和文物保护的“紧急呼吁”，征求裴文中、王振铎、苏秉琦、宿白、安志敏的意见后，修改为《联合倡议》，七十余人共同签名发出。其中指出：“主动发掘的项目，必须按国务院颁布的文物法令，严格审批手续；发掘工作必须严格操作规程，以确保发掘资料的科学性与完整性。”又说：“凡是没有充分准备，特别是对可能发现的文物没有较好保存办法的情况下，应遵照周总理生前的指示，切不可仓促从事，以免造成不必要的或无可挽回的损失。”还强调：“我们每个考古工作者都肩负着历史的重担。应该清楚地意识到：我们不仅要完成规定的工作项目，还要把保护工作切实做好，使珍贵的文物得以世代相传。很多工作不是我们这一代人所能完成的；很多技术也不是我们这一代人都能解决的。不少项目的主动发掘，只有在技术条件具备之后，才能提上日程。发掘工作不能不考虑到保护的问题。”① 夏鼐回到北京以后，及时向中国社会科学院、中宣部、国务院反映情况，与国家文物局反复交换意见，并于9月下旬与国家文物局领导一道，专程再去西安，与陕西省有关领导洽商，采取必要措施加强业务领导，使秦俑坑的发掘工作走上科学的轨道，逐步取得较好的成绩。

夏鼐在世期间，中国考古学会先后开过五次年会。秘书处根据他的指示，坚决贯彻“勤俭办会”的原则，形成了良好的会风。会上从来不发礼品，一直用塑料袋或纸袋盛放会议资料。历次年会都有一两个明确的主题，不追求形式主义的热热闹闹，与会代表绝不过多，大体控制在100多人，便于开展切实的学术讨论。参观仅限于当地附近的考古遗址及其出土标本，不搞旅游。除第一次年会于1979年4月在西安召开外，第二次年会于1980年11月在武汉召开，主要议题是“楚文化研究”；第三次年会于1981年12月在杭州召开，主要议题是“东南沿海地区新石器文化”和“青瓷与青瓷窑址”；第四次年会于1983年5月在郑州召开，主要议题是“夏文化的探索与商文化的研究”和“中国各地的青铜文化”；第五次年会于1985年3月在北京召开，主要议题是“中国古代的城市”。每次年会，夏鼐都在开幕式上作主旨性讲话，闭幕式上由苏秉琦作总结。年会结束后，由秘书处编选本次年会主题为中心的论文集，入选论文约占提交论文的三分之一或稍多。自1984年起，秘书处又开始编辑出版《中国考古学年鉴》（主要由考古所资料室人员

① 据《中国考古学会成立大会特刊》，未公开发表。

承担)，逐年记录全国考古工作的各方面情况，截至 2019 年已连续出版 36 年。

夏鼐与苏秉琦等观看与会代表带来的考古标本

夏鼐与宿白参观陕西省博物馆

二次年会期间，夏鼐考察湖北江陵楚纪南城遗址

右一谢辰生

四次年会期间，夏鼐考察河南登封王城岗遗址工作站

右一安金槐、右二蒋若是

主编两部具有里程碑意义的考古学论著

夏鼐晚年，主编了集体编写的《新中国的考古发现和研究》和《中国大百科全书·考古学》。这两部大部头的综合性考古学论著，在中国考古学发展史上具有里程碑的意义。

（一）《新中国的考古发现和研究》一书，旨在总结新中国成立三十年来考古工作的巨大成就。该书启动于1977年3月，由考古所20多位中青年业务骨干参与执笔。前后四年的时间，夏鼐多次召集各个历史阶段编写人员开会讨论，审阅编写提纲和陆续写出的文稿。1981年6月基本完稿后，责成徐苹芳、王世民、杨泓组成的编辑小组，分头进行编辑加工。夏鼐对编辑加工过问得相当仔细，例如各章末尾交代资料来源的注释，其中绝大多数是考古简报，他要求一律删去作者单位署名，所载常见的刊物均用简称（《考古学报》简称“学”，《考古》简称“古”，《文物》简称“文”），以节省大量的篇幅。240幅图版也是夏鼐仔细审核、反复斟酌而确定的。该书1984年5月由文物出版社出版，在国内外学术界产生广泛的影响。为了进一步满足读者的需要，文物出版社根据夏鼐的建议，特加印不附图版的简装本，书价从每册20元降至每册5元，便于购买力低的读者购买。夏鼐又应日本平凡社的要求，同意由日本著名考古学家关野雄主持将其译成日文，书名改为《新中国の考古学》，于1988年2月在东京出版。

《新中国的考古发现和研究》全书分为6章，共计130万字。其中，旧石器时代包括初期、中期和晚期文化。新石器时代除分别论述黄河流域、长江流域、东南沿海、西南和北方五个地区的新石器文化外，又有“中国石器时代的人种成分”和“中国新石器时代的家畜”二节。关于夏代文化，因其仍在探索之中，并无定论，也就未将“夏”列入章名，但是在“商周时代”章之首，列出“关于夏代文化的探索”一节。历史时期的商周时代、秦汉时代、魏晋南北朝时代、隋唐至明代四章，在重点论述历史都城遗址勘察发掘、大量不同等级墓葬的多彩发现外，对于某些特殊的遗迹遗物，例如殷墟甲骨文、西周青铜器窖藏、东周金属铸币、汉代简牍、唐代金银器，以及铸铜、冶铁、瓷窑等手工业遗址，古代石窟寺等各方面的发现与研究，都有专节论述。该书的框架结构充分体现了中国考古学初步建立学科体系的状况。

夏鼐于 1982 年 2 月为《新中国的考古发现和研究》一书所写前言，对新中国考古工作从更高的角度作了概括性总结。他说："这三十年来我国考古学的新成就，曾使得国内外许多考古学家认为，20 世纪后半叶将被作为中国考古学的黄金时代而写入史册。……我们可以说，1949 年以后，中国考古学的发展，已进入了新的阶段。"夏鼐认为："这个新阶段的标志，首先是以马克思列宁主义、毛泽东思想作为指导我们工作的理论基础。……我们在考古工作中尊重客观事实，决不以所谓'理论'来歪曲解释事实。'古为今用'这一方针的正确含义，在考古学方面应该是根据以科学方法所取得的结论，来充实历史唯物主义的武库，以宣传马克思主义，同时用以宣传爱国主义，以便增进我们建设社会主义的自信心和民族自尊心。""新阶段另一个标志是，具体研究方法的改变和进步。当代世界科学的一个重要发展是一方面专业化，而另一方面整体化。考古学根据它的特有的研究对象（古代的物质遗存）来发展它特有的理论和具体研究方法。……只有发展科学的田野工作，这才能使我们的考古学建立在巩固的基础上。"他又讲到，从整体化来说，不同学科之间的互相渗透，社会科学中许多学科的理论与方法，对考古学都有很大的影响，考古学又最能利用自然科学方法。而考古工作新阶段的又一标志是"扩大了所涉及的地域和伸延了研究对象的时间范围"。最后，夏鼐放眼未来，提倡站在世界的角度进行中国考古学研究，强调"由于古代中国在世界文明史中所占的重要地位，中国的考古工作是有世界性的意义的。……我们相信，在中国四个现代化的总形势下，中国考古学的前途将更为光明灿烂"。[①]

---

① 《夏鼐文集》第一册，第 389 ~ 393 页。

（二）《中国大百科全书·考古学》作为中国第一部综合性、学术性、知识性大型工具书——“大百科全书”的重要组成部分，共计200万字，是中国考古学研究走向成熟的重要标志。1979年4月开始酝酿，进行成立考古学分编委会的筹备事宜。1979年5月和1980年4月两次召开分编委会筹备会议，遴选各分支学科编辑组负责人选，设计框架结构、草拟条目和编写体例，并试写部分样稿。1981年1月召开考古学分编委会成立大会，确定夏鼐、尹达、裴文中、贾兰坡、苏秉琦、张政烺、王振铎、胡厚宣、林志纯、安志敏、宿白、王仲殊12人为分编辑委员会委员，由夏鼐任分编委会主任，贾兰坡、安志敏、张政烺、王仲殊、宿白为副主任，并分别兼任中国旧石器时代考古、中国新石器时代考古、商周考古、秦汉考古、三国南北朝－明考古5个分支学科主编；另外又由夏鼐兼任概论分支编写组主编，林志纯任国外考古分支编写组主编。1981年7月召开撰稿人会议，正式进入编撰阶段。最后确定的撰稿人，除前曾参与撰写《新中国的考古发现和研究》的20余人，担任各分支学科编写组副主编、成员和主要撰稿人外，扩大到全国各地考古单位及高校曾主持或参与重要遗址或墓葬发掘，以及从事某种专门研究的考古学者，约请他们撰写自己熟悉的条目。参与撰稿的考古学者共计120余人，较好地体现了1980年代初期中国考古学的研究水平。出版后受到读者的广泛欢迎，曾多次重印。

夏鼐作为该书主编，精心审核确定了全书的框架结构和具体条目，逐一审阅过各分支学科的总论和分论等重点条目。最费力的还是撰写卷前全面论述考古学科内容的概观性特长条。1983年1月开始动笔以前，他根据自己的长期积累和考察，除早就掌握的大量中外文资料外，又重点阅读法国《拉鲁斯考古百科全书》英译本的第一部分“概论考古学的性质与方法”、英国学者柴尔德《考古学导论》及《苏联大百科全书》有关条目等，对考古学这个词汇在中外文献中的语源，考古学概念在国际学术界的发展变化，考古学与传统金石学、古器物学及文物研究的区别，进行了周密的思考，经过半年多的时间，写完该特长条的第一节

《中国大百科全书·考古学》分编委会及工作人员合影

前排左起王振铎、苏秉琦、姜椿芳、夏鼐、张友渔、贾兰坡、林志纯、安志敏、宿白

“考古学的定义和特点” 的初稿。此稿于 1984 年 10 月以《什么是考古学》[①] 为题，在《考古》杂志发表，借以听取意见。夏鼐于 1984 年 12 月随即开始撰写特长条的第二节“考古学简史”，为此他重新阅读了英国学者丹尼尔的《考古学一百五十年》等书，至 1985 年 3 月写出相当一部分。

这期间，中国大百科全书出版社总编辑姜椿芳率领副总编辑、主任编辑、责任编辑一行，在一年之内三次来考古所向夏鼐催稿。1985 年 3 月 23 日严词要求，1985 年 6 月一定要全部定稿，以便 9 月付排，年内出书。《中国大百科全书》许多分卷卷前的特长条，并非位居主编的知名人士亲自执笔，而是他人协助代笔。夏鼐坚持应由自己撰写，但他本人毕竟年事已高，精力不济，加以社会活动甚多，难于按照预定计划如期完成特长条的定稿。夏鼐迫于无奈，决定委托王仲殊撰写特长条的下半部分，即由王仲殊协助夏鼐整理已有的第一、二两节文稿，第三节“考古学的方法论”，第四节“考古学的分支及其与其他学科的关系”，则完全

① 原载《考古》1984 年第 10 期；又见《夏鼐文集》第一册，第 242 ~ 246 页。

由王仲殊参照夏鼐的粗略提纲负责撰写。5月初他进一步审阅王仲殊整理后的特长条稿，将其基本定稿。5月14～19日夏鼐主持召开考古学卷分编委会扩大会议，全书定稿工作基本告一段落。会后，夏鼐与王仲殊商洽，对特长条再作个别修改，最后全面定稿。特长条的前半部，集中体现了夏鼐的考古学思想和理论，这来源于他数十年的考古经历与研究实践，有许多独到的看法，例如对美国“新考古学派”的评论，是在与该学派创始人宾福德（Binford，L. R.）当面交换意见，听取他本人反思之后写出的，自然比较深刻。夏鼐在《什么是考古学》一文的末尾说过：“这方法论的问题，我打算留待以后另写一文来讨论。”令人遗憾的是他没有能够另写一文来专门讨论考古学方法论等重要问题。王仲殊以较短的时间，赶写包括“考古学的方法论”在内的特长条后半部，功不可没，但他主要参考日本江上波夫监修《考古学ゼシナール》（《考古学教程》）一书编写，与凝聚夏鼐心血的前半部，性质不同。

夏鼐在《中国大百科全书·考古学》卷前的特长条中，对“考古学的定义和特点”所作经典性的论述，集中体现了他的学术思想，现特摘抄如下：

> **“考古学”名称的由来**　中国汉文中“考古学”这一名词，是从欧洲文字翻译过来的。欧洲文字中的“考古学”一词，如Archaeology（英文）、Archéologie（法文）、Archaelogie（德文）、Археология（俄文）、Archeologia（意大利文）、Arqueologia（西班牙文）等，都是源于希腊文Αρχαιολογία。希腊文的Αρχαιολογία，由“ἀρχαῖos”和“λόγos”二字组成，前者意为古代或古代的事物，后者意为科学。所以在古代的希腊，Αρχαιολογία一词是泛指古代史的研究，公元前4世纪柏拉图所使用的这个名词便属此种含义。17世纪这一名词被重新使用时，其含义稍有改变，是指对古物和古迹的研究。在17世纪和18世纪，一般是指对含有美术价值的古物和古迹的研究。到了19世纪，才泛指对一切古物和古迹的研究。

在中国，东汉（1~2世纪）时已有“古学”的名称。《后汉书》中说马融“传古学”，贾逵“为古学”，桓谭“好古学”，郑兴“长于古学”，这里所谓“古学”是专指研究古文经学，实际也包括古文字学。北宋中叶（11世纪），“金石学”诞生，其研究对象限于古代的“吉金”（青铜彝器）和石刻。到清代末叶（19世纪），金石学的研究对象从铜器、石刻扩大到其他各种古物，所以有人主张将金石学改称为“古器物学”。由于清末至中华民国时期的“古器物学”已接近于近代考古学，所以也有人把欧洲文字中的“考古学”一词译为“古物学”（如1931年商务版《百科名汇》）。其实，中国的这种“古器物学”并不等于考古学，要经过系统化以后才可成为考古学的一部分。

考古学的定义　从现今通常使用的情形来看，考古学这一名词主要有3种涵义。第一种涵义是指考古研究所得的历史知识，有时还可引申为记述这种知识的书籍；第二种涵义是指借以获得这种知识的考古方法和技术，包括搜集和保存资料、审定和考证资料、编排和整理资料的方法和技术；第三种涵义则是指理论性的研究和解释，用以阐明包含在各种考古资料中的因果关系，论证存在于古代社会历史发展过程中的规律。

现在，作为一门近代的科学，考古学已有它的充实的内容，周密的方法，系统的理论和明确的目标。虽然还没有一个被普遍确认的定义，但在全世界范围内，学术界对考古学一词的理解是大致相同的。因此，可以从共同的理解出发，考虑到上述的3种涵义，给考古学下定义说：考古学是根据古代人类通过各种活动遗留下来的实物以研究人类古代社会历史的一门科学。对于这样的一个定义，需要作以下的解释和说明。

研究的年代范围　考古学是历史科学的一个组成部分。但其研究的范围是古代，所以它与近代史、现代史是无关的。各国考古学都有它们的年代下限。例如，英国考古学的年代下限为诺曼人的入侵（1066），法国考古学的年代下限为加洛林王朝的覆灭（987），美洲各国考古学的年代下限为 C. 哥伦布（约 1451～1506）发现新大陆（1492）。一般说来，中国考古学的年代下限可以定在明朝的灭亡（1644）。

近一时期以来，英国有“中世纪考古学”，其年代下限延伸到资产阶级革命的开始（1640）；又有所谓“工业考古学”，其年代下限更延伸到 18 世纪和 19 世纪的工业革命初期。在美洲，则有所谓“历史考古学”或“殖民地时代考古学”，它们的年代范围在哥伦布发现美洲之后，直到 18 世纪末或 19 世纪初美洲各国在政治上获得独立。但是，英国的所谓“工业考古学”、美洲的所谓“历史考古学”或“殖民地时代考古学”，实际上是利用考古学的方法以研究近代史，所以不能算作真正的考古学。

相反，也有人把考古学的年代范围局限于史前时代，即没有文字记载的古代。这样，便把许多文明古国的历史时代也都排除在考古学研究的年代范围之外，这也是不妥当的。考古学不研究近代和现代，而是研究古代，这是必须肯定的。但是，考古学所研究的“古代”，除了史前时代以外，还应该包括原史时代和历史时代。就中国考古学而言，历史时代不仅指商代和周代，而且还包括秦汉及其以后各代；所谓“古不考‘三代’以下”是不对的。当然，历史越古老，文字记载越少，考古学研究的重要性也越显著。要究明人类没有文字记载的史前时代的社会历史，就必须在极大程度上依靠考古学，因而史前考古学与史前史就等同起来了。

作为实物资料的遗迹和遗物　考古学的研究对象是实物资料。有些人望文生义，只看重一个“古”字，以为只要是考证古代的事物，不管是根据文献资料，还是根据实物资料，都可算是考古学。其实，考古学研究的对象是物质的遗存，即古代的遗迹和遗物。这就是它与依靠文献记载以研究人类历史的狭义历史学的最重要的不同点。考古学和历史学，是历史科学（广义历史学）的两个主要的组成部分，犹如车的两轮，不可偏废。但是，两者的关系虽很密切，却是各自独立的。它们都属“时间”的科学，都以研究人类古代社会历史为目标，但所用的资料大不相同，因而所用的方法也不相同。有人把依靠文献资料以研究人类古代历史的狭义历史学也称为考古学，这是不符合近代考古学的基本含义的。

作为考古学研究对象的实物，应该是古代人类通过各种活动遗留下来的，是经过人类有意识地加工的。如果是未经人类加工的自然物，则必须是与人类的活动有关，或是能够反映人类的活动的。这就说明，考古学是属于人文科学中的历史科学，而不属于自然科学，尽管在考古学的研究过程中必须充分利用各种自然科学的技术和方法。

古代人类通过各种活动遗留下来的实物，通常包括遗物和遗迹两大类。前者如工具、武器、日用器具和装饰品等器物，后者如宫殿、住宅、寺庙、作坊、矿井、都市、城堡、坟墓等建筑和设施。有的人片面地把“实物”理解为器物，只注重珍贵的古器物，而忽视许多重要的古代建筑、设施的遗迹，这是十分错误的。此外，农作物、家畜和渔猎、采集所得的动植物遗存，虽然多属自然物，但由于它们与人类的活动有关，有的更是人类活动的产物，所以也应属于考古学的研究对象。

虽然考古学的研究是以物质的遗存为依据，但作为历史科学的组成部分，它的研究范围不限于物质文化，而是在于通过各种遗迹和遗物，研究人类古代社会的各个方面，其中包括生产规模、技术水平等物质文化，也包括美术观念、宗教信仰等精神文化。十月革命后，苏联曾把“考古学”改称为“物质文化史”。这虽然突出了考古学以实物资料为依据的特点，但实际上却局限了考古学的研究范围。因此，设在莫斯科的国家级考古研究机构虽然使用“物质文化史研究所”这一名称达 30 余年之久，但后来终于又重新改称为“考古学研究所”。

对人类古代社会的研究　人类的活动是具有社会性的。人类所制作的器物和所创造的文化，都是反映社会的共同的生产技术水平和共同的文化传统。个人的创造发明，都是以他们所在社会中长期积累的生产技术水平和文化传统为基础的。他们的创造发明，只有被他们所在社会中的其他成员接受、继承或传播，才能成为整个社会生产技术水平和文化传统的组成部分。因此，作为考古学研究对象的实物，应该是具有社会性的产物。无论是工具、武器、装饰品等器物，还是宫殿、住宅、城堡、坟墓等建筑、设施，实际上都是社会的产物，而不是个人孤立的、偶然的作品。从考古学研究的方法而言，必须把研究的重点放在遗物和遗迹的整个系列和类型上，而不是研究孤立的、单独的一个器物。孤立的、单独的一件器物，只能算是古董，而不能成为考古学研究的科学资料。即使这件器物具有高度的美术价值，那也只能作为美术史研究的好标本，而不能当作考古学研究的好资料。考古学要究明的是整个社会的生产技术水平和文化传统，而不是某一个人的天才的独创。在考古学研究中，一般不存在对个别历史人物的评价问题。这不仅是由于作为考古学研究对象的实物资料往往无法与某一历史人物相联系，更重要的还由于考古学研究的目标在于人类古代社会的历史，而不在于某一个人的单独表现。

要研究人类古代社会的历史，还必须在横的方面和纵的方面扩大研究的范围。这就必须注意同一时期各地区人类社会之间的相互影响和传播关系，也要注意人类社会文化在不同时期的继承、演变和发展的进程。这些横的联系和纵的进程，正反映在大量的遗迹群和遗物群之中，有待考古学家去分析和究明。

考古学研究的最终目标　作为一门历史科学，考古学的研究不应限于对古代遗迹、遗物的描述和分类，也不应限于鉴定遗迹、遗物的年代和判明它们的用途与制造方法。考古学研究的最终目标在于阐明存在于历史发展过程中的规律，而马克思列宁主义的历史唯物论便是指导研究这种规律的理论基础。

有的历史学家，其中包括考古学家，不承认历史发展存在客观的规律。他们认为，除了论证历史事实之外，只有史料鉴定学和历史编纂学，而没有阐明历史发展规律的广义的史学。这当然是错误的。有的学者，例如［20 世纪］60 年代美国的“新考古学派”，虽然承认历史发展有客观的规律，但却把这种规律与自然界的规律混为一谈，这也是不对的。历史唯物主义认为，历史现象之所以不同于自然现象，是由于有“社会的人”这一因素的存在。恩格斯说：“在社会历史领域内起作用的是人，而人是赋有意识的，经过深思熟虑而行动，或受热情驱使而行动，并抱有预期的目的。”恩格斯又说：这“丝毫不能改变历史进程服从内在规律的这一事实”，但“对于历史的研究，尤其是对于个别年代和个别事变的研究”，则是十分重要的。总之，我们一方面要重视社会发展的规律，一方面又不能把考古学写成简单的社会发展史。

考古学家要论证人类社会历史发展的一般规律，也要探求各个地区、各个民族在历史发展过程中所表现出来的差异点和造成这些差异的原因。以史前考古学为例，尽管考古学文化类型多种多样，但它们从发生、发展到最后的消失（即合并于另一文化类型或演变而成为另一文化类型），总是具有共同的规律；由于自然条件、社会背景等的不同，各种文化类型也必然会有自身的特点和自己的具体演变过程。历史考古学也是这样，在每一个特定的历史阶段，许多国家的社会文化都有一定的共性，但也有它们各自的特点和个性。

关注《殷周金文集成》等书编纂和有关人才的培养

《殷周金文集成》，是一部囊括现有殷周青铜器铭文的大型资料汇编。这项编纂工作，早在“文革”以前即已列入考古研究工作的远景规划，原由陈梦家主持，进行了长时间的资料积累和初步准备。“文革”初期陈梦家罹难，资料被完好地保存下来。恢复正常工作秩序后，确定王世民为项目负责人，继续进行筹划。1978 年末，在夏鼐的关怀下，重新建立王世民、陈公柔等七人组成的编辑组，并且被列入“1978 ~ 1985 年考古研究工作八年规划”，以及“六五”“七五”期间国家社会科学基金重点资助项目。夏鼐对这项工作十分重视，给予极大的支持。为进一步收集资料，他曾不止一次亲自致信国内的兄弟单位，并与外国友人当面洽商。经过三四年进一步的资料收集与整理，举凡宋代以来著录、历年来各地出土，以及国内外博物馆收藏青铜器的铭文拓本，都已有了相当充分的掌握。面对如此丰富的资料，确定体例成为编纂工作亟待解决的首要问题。陈梦家早先提出的初步计划，曾设想按照年代编辑，但接触实际后却面临诸多难以解决的具体问题，且不说有关专家对许多长铭文器的年代存在着较大的争议，大量字数很少又无图像可寻的器物更难于妥善安排。夏鼐断然决定：仍采取传统的金文著录方式，即按照器类和字数编排；每个分册附以文字说明，逐一交代所收器铭的时代、著录、出土、流传和现藏情况，以及资料来源等事项，便于研究者查核。这便使问题迎刃而解，编纂工作得以顺利进行。经过十多年的时间，锻炼和培养了几位青铜器与铭文的研究人才。编纂成书的《殷周金文集成》，于1984 ~ 1994 年由中华书局陆续出版，共计有豪华本 18 巨册，著录殷周青铜器铭文多达近 12000 件，成为中国古文字研究必备的基本典籍，受到国内外同行的欢迎和肯定。该书出版后，先后荣获首届全国古籍整理图书奖一等奖（1992）、首届中国社会科学院优秀科研成果奖（1993）、第二届全国优秀图书奖荣誉奖（1995）、第二届夏鼐考古学研究成果奖二等奖（1995）、首届郭沫若中国历史学研究成果奖荣誉奖（1999）。2007 年又出版增附几种索引的修订增补本（8 册），以进一步满足读者的需要。

夏鼐关注《殷周金文集成》，值得提起的事还有，当第一册完稿准备交付出版时，编辑组人员感到该书完全是在夏鼐的指导下编纂的，希望署名为“夏鼐主编”，并再三恳求，但夏鼐始终没有同意。他可能考虑自己不是古文字学家，所以拒绝挂主编的名义，但应允写一篇前言。中华书局前已出版《甲骨文合集》，古文字学界沿袭下来，口头上也曾将这一正在编纂的书称作“金文合集”。夏鼐经过深思熟虑对此提出异议，他认为中国传统目录学中，“合集”是指将已有的成书合编在一起，例如《饮冰室合集》，而将多种成书拆散，按照一定体例重编，则称为“集成”，例如《古今图书集成》；“合集”和“集成”的英译，分别是 Collection 和 Corpus，也完全不同，因此必须予以纠正，最终定名为《殷周金文集成》。夏鼐所写洋洋数千字的“前言”[①]，讨论了中国的铭刻学与考古学、古文字学的关系，以及与西方铭刻学的比较等，他说：“我们平心而论，现今我国许多学者对于铭刻中古文字的解说，其中虽也有可疑的，但有更多的地方是不容置疑的。”又说：“现下仍有个别搞铭刻学的人，过分强调铭文的解读，有时完全不顾古文字学的原则或通则，将一些不易考释的铭文中每字都加考释，每句都加解说，实际上不过是‘穿凿附会’而已。这在现下的铭刻学界当然只是个别的现象。古文字学家中有些人也不免有这种偏差。”这对中国古文字学研究，颇有警示性的指导意义。

夏鼐一贯重视金石学遗产的继承与发扬，也关注相关人才的培养。他在《殷周金文集成·前言》中强调：“考古研究所的主要任务应该放在创新方面，便是说，要在马克思主义的指导之下，提高田野考古工作的质量，以便取得翔实可靠的实物资料，然后利用这些新取得的资料，结合过去累积的资料和研究成果，进行科学的分析和综合的研究。”同时又指出：“对于我国有悠久历史的金石学，尤其是其中的优良传统，也应该加以吸取和发展，使之成为系统化的古器物学，而后者可以作为现代中国考古学的一个组成部分。”所以考古所建立初期便计划在前人的基础上，编纂资料更齐备、体例更完善的古代铭刻集成。当时，在郑振铎和夏鼐的领导下，曾经约请徐森玉老前辈主持编纂《历代石刻图录》，调集

① 参见《夏鼐文集》第二册，第 260 ~ 267 页。

人员做了不少工作；由陈梦家筹划甲骨文和金文的集成，进行了相当程度的资料准备；又曾主持整理马衡遗著《汉石经集存》，编纂《居延汉简甲乙编》。后来，虽然由于历史的原因而中途搁浅，但夏鼐始终萦怀于心。1973年安阳小屯南地发掘出土一大批甲骨文，随后便成立了整理组，成员最多时连同外聘辅助人员共有八九人。经过几年的努力，该整理组编辑的《小屯南地甲骨》上、下两编共5册，于1980年和1983年出版，荣获首届中国社会科学院优秀科研成果奖（1993）。参与工作的刘一曼、曹定云成长为甲骨文专家。夏鼐去世前不久，还曾安排专人整理清末叶昌炽名著《语石》和柯昌泗遗稿《语石异同评》，编辑琉璃厂经营碑帖拓本的庆云堂店主张彦生遗稿《善本碑帖录》，并且都被列入社科院考古所的考古学专刊出版。这也是他对金石学研究的贡献。

为进一步培养铭刻学的专门人才，夏鼐曾亲自拜访唐兰，约请他兼任考古所古文字学专业导师（唐兰突然去世后，改聘张政烺兼任导师），招收李零等二人为硕士研究生；又聘请北大考古专业退休多年的孙贯文为碑刻方面特约研究员，招收赵超为硕士研究生。1982年他们毕业时，夏鼐刚退居二线，未能过问他们的工作安排。后来，李零辗转调至北大中文系，得到很好的发展，早已著作甚多，蜚声学界；赵超则于十年后重回考古所，著有《中国古代石刻概论》《中国古代墓志通论》等书，曾在国内外多所大学讲授中国古代石刻。再如冯时，因有志于中国古文字学，希望有充裕的时间钻研这方面业务，一度有意调往其他单位，夏鼐出面挽留他在考古所从事编辑工作，成长为中国古文字专业博士生导师，著有《中国古文字学概论》《中国天文考古学》等书，并主编《金文文献集成》，2018年增选为中国社会科学院学部委员。他们几位的成长，都是同夏鼐的关怀分不开的。

1970年代末和1980年代初的出访活动

夏鼐在1970年代末和1980年代初的出国访问活动相当频繁，其中有：作为中国社会科学院代表团副团长，于 1979 年与团长周扬率团去日本访问；1980 年以副团长身份与团长宦乡率团去英国访问；以中国史学会主席团成员的身份，率领中国历史学家代表团，参加在布加勒斯特举行的第 15 届国际历史科学大会；率领中国考古代表团，参加 1980 年在纽约和伯克利举行的中国青铜器国际研讨会；1982 年参加在夏威夷举行的中国商文化国际研讨会。又曾参加联合国教科文组织 1979 年在泰国彭世洛召开的亚洲历史名城研究计划专家会议，1981 年在巴黎召开的《人类科学文化史》国际委员会编写会议。还曾于 1980 年去瑞典哥德堡大学讲学，1981 年去美国堪萨斯大学、哈佛大学、加州大学等处讲学，等等。

这些出国访问活动中，尤具重要意义的，一是 1979 年 6 月与周扬团长共同率领中国社会科学院代表团，去日本作为期三周的访问。代表团成员有任继愈、黎澍、唐弢、贺麟、李荣、李芒等。因为周扬团长是带病前往又提前回国，大部分时间代表团由夏鼐率领活动，先后访问了大阪、京都、奈良、东京，以及热海、仙台、金泽等城市的大学、研究所、博物馆和图书馆，举行了多场讲演会和学术座谈会。由于夏鼐曾于 1963 年去日本访问，平时又接待过较多日本学者来访，因而接触的著名历史考古学者中，既有交往多年的旧友，又有神交已久的新朋，其中有贝塚茂树、末永雅雄、塚本善隆、八幡一郎、杉原庄介、关野雄、樋口隆康、樱井清彦、井上清、宫川寅雄、网干善教、大庭脩、森浩一等著名考古学家和历史学家。夏鼐访问奈良时受到特别接待，进入日本现存唯一奈良时代壁画墓高松冢之内参观。主持该墓发掘的末永雅雄以 82 岁高龄亲自陪同，奈良国立文化财研究所派遣两名主管技官来到高松冢所在的明日香村，开启采用现代科技手段保存的墓室。进入墓室的，只有夏鼐、末永、两名技官和译员 5 人。末永又陪同夏鼐参观了本年年初在当地发掘出土的奈良时代著名学者、《古事记》作者太安万侣墓出土的铜版墓志等珍贵文物。

1979 年访日期间中国社会科学院代表团成员与日方友人合影

右二起李芒、黎澍、任继愈、李荣、夏鼐，左一唐弢、左三贺麟

末永雅雄陪同参观奈良时代高松冢出土文物

二是率领中国历史学家代表团，参加 1980 年 8 月在布加勒斯特举行的第 15 届国际历史科学大会。副团长为刘思慕，团员有瞿同祖、吴于廑、林

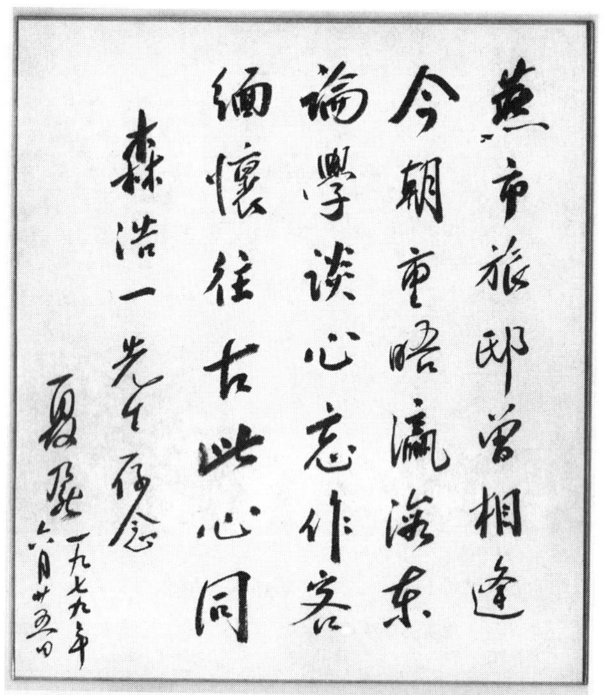

夏鼐为日本考古学家森浩一题词

（日本同志社大学资料馆提供）

志纯、张芝联、丁伟志等。这次大会，有 67 个国家和地区的代表参加，共计 2600 多人。当时中国还不是国际历史科学委员会的会员国，第一次作为观察员派代表团参加大会，受到热情的欢迎。代表团向大会提交 8 篇论文，其中夏鼐、刘思慕和张芝联的 3 篇，在有关小组会上宣读。夏鼐论文的题目是“中世纪中国和拜占庭的关系”①。该文根据历史文献的记载，特别是中国“丝绸之路”沿线一些地方出土拜占庭金币的情况，论述中世纪中国和拜占庭交往的历史。最后，他说：“拜占庭金币经历了相当于地球圆周的整整四分之一的里程的旅程，传到中国。在拜占庭的遗址中，想必也会发现一些中国的文物。”这引起与会有关学者的极大兴趣。代表团通过参加这次大会取得了重要的收获，首先是增强了对外国史学研究状况的了解，促

① 原载《世界历史》1980 年第 4 期；又见《夏鼐文集》第三册，第 464 ~ 467 页。

进了中外历史学家之间的学术交流；其次是经国内授权，代表团在会上办理好中国加入国际历史科学委员会的申请手续。会后，国际历史科学委员会执行局于1982年正式接纳中华人民共和国为会员国。

率领中国历史学家代表团参加在罗马尼亚举行的第15届国际历史科学大会

前排左起林志纯、吴于廑、夏鼐、刘思慕、瞿同祖

1980年6月和1982年9月，夏鼐分别参加在美国举行的中国青铜器、中国商文化研讨会，两次会议具有学术研究之外的特殊意义，在海峡两岸之间尚未互通的情况下，实现了两岸考古学者面对面的交流。尤其是后一次会议，出席的大陆学者有夏鼐、胡厚宣、张政烺等10人，台湾学者有高去寻、周法高等多位。夏、胡、张、高4位，1949年以前是中研院史语所的老同事，曾经朝夕相处，过从甚密，30余年没有机会见面，会间他们多次促膝谈心，畅叙两岸一家亲的深情。夏鼐和胡厚宣离开北京前，还特地去正在病中的尹达家，拍摄合影赠送给高去寻留念。

夏鼐参加在美国举行的商文化研讨会，讲演了“商代的玉器”；1981在美国堪萨斯大学等地讲学，讲演了“中国汉代玉器传统的延续和变化”及“中国汉代的丝绸和丝绸之路”，英文讲稿后由堪萨斯大学出版为《中国汉代的玉器和丝绸》(1983)。后来他对关于玉器的两次讲演的中文稿进行补充修改，分别在《考古》和《考古学报》发表，[①] 其贡献主要是在古器物研究的方法上有所突破。首先，他注意探讨中国古玉的质料和原料产地，提倡对各地出土的玉器多做科学鉴定，从矿物学上判别它们的显微结构和所含元素，以便与地质矿产资料比较分析；其次，他强调正确判定玉器的类别、名称和用途，不能继续采取吴大澂那样的“诂经”方法，而应改变为谨慎的考古学方法，即根据考古发掘所见各种玉器的出土情况，以及它们的形制，结合传世品和文献资料考证其古名，无法判定古名的另取简明易懂的新名，用途不明的暂时存疑。他曾着重论述礼学家所谓“六瑞”以礼天地四方的传统说法，指出其显然是战国和汉初儒生杜撰的理想化礼器系统，并不符合历史实际。而“璇玑”有其自身的发展谱系，不会是天文仪器。这样，便为中国古代玉器的研究开辟了新的途径，使古玉研究从礼学家繁琐考证的窠臼中解放出来，对历史考古学其他方面的研究也有指导作用。

与阔别三十余年的台湾学者高去寻会面

右起夏鼐、张光直、高去寻、张政烺

① 《商代玉器的分类、定名和用途》，原载《考古》1983年第5期；又见《夏鼐文集》第二册第，281～304页。《汉代的玉器》，原载《考古学报》1983年第2期；又见《夏鼐文集》第二册，第317～349页。

为保护重要古代遗址、捍卫正确原则而不懈抗争

1981 年，夏鼐为保护重要的古代遗迹免遭建设工程破坏，坚持正确的文物保护和考古工作原则，在两件事上进行了令人敬佩的不懈抗争。

第一件是力谏洛阳首阳山电厂改选厂址。1981 年夏，考古所派往洛阳地区进行田野工作的人员，报告令人万分焦虑的信息：国家有关部门为适应陇海铁路电气化的需要，拟在洛阳东郊偃师县境的首阳山一带，建设一座大型火力发电厂，厂址已经选定，即将开始动工。考古所迅速将这个信息反映到国家文物局。几乎与此同时，全国政协文化组由萨空了率领前往河南视察文物保护工作的政协委员视察团，也带回同一信息。洛阳作为国务院公布的第一批历史文化名城之一，是中国历史上建都时间最长的九朝故都，即东周、东汉、曹魏、西晋、北魏、隋、唐、后梁、后唐。首阳山电厂的厂址，恰好在东汉和魏晋洛阳城以东，北魏首都洛阳外郭城的范围之内。而根据文献记载，这一带又是西晋时期的皇陵墓区。南面则是著名的二里头遗址，年代相当于夏代和商代早期。因此，这一大片区域地下埋藏的古代文化遗存，其丰富程度和历史价值不言而喻。据闻，设计部门为这座电厂的选址花了七年时间，报经国家有关部门批准，并且不止一位副总理画圈表示同意。看来工程势在必行，想要改变非常困难。

情况如此严峻，夏鼐心急如焚。他清楚地知道，洛阳市区叠压的隋唐时期东都城遗址，原本保存状况不差，但因 20 世纪五六十年代的保护工作不力，使其在城市建设中遭到严重的破坏，令人痛惜。汉魏洛阳城以东的区域，倘若不能想方设法力争，必将故态重演，再次被破坏殆尽。

夏鼐作为中国考古学界顶尖的权威专家，在国内外学术界享有崇高的声望。1981 年中国共产党成立六十周年时，首都各界在人民大会堂举行庆祝大会，他曾以知识分子优秀代表人物的身份在主席台就座；1982 年列席中国共产党第十二次全国代表大会开幕式。夏鼐向来以保护祖国

重要的古代遗迹和遗物为义不容辞的天职。他只有一个念头：无论如何也要保住祖先遗留下来的珍贵文化遗产，决不能让它在我们这一代手中毁于一旦。不管要冒多大风险，或者遭到多少非议，决不隐瞒自己的观点。如果袖手旁观，任其遭到毁坏，那是考古学家的良心所不能容许的。于是夏鼐和王仲殊联名写了一封告急信，送请中国社会科学院新任院长马洪关注。他们在这封信中明确表示，从历史古迹的研究和保护出发，不同意这一厂址的选择，并要求电厂改选厂址。

夏鼐以其学术地位，更重要的是他无懈可击的真知灼见，代表了众多关心文物保护的人士和广大群众的意见，得到了中央最高领导同志的重视。同时，文化部、中国社会科学院、城乡建设环境保护部，也都对电厂选址纷纷提出不同意见。经过两年的艰苦努力，无数次的磋商和论证，本着既有利于国家建设，又有利于文物保护的原则，最后终于决定将首阳山电厂的厂址迁离该地。为了加快选择新厂址的进度，考古所派遣汉魏洛阳城队的全体人员，配合施工单位进行地下考古勘探。功夫不负有心人，1983 年春季在这个区域的塔庄以北，发现迄今所见保存最好的一座商代早期大型城址，东西宽 1200 米，南北长 1700 米，根据历史文献的记载，很可能是商汤的都城西亳。考古所对其持续发掘至今三十多年来，先后揭露城门、城壕、主干大道、宫殿基址，以及园囿、民居、手工业作坊等遗迹，取得了丰硕的学术收获。现在这座极具历史价值的城址，已被建立为考古遗址公园。另外，又在城址西北的杏园村附近，发掘一批汉魏和隋唐时期的墓葬，出土许多珍贵的文物。

第二件是 1981 年秋季，及时制止一项违反文物管理法规、企图擅自进行对外合作考古的事件。

1981 年 9 月 29 日上午，四川大学历史系的童恩正去加州大学伯克莱分校进行为期一年的学术访问后，回到北京拜见夏鼐。他说，访美期间，与哈佛大学人类学系张光直教授谈妥，拟于 1982 年合作进行中国西南地区新石器时代考古，教育部已经批准。夏鼐当即告诉他，现在考古工作不能与外国人合作，不能贪小便宜，将研究权拱手让人。考虑到事情重大，当天下午，夏鼐向社科院党委书记兼副院长梅益汇报这一情况，梅益也认为不妥当，需要商量出补救办法。随后，夏鼐又先后向时任社科院副院长的于光远、第一副院长邓力群当面反映。邓力群随即与教育部部长蒋南翔联系，并将夏鼐写的书面报告转给教育部，这件事也就到此作罢。

这里有两个方面的问题。一是 1970 年代末到 1980 年代初，我国刚刚对外开放，各种政策法规尚不完备，许多城市和广大农村都还不准外国人前往。张光直早在 1975 年 5 月第一次来中国大陆访问时，即曾向夏鼐表示参加我国考古发掘的愿望。当时中美尚未建交，张光直是华裔美国人，让他去尚未对外开放的农村调查发掘，怎么可能？理所当然予以婉言谢绝。后来，包括张光直在内的外国考古学者不止一次提出合作考古的问题，碍于国家尚无明确的文物法令，夏鼐仍一概谢绝。1982 年 11 月第五届人大常委会第二十五次会议通过《中华人民共和国文物保护法》，其中第二十一条规定："非经国家文化行政管理部门报国务院特别许可；任何外国人或者外国团体不得在中华人民共和国境内进行考古调查和发掘。"1981 年，《文物保护法》正在制定之中，按照临时性的条例，也须照这样的原则办理。换句话说，合作考古一定要由国家文物局报经国务院特别许可；其他单位直接报国务院，以及自行所谓"批准"，都是不合规矩的。因而，所谓"教育部已经批准"是错误的，当然也是无效的。

二是知识产权方面的考虑。清末、民国时期，帝国主义分子的窃掠和国人中败类的盗卖，使中国大量珍贵文物流失海外，有过惨痛的教训。老一辈专家捍卫国家主权，坚持中外合作考察以我为主的原则，不准将文物、标本擅自运往国外，周口店遗址发掘和中瑞合组中国西北科学考察团即其先例。但是在知识产权问题上仍有教训。夏鼐曾不时讲起，周口店发现的人类化石等重要标本，始终保存在协和医学院的外国学者手中，裴文中将北京猿人第一个头盖骨从周口店送回后，却再也没有机会接触。裴文中最耿耿于怀的是，外国学者把北京人头骨化石发现的荣誉归于他们自己，背后说裴文中不过是一位管理工人的工头。夏鼐在 1985

年去世前不久发表的《评贾兰坡〈周口店发掘记〉》一文[1]中说过："我认为正像奥运会中的我国球队一样，我们决不能把外国人引进国家队当队员，这样即使得到金牌，也不光彩。有些带有地区性的学科，如考古学、地质学、地理学等，都应该有一个代表我国水平的国家队，而不要也不应该采取国际合作办法。当然在我们发表了原始资料和初步研究成果以后，我们欢迎国际友人根据我们发表的报告或论文，进一步加以研究，交换意见，进行讨论。在某种意义上来说，这也是一种国际上的学术合作。"他进一步指出："作为一个中国人，像这种只有中国学者才有机会来做研究的工作，我们不能为挣取少量外汇而把研究权拱手让人。我国如果没有人才，可以派人出国受训练，或请人进来在大学开课培养。"夏鼐几乎是抑制不住自己的激动，明确指出："科学是没有国界的，但是科学家是有国界的。"

回过头来看这件事，当时考古涉外工作的条件很不成熟，国家尚未制定明确的法规。夏鼐为了捍卫国家主权，按照组织程序，紧急地将情况上报到高层领导，力争及时进行妥善的处理，是十分正确的，也是完全必要的。现在，国家的文物法令更加完善，不仅有日益完备的《中华人民共和国文物保护法》（以下简称《文物保护法》），而且有 1990 年底国务院批准施行的《中华人民共和国考古涉外工作管理办法》，对考古涉外工作的方方面面作了周密的明确规定：开始要先由国家文物局对外方进行初步审查，然后送请国防、外交、公安、国家安全等部门审查，审查合格后再由国家文物局报请国务院特别许可。当年如果提出这方面申请，审查起来只会更加严格，国家文物局既不知情，又未经有关各部门审查，更没有得到国务院的特别许可，与规矩完全不合。如果不是夏鼐义不容辞地奔走，及时采取断然措施，不知道会捅出怎样的娄子。而且，随着国家改革开放的日益发展，各个考古单位的物质条件（设备、经费）和人员素质都有很大的改善，不大会再出现因"贪小便宜，将研究权拱手让人"的现象。我国进一步对外开放以后，实现了张光直出面与国内

① 参见《夏鼐文集》第四册，第 332～335 页。

考古单位的第一次合作考古，但从动议到开始工作也经历了六年的酝酿时间，并不是草率上马。[①] 1988 年 10 月，徐苹芳代表中国社会科学院考古研究所，张光直代表美国哈佛大学皮保德博物馆，签订会谈备忘录；1990 年 3 月签订在商丘地区调查发掘早商或先商遗址的原则协议，确认徐苹芳为中方领队，张光直为美方领队（二人年资相近，身份相当）。1993 年 4 月，中方领队改为张长寿（张长寿的年资长于张光直，身份不相上下），6 月双方草签合作计划，11 月获得国家文物局的批准；1994 年 1 月双方在协议书上正式签字。此后正式开展“以我为主”的豫东合作考古，取得了重要的收获。[②] 其他单位与外方合作的考古项目，进行情况也大体如此。这与 1981 年的事件，不可同日而语。

为《文物保护法》的制定与贯彻而尽心尽力[③]

1980 年代初，夏鼐在国家《文物保护法》的制定过程，以及制定后的贯彻执行中，执着地坚持正确原则，投入莫大心力。

国家文物局谢辰生等组成的起草小组，从 1970 年代末开始，在 1961 年国务院颁布的《文物保护管理暂行条例》的基础上，总结新中国成立以来文物工作的经验与教训，并借鉴国际社会的经验，特别是联合国教科文组织的一些文件和其他国家的正确做法，提出“《文物保护法》征求意见稿”，广泛征求各地文物部门、有关单位和有关专家，以及知名人士的意见，反复修改，力求完备，八易其稿，最后形成草案。

夏鼐出于对国家文物保护和考古工作的高度责任感，为这部神圣法典的诞生殚精竭虑，做了不懈的努力。据《夏鼐日记》记载，最早是

① 参见张长寿《张光直和中美在商丘的合作发掘》，载《四海为家——追念考古学家张光直》，生活·读书·新知三联书店，2002，第 41 ~ 48 页。

② 中国社会科学院考古研究所、美国哈佛大学皮保德博物馆：《豫东考古报告——“中国商丘地区早商文明探索”野外勘察与发掘》，科学出版社，2018。

③ 关于《文物保护法》的制定以及随后讲到的国家文物委员会，参见谢辰生口述、姚远撰写《新中国文物事业重大决策纪事》，生活·读书·新知三联书店，2018，第 169 ~ 187 页。

1980年6月26日，他去国家文物局，拜访老局长王冶秋离休后继任的任质斌局长，谈对《文物保护法》草案中“考古发掘”章的修改意见。随后，向中国社会科学院领导反映情况，并再访任质斌。7月8日，夏鼐参加任质斌局长召集的关于制定《文物保护法》问题的座谈会，在会上进一步评述对《文物保护法》草案的看法。会后，又曾赴文物局谈《文物保护法》草案中的问题。1981年还先后去社科院党委书记兼副院长梅益处、全国人大法制委员会副主任张友渔处，谈《文物保护法》问题。1982年，除参加全国人大法制委员会召开的《文物保护法》问题座谈会外，曾搜集有关资料，详细准备修改意见。在会前和会后五次赴张友渔处，商谈《文物保护法》草案修改事。当时存在严重分歧的主要有两个方面的问题。一是要不要将文物市场列入？当时有一种说法：“以文物养文物”，主张开放文物市场，特别是文物出口换外汇。夏鼐坚决反对，主张应该加强流散文物的管理，禁止将文物作为商品买卖。他在致人大常委会法制委员会负责同志的信中写道：

> 制定《文物保护法》是一件大事，对我国的文物考古事业的发展至为重要。为使法律制定得更为完善，作为长期从事考古工作和考古研究所的负责人，我有责任根据多年考古工作中的经验和教训，本着对文物考古事业负责的精神，对……再次提出修改的建议。[①]

夏鼐又说：

> 我始终认为制定“文物保护法”的目的，是为了保护国家的文物，因此在这两条中（按：指草案中第二十五、二十六条），只需规定对“流散在社会上的传世文物”，统一由文物部门领导或委托的单

---

① 转引自张天来、金涛《夏鼐的足迹》，载《夏鼐先生纪念文集——纪念夏鼐先生诞辰一百周年》，第360页。

> 位进行收购和收集，就可以了。至于“文物商业”、“文物商店”、文物“销售”和“按国家文物行政管理部门规定可以作为商品流通的文物”等应予删去，因为这些是与制定文物保护法的目的相矛盾的。尤其是“按国家文物行政管理部门规定可以作为商品流通的文物”这一项……可以作为商品买卖的文物便要超出流散文物的范围，还包括了博物馆等机构的藏品、地下出土品和考古发掘品，对国家文物保护危害尤大。目前这方面已发生种种弊端，各方面意见很多。对于文物商店的存废问题，将来可另行考虑，有些也可考虑列入有关具体条例。①

二是关于考古发掘项目的审批问题，夏鼐也提出了不同意见。当年在周恩来总理主持下，中央人民政府政务院于 1950 年颁布《古文化遗址及古墓葬之调查发掘暂行办法》，其中第五条规定：“学术机关或群众团体，必须具备田野考古之条件，并经由中央人民政府文化部会同中国科学院审查批准后，由中央人民政府文化部发给执照，同时须报请当地的大行政区人民政府或军政委员会备案，始得进行发掘工作。”1961 年国务院颁布的《文物保护管理暂行条例》，其中第十条继续规定：“各文物管理机构、科学研究机构和学校等，不是配合建设工程而进行考古发掘的时候，应当提出发掘计划，报经文化部会同中国科学院审核批准后，始得进行发掘。”这次的“征求意见稿”中原拟对该条文有所改动，夏鼐则主张应该基本不变。

最紧张的还是 11 月中旬，全国人大常务委员会即将开会审议该草案。夏鼐在几天之内，急忙找文化部部长朱穆之、中共中央书记处书记兼中宣部部长邓力群、全国人大常委会副委员长严济慈，以及全国人大常委会委员刘大年和吕叔湘、全国人大法制委员会副主任项淳一，或写

① 转引自张天来、金涛《夏鼐的足迹》，载《夏鼐先生纪念文集——纪念夏鼐先生诞辰一百周年》，第 360 页。

信、或电话、或面谈，继续提出自己的意见。最后，在人大常委会会议前一天（11 月 18 日），夏鼐与项淳一已经无法直接通话的情况下，特请兼任国务院副秘书长的中国社会科学院院长马洪出面，继续转达他的意见。最终《文物保护法》草案完全删去文物商店的条文，对考古发掘的审批规定为“国家文化行政管理部门会同中国社会科学院审查，由国家文化行政管理部门批准”。1982 年 11 月 19 日下午第五届全国人大常委会第二十五次会议通过新中国第一部文物法典，同日公布施行。此后 30 多年来，根据新的历史情况，全国人大常委会对《文物保护法》进行过几次修改，从 33 条增加到 80 条，条文更加详备，但始终没有将文物商店列入，关于考古发掘的审批仍然强调“国务院文物行政部门在批准或者审核前，应当征求社会科学研究机构及其他科研机构和有关专家的意见”。这与原条文“会同中国社会科学院审查，由国家文化行政管理部门批准”，精神基本一致。

中国社科院第一副院长和国家文物委员会主任委员

1982 年春夏之交，中国社会科学院调整院、所两级领导班子。当时，我国学术界对外开放未久，人文社会科学方面诸多知名老专家健在，社科院领导成员的知名度具有重要的意义。5 月中旬，社科院党组上报中央的院级负责干部名单，经中央批准，尚未公布。各所领导班子业已分别确定，夏鼐在考古研究所退居二线后，仍任名誉所长，所长由王仲殊继任。6 月 7 日上午，社科院名誉院长胡乔木，会同院长马洪、秘书长梅益，邀约夏鼐和钱锺书二位到社科院院部谈话。到齐后，胡乔木直截了当地提出要增补他们二位为社科院副院长。他说：“除了一年中有一两次关于院中大事与你们商量一下，不要你们负责任何行政工作。主要是考虑社科院新的领导班子，正、副院长三人都是学术上不大知名的人士……对外活动需要借重你们一下，今后代表院方接待专业对口的代表团，一般外宾接待则不必出面。”他们推辞一番，最后表示同意。胡乔木还特别交代，发表名单时，两位老人的名次要放在两位年轻副院长的前面。[①] 8 月 30 日中共中央下达文件，同意增补夏鼐和钱锺书为中国社会科学院副院长。

夏鼐当上中国社科院第一副院长后，社科院随即配备专车，但他仍然每天到考古所那间使用三十多年的办公室上班，并没有要求院部为他另行安排办公室。夏鼐曾针对有人探问副院长的级别，戏作打油诗一首，“奉赠默存（钱锺书）学长，兼以自嘲”。诗云：

伏案终期老未休，无端被召上高楼。
樗材聊作补丁用，时人错认作封侯。

夏鼐出任中国社会科学院副院长期间，出席院务会议并不是明哲保身，讨论问题时仍坦率地表达自己的不同意见。例如，1985 年春的一次院务会议上，讨论到实行课题经费包干，准备将用不完的部分经费奖励研究人员。会上议论得相当热烈，发言者纷纷赞同，唯独夏鼐表示反对，他说，这种办法在考古所行不通，比如对一个古墓群的发掘，如果为了节约经费，那么发掘 100 座算是完成任务，发掘 50 座也可以算完成任务，节约下的经费归公可以，分掉那就是不对的。表决时，几乎所有人都赞成将剩余的经费用于奖励。当主持人说“弃权的请举手”，夏鼐举起手来，仍然明确地表示不赞成。考古所也就从来没有实行过这种“经费包干”办法。[②]

正是这段时间，国家文物局改属文化部。文化部为了加强对文物工作的领导，考虑设立国家文物委员会，由文物局的负责同志出面与夏鼐洽商。最早是 1982 年 4 月文物局新任局长孙轶青对夏鼐表示，文物局拟设立国家文物委员会，请他参加并负点责任。夏鼐当即向社科院党组第一书记兼秘书长梅益汇报，继而又向已任中宣部部长的邓力群请示。夏鼐亲自起草了“国家文物委员会组织条例”，并提出委员会成员的初步名

① 《夏鼐日记》卷九，第 140～141 页。

② 参见张天来、金涛《夏鼐的足迹》，载《夏鼐先生纪念文集——纪念夏鼐先生诞辰一百周年》，第 367 页。

单。经过半年时间与文物局反复酝酿、修改，又曾与文化部朱穆之部长商谈，向邓力群电话或当面请示。最后明确：国家文物委员会是咨询性机构，在文化部领导下，协助文化部工作；委员会成员为专家名流，又不限于专家，但不安插退休官员。

1983 年 1 月 27 日，国家文物委员会召开第一次会议，由朱穆之部长宣布正式成立，聘请夏鼐为主任委员，王仲殊、王振铎、冯先铭、安志敏、苏秉琦、启功、吴良镛、单士元、张政烺、郑孝燮、贾兰坡、顾铁符、宿白、常书鸿为委员会成员，共计 15 人；又聘请文物局副局长沈竹为秘书长，考古所副所长王廷芳为副秘书长。随后在 1983 年和 1984 年，国家文物委员会在夏鼐的主持下开过六次会议，为贯彻《文物保护法》发挥了很好的作用。会议严肃谴责了若干地方违反《文物保护法》的事件，对于洛阳龙门石窟南口建桥、西安破坏明城楼和城墙、长安沣西和河南光山考古发掘未办审批手续等问题，决议应照文物局的方案严加制止；对于陕西省计划主动发掘秦始皇陵周围遗址、唐睿宗李旦桥陵墓室，以及“科学探测”秦始皇陵墓室等问题，一致认为目前主客观条件尚不具备，都不宜进行；对于铜绿山古矿冶遗址，则坚持“必须就地保护”、绝不能“搬迁”。会议还讨论过文物局代拟中共中央、国务院《关于进一步加强文物保护工作的决定》（讨论稿）和《关于加强我国博物馆建设的决定》（讨论稿），以及其他有关文件，委员们竭诚提出了建设性意见。1984 年 4 月底至 5 月初，中共中央宣传部和文化部在北京召开全国文物工作会议，国家文物委员会全体委员参加会议，夏鼐还在大会上作报告。

夏鼐很想使国家文物委员会成为能起一定作用的机构，经过努力感到很难做好。特别是当时某负责同志提倡“文物经济学”，企图利用文物换取外汇，提出出口文物打入国际文物市场，多搞出国文展赚取外汇，以期发挥文物在“对外开放”中的作用。夏鼐认为，这违反国家《文物保护法》的精神，表示不赞同，竟被指责为未能消除“左”的旧思想，违反中央的“对外开放”政策。夏鼐有点困惑，只好向中央反映，不久获知邓小平同志在十二届二中全会上的讲话提出“思想战线不能搞精神污染”，严肃地批评“一切向钱看”的歪风，特别点到“有些混迹于文艺界、出版界、文物界的人简直成了唯利是图的商人”。[①] 于是1983年11月9日召开文物委员会第四次会议，到会委员纷纷列举文物界向钱看的各种事例，强烈要求文物局采取适当的措施予以纠正。想不到会议纪要竟然被当时在任的国家文物局局长扣压三个月之后，才不得不上报。阻力之大可想而知。

为了贯彻《文物保护法》，夏鼐曾于1982年7~8月，参加城市建设部准备进行保护历史文化名城规划的座谈会；1983年3月参加国务院副总理习仲勋主持召开的会议，讨论关于文物保护单位中的寺庙改归宗教部门管理问题，都坚持正确的原则，发挥应有的作用。他还曾于1982年11~12月，参加北京市文物保护管理委员会视察北京市级保护单位的活动，5天视察了23个地点。夏鼐又曾参加关于圆明园遗址“近期开发、整体规划”的座谈会，他在讲话中支持进行保护性修整，主张应作为遗址博物馆处理，整修要有依据地复原，发掘要上报审批，坚决反对“大干一场”、进行全面“重建”。

夏鼐一贯重视田野考古的质量，要求按照科学规程进行发掘，不仅注重地层关系，而且在处理遗迹、遗物时考虑怎样有利于复原研究。这时他已经年逾七旬，仍然在百忙之中挤出时间，不顾天气炎热，亲临重要考古发掘现场视察。1983年9月，前往社科院考古所与广州市博物馆共同发掘的象岗山西汉南越王墓工地，钻进地下的岩洞墓室指导工作，嘱咐麦英豪、黄展岳等详细地作好记录；责令将清理难度甚大的玉衣和铁铠甲，整体运回北京，以便细致地处理，使之得以完整复原。1984年5月和1985年6月，两次去考古所发掘的偃师商城遗址工地视察，密切关注4号和5号宫殿基址的地层情况、营建和修补重建过程，向主持发掘的赵芝荃等指出：“宫殿发掘中任何一个细节都不能放过，除了柱础、

① 邓小平：《党在组织战线和思想战线上的迫切任务》，《邓小平文选》第三卷，人民出版社，1993，第43页。

台基之外，宫殿的倒塌堆积也值得重视，这对宫殿的复原研究有重要意义。”而第二次去偃师商城遗址后十天，他便溘然辞世。

1983 年 9 月深入广州西汉南越王墓的岩洞墓室考察工作

1985 年 6 月第二次去偃师商城遗址工地考察

1980 年代以后频繁的外事活动

进入 1980 年代以后，夏鼐虽然年事已高，但仍然不时接待外国同行的来访。除前述去美国参加中国青铜器和中国商文化的研讨会外，曾于 1983 年 3 月，应日本广播协会（NHK）的邀请，前往日本访问，虽为私人身份，仍受到很高的礼遇。在日期间，作过三次公开讲演，每次 90 分钟，直接听众数百人，其中有许多知名的考古学家；又曾进行一次学术对谈。讲演和对谈的录像剪辑后，通过电视向全日本广播，据闻收视观众多达百余万人。除讲演活动外，他参观了 8 个博物馆，多数是 1963 年和 1979 年两次访日时没有去过的；又曾参观福冈的奈良和平安时代太宰府政厅遗址等发掘工地。在日期间的三次讲演，在学术上具有重要的意义。

第一次（3 月 9 日）在东京讲演“中国考古学的现状和展望”。[①] 夏鼐简单地论述新中国成立以来中国考古学的丰硕成果，并略谈对于未来的展望，指明发展方向。他强调：“第一，我们要加强理论水平的提高。……第二，考古学的理论和综合研究，都要立足于大量的可靠资料。……第三，要继续引进自然科学方法到考古领域中来，以解决考古学上的问题。……第四，历史时期的考古学中，要尽量采用考古实物和文献记载相结合的方法。”最后，又提出今后工作中“较重要的需要解决的具体问题”，例如中国旧石器时代发展过程中的缺环，中国农业、畜牧业的起源及制陶术的发明，某些新石器文化的分布范围及其文化内涵，夏文化问题，商文化中冶铜术等元素的渊源，边远地区考古工作的空白，等等。

第二次（3 月 11 日）在福冈讲演“汉唐丝绸和丝绸之路”。[②] 夏鼐这次的讲演，与 1981 年 3 月在美国堪萨斯大学讲演的英文讲稿《中国汉代

---

① 参见《夏鼐文集》第一册，第 402 ~ 415 页。

② 参见《夏鼐文集》第三册，第 135 ~ 149 页。

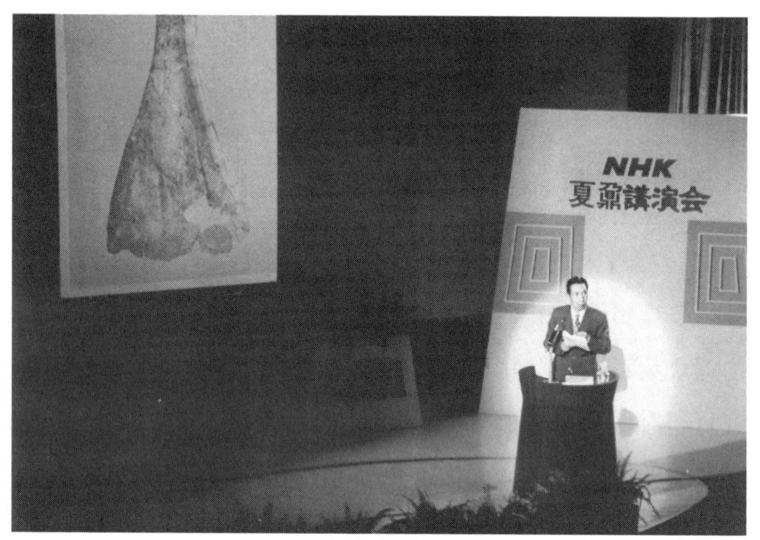

1983 年在东京作电视学术讲演

的丝绸和丝绸之路》，基本一致。其重要意义在于，他放弃了《新疆新发现的古代丝织品——绮、锦和刺绣》（1963）、《我国古代蚕、桑、丝、绸的历史》（1972）二文关于汉代织机已有提花设备的推测，转而同意加拿大学者柏恩汉（Burnham, H. B.）的看法，认为："汉代提花织物可能是在普通织机上使用挑花棒织成花纹的，真正提花机的出现可能稍晚。"这是由于他曾于 1982 年 4 月专程前往湖北江陵的荆州地区博物馆，详细考察马山 1 号战国墓出土的大量丝织品，特别是看到其中一种用挑花棒挑成凸起精美花纹的平纹组织实物，类似于缂丝，或即所谓"织成"。[①] 夏鼐关于中国古代提花机问题的观点改变，引起了有关学者的关注[②]。令人

① 夏鼐专程前往湖北江陵详细考察马山战国墓丝织品的情况，参见《夏鼐日记》卷九，第 123 页。讲演稿笔误为"最近我研究了马王堆汉墓的丝织品"（《中国文明的起源》，文物出版社，1985，第 55 页；又见《夏鼐文集》第三册，第 139 页）。

② 参见梁加农《夏鼐的丝绸史考古研究》，原载《考古》2000 年第 4 期；又见《夏鼐先生纪念文集——纪念夏鼐先生诞辰一百周年》，第 266 ~ 267 页；梁加农《〈夏鼐日记〉所见当代学人——从陈寅恪、傅斯年、郭沫若、陈梦家到张光直》，《古今论衡》第 30 期，2017，第 140 ~ 142 页。

遗憾的是，他生前未能详加阐述。

第三次（3 月 13 日）在大阪讲演“中国文明的起源”。[①] 夏鼐第一次从考古学上提出探讨中国文明起源，这个中国史前考古学和世界文化史上至关重要的课题。他认为，这个课题的理论意义在于，是“传播论派和独立演化派的争论的交锋点”，应该从明确基本概念入手进行探讨，强调“文明”一词是“指一个社会已由氏族制度解体而进入有了国家组织的阶级社会的阶段”，并且进一步指出：“这个社会中除了政治组织的国家以外，已有城市作为政治（宫殿和衙署）、经济（手工业以外，又有商业）、文化（包括宗教）各方面活动的中心。它们一般都已经发明文字和能够利用文字作记载（秘鲁似为例外，仅有结绳记事），并且都已知道冶炼金属。文明的这些标志中以文字最为重要。”夏鼐认为，根据现有考古资料，不仅深刻地认识到殷墟文化是高度发达的文明，更重要的是从殷墟文化向上追溯到二里冈文化和更古老的二里头文化，三者互相连接、一脉相承；而二里头文化，至少它的晚期既够得上文明，又有中国文明的一些特征，如果不是中国文明的开始，也是接近于开始点了；至于比二里头文化更早的各种文化，都属于中国的史前时期。他还特地讨论中国文明是否独立发展的问题，着重分析那些与中国文明起源问题关系最密切的史前文化，主要是中原地区、黄河下游和长江下游的晚期新石器文化，断定“中国文明的产生，主要是由于本身的发展”。他说：“中国虽然并不是完全同外界隔离，但是中国文明还是在中国土地上土生土长的。中国文明有它的个性，它的特殊风格和特征。”夏鼐还曾讲到，进行中国文明起源的探索，“主要对象是新石器时代末期和铜石并用时代的各种文明要素的起源和发展，例如青铜冶铸技术、文字的发明和改进、城市和国家的起源等等”，同时又强调：“文明的诞生是一种质变，一种飞跃。”这便为中国文明起源问题的探索指明方向，从而促使此后有关研究和讨论长盛不衰，不断深入，取得了很大的进展。

---

① 参见《夏鼐文集》第二册，第 229 ~ 245 页。

夏鼐在日本的三次讲演稿的译文，增加日本考古学家樋口隆康、冈崎敬的序跋、注释和附表后，被编集为NHK丛书第453种，于1984年4月出版，不到一年印刷三次，共计发行12000册，为促进中日两国人民的友谊和了解发挥了积极作用。中文版经他生前校阅过二校样，在过世后一个月出版发行，未能亲自见及。

1983年，夏鼐除前往日本讲演外，还曾在6~7月，应德意志考古研究院和瑞士伯尔尼大学先史研究所的邀请，分别前往访问并讲演。

那段时间，夏鼐在国内仍然经常接待外国同行来访，例如1981年就曾接待法国、意大利两个国家的考古代表团。

1981年与意大利考古代表团漫步在花木扶疏的考古所庭院

1983年8月，中国考古学会、中国社会科学院考古研究所和联合国教科文组织联合召开的亚洲地区（中国）考古讨论会，在北京和西安举行，到会有来自印度、印度尼西亚、日本、朝鲜、马来西亚、尼泊尔、巴基斯坦、斯里兰卡等国的代表，以及来自英国、美国、瑞典、日本、朝鲜的观察员。夏鼐以中国考古学会理事长、中国社会科学院副院长兼考古研究所名誉所长的身份，作为主办国的首席代表，被全体与会代表推选为会议的主席。会上讨论了亚洲各国考古学的现状和今后相互协作的前景，取得了许多共识。中国考古学界取得的名不虚传的巨大成果也得到了与会者的高度赞扬。这次会议，虽然参加的人数不多，却是第一次在中国举行的国际性考古会议，有其历史意义。[①]

1983 年 12 月，夏鼐又作为中国科技史代表团的顾问，参加了在香港大学举行的第二届国际中国科技史研讨会，并在会上作了题为“中国考古学和中国科技史”的讲演，[②] 还曾去香港中文大学访问并讲演。

1984 年 8 月第三届国际中国科技史研讨会在北京举行，夏鼐和李约瑟等是会议的顾问委员会委员。夏鼐还曾于 1984 年两次去巴黎，出席联合国教科文组织召开的《人类科学文化史》第一卷和第二卷的正副主编会议。南北西东，席不暇暖，甚为辛劳。

1983 年 8 月主持中国考古学会、中国社会科学院考古研究所和联合国教科文组织联合举办的亚洲地区（中国）考古讨论会

---

① 参见《亚洲地区（中国）考古讨论会在我国举行》，《考古》1983 年第 12 期。

② 原载《考古》1984 年第 5 期；又见《夏鼐文集》第三册，第 26～34 页。

1984 年 8 月参加第三届国际中国科技史研讨会期间与李约瑟交谈

第十章　百日拼搏与身后哀荣

1985 年 3 月 1 ~ 6 日，中国考古学会第五次年会在北京大学举行。夏鼐在开幕式上作了题为“考古工作者需要有献身精神”的讲话。其中讲到“作为田野考古工作者，为了工作取得良好的成果，应该有‘不怕苦’的精神。……如果我们想把我国考古学的水平提高到新的高度，这便需要我们有献身的精神，在工作中找到乐趣，不羡慕别人能够得到舒服的享受，也不怕有人骂我们这种不怕吃苦的传统是旧思想，旧框框。我们搞考古工作的，脑中有些‘古旧’思想也是自然的嘛!”3 月 10 日，《光明日报》在第 1 版显著位置，全文发表夏鼐的这篇讲话，并加“编者按”云：“这个讲话，对于如何提高考古学的水平，科学工作者如何正确对待经济利益和生活改善问题，应该具有怎样的思想和作风，都发表了很好的意见。希望广大科学工作者和知识分子，都能从这个讲话中受到启发和教益。”①

中国考古学会第五次年会以后的一百天，是夏鼐为新中国考古学奋力拼搏的一百天。除前述根据中国大百科全书出版社的限期要求，邀约王仲殊协助完成《中国大百科全书·考古学》的特长条外，他于 3 月 26 日至 4 月 4 日赴伦敦，参加英国史前学会成立五十周年纪念会，并在会

① 《夏鼐文集》第一册，第 441 ~ 446 页。

上讲演“中国文明的起源”，与美国新考古学派创始人宾福德有较多接触，往返途中阅读了英国学者丹尼尔著《考古学的起源与发展》一书。4月17~29日夏鼐又去华盛顿，接受美国国家科学院授予的外籍院士称号。5月14~19日主持召开《中国大百科全书·考古学》分编委会扩大会议，全书定稿工作基本告一段落。会后，夏鼐对特长条再作个别修改，并进一步审定“中国考古学简史”条和新增健在若干考古学家条目。6月上旬，他接待了坪井清足率领的日本考古代表团来访，并前往洛阳附近视察偃师商城等发掘工地。夏鼐为了使《中国大百科全书·考古学》更加完善，曾考虑将已经定稿的“中国考古学史大事年表”扩充为“世界考古学史大事年表”，责成有关人员补充翻译相关资料，遗憾的是未能完成。这一百天的拼搏，他实在是太累了。夏鼐以往出访归来，大都是第二天便精神抖擞地去上班。这两次出访归来，长时间休息后“仍觉疲倦”，明显消瘦许多。

1985年3月在中国考古学会第五次年会上发表讲话

右起夏鼐、马洪、朱德熙、刘大年、王仲殊

1985年6月17日下午，夏鼐在审阅关于考古学史年表译稿时，突然感到身体不适，老伴发现他嘴巴歪了，并流出口水，接着手中拿的西文

1985 年 6 月 4 日接待坪井清足为团长的日本考古代表团

左起安志敏、坪井清足、王世民、夏鼐、杨泓、黄展岳、王仲殊

书掉落地上。本来准备到北京医院诊视一下，就去参加日本考古学家坪井清足的告别宴会，不料被医师留下。他自己走进病房，住定后不久，病情急剧恶化，迅速陷入昏迷状态，再也没有苏醒过来。夏鼐住院期间，中共中央政治局委员、中国社会科学院名誉院长胡乔木，中共中央书记处书记兼中央宣传部部长邓力群，以及中国社会科学院、国家文物局的负责同志和诸多生平友好前往医院探视。因所患脑溢血病情严重，抢救无效，这位杰出的考古学家、新中国考古学的开拓者和奠基人、中国共产党优秀党员不幸于6 月 19 日下午 4 时 30 分逝世，终年 76 岁。当天晚间，新华社发布电讯向国内外宣告这一噩耗。

夏鼐的遗体告别仪式于6 月 29 日上午在北京医院隆重举行。遵照中共中央组织部的批示，灵堂摆放着党和国家主要领导人、全国人大常委会、国务院、中央组织部、中央宣传部致送的花圈。中华人民共和国文化部、中国科学院、中国社会科学院、北京市人民政府、中国社会科学院考古研究所和中国考古学会，以及夏鼐故乡浙江省和温州市党政机关也送了花圈。从 9 时半开始，习仲勋等党和国家领导人、各界知名人士，以及有关单位群众，近千人前来，向夏鼐的遗体告别，痛惜我国学术界的这一巨大损失。随后，夏鼐同志的遗体被送往八宝山火化，他的骨灰盒安放在八宝山革命公墓一室侧面。

向夏鼐同志遗体告别仪式送花圈的还有上百个中央和北京的学术单位与团体，部分省、市、自治区的文物考古单位，以及夏鼐家乡浙江省和温州市的党政机关。

参加夏鼐同志遗体告别仪式的还有：中国社会科学院和其他单位的负责同志，考古学界、历史学界、科技史界、文物博物馆界及自然科学有关学科的知名学者，部分省、市、自治区文物考古单位专程来京的代表，以及在京的部分外国考古学家。

当天晚间中央电视台的新闻联播节目，报道了夏鼐遗体告别仪式的实况。新华社发布电讯，次日全国各地报纸都作了报道。

考古所收到全国各地发来的唁电唁函，共计 250 多件；外国知名学者和重要学术团体的唁电、唁函 50 余件。国内发来函电的有各省、市、自治区的文物考古单位、博物馆和地方考古学会，有大学考古专业师生，还有正在考古发掘现场工作的考古队员。封封函电表达了广大考古工作者对敬爱导师的无限哀思。大家缅怀夏鼐对自己工作的关怀、鼓励、指导和支持，称颂夏鼐在考古学的各个领域都洒下了辛勤的汗水，为繁荣我国考古事业做出了卓越的贡献，使中国考古学在国际上赢得莫大的声誉。

追悼活动结束后，中共中央政治局委员、中国社会科学院名誉院长胡乔木于 1985 年 6 月 30 日在《人民日报》发表悼念文章，对夏鼐的卓越贡献给予公正而崇高的评价。为了表彰夏鼐的先进事迹，《光明日报》特派两名记者进行采访，于 1985 年 9 月以《夏鼐的足迹》为总标题连载 10 篇报道，分标题为“他是献身精神的典范”“他在田野上辛勤耕耘”“无私的奉献”“碳十四与两个年轻人的命运”“吃的是草，挤出的是奶”“俭朴和慷慨之间”“他心中只有国家利益”“顽强的探索”“模范党员”“永恒的纪念”。这组报道在学术界产生很大的影响。著名科学家钱学森于10月4日致信时任考古研究所所长的王仲殊说：“近读《光明日报》连载《夏鼐的足迹》，十分感动，深受教育。与同道学友谈及《光明日报》文，都有相同感受。因此我想应将此组文章汇集成册出版，作为社会主义精神文明的一项思想建设。”①

夏鼐同志不幸逝世的消息，在国际学术界，特别是国际中国科技史界引起强烈的反响。一些函电指出，“夏鼐先生是中国以至全世界的著名考古学家，对世界科学事业的发展作出了积极的贡献”，“他的逝世是国际考古事业的巨大损失”，“是世界科学界的巨大损失”。1986年5月在澳大利亚悉尼大学举行的第四届中国科技史国际会议，为缅怀夏鼐的杰出贡献，特地安排一天的时间进行纪念夏鼐学术讨论，由香港大学何丙郁教授作了题为“夏鼐对科学技术史的贡献”的主旨报告。②

此后三十多年来，中国社会科学院考古研究所安排专人，进行夏鼐论著及有关资料的整理，做了大量的工作。1999年，第一次编辑出版了《夏鼐文集》3册（社会科学文献出版社），收录夏鼐公开发表的论著，共计141篇，120万字。2008年编辑出版“中国社会科学院学者文选”中的《夏鼐集》（中国社会科学出版社），共计40万字。2009年编辑出版《夏鼐先生纪念文集——纪念夏鼐先生诞辰一百周年》（科学出版社），收录夏鼐逝世以后海内外报刊陆续发表的纪念、评述文章及特约稿，其中包括《光明日报》连载的《夏鼐的足迹》，共计60多篇，63万字。2010年举行了夏鼐诞辰一百周年纪念座谈会。2011年支持夏鼐子女编辑出版《考古学家夏鼐·影像辑》（中国社会科学出版社），收录影像资料400余幅；整理出版《夏鼐日记》10卷（华东师范大学出版社），连同生平事迹年表、交往人物索引，共计438万字。2012年，支持浙江温州市建成夏鼐故居纪念馆，向公众开放。2017年，重新编辑出版《夏鼐文集》5册（社会科学文献出版社），收录夏鼐已刊及未刊论著，共计

① 参见《夏鼐先生纪念文集——纪念夏鼐先生诞辰一百周年》，第17页。

② 《第四届中国科技史国际会议在悉尼举行——会议举办“纪念夏鼐讨论会”》，《考古》1986年第8期，第768页。

213 篇，229 万字。2018 年，编辑出版《夏鼐西北考察日记》2 册（社会科学文献出版社），共计 61 万字。另外，还陆续出版夏鼐博士学位论文《埃及古珠考》的英文本和阿拉伯译本，中文译本也于 2020 年出版。

通观夏鼐的生平业绩和学术之路，无不体现着学识渊博、视野广阔和治学谨严的特点。早年他在中国传统的文献学和历史考据方面，打下博古通今的坚实根底，并且熟知社会学不同流派的学说。踏进考古学领域后，他熟练地掌握现代考古学和人类学的理论，考古学的基本方法和各种应用技术，登临世界考古学尖端的埃及学高峰。同时，他又具备丰富的自然科学和技术科学基础知识，优越的外国语文条件（精通英文，粗通法文、德文、俄文和日文），经常浏览海内外新出版的书刊，并与不同学科的专家保持广泛的联系，因而通晓国际学术界的动态，始终居于学术前沿，从世界范围和多学科角度思考中国考古学问题，在中国考古学的基本理论、史前时期和历史时期的考古学研究，以及中国科技史和中西交通史的考古学研究等方面，都取得了无人企及的杰出成就。夏鼐名副其实是学贯中西的百科全书式的一代大师，早年对埃及考古学做过具有重要历史意义的突出贡献，中华人民共和国成立后为考古人才的培育、学科体系的建立、严谨学风的缔造，以及中国考古学界的对外交流，奉献到最后一息，做出不可磨灭的卓越贡献。他生前先后荣膺中外七个院士称号：1955 年为中国科学院哲学社会科学部学部委员，1974 年获英国学术院通讯院士，1982 年获德意志考古研究院通讯院士，1983 年获瑞典皇家文学历史考古科学院外籍院士，1984 年获美国国家科学院外籍院士、第三世界科学院院士，1985 年获意大利近东远东研究院通讯院士。他是中国学术界获得外国国家级荣誉称号最多的著名学者之一。夏鼐的一系列精湛论著、培育骨干考古队伍和构建学科体系的业绩，体现着他深邃的学术思想，有待于后辈学者认真地学习，深刻地领会。

第十一章　高风亮节，为人楷模

夏鼐的高风亮节，突出地表现于家庭生活。他与夫人数十年忠贞不渝、相濡以沫，向来为大家称道。他们的结合，完全是“父母之命，媒妁之言”。夫人李秀君是幼年缠过足的家庭妇女，粗通文墨，体弱多病，一生操持家务。夏鼐始终以宽厚、仁爱之心，与她共同守护这个温馨的家庭。从 1928 年初刚满 17 岁时结婚，到 1952 年秋举家迁居北京的 25 年，夏鼐大部分时间在外地学习和工作。夫人留在家乡，服侍公婆，抚育子女，与妯娌和睦相处。刚到北京团圆时，夫人人地生疏，语言不通，往往出门回不了家，初学煤球炉子生火，生活上很不习惯。当时，女儿素琴和长子正暄不在身边，另外两个儿子尚幼，许多家庭事务均由夏鼐承担。稍长的正楷 10 岁，正在读小学四年级。3 岁许的幼子正炎患肺炎，后转肺结核，需要定时注射青霉素，夏鼐为节省去医院的时间，自己学会为他打针。夫人患癔病多年，发病时昏厥过去，牙关紧闭，需要有人设法帮助她将喉咙中的痰呕出，才能逐渐苏醒过来，而家人中只有夏鼐擅长施救之术。数十年间，无论平静安谧的幸福时日，还是“文化大革命”的岁月，他们恩恩爱爱，相互扶持，携手步入晚年。家中长时间不请保姆，夫人年逾七旬仍然日夜操劳，清晨洒扫庭院，爬高擦拭门窗，保持窗明几净，屡次获得街道卫生红旗。夏鼐晚年曾深情地说：“我在考古学上这一点点的成就，确实一部分要归功于我这贤慧而能干的老伴儿。”1980 年代初期，夏鼐偕同夫人出访，先后去过日本、美国、法国，以及尚未回到祖国怀抱的香港等地，特意补偿她毕生的辛劳。

与夫人出访

夏鼐在生活上从不讲究，几近吝啬的节俭，有目共睹。平时的衣着，多为蓝布中山装、布鞋或塑料凉鞋，冬天则是臃肿的棉衣、老棉鞋和长毛绒帽子，完全没有雍容华贵的气派，以致他人相见而不相识。1978 年末去上海参加《辞海》编委会会议，前往机场迎接的是临时借调的一位上海博物馆人员，因为只见过他一面，竟将别人接到交通车上，发现错误后四处寻找。夏鼐对于这类事，都毫不介意。倘若某一天，邻居老太太和考古所同事，看到夏鼐换穿笔挺的毛料服装和锃亮的尖头皮鞋，那一定是那天他有外事活动。他办公室的门后钉着一个牛皮纸大口袋，用以存放一些旧信封，准备随时翻过来再用。为写文章而收集资料，经常是用大小不等的纸条抄录，再分装到若干个旧信封之中。他临终前几年，在办公室饮水，用的是断柄的粗瓷杯子，另配一个旧玻璃盖；办公桌上没有名贵的文房四宝，使用小学生那种最普通的砚台和便宜的毛笔，应邀为人题字时往往借用所内同事的笔砚。

夏鼐的办公桌

夏鼐夫人厨艺极佳，每逢春节总要按照温州风俗，亲自烹制丰盛的年夜饭，摆出十个高脚碗，即使物资匮乏的年月也要凑出十样。但是平日家庭的饮食却相当节俭。夏鼐本人不抽烟，不喝茶。由于长期患严重的肠胃溃疡，在家午饭经常是一碗容易消化的热汤面。上班时，中午倘不回家，由于工作繁忙，往往较晚时间才去食堂用餐，只能买到熬白菜等价格低廉的素菜。1980 年 2 月初洛阳的蒋若是来考古所拜见，那个下午正值夏鼐主持会议，蒋若是等候在笔者的办公室直到下班。夏鼐邀笔者二人去家里一起吃晚饭，坐上餐桌，他才说“今天是我 70 岁生日”，可是这顿晚饭并不丰盛，甚至没有几样菜。

夏鼐平时用餐如此节俭，但对下属和亲友却都十分慷慨。相当长的时间，考古所的年轻人跟随夏鼐外出发掘，或具体办理会议事务，在工作结束时由他自掏腰包，犒劳大家打一次牙祭，那是常有的事。1976 年

6月的一天，夏鼐去琉璃河西周燕国墓地发掘工地视察，六七位中青年同志随同前往，返程途经北京西郊公主坟一带已到中午，有人提议就近用餐。走进一家餐馆后，他低头看《参考消息》，默然无语，大家推笔者向他提出请客的愿望，方知那天他身边没带什么钱，表示由谁先行垫付，随后如数奉还。而友人到办公室或家里拜访，邀请去附近的萃华楼等著名餐馆用膳，在他的日记中时有记载。最令人感动的是对待王祥第这位小学、中学和大学时期的老同学。王祥第1957年在温州一所中学任教时被错划为“右派”，后来又被勒令退职，生活上遭受极大的困难，得到夏鼐长时间的关怀。夏鼐曾试图推荐他进入敦煌文物研究所工作，由于王祥第是退职人员，未能获得该所上级人事部门的批准，于是他便自己出资接济，让这位老同学协助誊抄《真腊风土记校注》书稿。这在温州老一辈知识分子中传为佳话。

表面上看起来夏鼐似乎很严肃，实际上一旦近距离接触，就会感到和蔼可亲。他待人坦诚、尊重，对待本所的徐旭生、郭宝钧、黄文弼三老，经常嘘寒问暖，偶有病痛即登门探视。1950年代还常在中午下班后，邀请苏秉琦到家中午餐，晚年不时到其相距较远的办公室议事、聊天。对青年同志也很关心，每每参加他们的婚礼或登门致贺。他常将甫写就的文稿，交给身边后辈征求意见。而后辈请他审阅文稿，从来都是审阅后亲自送还，不是招呼作者本人来取。遇有外地友人来访，常要去其下榻处回访。春节期间来人拜年，即便是经常见面的左邻右舍，都无例外地逐家回拜。主持考古学会历次年会，会间不是等待来自各地的弟子拜会，而是乐于东走西串，看望大家。

夏鼐向来平易近人，完全没有学术权威的架子，常有不同年龄段的所内外人员，闯进他的办公室或家中请教问题，他总是不厌其烦地给予耐心指导。许多人手中保存有夏鼐为他们审阅文稿的批条，都是以密密麻麻的蝇头小字，写出十分具体的意见，以至应该查阅什么中外文书刊，有时连版本、页码都交代得明明白白。一张张纸条，彰显出夏鼐循循善诱、诲人不倦的精神。夏鼐对于四面八方的来信，无不迅速亲自回复。

1960 年代，四川一位原本学习美术的青年，酷爱考古与历史，慕名将自己的文稿寄给夏鼐求教，从流落雪山草地到 1980 年代调进出版单位，书信往还历时二十年，从来没有机会见面。其间曾帮忙购书，书寄去后又来信索取用以报销的发票，夏鼐不厌其烦，热情地给予帮助。1960 年代初各单位精简机构时期，江西一名知识青年几次给夏鼐来信，希望调入考古单位工作，虽然一再告以无法解决，这名年轻人并不罢休，竟冒失地闯到家里，夫人十分厌烦，他仍耐心地继续与之通信。1984 年，上海一名在读大学生阅读夏鼐著《真腊风土记校注》后来信说，自己对书中提到的法国学者著作《吴哥之艺术和文化》很感兴趣，询问怎样才能看到这书。身为社科院第一副院长的夏鼐，既没有置之不理，也没有委托身边人员代复，而是迅速亲笔回信，告诉他这书还没有中文译本，英文本在北京的各大图书馆都能找到，并且告知考古所图书室收藏的英文本和法文本的藏书号及阅览手续。夏鼐对有心向学的后辈如此关怀，令人感佩。

夏鼐厌恶拉帮结派的江湖作风。从青年时代起，对待学术上严肃的是非，无论老师还是好友，从来都是坦率地相告，直到晚年仍然如此。成名以后，对待弟子和身边人员更要求十分严格，不准在学术问题上不负责任地信口乱说。例如，考古所一名毕业不久的硕士研究生，在不严肃的“科幻”刊物上发表文章，戏说一件出土地明确、顶端塑成人头形的甘肃彩陶器盖出自天外来客之手，并且被该刊编辑部在作者姓名前冠以社科院考古所全称，夏鼐得知后十分气愤，责令这位年轻人所在研究室主任严肃批评，不得重犯此类错误。再如，夏鼐本人为导师培养的另一名硕士研究生，因其文化基础较差，虽论文勉强通过、准予毕业，但不同意授予硕士学位。

夏鼐是大家公认的良师益友，却又疾恶如仇。他曾为制定和贯彻《文物保护法》而奔走，坚决抵制违反文物保护基本原则的错误行为。夏鼐从来不与文物贩子打交道。1935 年刚到英国留学时，路过卢芹斋古董店进内参观，见到盗运大批珍贵文物出口的卢氏其人，他不屑与这人交谈，便迅速离去。夏鼐本人绝不收藏古物，少年时代从家存废旧铜钱中拣出的古钱，早就捐赠给故乡温州的文物部门。在他家中找不到一件古董，甚至一块陶瓷碎片，连复制品也没有。他领导下的考古所人员，同样遵守考古工作人员的传统规矩，绝不购藏古物，也不参与古物拍卖活动。

夏鼐又是廉洁奉公的模范。他对公家经费（特别是外汇）的开支，精打细算，注意节约，真正需要的图书、设备，不惜巨资坚决购置，可买可不买的则一定不准购买。1956 年，他将自己早年购藏的上海图书集成印书局印本“廿四史”全套 400 册，以及其他书籍，捐赠给温州市图书馆。夏鼐平时和出访收到的外国学术单位与个人大量赠书，绝大部分在收到后随即转交给考古所图书室收藏。1950 年代，中国科学院的学部委员，按规定每月可以享受 100 元车马费，他从来没有领取。改革开放后多次出国访问，他不仅将节省下来的生活费上交，而且曾将多达 3000 美元的讲演费全部交公。1980 年 11 月，考古学会第二次年会在武汉召开期间，湖北省文化局负责同志陪同夏鼐和苏秉琦、谢辰生，前往大冶铜绿山古矿冶遗址视察，归途在鄂城停留，参观当地的博物馆，鄂城方面在西山公园内环境幽雅的高档餐厅，备下美酒佳肴，准备为他接风。他坚决谢绝这场宴请，驱车赶回住地。12 月 8 日的《湖北日报》对此进行了报道。

夏鼐不为自己和子女谋求私利。四个子女，既没有一人学习考古专业，也没有靠他的关系从外地调入北京，或调进有关单位。女儿素琴学习食品加工专业，在内蒙古从事制糖工业 20 多年。长子正暄学习机械设计专业，在三机部下属单位工作。次子正楷，“文革”前毕业于北京大学地质地理系本科，继续读研究生未完而“文革”开始，后分配至陕西从事地质勘探工作，恢复高考后考回北大继续读研究生，毕业后留校任教。三子正炎，由于“文革”和疾病的影响，一直在电子管工厂当工人，后读夜大毕业，结婚时想借用所里的汽车接新娘，他不同意，坚持预约出租车去办。

夏鼐在“文革”初期，曾被考古所“红卫兵”抄去存折、扣发工资，每月夫妻二人发给几十元生活费，仅为其实际工资的几分之一。这样延续几年，直到 1970 年代中期落实政策后，恢复了原工资，补发被扣工资两万多元。开始他曾想作为党费上交，由于没有这方面规定被组织上退回。后来受到有关报道的启发，于 1984 年 11 月与夫人暨子女商定，拟将补发的工资捐给考古所，作考古学研究成果奖的基金。经中国社会科学院党组批准后，夏鼐于 12 月 6 日将补发的工资，加上部分存款凑齐三万元，从银行取出来，交到考古所，作为考古学研究成果奖的基金（现称“中国社会科学院夏鼐考古学研究成果奖”）。夏鼐身为一级研究员，在考古研究所工资最高，发表专题论文有一定的稿费，但毕竟收入的数量有限，与高收入的著名作家无法相比。他的家庭生活一向节俭，长时间没有雇用保姆，家务全靠年长两岁的老伴料理。所以子女们说这实际是老太太的“保姆费”。

夏鼐与世长辞前，中国社会科学院党委曾准备评选他为优秀党员，号召全院人员学习他的先进事迹。夏鼐逝世后不久，社科院原党组第一书记梅益同志接受《光明日报》记者采访时，特别强调“他的组织纪律性很强”，说道：“社会科学院外出人员很多，夏鼐在组织纪律性方面表现非常突出；每次出国和出差之前，他都要找我商量会遇到什么问题和怎么样解决好；回来之后一定要找我汇报。这是他尊重组织的表现。”夏鼐每次出国回来，不但向社科院领导口头汇报，而且认真写出书面汇报，详细报告自己在国外的活动情况，提出根据国外经验改进工作的建议。平时，夏鼐在考古所的基层支部，一向都以普通党员面貌出现。从入党之日起，他就一心向党。1959 年参加全国群英大会时，他刚参加中国共产党，为预备党员，会间他看到许多年纪轻的代表排队，请著名英模吴运铎签字，他也排队请吴运铎题写了“把一切献给党”。如此一心向党的赤诚之心，倘不见于他的日记，我们便无从得知。夏鼐一贯严格要求自己，平时只要他人在北京，每个月总是所在支部里缴纳党费的第一人；他坚持参加组织生活，如有外事活动一定请假；年事已高时照顾他，集体学习文件可在家自学，但他不肯缺席。

夏鼐作为中国共产党的优秀党员，他的高尚品德、感人作风，表现在生活的各个不同方面，高风亮节，为人楷模。

附录一　夏鼐生平事迹年表

1910 年

2.7（农历己酉年十二月二十八日戌时）　生于温州城内厝库司前的夏氏老屋，谱名“国栋”。

1914 年

始入家塾读书。

1919 年

入温州瓦市殿巷模范小学秋季班初小二年级。

1920 年

入温州浙江省立第十师范附属小学春季班初小三年级。

1921 年

仍在温州十师附小读春季班四年级，每试辄冠其曹，被推为级长。

1922 年

本年或翌年　温州十师附小读高小一年级，任本校儿童自治会图书馆主任。喜阅商务印书馆出版的童话及《儿童世界》。后阅文学研究会的新小说及《小说月报》，开始对新文学发生兴趣。

1924 年

本年秋　小学尚缺半年，改名“夏鼐”，跳级考入温州浙江省立第十中学（今温州中学前身）初中部。

1925 年

本年夏　“五卅惨案”发生，以班级代表身份去街头讲演。

1926 年

本年秋　任浙江省立十中初中部学生会会长。暑假期间，代表十中初中部，充当温州学生联合会暑期驻会人员。

1927 年

本年夏　温州十中初中部毕业后，考入上海光华大学附属中学高中部。其间曾前往大学部，旁听胡适的“中国哲学史”、张东荪的“西洋哲学史”、吴梅的“中国戏曲史”等课程，以及鲁迅的讲演。

1928 年

本年秋　仍在光华附中读书，上、下两学期，成绩皆为全年级第一名。高中英文翻译竞赛及国文作文竞赛，均获全校第二名，获得银质奖章。

本年冬　光华附中学生会出版周刊，任编辑主任之一及文艺组负责人。

1930 年

本年春 在《光华大学附中周刊》第1期发表《吕思勉〈饮食进化之序〉的商榷》一文。

本年夏 由光华附中高中毕业，成绩优异，可免试升入光华大学本科。其间，在上海投考燕京大学，赴南京投考中央大学，均获录取。

9.6 抵北平，入燕京大学社会学系。选修功课：张尔田的“中国史学概论”、钱穆的“国文”、萧公权的“政治学”、任宗济的“经济学”等。

1931 年

上半年 阅读列宁《唯物论与经验批判论》（3月20~24日），普列汉诺夫《论一元论历史观的发展》（3月25、29~31日），郭沫若《中国古代社会研究》（5月14~15日），马克思《费尔巴哈论纲》（7月29日）、《哲学的贫困》（8月2~3日）。

9.7 转学至清华大学，改入历史学系。选修功课：吴其昌的“中国通史”，孔繁霱的“西洋通史”，钱穆的“战国秦汉史”，史禄国的“人类学”，商承祚的“殷虚文字研究”，以及“法文”等。

9.21 参加清华大学为抗议日本军国主义发动“九一八”事变举行的全体学生大会。

9.22 听取蒋廷黻讲演“日本此次出兵之经过及背景”。

9.24 清华大学停课，参加去北平近郊宣传日寇暴行的活动，曾至北郊沙河镇和昌平县城。

下半年 阅读恩格斯《家庭、私有制和国家的起源》（10月9、12~13日），马克思、恩格斯《共产党宣言》（11月20、24~25日），马克思《资本论》（12月4~7日）。初次参观故宫博物院、古物陈列所和历史博物馆（10月11~12日）。

1932 年

3.24　在燕京大学听章太炎讲演“今日最切要之学术”。

6.15　暑假返乡途经上海时，前往闸北、江湾，凭吊“一·二八”十九路军抗击日寇战场。

本年秋　选修功课：雷海宗的“史学方法”和“中国上古史”，陶希圣的“中国社会史”，蒋廷黻的“中国近代外交史”，刘崇鋐的“西洋十九世纪史”，以及“法文”“日文”等。

11.23　因投稿《清华周刊》，与本系同级同学吴晗初识。

12.14　听取傅斯年讲演“古代之东三省”。

1933 年

2.10　在燕京大学听法国汉学家伯希和讲演“中国的西洋画家”。

2.22　应吴晗之邀，担任《清华周刊》的文史栏主任。

2.24　在清华大学听伯希和讲演“新疆考古收获”。

本年秋　选修功课：陈寅恪的“晋南北朝隋史”、张星烺的“宋辽金元史”、噶邦福的“希腊史”、赵万里的“版本目录学”等。

9.27　选定毕业论文题目“太平天国前后之长江流域田赋问题”，导师为蒋廷黻。

1934 年

4 月　组织清华毕业班同学历史考察团一行十余人去山西太原、大同，进行为期一周的参观。归来曾准备撰写《晋祠铭》的考证。

5.20　与吴晗、梁方仲、朱庆永等共同发起成立清华大学史学研究会。

5.21　完成毕业论文，得到导师蒋廷黻的赞许。

6.22　由清华大学历史学系毕业。

8.21　以本年度考试成绩之冠（总平均 83 分），考取清华研究院中国近代经济史门。

10.2 以本年度考试成绩之冠（总平均78.5分），考取公费留美考古学门。

10.3 开始阅读考古学书籍（第一部书是李济著《西阴村史前的遗存》）。

10.23 清华大学确定傅斯年、李济为其出国留学的指导教师。

10.30 偕吴晗、罗尔纲谒见傅斯年。

11.30 随袁复礼第一次去周口店遗址参观，与裴文中、贾兰坡相识。

1935年

1.4 抵南京，至中央研究院历史语言研究所晋见李济。在所中广泛阅读中外文考古书刊，为时二月有余。

3.12～6.2 赴河南安阳，参加梁思永主持的殷墟发掘团第11次发掘，进行田野考古实习，在侯家庄西北冈殷代王陵区东部，先后发掘几座祭祀坑和车马坑。其间，与石璋如、尹达、胡厚宣等相识。又逢傅斯年陪同法国汉学家伯希和前来参观。

6～7月 阅读郭沫若《两周金文辞大系考释》的西周部分。

8.7 离开上海，乘意大利邮船赴英国。途经香港（10日）、新加坡（13日）、科伦坡（17日）、孟买（20日）、苏伊士运河（27日）、威尼斯（31日），然后乘火车，于9月2日抵巴黎，3日到达伦敦。

9.12 第一次赴不列颠博物院参观。在此前后，参观诸多博物馆、美术馆，游览著名景点。

9.19 前往伦敦大学询问入学事。

10月 在伦敦大学科特奥德艺术研究院注册。师从叶慈学习“中国考古与艺术史”，又选修考古学院的“田野考古的目的与方法”“普通测量学”等课程。

11月 阅读郭沫若《两周金文辞大系考释》的东周部分。

1936年

1.6　听取伯希和关于安阳殷陵发掘的讲演。

4.11　致函清华大学校长梅贻琦，陈请延长留学期限一年，转学埃及考古学系，以应日后返国从事历史时期考古学研究之需。

5.15～17　在惠勒率领下，前往斯通亨奇环状列石等古代遗址参观。

上半年　选修课程："中国青铜器""田野考古的目的与方法""考古遗存的田野发掘与室内整理""考古绘图""博物馆考古学""体质人类学""矿物学与岩石示范""普通测量学"等。

7.25～9.5　在惠勒率领下，前往多切斯特附近的梅登堡遗址，进行田野考古实习。其间，曾参观遗址附近的哈代故居，阅读哈代的名著。

9.21　进见伦敦大学埃及考古学系主任格兰维尔，并师从伽丁纳尔学习古埃及象形文字。

10.19　开始学习德文。

12.2　参观为庆祝英皇爱德华八世加冕举办的中国艺术国际展览时，偶遇瑞典汉学家高本汉，对中国送展若干商周青铜器的年代和真伪有所讨论。

1937年

1.21～4.7　李济赴英国访问期间，陪同至各处活动。在伦敦大学科特奥德艺术研究院（2月17日）、皇家亚洲学会（3月16、18日）讲演。参观伦敦大学考古研究所（3月30日）、伦敦大学学院博物馆（4月2日）。先后会见伍莱、惠勒、赛利格曼、格兰维尔等著名学者。

4.20　收到清华大学准予延长留学期限一年及去埃及实习的正式通知。

4.25　前往艾冯河畔斯特拉特福镇，瞻仰莎士比亚故居。

6.11、19、22～23　对照皮特里的《圆柱形印章与圣甲虫形宝石》一书，将伦敦大学皮特里博物馆收藏的古代埃及圣甲虫宝石，仔细观看一遍。

6.28～8.20 开始阅读埃及考古学重要典籍——布雷斯特德的《埃及的古代史料》(全书四卷，共计1571页)。

上半年 选修课程："埃及历史""埃及考古学""埃及文语法和课文""人类学""德文"等。

9.1～14 参加中法教育会约请的中国留欧学生赴巴黎旅游活动，前往凡尔赛宫、卢浮宫、巴黎圣母院、吉梅博物馆、赛努齐博物馆等处参观。

10.17 前往海格特公墓，瞻仰卡尔·马克思墓。

11.5 撰写《一个古埃及短语在汉语中的对应例子》短文，得到伽丁纳尔的好评，遵嘱送《埃及考古学杂志》发表。

11.11 在皇家中亚学会听取斯坦因关于波斯考古的讲演。

12.18 参加英国派遣的埃及考察团，前往埃及进行田野考古实习。途经法国的巴黎（18日），意大利的都灵（19～21日）、威尼斯（21～22日）、布林迪斯（24日）、罗得岛（26日），28日抵埃及的亚历山大和开罗。29日到达卢克索附近阿尔曼特遗址工作站。

下半年 选修课程："近东上古史""埃及宗教史""埃及考古学""埃及文（新埃及文铭文）""德文"等。

1938年

1.2 参观阿尔曼特地区的托勒密神庙遗址发掘。

1.4～2.2 参加阿尔曼特地区的撒哈拉遗址发掘，主要在33地点工作。

2.3 至尼罗河西岸的帝王谷，详细参观戴尔巴哈里神庙以及图坦卡蒙、拉美西斯三世等古埃及帝王墓等。又至王后谷，参观尼斐尔泰丽王后（拉美西斯二世王后）等人墓。

2.4 至卡尔纳克，参观库苏、阿蒙、拉美西斯三世、孟图、图特摩斯三世等神庙。

2.5 赴伊德富神庙参观。

2.7～8 参观阿斯旺的古王国时期数墓、中王国时期二墓，以及南、北采石场等。

2.9　赴阿拜多斯，参观塞提一世庙、拉美西斯二世庙。

2.12 起　花费数天时间，详细参观开罗博物馆陈列的众多古埃及文物。

2.16、18　参观吉萨的胡夫金字塔、狮身人面像，以及其他金字塔。

2.21　赴萨卡拉英国考察团驻地，参观附近的古埃及陵墓。

3.2～4.3　由开罗抵达巴勒斯坦的加沙，参加杜韦尔遗址的考古发掘。

4.4～8　在耶路撒冷和伯利恒参观。

4.11～18　在意大利那不勒斯停留，详细参观庞培、赫尔库兰尼姆两处遗址。

4.19～20　在罗马停留，参观诸多古罗马时代遗址。

4.23　返回伦敦。

5.1　在格兰维尔的指导下，确定进行古埃及串珠研究的计划，开始制作皮特里博物馆收藏串珠的目录卡片，并广泛阅读有关的埃及考古学论著。

9.27～29　在伦敦大学博物馆参与稀有埃及古物装箱疏散活动，以应付欧战之将临。

12.5　制作串珠编目至 600 号。为准备撰写学位论文，开始作《古代埃及串珠集成》。

1939 年

1.1　完成《古代埃及串珠集成》。计划本年多阅读埃及考古报告。

4.9～13　前往牛津小住，其中三天赴阿什莫兰博物馆，参观该馆收藏的古埃及串珠，以及克里特岛古物。

7.6　学校放暑假，获得玛格雷特·默里奖金和道格拉斯·默里奖学金。

8.18　应伦敦大学考古研究所迈尔斯的约请，协助审定前数年在埃及阿尔曼特遗址所得串珠的年代。

8.25～26、9.1～4 再次参与伦敦大学博物馆古物装箱，并将其搬运至地下室储藏。

9.13 着手撰写学位论文《埃及古珠考》。

10.21 根据导师格兰维尔的安排，离开英国，前往埃及工作。经巴黎（22日）、马赛（23日），于30日抵亚历山大和开罗。

10.31 持格兰维尔的介绍信赴开罗博物馆，检视该馆收藏的古代埃及串珠，阅读有关的埃及考古学论著，撰写自己的学位论文。

11.29 将学位论文第一部分"绪论"的第一章"串珠及其考古研究价值"写完。赴开罗博物馆摘记陈列的串珠时发现，未注明时代者几占一半，注明年代的多由出土地推定，不可靠者甚多。

1940年

1.15 将学位论文第一部分"绪论"写完（共计46页），历时两个多月。

1.21～23 随开罗大学考古系师生，赴埃尔穆波利斯参观发掘。

2.28～3.11 应阿尔曼特考察团主持人布伦顿之约，协助鉴定该地撒哈拉诸遗址出土串珠的年代，并写出书面报告《阿尔曼特撒哈拉诸遗址出土的串珠》。

4.5～9 撰写《关于贝克汉姆岩的几点评述》一文，拟交《埃及古物研究年报》发表。

5.9 致信埃及考古学泰斗皮特里，请教古代埃及串珠的若干问题（6月15日收到复信，随即将自己论文的一部分寄请指教）。

6.13 将1700多张古代埃及串珠登记卡片，区分为9期，编成时代索引。

6.30 将学位论文第二部分写完（7月4日打印完毕，已达123页）。

7.4 将学位论文第二部分寄请皮特里指教。

8.30 连日整理学位论文中的"串珠图谱"，根据登记卡片，依其制作材料分为7类。

9.4　赴福斯塔特参观开罗旧城巴格哈特发掘工地，出土的瓷片中既有中国的钧窑、影青等宋瓷，又有当地仿制品。

9.15　将学位论文第三部分（第124～160页）寄请皮特里指教。

10.8　将古代埃及串珠图谱整理完毕，共计18页。拟再参考出版物，增加皮特里收集品未有的新类型。

12.6　由开罗启程回国，先乘火车赴巴勒斯坦。

12.8～9　在耶路撒冷停留，拜见在医院疗养的皮特里爵士。

12.10～16　在巴格达停留，曾赴巴比伦遗址参观。

12.17～29　乘船经巴士拉、卡拉奇、孟买，抵达加尔各答。

1941年

1.7～10　由加尔各答乘船至仰光。

1.13　由仰光乘汽车，经曼德拉（14日）、腊戍（15～23日），返回阔别五年半的祖国。24日回到云南边境的畹町。

1.26～2.3　由畹町乘汽车，经龙陵（26日）、保山（27日）、永平、下关（2月1日）、祥云、楚雄（2日）等地，抵达昆明。

2.4～7　先后与郑天挺、向达、雷海宗、姚从吾、吴晗等师友会面。

2.9　与徐旭生、苏秉琦初次会面、相识。

2.21　在迁至昆明的北京大学文科研究所讲演“考古学的方法论”。

2.28　由昆明乘汽车出发，经曲靖、盘县（3月1～2日）、永宁（3日）、安顺（4日）、贵阳（5日）、遵义（6日）、桐梓（8日）、綦江（9日），于3月10日抵重庆，随即晋见在渝的傅斯年、李济二师。

3.15　由重庆乘船，经江津（15日）、泸州（17日）、江安、南溪（18日），于19日抵达李庄中央博物院筹备处报到。与梁思永、郭宝钧会面，并与马长寿、王振铎等相识。

3.20　至中研院史语所考古组，会见董作宾、石璋如、高去寻等。

3.25　梁思永对其学位论文《埃及古珠考》提出意见。

3.27　继续写作学位论文。

4.10 开始阅读《华阳国志》《四川郡县志》等地方历史文献，以及早年外国学者的西南地区考察报告。

5.26~29 遵李济之命，审阅吴金鼎、曾昭燏合著《云南苍洱境考古报告》稿本，写出书面意见，以供作者修订时参考。

6.2 李济对其学位论文稿提出意见。

7.7 由李庄出发，前往彭山参加崖墓发掘。沿途经叙府（8日）、犍为、嘉定（9日）、乐山（11日），于15日到达彭山寂照庵。在彭山发掘期间，业余阅“两汉书”。

7.28~8.21 与曾昭燏、陈明达等在王家沱发掘崖墓。

9.2~6 与同乡兼同学王栻、徐贤修结伴赴峨眉山旅游。

9.29~11.10 与吴金鼎等在豆芽房发掘崖墓。其间与中央古物保管委员会派遣的监察委员冯汉骥、黄文弼初次见面。

11.12~22 与吴金鼎等在寨子山发掘崖墓。

11.24 由彭山启程，返回李庄。途经新津（24日）、成都（11月25日~12月1日）、内江（2~3日）、永川（4日）、重庆（5~7日）、江津（8日）、泸州（10日）、南溪（11日），于12月12日到达李庄。

12.14 由李庄启程，返乡探亲。12月17日起在重庆等候汽车40多天。

1942年

1.30 由重庆动身回乡。先乘汽车，途经綦江（30日）、遵义（2月1日）、贵阳（2日）、贵定（6日）、金城江（8日）、柳州（9日）、桂林（10日）、衡阳（11日）、曲江（12日）、赣州（13~16日）、宁都（17~18日）、南丰，于2月19日抵鹰潭。再由鹰潭乘火车，经金华（21日）至丽水（22日），又乘船，经青田（23日），于25日抵达温州。前后历时26天。

3.11 开始将古代埃及串珠的登记卡片，重新打字整理。至4月20日，将1760张卡片依新编图谱的号数更改完毕。

4.12　开始温习日文。先温习清华的日语讲义（~5月1日），再读《日语基础读本》（~9月17日）。

4.21　继续写作学位论文《埃及古珠考》。

5.28~29　为躲避日寇，逃难至温州近郊双屿山。

5.31~6.29　阅读《三国志》。

6.30　重读《史记》。

7.11~8.15　日本侵略军一度攻陷温州，其间两次（7月13、18日）与之遭遇，临危不惧，巧妙周旋，得以脱险。此次遭受浩劫，最痛心的是历年在国外拍摄的照片，连同底片全部丢失。

8.16~10.13　开始阅读孙星衍《尚书今古文注疏》及有关典籍。

10.14　接中央研究院代理院长朱家骅及李济联名发来的电报，邀请其至历史语言研究所工作。

11.24　前往慈山，凭吊宋代思想家叶水心之墓。

1943年

4.28　离开家乡温州，启程返回四川。先乘汽车，途经青田（30日）、丽水（5月1日）、云和（2日）、龙泉（3日）、浦城（4日）、建阳、光泽（5日）、宁都（6日）、赣州、南雄（7日）到达韶州（8日）；再乘火车，经衡阳，到桂林（9日）。

5.13　在桂林逗留期间，赴迁至该地的中央研究院地质研究所，拜访李四光（系初次见面）。

5.14　由桂林乘汽车继续前行，经金城江（16日）、河池（19日）、独山（21日）、贵定（22日）、贵阳（26日）、乌江（28日）、松坎（29日）、綦江（30日），于30日到达重庆。

5.31　前往中央研究院总办事处，晋见叶企孙总干事，获知中央研究院决定派其与向达二人参加西北科学考察团历史考古组去西北工作。又晋见朱家骅代理院长，谈西北考察计划。

6.3~5　由重庆乘船，经江津、泸州，返回李庄。

6.10 与中央博物院接待的英国学者李约瑟初次会面。

6月上旬 开始着手进行赴西北考察的准备。

6.25～7.10 约请地理研究所人员，协助进行测量实习。

7.22 将学位论文《埃及古珠考》全部写完。

7.30 开始阅读斯坦因《塞林提亚》等有关我国西北地区的西文书籍，并作札记。

9.14 将学位论文打字修改完毕。

9.18～10.28 因患伤寒症住院治疗40天。病中阅读罗振玉、王国维《流沙坠简》，格伦威德尔《印度的佛教艺术》等有关我国西北地区的中外文书籍。

10.30 托人将学位论文带往重庆，交由外交部航邮寄往英国。

11～12月 继续阅读斯坦因的《塞林提亚》《沙埋契丹废墟记》《亚洲腹地》《古代和田》，伯希和的《敦煌洞窟》，黄文弼的《高昌陶集》，张凤的《汉晋西陲木简汇编》等书。

1944年

1～2月 继续进行赴西北考察的准备。阅前述未完之斯坦因著作。阅"两汉书"等各史地理志，将关于河西走廊的记载摘抄成册。又阅《嘉庆重修一统志》《甘肃通志》的有关部分。

2.25～26 由李庄到重庆。

2.28～3.3 前往中央研究院总办事处，办理赴西北考察手续、领取款项。

3.4～4.3 等候赴兰州的机票。

4.4 第一次乘飞机，由重庆经宝鸡赴兰州（此前向达于3月21日成行）。

4.13～14 调查兰州附近的十里店、土门后山等史前遗址。

4.17～20 与向达由兰州动身，经永登、武威（18日）、永昌（19日），抵张掖。

4.24　前往文殊山考察。

4.26～30　由酒泉赴金塔考察。

5.1～7　由金塔北行，考察三墩、二墩、旧寺墩等汉代烽燧遗址。

5.8～9　由金塔返酒泉。

5.14　与向达、阎文儒（12 日到）由酒泉启程西行。经嘉峪关（14 日）、玉门（15 日）、安西（16 日），于 19 日到达敦煌。

5.22～23　与向达、阎文儒赴千佛洞参观，顺便踏察佛爷庙附近的古代墓地。

5.31　开始在佛爷庙东区发掘魏晋时期墓葬（～7 月 19 日）。

7.1～7.12　开始在老爷庙发掘盛唐时期墓葬。

7.30～8.31　与向达、阎文儒前往千佛洞避暑。其间，于 7 月 31 日至 8 月 5、7、8、10、11、16～20、22～24 日将各个洞窟巡览一遍，拟“以［洞窟］题记中有年号者为标准，抽绎各时代之特点”，撰写《敦煌千佛洞各窟分期研究的初步试探》一文，后未能写成。又于 8 月 12 日去南湖，参观西千佛洞，考察寿昌城。

9.2～10.20　开始在佛爷庙西南发掘盛唐时期墓葬（向达于 10 月 18 日离去）。

10.31～11.3　由敦煌县城经西千佛洞、寿昌城、阳关堡，抵达小方盘城。

11.5　在小方盘城之城北小丘进行发掘，获得书有“玉门都尉”等字样的汉代木简，由此判定汉代玉门关的确切位置。

11.7　在大方盘城东南之小丘进行发掘，获得晋泰始十一年石碑，以及 19 支有字汉简等。随后继续在戈壁艰苦旅行，考察汉代烽燧遗址，11 月 15 日回到敦煌。

12.1　由敦煌动身，经瓜州口（3 日）、安西（4 日）、南湖（6 日），至踏实堡（7～8 日）。

12.9～10　前往万佛峡的榆林窟考察。

12.12～15　赴锁阳城、双塔堡考察，后抵安西。

12.18 离安西乘汽车经玉门东返。19日至酒泉候车。

1945年

1.5 由酒泉乘汽车，经张掖（6日）、山丹（9日）、永昌（10日）、武威（11日）、永登（14日），于15日抵达兰州。

2~3月 在兰州逗留期间，整理敦煌佛爷庙、老爷庙二地发掘的记录资料。又曾调查兰州附近的高坪、中山林、十里店、曹家嘴、青岗岔等史前遗址。

4.3 由兰州启程，赴洮河流域考察。其间，曾考察灰嘴、四时定遗址（5日），发掘辛店遗址A、B、C地点（8~11日），考察寺洼山遗址（21~24日）并进行发掘（26~30日），考察齐家坪遗址（5月7~9日），发现并发掘阳洼湾的两座齐家文化墓葬（12~13日）。于5月28日返抵兰州。

6.3 赴兴隆山太白楼，瞻仰战时由内蒙古伊金霍洛旗转移至此的成吉思汗灵柩。

6.24 撰写《敦煌藏经洞封启的年代》一文。

6.28 由兰州启程，去甘凉一带考察。其间，7月3~16日在永登，17~24日在武威，7月25日~8月1日在永昌，2~6日在武威，8月7日~9月6日在民勤（8月17日发掘三角城，23、26~27日发掘沙井墓地，9月3日发掘黄蒿井汉墓），7~13日在武威，15~25日在张掖，26~29日在民乐，9月30日~10月3日在山丹，10月4日~11月5日在武威（10月9~16日在喇嘛湾发掘唐代吐谷浑慕容氏墓，随后整理出土标本、墨拓武威收存的吐谷浑墓志）。11月11日回到兰州。

11.15~12.5 赴青海西宁参观。其间，11月17~18日参观塔尔寺，19日参观省立图书馆收藏的汉代三老赵宽碑原石，24~25日考察朱家寨遗址，26日拜访青海省主席马步青。

12.8 偕吴良才考察他所发现的九间楼遗址。12日考察太平沟遗址。

12.18 由兰州乘汽车，经甘肃的定西、通渭（19日）、秦安、天水

(20 日)、徽县 (21 日)、两当 (22 日), 及陕西的留坝、褒城、勉县 (23 日)、宁羌, 至四川广元 (24 日)。

12.26　游览广元北郊的千佛崖。

12.28　登广元驶往重庆的木船, 等候开行。

1946 年

1.3　上午游览广元城西的皇泽寺, 下午启航返重庆。其间, 1 月 4 日晚在广元县属之河湾场遭土匪抢劫, 丢失相机、衣物、现金等诸多公私财物, 发掘资料亦有相当的损失。沿嘉陵江, 途经昭化 (1 月 7 ~ 22 日)、苍溪 (23 日)、阆中 (24 ~ 27 日)、南部 (1 月 28 日 ~ 2 月 2 日)、蓬安 (3 ~ 5 日)、南充 (6 ~ 17 日), 武胜 (18 ~ 19 日)、合川 (20 ~ 22 日), 于 2 月 24 日抵达重庆北温泉, 前后历时 52 天。旅途中将曾国藩辑《十八家诗钞》阅读一遍, 又阅叶昌炽著《语石》等书。

2.25　在重庆晋见傅斯年、李济, 报告甘肃考古及遭抢劫情形。

3.10　请假返乡探亲, 由重庆乘飞机到南京。然后乘火车到上海候船 (11 ~ 31 日), 其间阅朱熹《近思录》。此时始获知父亲已于 1944 年病逝的准确消息。

4.3　由上海乘海轮启程, 经舟山群岛, 于 6 日回到温州家中。

5.4　阅毕陈傅良《止斋文集》。

5.5 ~ 29　阅读乡贤叶适的《水心文集》, 并圈点一遍。

5.19　游览温州名胜仙崖寺。

5.20　在母校温州中学讲演西北考察经过。

6.4 ~ 25　阅《瓯海轶闻》五十五卷, 据以校勘《永嘉县志》相关记载。

7 ~ 8 月　继续阅读《永嘉县志》, 取《东瓯金石志》《温州经籍志》校勘之, 并进行一些考察。

9 ~ 10 月　阅读章学诚《文史通义》《校雠通义》, 王国维《观堂集林》, 钱穆《中国近三百年学术史》, 金毓黻《中国史学史》等书。

10.22～24 连续三天在温州中学讲演“最近二三十年中国考古学之新发现”“中国新石器时代文化之发现”“殷墟之发现”。

11.16 乘海轮离开温州，经上海，于19日返回南京。

11.22 在傅斯年办公室，第一次拜会胡适。傅与之商谈考古组工作之后，突然提出拟明年出国期间，要他代理所长职务，夏鼐曾以自己“资望过浅，成绩未显，难以服人”而拒绝，后经反复动员，终接受委托。

11.24 随王世杰、胡适等第一次往游紫金山，归途经明孝陵、中山陵，又至中央博物院参观司母戊鼎和毛公鼎。

11.28 开始整理西北考察资料。

12.20 晚间至下榻史语所的胡适处闲谈。胡看到夏鼐西北考察的照相、绘图及拓片，颇加赞扬；曾谈及北大拟设考古系和博物馆、中国考古学前途与夏代考古，以及《水经注》的学术价值，等等。

12.29 偕高去寻，第一次拜会顾颉刚。

1947年

1.6 由南京启程返里探亲。途经上海（6～8日）、宁波（9日），于10日到达温州。

1.16～21 阅郭沫若《殷周青铜器铭文研究》。

2.7 由温州返南京，10日抵达。

2.14 继续整理西北考察资料，当日绘武威喇嘛湾地图，后又抽暇修复出土标本。

2.21 参加中央研究院饯别费正清夫人费慰梅的茶会和宴会。

2.24 傅斯年在史语所的所务会议上正式宣布，在其赴美就医期间，由夏鼐代理所长职务。

3.14～19 阅《远东古物博物馆馆刊》中安特生《中国史前史研究》《朱家寨遗址》，以及布林《齐家坪和罗汉堂遗址》等论著。

3.22～26 撰写《齐家期墓葬的新发现》英文稿。

5.17 由南京返温州探亲。王振铎与之同行，前往考察那里的现代帆船。20日到达（24日王振铎离温返宁）。28日偕妻儿离温，31日回到南京。

6.12～19　修改《齐家期墓葬的新发现》英文稿。

6.26　撰写《齐家期墓葬的新发现及其年代的考订》一文（～7月17日）。

7.24～25　阅尹达《中国原始社会》，有所评论。

8.19　撰写《新获之敦煌汉简》（～11月20日）。

10.4～5　为曾昭燏校改《论周至汉之首饰制度》一文。

10.6　收到伦敦大学授予博士学位的证书。

10.14　邀请出席中央研究院评议会会议的胡适、陈垣，参加史语所的茶话会，谈史学方法。

10.15～17　代表史语所列席中研院评议会二届四次会议。其间，在17日审查院士候选人名单时，与会人员对郭沫若的提名有明显争议。夏鼐面对反对意见，仗义执言，最终表决通过。

10.24　遵胡适之嘱，与李济商酌修改中研院人文组院士候选人的考语。

11.2　与石璋如参加中研院办事处组织的栖霞山之游。

11.21　开始整理临洮寺洼山、沙井二遗址发掘标本。

12.3　开始搜集资料，准备写作考释武威唐代吐谷浑慕容氏墓志的文章，翌年1月24日完稿。

12.17　与王崇武等在胡适处闲谈。

1948年

1.23　随同中研院总干事萨本栋，与美国雷诺兹考察团代表谈判积石山考察事。

1.27～3.2　离开南京，返回温州探亲。其间，曾阅读《旧唐书》本纪二十卷（2月4～5、16～23日）、孙诒让《名原》和《古籀余论》（2月6～9日）。

3.25～27 中研院评议会会议进行第一届院士选举，列席参加25日上午的开幕式。

4.2 晚间应约去下榻史语所的胡适处闲谈。

4.17 开始整理洮河流域史前遗物，准备撰写考察报告。

6.18 撰写《临洮寺洼山发掘记》（～9月9日）。

8.20～23 傅斯年回国、到所视事，夏鼐不再代理所务。

8.26 史语所所务会议通过夏鼐晋级为研究员，提交中研院院务会议审批。

9.23 列席中研院院士大会，蒋介石到会致辞。

9.26 参加史语所同仁招待人文组院士的茶会。

9.30 晚间与萨本栋、丁声树在胡适住处谈话。

10.13 晚间至胡适住处送行，胡谈其研究《水经注》事。

10.17～19 开始整理兰州附近调查资料，着手写作《兰州附近的史前遗存》（12月1日大体告竣）。

11.29 史语所决定将部分书籍、标本装箱运往台湾。傅斯年询问夏鼐的个人计划，答以“决定返家”，傅劝其早走。

12.1 傅斯年询问能否押运古物赴台湾，夏鼐拒绝。

12.9 脱离史语所，由南京去上海，乘海轮返温州（13日到达）。启程前后，寄回书籍200余包。

12.17 开始阅读全祖望《鲒埼亭集》。

1949年

1.1～3 继续阅读全祖望《鲒埼亭集》。

1.8 阅读弗雷泽《金枝》（～24日）。

1.14～2.19 继续写作《兰州附近的史前遗存》。

3.6～15 整理就读燕京大学时旧作《叶水心年谱》。

3.20～30 誊清《兰州附近的史前遗存》一文。

4.21 开始写作《甘肃考古漫记》。

5.1~3 前往永嘉中学等处，调查现存碑刻，以校正《永嘉县志·金石志》。

5.7 凌晨，温州市区解放。

5.16 继续写作《甘肃考古漫记》。

5.28 阅读王弼注《周易》（~31日）。继而阅叶适《习学记言·序目》中关于《易经》的几卷、《四库提要·易类》及郭沫若《周易的时代背景与精神生产》。

6.7 开始阅读朱熹《诗集传》及《四库提要·诗经类》。

7.9 阅读《周礼注疏》（~8月18日）。其间，参阅李如圭《仪礼释宫》及江永增注、程瑶田撰《通艺录》。

7.16 收到梁思永由北平发来的电报："盼仍来平，主持史所。"

8.21 开始阅读《仪礼注疏》，日尽一篇（~9月2日）。读后感到"其中虽有一点原始残迹，但是礼节的繁缛，经儒家的推演，变成戏台上各角色的举止与台步了"。

9.3 致信浙江大学人类学系主任吴定良，应聘前往任教。

9.6~9 阅读《礼记集解》中《曲礼》上下篇、《檀弓》上下篇。

9.21 暂行结束《甘肃考古漫记》的写作。

9.30 由温州启程，乘船经青田（10月1日）至丽水（3日），换乘汽车经永康至金华（4日），再乘火车于10月6日抵达杭州。

10.6 收到梁思永来信，促其北上，以期中国科学院成立后，"积极为将来之中国考古事业计划奋斗"。

10.8 与浙大人类学系主任吴定良商定，拟开设"考古学概论""史前学""文化人类学"三门课程。

11.3 接文化部文物局局长郑振铎函，谓文物局不日成立，拟设图书馆、博物馆、古物处三处，约请夏鼐任古物处处长。

11.20~22 在上海，赴原中研院办事处会见军代表李亚农等，商谈史语所出版事务，并为李亚农校阅《孔德研究所收藏甲骨文考释》（后出版为《殷契摭佚续编》）。

12. 4 ~ 15 率领浙大人类学系学生石兴邦、党华等，在杭州马铃山发掘一座东晋古墓，进行田野考古实习。

12. 28 偕石兴邦、党华等赴良渚遗址考察。

1950 年

1. 29 ~ 31 写作《裴文中〈从古猿到现代人〉的商榷》一文。

2. 6 回温州探亲，服侍病重的老母（~5 月 22 日）。

4. 15 收到郭沫若院长来信，邀约去北京商谈考古发掘计划。

5. 25 获知被任命为中国科学院考古研究所副所长。

5. 26 ~ 6. 20 因母病笃返温，29 日抵家，知其已于 27 日逝世，随即料理丧事。

6. 21 收到周恩来总理署名的任命通知书。

7. 10 抵北京，至中国科学院报到。先后会晤郑振铎所长、梁思永副所长，及徐旭生、郭宝钧、裴文中、丁声树、苏秉琦等。随后，又与阔别已久的向达、吴晗等友人会晤。谒见郭沫若院长，商谈考古所今后工作。

7. 29 抵南京，去历史语言研究所旧址，发现本人所存物件，特别是十余年间保存的友人来信及照片，已经丢失。

7. 30 由南京经上海、杭州，8 月 5 日回到温州。在温期间，续写《甘肃考古漫记》，至 9 月 21 日中辍，成稿六万余字。9 月 22 日离温北上。

10. 1 晨间 8 时许抵京，随即前往天安门参加国庆游行观礼。

10. 8 率领考察团前往河南辉县，进行考古所成立后的首次发掘。考察团副团长郭宝钧已于 10 月 2 日先行出发。

10. 12 考察团正式开始工作，先在琉璃阁北地发掘战国墓和汉墓，又在黄家坟附近发掘。

10. 25 开始在固围村发掘战国大墓，用工最多时达 450 人。

11. 27 开始发掘琉璃阁战国车马坑（M131）。

12. 23 琉璃阁车马坑掘至底部，采取将石膏液灌入空穴的办法，首次成功地剔剥出古代木车的全形。

1951 年

1.1～18　冒着大雪之后的严寒，继续发掘琉璃阁车马坑，先后清理出 19 辆战国木车痕迹。

1.23～25　结束辉县发掘，返抵北京。

2.8　参加新史学研究会筹备会议。

2.12　开始在北京大学历史系讲授考古学通论课程。

3 月　为整理辉县车马坑发掘资料，进行古代车制的复原研究，阅读戴震《考工记图》、阮元《考工记车制图解》、王宗涑《考工记考辨》、郑珍《轮舆私笺》，以及江永《乡党图考》、程瑶田《考工创物小记》等书中有关车制的部分。

4.11～14　率领考古所河南省调查发掘团抵郑州，随即赴开封，与河南省府联系，并在当地参观；又在文教界的欢迎会上，作关于"新中国的考古工作"的报告。

4.16～17　偕 15 日到达的安志敏、王仲殊、马得志，在郑州参观考察。

4.19～21　赴广武镇，并调查青台、点军台、秦王寨遗址。

4.28～5.19　发掘点军台遗址。

5.21～6.4　发掘青台遗址。

6.9～27　在洛阳及其附近活动。其间，先后赴龙门（12 日）、马坡（13 日）、金村和白马寺（14 日）、东汉光武帝原陵（16 日）、塔湾（19 日）、东周三王冢（20 日），以及北邙山（25 日）、魏晋太学遗址（26 日）等地考察。

6.28～7.1　赴渑池县，调查仰韶村、不召寨等遗址。

7.2～9　发掘仰韶村遗址。

7.11　考察巩县石窟寺（12 日回到北京）。

7.28　出席中国史学会成立大会，被提名为理事候选人。

8.28　派遣发掘队前往北京西郊董四墓村，清理两座明代嫔妃墓

（10月结束）。其间，曾去现场指导工作。

10.8 率领考古研究所湖南省调查发掘团前往长沙，团员有安志敏、石兴邦、王伯洪、王仲殊、陈公柔、钟少林，及南京博物院的宋伯胤、王文林等。

10.18 开始在长沙近郊发掘战国墓和汉墓，发掘地点有陈家大山、伍家岭、识字岭、五里牌与徐家湾。

10.28 应湖南大学之邀，前往讲演“漫谈考古学”，并与杨树达等会晤。

1952年

1.15 经梁思永再三催促，返京参加“三反”运动。长沙发掘工作由安志敏等继续进行。

1.16～17 中国科学院学委会发现考古所发生“左的偏差”，注意到所谓黄文弼私藏唐写本《文心雕龙》残纸等事。

2.15 派遣徐智铭与王振铎一道前往徐州，调查茅村发现的汉代画像石墓。

2月中旬 开始参加思想改造学习会。

4.22 派遣郭宝钧、马得志再次前往辉县进行考古发掘。

5.19 派遣安志敏、钟少林等前往唐山贾各庄进行考古发掘。

6.1 偕王振铎、苏秉琦等前往北京陶然亭公园建设工地，察看该地发现的战国、汉代遗迹情形。

6.14～17 前往唐山贾各庄，视察本所人员发掘情况。

7.10 在文化部文物局参加会议，讨论举办全国考古工作人员训练班事。

7.19 下午在教育部开会，讨论关于北大图书馆专业、考古学专业、博物馆专科及文科研究所的设置问题。晚间又在社管局开会，讨论北大考古专业课程问题。

7.24 晚间在文物局开会，讨论考古训练班课程。

7.26 在考古所进一步商谈“田野考古方法”“史前考古学”“陶器

概论”“秦汉以后考古学”等课程的内容。

8.8　赴北大开会讨论考古专业课程。

8.11　出席在北大举行的第一届考古工作人员训练班开学典礼。

9.5　为第一届考古训练班学员讲授“田野考古序论”。

9.20~11.3　返温州将家眷接来北京。

12.9　参加翦伯赞主持召开的讨论北大考古专业课程设置的会议。

1953年

1.3　与郭宝钧、苏秉琦、阎文儒讨论北大考古专业课程竟日，大致确定“考古学通论”提纲。

1.12　开始为北大考古专业学生讲授“考古学通论”与“田野考古方法”。

3.17　继续为北大考古专业学生授课，本学期改为上午“考古学通论”两小时、下午“田野考古方法”一小时。

4.16　参加第二届考古工作人员训练班筹备会议。

4.22~26　视察洛阳烧沟、郑州紫荆山等项考古发掘工作。

5.22　与郑振铎拟定向基建部门提出地下古迹遗存须加注意的地点名单。

7.7　考古所成立第一、二、三研究小组，以推进研究工作。

8.1　出席在北大举行的第二届考古工作人员训练班开学典礼。

8.18~29　与竺可桢、张钰哲、赵忠尧等在青岛休养。

9.14~10.14　在洛阳为第二届考古训练班学员讲授“田野考古方法”，并亲临发掘工地视察训练班学员及北大1950级同学田野考古实习。

10月　审阅赵万里《汉魏南北朝墓志集释》书稿。

11.9~12　撰写《中国考古学的现状》一文。

11月中旬　经多方洽商，决定建立考古所洛阳工作站。

11.30　在《光明日报》发表《〈实践论〉与考古工作》一文。

12.25　参加郭沫若主持召开的《历史研究》编辑委员会会议。

1954 年

2.12 因胃病入住中央人民医院治疗（~4 月 17 日）。其间，曾与中医萧龙友（2 月 12 ~ 15 日）、梁思永副所长（2 月 23 日 ~ 3 月 1 日）、版画家彦涵（2 ~ 13 日）先后同室。4 月 2 日梁思永逝世，未能参加丧仪及纪念会。后抱病撰写《追悼梁思永先生》一文。

4.17 ~ 5.17 在家休养。

5.24 赴文化部参加第三届考古训练班筹备会议，各大行政区文物部门领导干部均来参加。

5.31 约请社管局、北大的同志在考古所开会，商谈创办《考古通讯》。

6.9 参加第三届考古训练班班委会会议，讨论教学内容等。又去北京历史博物馆，参观全国基本建设工程中出土文物展览（6 月 10、27 日及 11 月 7 日再去参观）。

7.7 参加《考古通讯》编委会会议，被推任该刊主编。

8.16 ~ 17 召开《辉县发掘报告》编委会会议。此前花费较多时间，审阅该报告的各部分文稿。会后进一步修订、定稿。

8.28 为第三届考古训练班讲授“田野考古序论”。

8.29 ~ 10.7 整理辉县琉璃阁战国车马坑发掘资料，撰写报告。

10.14 ~ 30 与王冶秋等去西安、洛阳、郑州视察工作。其间于 22 日在西安参加第三届考古训练班的结业典礼。

11.8 ~ 19 协同编辑人员，编排《辉县发掘报告》的图版和插图，准备交付制版。

12.27 参加中国猿人第一个头盖骨发现二十五周年纪念会。

1955 年

1.15 参加中国科学院筹备成立哲学社会科学部的会议。

3.1 参加第四届考古训练班筹备会议。

3.15、22～23 再次参加中国科学院筹备成立哲学社会科学部的会议。

3.25 召开全国考古工作会议的筹备会，决定秘书处组成、代表人数及会议内容等。

3.26 参加史学界批判胡适思想的讨论会。

3月 审阅吴文良《泉州宗教石刻》书稿。

5.5 阅读利比《放射性碳素测年方法》一书，敏锐地感到该断代法对考古研究具有重要意义，随即撰文予以介绍，呼吁及早建立我国的放射性碳素断代实验室。

5.10～14 赴郑州，视察二里冈、省府工地、商代城墙、白家庄等发掘工地。

5.15～19 赴洛阳，视察孙旗屯史前遗址、东周城墙、汉代居住遗址等发掘工地。

5.20 赴西安，视察客省庄史前遗址发掘工地，及秦阿房宫、汉未央宫、唐大明宫等遗址。

5.31～6.10 参加中国科学院学部成立大会筹备会和相关会议，被任命为哲学社会科学部学部委员。

6.16 开始参加胡风问题的学习。

7.14 审阅陈梦家《殷虚卜辞综述》书稿（～8月15日）。

7.15 参加在北京大学举行的第四届考古训练班开学典礼。

8月 审阅北京历史博物馆《望都汉墓壁画》书稿。

9.1～3 在郑州为第四届考古训练班学员讲授“田野考古序论”、“考古发掘”和“田野记录”。

10.8 参加召开考古工作会议的筹备会（7月初开始酝酿）。

10.15 在郑州参加第四届考古训练班结业典礼。当晚至洛阳坐镇，主持黄河水库考古工作队工作。

10.18 在洛阳为参加黄河三门峡水库区考古调查人员，作“考古调查的目标和方法”的报告。

10.24 赴三门峡，用望远镜观察那里发现的汉唐时代漕运遗迹。

11.29 黄河三门峡水库分十组进行的考古调查行将结束，由洛阳返回北京。

12.8 应北京市人民政府之约，前往明十三陵的长陵等处勘察，以便制订发掘计划。

1956 年

1.30 以特邀代表身份，参加全国政协二届二次会议（2 月 8 日结束）。

1 月 审阅马衡遗著《汉石经集存》书稿。

2.9～16 在考古所讨论考古学发展远景规划（3～4 月继续讨论修改）。

2.18～27 出席中国科学院和文化部联合召开的考古工作会议，并在 27 日下午的闭幕式上作了考古学术方面的总结报告。

3.14 参加国家科学规划委员会会议。6 月 6、10～12 日继续参加，并于 14 日接受毛泽东等中央领导人接见。

4.14 与北京市文物组人员再次赴明十三陵考察。

5 月 当选为中国科学院先进生产者代表，参加 5 月 7 日在北京召开的全国先进生产者代表会议。

5～6 月 审阅埃及历史学家费克理《埃及古代史》译稿。审阅宿白《白沙宋墓》书稿。

6.20 从洛阳冒雨赴河南陕县，视察刘家渠汉唐墓发掘工地，又亲临三门峡漕运栈道遗迹，视察那里发现的汉晋和唐宋时代题刻。

6.21～7.5 在西安，视察考古所新建的西安研究室，以及半坡、沣西、汉长安城等发掘工地和考古遗址。

7.18～8.3 在乌鲁木齐，为新疆维吾尔自治区文化厅举办的考古训练班学员讲授“新疆考古学概说”（10 讲）。

8.20～9.23 与翦伯赞、周一良、张芝联前往巴黎，参加第九届欧洲青年汉学家会议。往返途中，曾在莫斯科与苏联科学院的历史、考古学家座谈（8 月 24 日），瞻仰列宁、斯大林墓（25 日），参观克里姆林宫（27 日），访问苏联科学院物质文化史研究所（后改名考古研究所，9 月 20 ~ 21 日）；在巴黎游览埃菲尔铁塔和巴黎圣母院（9 月 11 日），参观卢浮宫博物馆（12 日）。

9. 30 ~ 11. 4　离京返温州探亲。其间，曾为温州的中学历史教师作历史文物问题的学术报告（10 月 14 日），与文物、博物馆和图书馆工作人员座谈（15 日）。又将所藏上海图书集成印书局印本“廿四史”（共计 400 册）捐赠给温州市图书馆（23 日）。

11. 10　参加中国埃及友好协会成立大会，任该友协理事。

11 月　审阅黄文弼《塔里木盆地考古记》书稿。

12. 15　考古所举办见习员训练班，与郑振铎所长、尹达副所长等出席开学典礼并讲话。在此前后，曾陆续校阅大部分课程的讲稿。

12 月　着手研究波斯萨珊朝银币，先后考察新疆吐鲁番高昌古城、河南陕县隋墓、西安近郊唐墓等出土标本，陆续撰写文章，最后集合为《中国最近发现的波斯萨珊朝银币》（ ~ 翌年 4 月中旬）。

1957 年

2. 10 ~ 14　为考古所见习员训练班讲授“田野考古方法”。

2. 19　开始为中央民族学院历史系学生讲授“考古学通论”（ ~6 月 3 日）。

2 月　审阅安金槐《郑州二里冈》书稿。

3. 6 ~ 9、12 ~ 13　参加中共中央召开的全国宣传工作会议。

4. 16　参加周恩来总理欢迎苏联伏罗希洛夫主席的国宴。

4. 29　开始接待原田淑人率领的日本考古代表团（5 月 26 日离去）。

4. 30　参加郭沫若院长主持召开的中国科学院“解决人民内部矛盾”座谈会。

5. 4　陪同郭沫若院长接见并宴请日本考古代表团。

5. 9　陪同周恩来总理接见日本考古代表团。

5.18 参加考古所召开的整风座谈会（5～6月多次开会）。

5.20～23 参加中国科学院学部委员第二次大会。

6.6 参加中国科学院党组召开的整风座谈会。

6.12～15 参加国务院科学规划委员会会议。

6～7月 审阅苏秉琦等《洛阳中州路》书稿、蒋若是《洛阳烧沟汉墓》书稿。

7.14 参加中国科学院召开的批判“民盟科学规划”座谈会（16、23～24日继续开会）。

8.9 参加考古所批判陈梦家的大会（后数日继续开会）。

8.29～30 参加哲学社会科学部召开的“批判资产阶级社会学”座谈会。

9.16、20 参加文化部文物局召开的“文物界反右派斗争座谈会”，并以“考古工作的今昔”为题发言。

9.22～25 因明定陵的发掘已将金刚墙拆去一段，露出大理石墓门，急赴发掘现场坐镇，与发掘队赵其昌、白万玉等商谈进一步发掘的计划。曾亲自测绘金刚墙内至石门甬道的平面图。

10.11 参加哲学社会科学部召开的史学界反右派座谈会（12、14日继续开会）。

10.13 撰写《青海西宁出土的波斯萨珊朝银币》一文。

10.20 在定陵发掘现场，接待郭沫若、范文澜、邓拓等同志。

10月 审阅《浙江新石器时代文物图录》和《江苏徐州汉画像石》书稿。

11.1 参加中国科学院召开的反右派大会（10、15日继续开会）。

12月 审阅郭宝钧《山彪镇与琉璃阁》书稿。

1958年

1.7 参加国务院科学规划委员会会议。

2.9～11 参加国务院科学规划委员会古籍整理小组成立会议。

3.5　参加国务院科学规划委员会会议（8、10日继续开会）。

3～4月　审阅俞伟超《三门峡漕运遗迹》书稿。

4.5　参加文物出版社为出版敦煌图录召开的座谈会。

4.7　为北京大学考古学专门化四、五年级同学专题研究课作开场讲演“考古学的现状”。

5.20～31　坐镇定陵发掘工地。其间，曾详细审阅发掘记录，亲自测绘发掘坑位图；特别是深入墓穴多日，亲手清理万历帝、孝端后二棺的棺内文物，并测绘棺木结构及棺内器物分布图。又于27日接待越南胡志明主席参观。

6.5　参加中国科学院跃进大会，并代表考古所发言。

6.25　因胃溃疡病情严重，住进中央人民医院治疗。7月10日出院，在家休息。

7.24～9.3　重新住院。

9.4～11.19　赴小汤山疗养院休养，历时两个半月。

12.14～15　整理《明代冠服图式》一书残本，以配合定陵出土物品的研究。

1959年

1.19～26　为编写“新中国十年考古”，主持召开13个省、市考古单位人员应邀参加的座谈会。

2.3　为在考古所建立全国第一个碳-14断代实验室，经多方努力由高能物理研究所调入仇士华、蔡莲珍二位同志来所报到，与他们谈工作安排。

2月　审阅埃及考古学家埃米尔《埃及考古学》译稿。

3.7　中共考古所支部大会接收夏鼐为中国共产党预备党员（1960年10月22日转正）。

3.22～23　撰写《关于考古学上文化的定名问题》一文。

4.1～3　参加中国国家大地图集编委会扩大会议。

4.10 出席中朝友协理事会会议，任该协会理事。

4.18～29 出席第二届全国人民代表大会第一次会议。

5.15 主持召开中国考古学会筹备会议，到会的有北大考古专业、文化部文物局、中国历史博物馆、故宫博物院、中国科学院古脊椎动物与古人类研究所五所单位的代表。

5月 审阅安志敏等《庙底沟与三里桥》书稿。

6.3～14 撰写《咸阳底张湾隋墓出土的东罗马金币》一文。

6月 审阅林寿晋《上村岭虢国墓地》书稿、马得志《唐长安大明宫》书稿。

6.22 开始整理研究西安隋李静训墓出土金器等（断续进行至7月4日，后又整理图版，但未暇撰文）。

8.22 开始参加学习中共八届八中全会文件，继而参加“反右倾”的整风运动（持续进行至翌年2月初，历时将近半年）。

10.26～11.8 参加全国先进集体和先进生产者代表会议，为主席团成员、中国科学院代表组副组长。

12.21～22 参加中国猿人第一个头盖骨发现三十周年纪念会。

12.24～29 前往武汉，出席长江流域规划办公室文物考古队队长会议，并在26日作题为“长江流域考古问题”的报告。

1960年

1.4 考古所反复讨论本年计划、三年规划、八年规划及本月跃进计划（～2月5日）。

1.13 将所著《考古学论文集》编定，交科学出版社付印。该书集结截至1959年发表的考古学论文10篇。

2.25～27 所内讨论“新中国十年考古”写作问题。

3.1～5 讨论修订《辞海》考古学词汇条目及“新中国十年考古”部分初稿。

3.16 参加文化部文物局召开的全国文物博物馆工作会议（20、25

日亦参加)。

3.17　撰写《元安西王府址和阿拉伯数码幻方》一文。

3.28～4.10　出席第二届全国人民代表大会二次会议。

5～6月　审阅石兴邦等《西安半坡》书稿。

6.6～7　撰写《再论考古学上文化的定名问题》一文。

6.10　派遣陈梦家赴兰州，协助甘肃省博物馆整理武威新出土的汉简。

6.24　所内领导开会，商谈“新中国十年考古”修改事。

7月　审阅马得志《唐长安城郊隋唐墓》书稿。

8.30　所内开会商谈“新中国十年考古”编写修改计划。

9.13　参加中国历史博物馆图册编委会会议。

10.5　所内开会讨论“新中国十年考古”编写修改事（7、13、19、26、31日继续讨论）。

11.1～4　所内开会讨论《中国史稿》原始社会部分初稿。

12.5～12　出席中国科学院哲学社会科学部学部委员会第三次扩大会议。

12.17　为文化部主管的文化学院博物馆专业学员讲演“十一年来的中国考古新发现”及博物馆与考古学之关系。

12.29　参加北大《中国考古学》讲义修改稿原始社会部分的征求意见会议，前此花费数日审阅该稿。

1961年

1.4　今起所内多次开会讨论《中国史稿》原始社会部分修改稿，曾以较多时间审阅该稿。

1.25　应中国历史博物馆之约，研究该馆所藏外国字铭文铜饼，后撰写《外国字铭文的汉代（？）铜饼》一文。

1.30　开始审阅重新撰写的“新中国十年考古”二稿，以便排印后征求意见（～3月初）。

2～3 月 审阅王伯洪等《沣西发掘报告》书稿。

4.1 开始参加哲学社会科学部召开的老专家中心小组座谈会（每逢周六上午开会，并用餐以改善生活）。

5.10～29 因胃病加剧，在家休息，连日赴北京医院打针、电疗和体疗。

5.30 参加中国科学院古脊椎动物与古人类研究所研究生吴新智的论文答辩。

6.4 阅读完苏联蒙盖特著《什么是考古学》，第一次从头到尾阅读俄文书。

6.21、28 21 日为北大考古专业四、五年级同学作关于新疆考古学的报告。28 日又与五年级同学谈考古学当前形势与青年考古学者的任务和要求。

5～7 月 审阅“新中国十年考古”二稿及插图、图版（年底正式出版，书名定为《新中国的考古收获》）。

7.10 参加周恩来总理欢迎朝鲜首相金日成的国宴。

7.15 参加中央美术学院召开的中国美术史教材审查会议。会后审阅《中国美术史稿》的原始社会、商代、周代部分及序言。

7.29～8.29 赴烟台海滨休假。其间，除在烟台参观外，曾去蓬莱（16 日）和威海（24 日）游览。

9.25 开始阅读西方学者关于丝织品研究的论著。

10.8～15 为对外英文刊物《中国建设》撰写《古代丝织品的新发现》一文。

10.16～30 赴西安视察。其间，曾先后参观陕西省博物馆、陕西省考古所标本室、半坡博物馆，视察沣西、秦咸阳宫、汉长安城、唐大明宫和兴庆宫等遗址发掘工地及其出土标本，游览大雁塔、曲江池，并向当地历史、考古方面人员作题为“关于考古研究中的几个问题”的报告。

11.1～10 在洛阳视察。其间，曾参观二里头、王湾、西干沟等遗址出土标本及洛阳市博物馆，视察二里头、唐洛阳城等发掘工地，并游览龙门石窟。

11.19　赴北大考古专业学生实习发掘的昌平雪山遗址工地视察。

12.22　参加在北京市委党校举行的北京史学会年会，顺便参观校园中原耶稣会士墓地仅存的利玛窦、南怀仁、汤若望三人墓。

12 月　审阅陈梦家协助甘肃省博物馆撰写的《武威汉简》书稿。

1962 年

1 月中旬　参加北京市委组织的全国人大代表、政协委员视察活动。

1.30　开始进行元代周达观《真腊风土记》的校注工作（3 月 19 日写成清本）。

3.9　在中国科学院古脊椎动物与古人类研究所主持研究实习员张森水的业务考核。

3.27～4.16　参加第二届全国人民代表大会第三次会议。

5.8　为北大考古专业毕业班同学讲演，内容为世界考古学的当前动态、我国考古学上的主要问题、考古学研究方法。

5.11　获悉被任命为考古研究所所长（6 月 21 日正式宣布）。

6.8　参加周培源主持召开的国家科委学位条例小组会议。

6.11～16　撰写《“和阗马钱”考》一文。

6.18　为撰写《新疆新发现的古代丝织品——绮、锦和刺绣》，继续阅读西方学者有关论著。

7.1　开始撰写《新疆新发现的古代丝织品——绮、锦和刺绣》一文。

7.8～10　应《红旗》杂志之约，撰写《新中国的考古学》一文。

7.11　赴中宣部参加周扬主持的会议，座谈哲学社会科学部及所属各所问题。

8 月　审阅冯汉骥《前蜀王建墓发掘报告》书稿。

10.12　在政协文化教育组举办的双周讲座，作关于新中国考古学的报告。

12. 25 完成《新疆新发现的古代丝织品——绮、锦和刺绣》一文，前后历时半年。

1963 年

1. 8 ~ 23 因胃病住院治疗，出院时医嘱继续在家休息一个月。

2. 14 ~ 17、22 ~ 23 审阅《辞海》考古学条目。

2 月 应天津历史教学社约请，选编《中国原始社会史文集》一书，本月完成。11 日作编后记，12 日撰写长篇序言，阐述中国原始社会史研究的有关问题。后对该序言进行大幅度修改，以“解放后中国原始社会史的研究”为题在本年 4 月 7 日的《人民日报》发表。

3. 6 夜间胃部剧痛，急送北京医院诊治，确诊溃疡已近穿孔，随即施行切除手术。多年痼疾，一旦根除，并迅速恢复，兴奋异常，作打油诗《病中偶吟》（后改题为《断肠词 · 有序》）。4 月 17 日出院。

4. 24 ~ 6. 10 赴小汤山疗养院休养。其间曾温习俄文，阅读苏联学者阿尔茨霍夫斯基《考古学通论》俄文本绪论和第 1 ~ 5 章。读时先观大意，阅完一页，然后查字典、弄清文法，最后与中译本对照。历时一个半月。

6. 26 审阅由陈梦家起草的“殷周铜器铭文集成规划草案”，考古所正式开展此项金文集成编纂工作。

7. 12 审阅尹达《新石器时代研究的回顾和展望》文稿。

7. 15 审阅《辞海》考古学条目定稿。

8. 9 ~ 25 赴北戴河休假。

9. 17 ~ 18、22 ~ 29 参加中国科协与世界科协北京中心共同发起的召开 1964 年北京科学讨论会的筹备会议，为中国代表团成员。

10. 10 参加文化部文物局召开的审查第二批全国重点文物保护单位名单座谈会。

10. 12 赴哲学社会科学部，参加张友渔主持关于组织访日学术代表团的会议。此后即进行各项准备。

10.22　赴国家科委，参加学位条例起草小组会议。

10.26～11.16　出席中国科学院哲学社会科学部学部委员会第四次扩大会议。

11.17～18　出席第二届全国人民代表大会第四次会议。

11.19～23　紧张地进行赴日访问的行前准备，当时夫人正在病中。

11.24　作为张友渔、江隆基率领的中国学术代表团成员离开北京，经广州（26日）、香港（27日），于28日晚抵达东京。除在东京活动外，曾赴仙台（12月1～2日）、横滨（6日）、名古屋（9～11日）、京都（13、15、17日）、奈良（14日）、天理（16日）、大阪（18日）、神户（19日）、广岛（20～21日）、山口（22～23日）、福冈（23～24日）等地参观访问，多次作学术讲演，历时一个月，12月26日离开东京，经香港回国。

12.28　回到广州，在从化温泉休息，31日下午由广州启程返京。

1964年

1.2　出访日本后回到北京。

2.15　作为中朝友协理事，参加北京南郊的红星中朝友好人民公社与朝鲜大使馆的联谊活动，并代表中朝友协讲话。

3.4　在考古所作有关访日情况的报告，文物局等单位的同志也来听讲。

3.9　与尹达赴郭沫若处，商谈筹备成立中国考古学会事。

3.12　召开中国考古学会筹备委员会会议，推举郭沫若为筹备委员会主任。

3.13　为北大考古专业师生作有关访日情况的报告。

4.14　参加科协关于北京科学讨论会筹备工作的会议（5月18日，6月3日，7月1、7、15日陆续开会）。

5.6　阅苏秉琦所写《仰韶文化的类型及分期》文稿（《考古学报》1965年第1期发表时，题目改为《关于仰韶文化的若干问题》）。

5.21 为民族研究所召开的民族调查会议作“考古学与民族学关系”的报告。

5月 审阅卢兆荫《西安郊区隋唐墓》书稿。

6.11 前往北京市文物组察看新收集的“汉幽州书佐秦君石阙”，并去八宝山出土地视察。

7.17 根据中宣部指示，原拟本月下旬举行中国考古学会成立大会，决定延期举行。

7.24 撰写《唐苏谅妻马氏墓志跋》一文。

8.1~11 赴呼和浩特休假。其间，参观内蒙古文物队（3日）、博物馆（5日）所藏文物，游览昭君墓（6日）、乌素图召（7日）、万部华严经塔（8日）等处。

8.17~31 进驻科学会堂，作为周培源任团长的中国科学代表团成员，出席1964年北京科学讨论会，参加哲学历史组活动，并负责联系塞内加尔代表。

9.1~14 参加北京科学讨论会中国代表团社会科学组总结及论文编委会活动。

10.4 视察考古所发掘的元大都东墙北段的水门遗址。

12.4 开始撰写《洛阳西汉壁画墓中的星象图》一文（~翌年1月10日）。

12.21 出席第三届全国人民代表大会第一次会议，为山东省代表（~翌年1月4日）。

1965年

1.14 参加张友渔主持的东北古代民族史问题领导小组会议（2月26日再次开会）。

1.19~2.23 陆续校阅《新中国的考古收获》各章及插图、图版的英文译稿，并与译者商谈修改事。

3.18~22 参加全国科学教育电影工作会议。

4.4 校阅所作《我国近五年来的考古新收获》的英文译稿，将其附入《新中国的考古收获》英文本（翌年1月排出校样，后因“文革”发生，搁置未能出版）。

4.12～13 为准备赴巴基斯坦访问，撰写《中国、巴基斯坦友谊的历史》一文（后修改该文，并校改英译稿）。

5.4～23 与刘大年等赴拉瓦尔品第，参加巴基斯坦历史学会第十五次年会。其间，曾在会上作题为“中国、巴基斯坦友谊的历史”的报告，访问白沙瓦大学考古系，参观史前时代的摩亨佐达罗遗址、佛教时代的呾叉始罗城址。

6.17 接触西安唐墓出土阿拉伯金币资料。

7.6～9 撰写《西安唐墓出土阿拉伯金币》一文（后又进行修改）。

7.18 偕苏秉琦等赴河北定县，视察三盘山西汉中山王墓的发掘。

8.11 参加重编改绘杨守敬《历代舆地图》委员会会议（后演变为谭其骧主编《中国历史地图集》）。

8.13 与尹达去郭沫若院长处汇报东北考古等项工作，又畅谈中国书法变迁及文房四宝的历史。

9.10 偕苏秉琦视察考古所发掘的元大都后英房居住遗址（9月20日偕吴晗再次视察）。

9.15 郭沫若来考古所，与夏鼐再谈笔墨遗物问题，并视察考古所新建成的全国第一个碳－14实验室。

10月 郭沫若为讨论《兰亭序》真伪及中国文字起源问题，多次与夏鼐书信往还，并于20、30日两次亲来考古所面谈，夏鼐提供了诸多相关考古资料。

11.14 审阅《1964年北京科学讨论会论文介绍》哲学与历史部分（～19日）。

11.19 参加郭沫若率领的中国科学院参观团，赴山西参观晋南地区的“四清”运动，并游览名胜古迹。其间，除在太原活动外，曾到运城、曲沃、解县、夏县、侯马、绛县、临汾、汾县、文水，以及大寨等地（12 月 8 日回到北京）。

12.16 参加历史研究所由侯外庐主持的座谈会，讨论《东北古代民族史稿》。会前和会后审阅数日，并修改有关考古部分。

1966 年

1.14 参加学部中心小组学习，讨论吴晗《海瑞罢官》问题。

1.27 赴中宣部听取毛泽东关于哲学社会科学的指示，并参加历史各所小组的讨论。此后一个多月几乎每天开会讨论，涉及“突出政治”、“下乡滚泥巴”、学术批评等。

3.8 撰写《新疆吐鲁番最近出土的波斯萨珊朝银币》一文（~12 日）。

3.11 接待越南考古代表团。3 月 29 日陪同该团去西安、蓝田、重庆、昆明、长沙、湘潭参观，4 月 23 日回到北京。

3.27~28 撰写《河北定县塔基舍利函中波斯萨珊朝银币》一文。

5.6 校对旧作《太平天国前后长江各省之田赋问题》的英译稿，并写跋语，以检查批判。

5.20 阅读“五一六”通知，并参加讨论。

6.4 参加哲学社会科学部召开的批判学部副主任杨述大会。考古所开始有针对所领导的大字报。

6.14 考古所成立“文化革命战斗小组”。

6.21 在全所大会上作检查，并接受群众批评。

6.26 将自己历年写作的文章编成目录，以作自我检查之用。

6.27 依考古所文化革命小组的要求写自我检查，7 月 8 日写完上交。随后又写专项补充材料，陆续上交。

8.9 今起被作为“三反分子”在考古所接受监督，责令每天上午体力劳动，下午和晚上学习文件、写检查。

8.21 赴王府井购物，看到红卫兵“破四旧”情况。为作自我检查，顺便去中国历史博物馆，看通史陈列中一些说明卡的提法。

8.23　在考古所院内被戴高帽子游斗（被游斗者近30人）。

8.25　考古所的“红卫兵”前来抄家，三间居室中被封闭最大的一间，历年日记被全部收去。

1967年

每天上午体力劳动，下午和晚上学习文件、写检查。

1968年

12.23　“首都工人、中国人民解放军毛泽东思想宣传队”进驻哲学社会科学部，并分驻各研究所。

本年　每天上午体力劳动，下午和晚上学习文件、写检查。在身处逆境的情况下，依然关心满城汉墓出土文物的修复工作，暗中向有关人员提供具体意见。

1969年

参加驻考古所工军宣传队安排的“大批判”“清理阶级队伍”“清查五一六”等活动。

1970年

2.3　抄家时被封的居室启封。

5.21　被下放至河南息县“五七干校”，参加烧砖制坯、农田看青等项劳动。

8.22　利用休息时间，考察民族所同志在当地烧砖掘土发现的古代陶片和石器等。当晚及8月27、29日和9月1日与苏秉琦等前往该标本出土地察看。

10.22　因夫人病请假，由息县“五七干校”返回北京。后因考古所将承担为阿尔巴尼亚修复古写本羊皮书的任务，即留在所中工作。

1971 年

2.1 承担并主持《中国历史地图集》一书原始社会遗址分布图的编绘任务，王世民、郑乃武参与该项编绘工作。

3.23 阿尔巴尼亚派遣其国家档案局修复部主任雷沙特·阿利雅等，护送严重受损的两部“培拉特古写本福音书”来考古所，夏鼐以所长名义出面接待，并参加该项修复工作（~11 月初）。

5.17~31 以有关方面负责人名义，参与接待应中日友协邀请前来访问的日本社会科学代表团松村一人、井上清等。其间，曾去机场迎接，陪同参观故宫，参加郭沫若会见及宴请，参加周恩来总理接见。这是“文革”开始后，夏鼐第一次参加外事活动，也是中国科学院第一次接待外国代表团。

6.13 今起参与接待白石凡、宫川寅雄率领的日本文化界代表团。其间，曾去机场迎接，参加郭沫若宴请及座谈会，参加周恩来总理接见，陪同游览十三陵和长城。

6.27 参加郭沫若为故宫重新开放而召开的修改“故宫简介”座谈会。

7.1 参加国务院图博口在故宫慈宁宫举办的“文化大革命期间出土文物展览”开幕式。

7 月末 根据周恩来总理 7 月 24 日批准的郭沫若《关于到国外举办中国出土文物展览》的报告，国务院图博口当即成立文物出国展览筹备小组，由国务院值班室主任吴庆彤兼任组长，王冶秋任副组长，夏鼐、王仲殊为小组成员。夏鼐与王仲殊除参与筹划出国文物展览工作外，随即筹备恢复考古所主办的《考古学报》和《考古》两种刊物。

9~10 月 参与出国文物展览的展品挑选工作。

本年 撰写《无产阶级文化大革命中的考古新发现》《我国古代蚕、桑、丝、绸的历史》《吐鲁番新发现的古代丝绸》等文。

1972 年

2.19　参加周恩来总理欢迎美国尼克松总统的国宴。

2.25　参加美国尼克松总统的告别宴会。

3.17　为唐代乾陵发掘与否问题，与王冶秋、王仲殊等前往当地视察，顺便参观乾陵附近的永泰公主、章怀太子、懿德太子三墓，以及杨家湾汉墓、茂陵和霍去病墓，返程又在安阳逗留（26 日回到北京）。

7.14　参加周恩来总理等领导人会见任之恭、林家翘率领的美籍中国学者代表团。

7.25～26　应文物出版社的约请，应允由考古所派员协助湖南省博物馆修改长沙马王堆一号汉墓发掘报告（后确定由黄展岳、王世民改订报告文字，张孝光等重绘插图）。

8.15　偕王仲殊等去郭沫若院长处，汇报马王堆汉墓发掘工作。

8.23～27　撰写《长沙马王堆一号汉墓的棺椁制度》一文。

9.9　与王仲殊代表中国科学院赴阿尔巴尼亚，参加在国立地拉那大学召开的第一次伊利里亚人研究会议，代表郭沫若院长致贺词，并在阿各地参观访问（10 月 11 日回到北京）。

10.24　开始校阅《长沙马王堆一号汉墓》修改稿（～11 月 21 日）。

10.28　审阅出国文物展览的展品目录及图录中文稿，反复商谈修改，并审阅其英、法文译稿（～12 月 31 日）。

11.7　视察北京琉璃河西周遗址北大考古专业实习工地。

12.7～16　与王仲殊参加在长沙举行的马王堆一号汉墓女尸解剖工作会议。各方面专家共商解剖方案，报周恩来总理批准后施行解剖。其间，曾参观马王堆汉墓出土丝织品及其他古代丝织品。

12.27　驻考古所工宣队正式宣布“解放”夏鼐。

1973 年

1.7　陪同方毅、吴庆彤及外交部几位副部长，审查赴英、法两国文物展览，基本确定参展展品（9 日进行最后选删）。

1.16 国务院批准成立中华人民共和国出土文物展览工作委员会，吴庆彤为主任，王冶秋、夏鼐为副主任。

1～2 月 继续审校修改出国文物展品目录的英、法文译稿，2 月 12 日最后定稿。

2.17 接待英、法两国文物展览代表团。19 日下午开始由夏鼐主持与两代表团谈判，22 日谈判进行至翌日凌晨，23 日上午取得原则上的一致，但协定文字仍待斟酌。3 月 3 日谈判结束。

3.10～18 撰写《巴黎、伦敦展出的新中国出土文物展览巡礼》一文。

3.21 参观赴日出土文物展览预展，并商谈展品说明的修改。

4.19 参加周恩来总理欢迎墨西哥总统埃切维里亚的国宴。

4.21～6.12 与王仲殊等启程赴秘鲁、墨西哥两国访问。4 月 23 日～5 月 15 日在秘鲁，5 月 16 日～6 月 7 日在墨西哥，6 月 8～10 日在巴黎逗留（6 月 12 日回到北京）。

8.13 撰写《河北藁城台西村的商代遗址》的读后记，指出该遗址出土的商代铁刃铜钺根据化学分析和金相学考察，“还不能确定其‘系古代冶炼的熟铁’”。后经柯俊教授主持进行进一步详细检验，完全证实了此论断，从而否定了我国早在商代已进入铁器时代的错误推断。

9.11 参加周恩来总理欢迎法国总统蓬皮杜的国宴。

9.25 与王冶秋率领代表团赴英国出席中国出土文物展览开幕式。其间，曾会见早年留英时的老师惠勒爵士及其他旧友（10 月 13 日回到北京）。

10.23 撰写《综述中国出土的波斯萨珊朝银币》一文（～12 月 30 日）。

11.12 接待美国考古代表团。

12.1 前往长沙，对马王堆二号和三号汉墓的发掘进行现场指导（7 日回到北京）。

12.20～28　审阅《辞海》考古学条目。

1974年

1.10　撰写《我国出土的蚀花的肉红石髓珠》一文（～2月3日）。

1.25　参加在首都体育馆举行的中央国家机关“批林批孔”动员大会。随后，所内连日开会。

2.10～3.4　校阅英国电影《中国》的剧本译文，随后撰写批判文章。

4.19　与王仲殊等赴京郊琉璃河，视察新近发掘的西周车马坑。

5.16　赴外交部商谈西沙群岛考察问题。

6.26～7.2　接待秘鲁考古代表团。

7.23　收到英国学术院来信，通知已于7月10日被选为该院通讯院士。

8.1　接待宫川寅雄率领的日本考古代表团（～8月6日）。

8.3　参加北京大葆台汉墓的发掘工作领导小组会议（10月14日、12月3日再次开会，10月16、19、22、25日赴现场指导）。

8.9～25　撰写《沈括和考古学》一文。

9.30～10.9　接待墨西哥考古代表团。

11.19～12.2　参加学部工宣队举办的原领导干部学习班。

12月　参加所内的整党学习，30日恢复组织生活。

1975年

1.8～17　参加第四届全国人民代表大会第一次会议。

2.18　制绘《二十八宿及黄道十二宫图》，开始研讨这一古代天文学问题。

3.22　赴北京大葆台汉墓发掘工地视察（4月16日再次前往）。

5.19～23　接待美国古人类学代表团，与该团中的华裔学者张光直第一次会面。

6. 14 参加文物局召开的边疆考古工作座谈会。

6. 17 赴琉璃河西周燕国墓地，视察该墓地 253 号墓新近发掘出土的铜器。

9. 4 ~ 12 参加文物局在河北承德召开的北方考古工作座谈会。

9. 17 ~ 18 接待伊朗考古代表团。

10. 20 ~ 28 参加学部组织的赴大寨参观活动。

11. 5 参加文物局召开的七省文物单位配合“农业学大寨”的会议。

12. 8 ~ 9 参加中国硅酸盐学会召开的《中国陶瓷发展史》编写座谈会。

12. 11 ~ 14 撰写《从宣化辽墓的星图论二十八宿和黄道十二宫》提纲。

12. 15 ~ 29 赴天津参加中国科学院召开的中国天文学史会议，25 日在中国天文学史会议上报告“从宣化辽墓的星图论二十八宿和黄道十二宫”。

1976 年

1. 9 惊闻周恩来总理逝世，忆及“自己除在公共会场上遥瞻丰采之外，还曾许多次在接见外宾时陪在末座，印象更深。一旦大星陨落，能不沉痛哀悼!”

1. 15 接到去人民大会堂参加周总理追悼会的通知，因病未能前往。

2. 26 参加哲学社会科学部召开的老科学家座谈会，批判“以三项指示为纲”。当时所内也有这方面活动。

3. 5 ~ 11 撰写《考古学和科技史》英文稿。

3. 26 去文物局，观看云梦秦简和吐鲁番文书资料。

3. 29 参加历史所召开的《甲骨文合集》座谈会。

4. 2 去天安门广场，观看群众悼念周总理献花圈情况。

4. 10 哲学社会科学部组织拥护“中共中央两项决议”的游行，在所中值班，未去参加。

4.22～5.22　撰写《从宣化辽墓的星图论二十八宿和黄道十二宫》一文。

5.24～27、6.2～4　在考古所参加挖防空洞劳动。

6.14　赴琉璃河西周墓地发掘工地视察。

6.26　与柯俊等前往湖北，先后参观湖北省博物馆（6月28日）、铜绿山矿冶遗址（30日）、黄石市博物馆（7月1日）、江陵楚纪南城遗址（5～6日）、荆州地区博物馆（7日）、黄陂盘龙城遗址（10日）。

7.11～12　在安阳逗留，察看妇好墓出土的铜器和玉器，以及小营附近发掘的祭祀坑等。

7.28　凌晨唐山发生强烈地震，由宿舍楼撤出，搭抗震棚住宿（～8月15日）。

8.14　今起在考古所参加劳动，断续至9月下旬。

9.9　毛泽东主席逝世，在考古所参加悼念仪式。

9.15　前往人民大会堂，参加向毛主席遗体告别仪式。

9.18　哲学社会科学部半数人员参加在天安门前举行的追悼毛主席大会，夏鼐因年老留所观看实况直播。

9.19　审阅大连造船厂编写组《中国造船史》（古代部分）书稿。

9.25～27　审阅本所任式楠等编写的《中国考古讲话》书稿（后未出版）。

10.21～24　参加哲学社会科学部和考古所召开的拥护华国锋任中共中央主席、声讨“四人帮”大会和百万人大游行，又参加天安门庆祝大会观礼。

10.25～11.1　接待菲律宾考古学与人类学代表团。

12.25～29　为纪念周总理逝世一周年，撰写《敬爱的周总理对考古文物工作的关怀》一文。

1977年

1.6　偕王仲殊、王世民等赴郭沫若院长处，汇报殷墟妇好墓的考古发现情况。郭老以极大的兴趣，详细观察带去的该墓出土的部分铜器、玉器、象牙杯及有关资料，并发表了重要意见。

1.11 修改完《考古学和科技史——最近我国有关科技史的考古新发现》一文。

2.16 将历年来根据考古新资料、运用考古学方法，创造性地研究中国科技史问题的论文，集结为《考古学和科技史》一书，交科学出版社出版。

2.24～3.4 参加国家计量局召开的《中国古代度量衡图集》讨论会。

3.15 参加《中国陶瓷史》编写工作会议开幕式。

3.16 所内召开“三十年考古收获”编写组会议，要求4月提出编写提纲稿。

4.1 审阅徐苹芳等编《中国古代天文文物图录》的文字说明。

4.14 所内开会讨论“三十年考古收获”编写提纲。审阅《殷周金文集成》的编辑计划。

4.21 参加圆明园管理处召开的座谈会，并视察圆明园遗址现状。

4.24 开始撰写《碳－14测定年代和中国史前考古学》一文（～6月12日）。

5.7 经中共中央批准，中国科学院哲学社会科学部改名为中国社会科学院。

6.16 审查考古所在中国历史博物馆布置就绪的“考古发掘展览”。

6.29～7.3 应河北省文化局邀请，偕苏秉琦、安志敏前往邯郸，视察武安磁山遗址发掘工地及其出土遗物，并参观响堂山石窟寺、赵王城遗址。

8.26 撰写《赞皇李希宗墓出土的拜占庭金币》一文（～9月7日）。

8.29 参加《中国纺织科学技术史》（古代部分）编写会议，对该书的编写工作多有指导。

9.15～24 撰写《中国出土的波斯萨珊朝文物》一文。

10.6　参加接待美国天文学家代表团的中国天文学史组座谈会，并作“文化大革命以来有关天文学史的考古新发现”的报告。

10.14　率领中国考古代表团一行5人前往德黑兰，参加伊朗考古学和历史学第六届年会，并在伊朗各地参观访问（11月5日回到北京）。

11.15　赴河南登封，参加国家文物局于11月18～22日召开的登封告成（王城岗）遗址发掘现场会，在22日闭幕式上作了题为“谈谈探讨夏文化的几个问题”的报告。其间，游览周公测景台等名胜古迹，视察二里头遗址；又曾参观巩县宋陵、郑州大河村遗址及河南省博物馆（11月26日回到北京）。

12.8　参加《中国古代天文文物论集》审查会议开幕式（17日闭幕式）。

1978年

1.11　参加中国社会科学院召开的制订科研计划和规划动员会。

1月中旬　在夏鼐的主持下，由王仲殊等8人组成考古所科研规划小组，起草“1978～1985年考古工作规划草案”。

2.20～23　参加社科院召开的批判“四人帮”炮制的“两个估计”座谈会。在23日的发言中明确指出“实践是检验真理的标准”。这比理论界开展“真理标准”大讨论早三个月。

2.26～3.5　出席第五届全国人民代表大会第一次会议。

3.16　主持京内有关单位人士参加的全国考古工作八年规划座谈会。

3.23　召集参与编写“三十年考古收获”的人员开会，商谈编写工作（5月9～10日、6月1日再次开会）。

3.27　将全国考古工作八年规划草案定稿。

4.6　率领中国考古代表团一行5人赴希腊访问（4月22日回到北京）。

4.26　参加中国社会科学院召开的全国规划会议开幕式。

5.4　参加北京大学建校八十周年庆祝会。

5.14 撰写《希腊访古记之一——马其顿王陵发掘记》一文。

6.2 参加《凉山彝族社会调查报告》座谈会并发言。

6.12 郭沫若院长于下午4时50分逝世，闻讯即赶往北京医院向遗体告别。

6.13 撰写悼念郭沫若院长的文章（~15日）。

6.15 新华社发布郭沫若逝世的消息，名列治丧委员会委员。

6.18 参加在北京饭店举行的郭沫若治丧委员会会议。参加在人民大会堂新疆厅举行的郭沫若追悼会。

7.17~19 应河北省文化局的约请，与张政烺等前往石家庄，参观平山中山王墓出土文物展览及座谈会，并游览正定隆兴寺等地。

7.26 偕徐苹芳等赴七机部卫星组，观看若干城址的卫星照片。

8.2 接待宫川寅雄为团长的日本考古代表团（~24日）。

8.5 参加中国社会科学院召开的历史科学规划会议开幕式。

8.29 参加中国社会科学院历史所召开的《甲骨文合集》座谈会，讨论分类问题和出版计划。

8.31 与钱锺书等作为许涤新率领的中国代表团成员赴意大利，参加在博尔扎诺举行的第26届欧洲研究中国会议，并在罗马、佛罗伦萨、那不勒斯等地访问（9月23日回到北京）。

10.5~6 应林志纯之约，同12位高等院校世界古代史教师谈埃及学问题。

10.27 出席郭沫若著作编辑出版委员会会议，分工负责《郭沫若全集·考古编》的编辑工作。

11.29 主持中国考古学会筹备委员会会议，暂定1979年3月召开成立大会，委托考古所负责筹备。

12.28 在考古所为陈梦家、黄文弼补开的追悼会上致悼词。

12.29 参加在上海举行的《辞海》编辑委员会扩大会议，安排新版《辞海》的定稿工作（~翌年1月2日）。

1979 年

1.5　中国大百科全书出版社来人商谈编撰“考古学卷”事。

2.12～16　审阅《辞海》考古学条目稿。

2.18　撰写《另一件敦煌星图写本——〈敦煌星图乙本〉》一文（～3 月 18 日）。

3.11～15　撰写《五四运动与中国近代考古学的兴起》一文。

4.1　在西安主持召开全国考古学科规划会议（3～5 日）和中国考古学会成立大会（6～12 日）。6 日，在中国考古学会成立大会的开幕式上，作了题为“我国考古工作的巨大成就和今后的努力方向”的报告。12 日，被选举为中国考古学会第一届理事会理事长。其间，曾两次视察秦始皇兵马俑坑发掘工地，对发掘中存在的问题提出严肃批评；又去汉长安城武库发掘工地、唐太宗昭陵等处视察（14 日回到北京）。

5.2～4　参加中国社会科学院召开的五四运动六十周年学术讨论会。

5.24　参加中宣部召开的敦煌研究问题座谈会。

5.31　参加《中国大百科全书·考古学》编委会筹备会议。

6.5～27　作为周扬率领的中国社会科学院代表团的副团长，率团去日本访问，团员有任继愈、黎澍、唐弢、贺麟、李荣、李芒等。先后在京都、奈良、热海、箱根、东京、金泽、大阪、神户等地活动。

6.28～7.1　参加第五届全国人民代表大会第二次会议的未完会议。

7.9～7.18　撰写《三十年来的中国考古学》一文。

7.29～30　审阅王仲殊赴美讲学的讲稿《汉代考古学概论》。

8.29～9.3　撰写《扬州拉丁文墓碑和广州威尼斯银币》一文。

9.8　为中国天文学会年会作关于考古发现中天文学史资料的报告。

9.9　进行《真腊风土记校注》正文的定稿工作（～30 日）。

9.17　开始写作《真腊风土记校注》的注释部分（～12 月 7 日）。

9.26～28　与国家文物局齐光副局长等赴西安视察并商谈改善秦俑坑发掘工作问题。

10.5 参加社科院、教育部、北京市委联合召开的建国三十周年社会科学学术讨论会。

10.11 与宦乡、王光美等陪同邓小平副总理接见英国学术院代表团。当晚，在英国大使馆为该代表团举行的宴会上，亚历克爵士代表英国学术院向夏鼐颁发通讯院士证书。

10.15 主持在天津举行的中亚文化研究协会成立大会，为大会执行主席。

11.15~17 接待美国史密森学会代表团。

12.7 参加中国猿人第一个头盖骨发现五十周年纪念会。

12.10~15 由北京经上海、东京赴曼谷，参加联合国教科文组织在泰国彭世洛府召开的亚洲历史名城研究计划专家会议。

1980年

1.14 撰写《我所知道的吴晗同志》一文（~23日）。

1.15 参加在社科院举行的重建中国史学会的筹备会议。

1.18 参加文物出版社召集的中日双方合作出版《敦煌壁画》编委会会议。

2.3 致函《社会科学战线》编辑部，指出该刊1979年第4期刊载的关于北凉且渠安周造寺碑拓本一文，“连断句都断错了”。

2.19 撰写《中世纪中国和拜占庭的关系》一文（~4月23日）。

3.5 参加宋庆龄副委员长主持召开的纪念蔡元培先生逝世四十周年大会。主持中国考古学会、中国历史博物馆、湖北省博物馆共同举办的曾侯乙墓研讨会（当时中国历史博物馆正在展出曾侯乙墓出土文物）。

3.12 赴国家科委，参加讨论建立院士制度的会议。

3.27 接待三上次男率领的日本陶瓷研究者代表团。

4.8~12 出席中国史学会代表大会，系15人组成的主席团成员之一，后当选为常务理事。

4.15 与文物局任质斌局长、孙轶青副局长等，视察河北易县清西陵中雍正帝泰陵被当地保管所擅自挖掘情形。

4.18　主持召开《中国大百科全书·考古学》分编委会的筹备会议。

4.24　以副团长身份与宦乡团长率领中国社会科学院代表团一行 8 人，由北京启程经德黑兰、布加勒斯特、法兰克福、波恩、科隆，于 28 日到达伦敦，对英国进行访问，受到英国学术院的接待。除在伦敦活动外，曾去牛津、剑桥、爱丁堡、格拉斯哥等地。

5.18　由伦敦赴瑞士游览（22 日回到北京）。

5.26　率领中国考古代表团一行 4 人前往美国访问。6 月 2～3 日参加由纽约大都会艺术博物馆和美国学术协会中国文化研究委员会共同举办的中国青铜器国际研讨会，在会上作题为“铜绿山古铜矿的发掘”的报告。6 月 7～9 日参加在加州大学伯克利分校举办的中国青铜器及铭文学术研讨会。其间，还参观若干博物馆收藏的中国古代青铜器。

6.26　赴文物局访任质斌局长，谈《文物保护法》草案中“考古发掘”章修改事。随后，曾向社科院领导反映情况。

7.4　参加国家文物局召开的全国文物工作会议开幕式。

7.8　参加国家文物局任质斌局长召集的关于制定《文物保护法》的座谈会，并在会上详述对制定《文物保护法》的看法。

8.7～22　以团长身份与刘思慕副团长，率领中国历史学家代表团一行 13 人，前往布加勒斯特，参加第 15 届国际历史科学大会。

8.29～9.10　出席第五届全国人民代表大会第三次会议。

9.12　参加政协文化组与国家文物局召开的保护文物座谈会。

9.21　修改《两种文字合璧的泉州也里可温（景教）墓碑》一文。

9.24　修改《有关安阳殷墟玉器的几个问题》一文中关于中国古玉的材料产地部分。

9.27　参加科协中国科技馆召开的赴加拿大的中国传统技术展览筹备领导小组会议，为四位顾问之一。

10.6　参加中国自然科学史学术讨论会和中国自然科学史学会成立大会开幕式，以及 10 月 8 日的天文学组讨论会、10 月 11 日的闭幕式。

10.14～27 应瑞典哥德堡大学的邀请，作为1980年“菲力克斯·纽伯格讲座”的讲演人，前往该校公开讲演、接受纽伯格奖，并在当地参观访问。

11.14 参加北京市文物工作会议开幕式。

11.15～26 主持在武汉举行的中国考古学会第二次年会，并在开幕式上作关于楚文化研究问题的讲话。会间和会后，曾去黄陂盘龙城、大冶铜绿山、江陵楚纪南城等遗址及湖北省博物馆视察。

12.15～17 参加国务院学位委员会会议。

12.27 撰写《瑞典所藏中国外销瓷》一文（～翌年1月4日）。

1981年

1.6 赴文物局谈制定《文物保护法》问题。

1.9 赴社科院秘书长梅益处谈制定《文物保护法》问题。

1.17 开始撰写《汉代的玉器》一文（～2月24日）。

1.26～31 主持召开《中国大百科全书·考古学》分编委会成立大会，任分编委会主任委员。

2.5 向新疆有关单位人员了解“坎曼尔诗笺”的真伪情况，5月26日与王炳华再谈此事。

2.13 接待法国考古代表团。

3.4～16 撰写《汉代丝绸和丝绸之路》一文。

3.27 偕夫人李秀君启程赴美国讲学。先在堪萨斯大学，作为1981年“穆菲讲座”的讲演人，公开讲演两次，主题分别为“中国汉代玉器传统的延续和变化”和“中国汉代的丝绸和丝绸之路”，又曾六次主持研究生讨论。后在美国亚洲中心（纽约中心和华盛顿分会）、哈佛大学、加州大学（洛杉矶分校和伯克利分校）、斯坦福大学等处公开讲演，主题除“玉器”“丝绸”外，还有“中国最近的考古新发现”“殷墟妇好墓”等（4月30日回到北京）。

5.5～8 接待意大利考古代表团。

5.16　赴全国人大法制委员会副主任张友渔处谈制定《文物保护法》问题。

6.9　出席中国社会科学院学位委员会会议。

6.16、20　参加文物出版社召开的《中国石窟》编委会会议。16日为中方编委会会议，20日为中日双方编委会联席会议。

6.22　参加北京市文物保护管理委员会成立大会。

7.1　参加在人民大会堂举行的中国共产党成立六十周年纪念大会，并在主席台就座。

7.13～16　主持召开《中国大百科全书·考古学》撰稿人会议。

7.18　参加科普出版社召开的《中国科技史料》编辑顾问会议。

7.23～25　参加国务院学位委员会会议。

7.26～8.2　参加国务院学位委员会第一届学科评议组会议，并在开幕式上作为人文科学方面代表讲话。分组开会时，为史学组召集人之一。

8.7　在东北师范大学历史系考古所会议室举行林志纯为导师的硕士研究生令狐若明论文答辩，为该答辩委员会主席。

8.19～24　撰写《〈梦溪笔谈〉中的喻皓木经》一文。

8.30　参加北京市文物保护管理委员会第二次会议。

9.14　参加清华大学老同学在中山公园来今雨轩的聚餐会，到会的有裴丽生、钱锺书、王竹溪、傅承义、荣高棠等50余人。

9.15　参加全国碳－14学术讨论会，并在会上致辞；接待英国科学家李约瑟教授。

10.8　参加国务院学位委员会会议。

10.9　参加在人民大会堂举行的辛亥革命七十周年纪念大会。

10.10　参加中国社会科学院召开的关于台湾回归祖国的座谈会，并在会上发言。

10.12～15　参加北京钢铁学院召开的中国古代冶金史会议，并在会上讲演铜绿山古铜矿炼炉及其模拟试验。

10.23～30　修改《汉代的玉器》英文译稿，并编写注释及参考文献。

11. 7 ~ 10 修改《汉代的丝绸》英文稿。

11. 13 ~ 27 偕夫人李秀君前往巴黎，参加联合国教科文组织召开的《人类科学文化史》国际委员会史前组编写会议。

11. 30 ~ 12. 5 出席第五届全国人民代表大会第四次会议。

12. 6 前往杭州，主持召开中国考古学会第三次年会。并于 8 日在开幕式上作关于中国东南沿海地区新石器时代文化和中国古代青瓷问题的报告，13 日又在闭幕式上讲话。会后 14 ~ 15 日在杭稍事停留，17 ~ 18 日又至南京游览（19 日回到北京）。

1982 年

1. 3 ~ 5 审阅河南省文物研究所《巩县石窟寺》书稿。

1. 12 参加中华书局成立七十周年纪念会。

1. 14 赴人大法制委员会副主任张友渔处谈制定《文物保护法》问题。

1. 20 参加《中国建设》创刊三十周年纪念会。

1. 29 考古所集体编写的“三十年考古收获”定名为《新中国的考古发现和研究》。召开编委会，决定下周起将书稿分批发给文物出版社。

2. 4 国家文物局来人商谈第一批历史文化名城名单，共 25 处。

2. 5 参加郑天挺先生纪念会及中国史学会常务理事会。

2. 12 审阅《中国石窟 · 莫高窟》第 4 卷中的两篇论文稿。

2. 14 撰写《新中国的考古发现和研究》前言部分（ ~15 日）。

2. 15 赴张友渔处谈《文物保护法》草案问题，后又搜集有关资料，准备修改意见。

2. 17 参加人大法制委员会讨论《文物保护法》草案的座谈会。

2. 27 参加圆明园学会筹备会等单位召开的圆明园遗址近期开发座谈会，并在会上提出不同意见。

3. 1 致信国务院古籍整理小组组长李一氓，阐述对古籍整理的意见。

3.17　出席国务院古籍整理小组召开的会议，为整理小组成员（~24日）。

3.23　参加中国博物馆学会成立大会开幕式，并在会上讲话。

4.3　赴张友渔处商谈《文物保护法》草案修改事。

4.5　专程赴湖北江陵，察看马山一号战国墓发掘出土、保存甚好的大量丝织衣物，以及其他诸器物。又参观荆州地区博物馆陈列（11日回到北京）。

4.18　审阅《中国石窟·克孜尔石窟》一书中宿白、晁华山的两篇文稿。

4.24　赴国家文物局商谈洛阳基建工程事。孙轶青局长提及文化部拟设立国家文物委员会，请夏鼐参加并“负点责任”。

4.25　赴中宣部部长邓力群处，谈文化部拟设立国家文物委员会事。

4.30　赴社科院党组第一书记梅益处，谈国家文物委员会等事。

5.3　与国家文物局孙轶青局长等商谈国家文物委员会组织条例草案及委员名单（5月4日将“条例草案”和“名单”送至邓力群处）。

5.13　参加北京市文物保护管理委员会第三次会议。

5.28　审阅《中国石窟·克孜尔石窟》一书中丁明夷、马世长的两篇文稿。

6.2　赴文化部会晤朱穆之部长，谈国家文物委员会事。

6.6　开始撰写《殷代玉器》一文（~8月15日）。

6.7　经中国社会科学院名誉院长胡乔木亲自劝驾，夏鼐出任社科院第一副院长。

6.12　与国家文物局孙轶青局长谈国家文物委员会事。

6.25　赴历史博物馆，参观应县木塔出土文物的预展，并观看大同北魏封和突墓出土的波斯萨珊朝银盘等文物。

6.26~27　撰写《郭沫若同志与田野考古学》一文。

7.17　赴城市建设部参加关于历史文化名城的小型座谈会（8月7日

再去）。

8.10 参加中国史学会举办的关于日本文部省篡改教科书问题的座谈会，并在会上发言。

8.29 参加温州一中在京校友联谊会活动，到会百余人。夏鼐 1927 年毕业于该校初中部，是到会校友中最年长的一位。

9.5 率领中国考古代表团一行 10 人前往夏威夷，参加美国科学院通过美中学术交流委员会举办的中国商文化国际讨论会。

9.7～11 在夏威夷参加讨论会，并宣读论文《殷代玉器》。

9.13 赴美国大陆参观访问。其间，曾参观旧金山亚洲美术博物馆（14 日）、华盛顿弗里尔美术馆（16 日）、波士顿哈佛大学及其福格博物馆（18～20 日）、纽约大都会博物馆及萨格勒藏品（22 日）等，在加州大学洛杉矶分校讲演（25 日，28 日回到北京）。

10.8 离京返温州休假。其间，曾参加温州中学八十周年校庆活动（11 日），与少年时代老同学聚会，并畅游雁荡山三日（15～17 日）。又曾为温州市科协、文管会共同举办的报告会讲演"考古与文物保护"（25 日回到北京）。

10.28 赴张友渔处商谈《文物保护法》草案问题。

10.30 先后赴朱穆之、邓力群处，谈关于《文物保护法》草案的意见。主持社科院世界史所由林志纯指导的埃及古代史研究生范重庆的论文答辩。

10.31 出席在上海举行的中国古代陶瓷国际研讨会，为顾问委员会委员、开幕式执行主席（11 月 6 日回到北京）。

11.10 参加中国史学会举办的郭沫若诞辰九十周年纪念会，并在会上发言。

11.11～12 为《文物保护法》草案第四稿的修改，先后向邓力群、朱穆之、项淳一、张友渔，及刘大年、吕叔湘、严济慈，或写信、或电话、或面谈，表述自己的看法。

11.16 参加郭沫若故居揭幕仪式。

11.17～18 为《文物保护法》即将提交人大常委会讨论，急找兼任国务院副秘书长的社科院院长马洪，先后三次，进一步转达意见。

11.19 获知《文物保护法》已在人大常委会会议上通过，前此一再申述的某些正确意见终于得到采纳。

11.25 出席第五届全国人民代表大会第五次会议（～12月10日）。

11.29 参加北京市文物保护管理委员会的市级文物保护单位视察。又于12月1、2、6、8日继续视察，共计视察23处。

12.12 参加社会科学界人大代表、政协委员座谈会。

12.14～15 参加《中华人民共和国国家地图集·历史地图集》编委会会议。

12.24～28 出席国务院学位委员会学科评议组召集人会议。

1983年

1.2 开始为《中国大百科全书·考古学》撰写概观性特长条“考古学”。

1.5 撰写访日讲稿第一篇《中国考古学的现状和展望》（1月16、20日，2月1日修改）。

1.13 撰写访日讲稿第二、三篇《汉唐丝绸和丝绸之路》和《中国文明的起源》的提要。

1.27 文化部部长朱穆之主持召开国家文物委员会第一次会议，宣布国家文物委员会正式成立，聘请夏鼐等15人为委员，由夏鼐任主任委员。

2.11～16 撰写访日讲稿第二篇《汉唐丝绸和丝绸之路》。

2.19 参加邓力群主持的《当代中国丛书》编委会会议。

2.21～26 撰写访日讲稿第三篇《中国文明起源》。

3.4 参加中宣部讨论保护文物问题的部务会议。

3.7 应日本广播协会（NHK）的邀请，偕夫人李秀君前往日本访问。

3.9 在东京作第一次公开讲演“中国考古学的现状和展望”。

3.11 在福冈作第二次公开讲演“汉唐丝绸和丝绸之路”。参观太宰府遗址、北九州博物馆、福冈市美术馆等。

3.13 在大阪作第三次公开讲演“中国文明的起源”，随后在奈良、京都、冈山参观（20日回到北京）。

3.23 参加习仲勋副总理主持的会议，讨论宗教部门要求收回文物保护单位中的寺院用于宗教活动事。

4.11～16 参加中国史学会代表大会，选举新一届理事会。

4.19 主持召开《中国大百科全书·考古学》分编委会会议，检查各分支编写组进度，要求1984年2月底完成定稿，年终付印。

4.20 参加中国科学院古脊椎动物与古人类研究所建所三十周年纪念活动。

4.25 撰写《北魏封和突墓出土萨珊银盘考》一文。

4.28 赴联邦德国驻中国大使馆，接受德意志考古研究院授予通讯院士的证书。

4.30 参加全国政协文化组、城建组和中国建筑学会共同召开的北京市保护文物座谈会，并在会上发言。

5.9～17 在郑州，主持召开中国考古学会第四次年会。在开幕式作关于夏文化探索等问题的报告。其间，曾视察登封王城岗遗址发掘工地，参观河南省文物研究所标本室和河南省博物馆陈列。当选第二届理事会理事长。

5.18～19 返京途中在安阳停留，察看存放在考古所工作站的殷墟妇好墓出土玉器和铜器。

5.23 参加郭沫若学术研究座谈会，会上成立了中国郭沫若研究会。

5.27 主持召开国家文物委员会第二次会议，讨论制止不办手续发掘和破坏文物、打击经济犯罪、奖励文物捐献等事项。

6.2～22 出席第六届全国人民代表大会第一次会议，为浙江省代表。

6.23　主持召开社科规划考古学组会议，讨论通过六五计划期间考古学重点项目。

6.24　主持召开国家文物委员会第三次会议，讨论文物局代拟国务院关于进一步加强文物保护工作的决定的草案。

6.27～7.9　应德意志考古研究院院长布赫纳的邀请，前往联邦德国访问，作关于汉唐丝织品的讲演。

7.10　应伯尔尼大学先史研究所所长邦迪的邀请，前往瑞士访问，作关于中国考古新发现的讲演（18日回到北京）。

7.26　审阅《殷周金文集成》的“出版说明”和“编辑凡例”，以及编辑《中国考古学年鉴》的初步设想。

8.18　中国考古学会、中国社会科学院考古研究所和联合国教科文组织联合举办的亚洲地区（中国）考古讨论会在北京举行，开幕式上夏鼐被推选为讨论会主席。会议在北京进行至20日，21日赴西安参观，25日在西安闭幕（26日回到北京）。

9.17～21　前往广州，视察象岗山西汉南越王墓发掘工作，深入地下墓室进行现场指导。

9.24　出席国务院学位委员会学科评议组第二次会议闭幕式。

9.27　赴青岛休养（～10月11日）。

9.29～10.3　撰写《殷周金文集成》前言部分。

10.22　参加文物出版社召开的太原娄睿墓壁画座谈会。

10.23　继续撰写大百科全书特长条目“考古学”（11月6日将第一节“考古学的定义和特点”修改誊抄）。

10.24　参加中国民族古文字研究会第二次学术讨论会开幕式。

11.9　主持召开国家文物委员会第四次会议，主要批评文物界的精神污染问题，尤其是“一切向钱看”的唯利是图思想。

11.14　撰写《所谓“玉璇玑”不会是天文仪器》一文（～26日）。

11.19～29　因扁桃体发炎，住院治疗。

12.5　出席国务院学位委员会第五次会议，通过第二批硕士研究生、博士研究生授予单位及导师名单等。

12.8～10 撰写《中国考古学与中国科技史》一文。

12.11 偕夫人李秀君离京，经广州赴香港。

12.14～17 以中国代表团顾问身份，参加第二届国际中国科技史研讨会，作题为“中国考古学和中国科技史”的讲演。

12.18～25 赴香港中文大学参观访问，并在其中国文化研究所讲演“中国考古学的现状和展望”（28 日回到北京）。

12.30 赴瑞典驻中国大使馆，接受瑞典皇家文学历史考古科学院授予的外籍院士证书。

1984 年

1.23～24 撰写访日讲演集的序文。

2.19 阅《文物》1984 年第 1 期发表的俞伟超、张忠培《探索与追求》一文，认为“有些论据颇有问题”，即致函张忠培。

2.22 与苏秉琦面谈俞伟超、张忠培《探索与追求》一文中的问题。

2.24 参加北京市文物古迹保护委员会会议，讨论《北京市城市建设总体规划方案》，并在会上发言。

3.5 参加国家文物局在成都召开的 1983 年考古工作汇报会，并在开幕式上讲话，11 日又作题为“考古与文物”的报告。其间，还曾参观四川省博物馆和王建墓，游览都江堰、文殊院、武侯祠、杜甫草堂等处（14 日回到北京）。

4.7 主持召开国家文物委员会第五次会议，讨论出国文物展览，文物部门与宗教界、基建部门的矛盾等问题。

4.12 参加《中国美术全集》编辑出版工作会议开幕式，并在会上讲话。

4.13～23 前往巴黎，出席联合国教科文组织《人类科学文化史》第一卷正副主编会议，为该卷编委。

4.29 赴清华大学，参加 1934 年毕业班五十周年聚会。

4.30　参加全国文物工作会议开幕式。

5.1　审阅考古所署名发表（王世民执笔撰写）的庆祝中华人民共和国成立三十五周年文章《中国考古学的黄金时代》。

5.3　接美国国家科学院外事秘书发来的贺电，获知被推选为该院外籍院士。

5.4　晚间参加全国文物工作会议，向中宣部部长邓力群作汇报。

5.6　参与中央负责同志对全国文物工作会议代表的接见。接见后，听取邓力群讲话。又与邓力群、朱穆之、廖井丹及文物局同志一道，商谈闭幕式上讲话事。

5.7　参加全国文物工作会议闭幕式。

5.8～10　与王仲殊等前往洛阳，视察偃师商城遗址、杏园汉唐墓地及二里头遗址的发掘情况。又至考古所洛阳工作站、唐代宫城及武则天明堂遗址、洛阳市博物馆等处。

5.13　出席第六届全国人民代表大会第二次会议（～31 日）。参加全国人大代表、温州市市长卢声亮召集的在京温州同乡座谈会。

5.14　收到美国国家科学院关于当选为该院外籍院士的正式通知。

6.20　赴中南海，参加王震主持的第二次中日民间人士会议，为中方委员之一。胡耀邦总书记到会讲话。

6.21　参加敦煌吐鲁番学会常务理事会会议，为该学会顾问。

7.5　参加文物局召开的定陵出土丝织品复制研究讨论会。

7.9　赴中国科学院自然科学史研究所，参加钱临照主持召开的国际中国科技史讨论会组织委员会会议。

7.14　参加圆明园整修规划座谈会闭幕式，并在讲话中强调要作为遗址博物馆处理。

7.24　审校考古所为联合国教科文组织所写的《中国考古新发现》英文书稿。

7.28　赴八达岭，参加社会赞助复修北七台、北八台工程的开工典礼，并在会上讲话。

8.11～12 参加《中华人民共和国国家地图集·历史地图集》编委会会议。

8.20～25 出席在北京举行的第三届国际中国科技史会议，为顾问委员会委员。

9.2～14 前往巴黎，出席联合国教科文组织《人类科学文化史》第二卷正副主编会议，为该卷副主编。

9.26 参加国家文物局在故宫举办的“全国出土文物珍品展览（1976～1984）”开幕式，以及在广播大楼举行的复制曾侯乙墓编钟、编磬演奏会。

10.2 参加彭冲主持召开的对外文化交流中心座谈会、宴会和京剧晚会。

10.7 前往安阳，参加全国商史学术讨论会，并在开幕式上讲话。其间，曾与胡厚宣、张政烺等视察小营“司母戊”墓发掘工地，游览安阳水冶、小南海，淇县“摘星台”，汤阴岳庙、羑里城等地（12日回到北京）。

10.21 应约至中央宣传部部长邓力群处，谈文物工作问题。

10.23 接第三世界科学院来电，获知已被选为该院院士。

10.24 赴文物局参加关于开发和利用文物问题的座谈会，发言指出：“文物工作应以保护为主，可以利用，但不能说开发。”

10.25 参加北京市历史学会举办的纪念吴晗诞辰七十五周年座谈会。26日继续开会，并去清华大学参加“晗亭”落成仪式。

10.31 参加中宣部召开的文物工作座谈会（11月1～6日继续开会）。

11.14 与王仲殊等视察琉璃河西周墓地及刘李店西周城址发掘工地。

11.19 与国家文物局同志商谈报请国务院制止擅自发掘帝王陵墓及与外资合作发掘事。

11.29 为《冯家升论文集》撰写跋语。

12.5　参加著名词学家夏承焘从事学术及教育六十五周年纪念会。

12.6　将自己节省下来的三万元人民币捐赠给考古所，作为考古学研究成果奖金的基金，以推进中国考古学的发展。

12.9　开始撰写《中国大百科全书·考古学》特长条“考古学”中第二部分“考古学简史”。

12.16　赴中宣部部长邓力群处，谈陕西要求发掘桥陵墓室、秦陵周围遗址、探测秦陵墓室等事。

12.20　参加中国猿人第一个头盖骨发现五十五周年纪念会。

12.24　主持召开国家文物委员会第六次会议，讨论陕西要求发掘桥陵等事，以及铜绿山矿冶遗址保护问题。

1985年

1.2　撰写《中国文明的起源》中文版序言。

1.5~7　出席国务院学位委员会会议，讨论第二届评议会成员及权力下放问题。撰写关于贾兰坡《周口店发掘记》的书评。

1.19　接意大利近东远东研究院来信，获知被选为该院通讯院士。

2.16　出席国务院学位委员会会议，会上对名誉博士问题的讨论最为热烈。

2.18　向社科院秘书长梅益表示：“院部不要搞我从事考古五十年的庆祝活动”，考古所决定编辑《夏鼐先生考古五十年纪念论文集》。

3.1　主持召开在北京大学举行的中国考古学会第五次年会，并在开幕式上发表题为“考古工作者需要有献身精神”的讲话（6日闭幕）。

3.3　以夏鼐捐款为基金的考古学研究成果奖评奖委员会宣告成立，推选夏鼐为主任委员（夏鼐逝世后，该项奖金定名为“夏鼐考古学研究成果奖”）。

3.10　赴邓力群处，获知已将《考古工作者需要有献身精神》讲话稿加上按语，交《光明日报》发表。

3.13 听取赵其昌等关于定陵发掘报告编写情况的汇报，决定5月底以前交出初稿。

3.15 审阅王仲殊所写《夏鼐先生传略》。

3.17 校正张长寿所编《夏鼐先生论著目录》。

3.22 社科院名誉院长胡乔木到夏鼐家，提出要他担任社科院研究生院院长，夏鼐婉辞。

3.23 《中国大百科全书》总编辑姜椿芳一行来访，要求考古学卷6月底全部定稿，并增添健在著名学者条目。

3.25 将大百科特长条"考古学"第三、四部分提纲交王仲殊，委托其代为撰写。

3.26 前往伦敦，参加英国史前学会成立五十周年纪念会（3月29～31日）。在31日的会上作"中国文明的起源"讲演。其间，与美国新考古学派创始人宾福德有较多接触（4月4日回到北京）。

4.6 参加第六届全国人民代表大会第三次会议的未完会议（～10日）。

4.9～16 继续撰写大百科特长条"考古学"的第二部分"考古学简史"。

4.17 前往华盛顿，参加美国国家科学院1984年年会，接受该院颁发的外籍院士证书。

4.27 与阔别40年的老同学、曾任台湾新竹清华大学校长的徐贤修，在纽约机场会晤（29日回到北京）。

5.14～19 主持召开《中国大百科全书·考古学》分编委会扩大会议，进行该卷定稿工作。

5.26 将所著《中国文明的起源》中文版校样校阅完毕。

5.29 接待美国考古学家宾福德，再次交谈新考古学派问题。

6.1～3 审阅《中国大百科全书·考古学》中健在的中国考古学家小传文稿。

6.4 接待坪井清足为团长的日本考古代表团。

6.7 晨间到达洛阳视察工作。先后赴龙门石窟和关林（7日）、偃师商城和东汉灵台遗址（8日）及考古所洛阳工作站（9日，10日回到北京）。

6.11　因由洛阳返京途中火车上电扇吹风，着凉感冒咳嗽。

6.12　社科院来文确认，夏鼐仍为考古所名誉所长。

6.13　审阅《中国大百科全书·考古学》中王世民所写“中国考古学简史”文稿（~15日）。

6.15　校阅丹尼尔《考古学一百五十年》所附《世界考古学大事年表》的中译稿，并根据《英国大百科全书年鉴》历年的“考古学”条，摘取1973~1979年大事进行增补（~17日）。

6.17　上午在考古所听取坪井清足关于日本考古学的讲演。下午在家审校《中国大百科全书》所需《世界考古学大事年表》文稿时，突感身体不适，赴北京医院诊治，住院后不久即昏迷。

6.19　下午4时30分，夏鼐的心脏停止跳动，与世长辞。当晚，新华社向国内外宣告：“我国著名考古学家、中国共产党优秀党员夏鼐同志，因患脑溢血，经多方抢救无效，于今天下午在北京逝世，终年76岁。”

6.29　上午，在北京医院举行遗体告别仪式，部分党和国家领导人、学术界知名人士，以及首都群众近千人前往告别。告别仪式结束后，夏鼐的遗体被送往八宝山火化，骨灰盒被安放在八宝山革命公墓。

附录二　夏鼐论著及相关资料目录

《埃及古珠考》（*Ancient Egyptian Beads*），英文手稿，1943；英文印本，德国施普林格出版社，2014；阿拉伯文译本，埃及金字塔商业出版社，2017；中文译本，社会科学文献出版社，2020。

《考古学论文集》，科学出版社，1961。

《考古学和科技史》，科学出版社，1979。

《真腊风土记校注》，中华书局，1981。

《中国考古学研究》（日文译本），东京学生社，1981。

《中国汉代的玉器和丝绸》（英文译本），美国堪萨斯大学，1983。

《中国文明的起源》（日文译本），东京日本放送出版协会，1984。

《中国文明的起源》，文物出版社，1985。

《夏鼐文集》（3 册），社会科学文献出版社，2000。

《敦煌考古漫记》，百花文艺出版社，2002。

《夏鼐集》（中国社会科学院学者文选），中国社会科学出版社，2008。

《夏鼐日记》（10 卷），华东师范大学出版社，2011。

《夏鼐日记·温州篇》，华东师范大学出版社，2013。

《夏鼐文集》（5 册），社会科学文献出版社，2017。

《夏鼐西北考察日记》（2 册），社会科学文献出版社，2018。

夏鼐主编《辉县发掘报告》，科学出版社，1956。

夏鼐主编《长沙发掘报告》，科学出版社，1957。

夏鼐主编《新中国的考古收获》，文物出版社，1962。

夏鼐主编《新中国的考古发现和研究》，文物出版社，1984。

夏鼐主编《中国大百科全书·考古学》，中国大百科全书出版社，1986。

夏鼐主编《新中国的考古学》（日文本），日本平凡社，1988。

中国社会科学院考古研究所编《夏鼐先生纪念文集——纪念夏鼐先生诞辰一百周年》，科学出版社，2009。

《考古学家夏鼐·影像辑》编辑组编《考古学家夏鼐·影像辑》，中国社会科学出版社，2011。

后　记

2020 年是尊敬的夏鼐先生诞辰 110 周年，逝世 35 周年。在这个纪念日来临的前夕，终于将《夏鼐传稿》正式交付出版。回顾这部书从开始酝酿，到完稿和定稿，经历了将近二十年的时间。

最早是 1990 年代末，华东师范大学出版社编辑陈丽菲女士，为编辑出版“往事与沉思”传记丛书，来中国社会科学院考古所约写夏鼐的传记。当时，我正忙于编辑《夏鼐文集》（2000 年出版，共 3 册），又考虑夏鼐遗留有数十年翔实的日记，如不整理他的日记，难以着手撰写传记，所以仅初步交换意见而已，并未着手传记的写作。随后得到夏鼐子女的支持，便在我的主持下共同整理夏鼐的日记，先后历时十年。至于夏鼐日记的出版，经业已调离华东师大出版社的陈丽菲女士联系，得到社长朱杰人先生的大力支持，被列入华东师大出版社选题计划，并且给予资助。2011 年 8 月《夏鼐日记》（10 卷）出版，深受读者欢迎，不到半年即于 2012 年 2 月重印。此后，我又主编《夏鼐先生纪念集——纪念夏鼐先生诞辰一百周年》，协助夏鼐子女汇编《考古学家夏鼐 · 影像辑》，参与温州市夏鼐故居纪念馆中生平陈列厅的布展工作。这样就使我对夏鼐先生的生平更加熟悉。

但是，相当长的一段时间，撰写夏鼐传记并未怎样动笔，主要是准备资料和写作限于早年部分。不过应有关单位的约稿，曾撰写过三篇提纲挈领式的概述文章，即《夏鼐先生的治学之路》（见《中国社会科学院学术大师治学录》)、《为中国考古学发展引航掌舵——考古学家夏鼐先生的学术人生》（见中国老教授协会编《大师风范 · 人文社会科学卷》），以及《20 世纪中国知名科学家学术成就概览 · 考古学卷》的“夏鼐”条。这实际上是拟定并反复修改的夏鼐学术成就与学术思想的详细提纲。接着，我应出版社的要求，又重新编辑《夏鼐文集》（2017 年出版，共 5 册），对夏鼐的论著有了更加全面的掌握。

真正集中精力投入夏鼐传记的写作，还是 2017 年 5 月《夏鼐文集》出版以后，截至 2019 年初完稿，历时一年半的时间。本书的撰写，从开始酝酿到最后完稿，得到考古所内外诸多好友的赞许。回想当初为进行准备而动手整理夏鼐的日记时，安志敏、王仲殊、徐苹芳三位先生健在，对传记的写作寄予期望，遗憾的是未及具体请教，他们即先后离世。本人从就读北京大学考古专业时，于 1953 年 1 月开始聆听夏鼐先生讲授“考古学通论”，到 1956 年来考古所后长期在他身边从事秘书性工作（先后从事学术秘书室、考古学会秘书处工作，以及其他临时性的事务），其间又有几年与他比邻而居，是同辈学者中曾与夏先生有过较多接触而仍健在的少数几人之一。但是，由于自己在青年时代即脱离田野考古实际，深知并非夏鼐先生的合格弟子，对他的学术思想未能深刻领悟，本书内容未能达到应有的要求，因而将书名定为《夏鼐传稿》。本人年事已高，难于进一步撰写更好的夏鼐传记，唯有寄希望于后来的贤者。

本书所述夏鼐生平事迹，除特别注明者外，均据《夏鼐日记》的记载。所附照片，除特别注明者外，均为他本人自存，见于《考古学家夏鼐 · 影像辑》一书。

本书完稿以后，曾送请部分好友审阅。其中，尤其要提到我的“发小”，曾任辽宁省博物馆馆长的徐秉琨。他年长我一岁，是第一届考古训练班学员，对夏鼐极其崇敬。他与我多次通电话交换意见，曾逐字逐句地反复审阅书稿，提出十分具体的修改意见。考古所的曾任所长任式楠、现任所长陈星灿，以及在夏鼐指导下从事书刊编辑工作的杨泓，三位先生对书稿也提出宝贵意见。审阅书稿并提出意见的，还有张长寿、徐光冀、朱乃诚、巩文等同事。另外，又有王兴、董韦两位青年友人，协助核校资料、订正笔误，查对外文人名和书名，花费不少工夫。再者，在本书的撰写以至申报资助的过程中，始终得到社会科学文献出版社，特别是周丽女士的帮助。梁艳玲、郑彦宁两位编辑颇费辛劳。凡此，谨向他们致以深切的谢意。

王世民

2020 年 8 月 21 日二校毕，时年八十又五

图书在版编目（CIP）数据

夏鼐传稿 / 王世民著．--北京：社会科学文献出版社，2020.11（2023.2 重印）
（中国社会科学院老年学者文库）
ISBN 978-7-5201-6487-0

Ⅰ．①夏… Ⅱ．①王… Ⅲ．①夏鼐（1910-1985）-传记 Ⅳ．①K825.81

中国版本图书馆 CIP 数据核字（2020）第 054608 号

中国社会科学院老年学者文库
夏鼐传稿

著　　者 / 王世民

出 版 人 / 王利民
组稿编辑 / 周　丽
责任编辑 / 梁艳玲
文稿编辑 / 郑彦宁
责任印制 / 王京美

出　　版 / 社会科学文献出版社·城市和绿色发展分社（010）59367143
地址：北京市北三环中路甲 29 号院华龙大厦　邮编：100029
网址：www.ssap.com.cn
发　　行 / 社会科学文献出版社（010）59367028
印　　装 / 三河市东方印刷有限公司

规　　格 / 开　本：787mm × 1092mm　1/16
印　张：22.5　字　数：322 千字
版　　次 / 2020 年 11 月第 1 版　2023 年 2 月第 2 次印刷
书　　号 / ISBN 978-7-5201-6487-0
定　　价 / 148.00 元

读者服务电话：4008918866